Brathuhn
—
Trauer und Selbstwerdung

Sylvia Brathuhn, Dr. phil., Dipl. Päd., Entspannungs- und Gesundheitstrainerin. Tätigkeitsschwerpunkte: Aus- und Fortbildung im Themengebiet Sterben, Tod und Trauer. Seminare, Workshops und Gesprächsbegleitung für Trauernde, krebskranke Menschen und deren Angehörige.

Sylvia Brathuhn

Trauer und Selbstwerdung

Eine philosophisch-pädagogische Grundlegung
des Phänomens Trauer

Königshausen & Neumann

Bibliografische Information Der Deutschen Bibliothek

Die Deutsche Bibliothek verzeichnet diese Publikation in der Deutschen Nationalbibliografie; detaillierte bibliografische Daten sind im Internet über <http://dnb.ddb.de> abrufbar.

D 929

© Verlag Königshausen & Neumann GmbH, Würzburg 2006
Gedruckt auf säurefreiem, alterungsbeständigem Papier
Umschlag: Hummel / Lang, Würzburg
Umschlagabb.: Ute Hartmann, Neuwied
Bindung: Buchbinderei Diehl+Co. GmbH, Wiesbaden
Alle Rechte vorbehalten
Dieses Werk, einschließlich aller seiner Teile, ist urheberrechtlich geschützt.
Jede Verwertung außerhalb der engen Grenzen des Urheberrechtsgesetzes ist ohne Zustimmung des Verlages unzulässig und strafbar. Das gilt insbesondere für Vervielfältigungen, Übersetzungen, Mikroverfilmungen und die Einspeicherung und Verarbeitung in elektronischen Systemen.
Printed in Germany
ISBN 3-8260-3387-6
www.koenigshausen-neumann.de
www.buchhandel.de
www.buchkatalog.de

Für meine Schwiegereltern
Maria und Karl-Heinz Brathuhn
– aus jedem denkbaren Grund

Inhaltsverzeichnis

1. **Einleitung** 8

2. **Anthropologisch-existentielle Grundlegung der Trauer** 21
   2.1 Erfahrung vom Tod 22
   2.2 Der Tod eines geliebten Menschen – Reflexionen in Anschluss an *Augustinus'* Confessiones IV 31
      2.2.1 Hereinbrechen der Finsternis und Verlust des Lichtes 32
      2.2.2 Verlust von Welt mit den darin enthaltenen Möglichkeiten ... 36
      2.2.3 Verlust des geliebten Menschen und Verlust von Liebe 40
      2.2.4 Verlust und Sehnsucht als Motor des Suchens 44
      2.2.5 Bedrohte und herausgeforderte Identität 47
      2.2.6 Verlust der „Unsterblichkeitsillusion" 52
      2.2.7 Das radikal in Frage-gestellt-sein und die Frage nach Sinn ... 54
      2.2.8 Verzweiflung und Hoffnung als Widersacher in der Trauer 57
      2.2.9 Verlust der Selbstbeherrschung und das Weinen 61
      2.2.10 Die Ambivalenz zwischen Lebensüberdruss und Angst vor dem Tod 65
   2.3 Dasein, Existenz und Trauer 69
      2.3.1 Der Mensch in der Immanenz 71
      2.3.2 Die Gefahr der Uneigentlichkeit 74
      2.3.3 Der Weg in die Eigentlichkeit 78
      2.3.4 Trauer als Ausdruck einer existentiellen Krise 82

3. **Trauer – ein individueller und prozesshafter Weg zum Selbst** 91
   3.1 Schärfung und Konturierung wesentlicher Begrifflichkeiten 94
   3.2 Der Prozess der Selbst-Werdung als Aufgabe des Trauerweges 109
      3.2.1 Der Weg der Selbst-Wahrnehmung 113
      3.2.2 Der Weg der Selbst-Erkenntnis 121
      3.2.3 Der Weg der Selbst-Annahme 130
      3.2.4 Der Weg der Selbst-Gestaltung 139
   3.3 Trauer als Initiationsgeschehen 148

4. **Begegnung und Begleitung im Prozess der Trauer** 160
   4.1 Wesenszüge von Begegnung 162
   4.2 Gelingende Begegnung 169
   4.3 Begleitung als mit-menschliches Geschehen 173
   4.4 Haltung und Atmosphäre in der Begleitung 179
   4.5 Formen der Begleitung im Dienste der Selbst-Werdung 184

5. **Schlussgedanken** 202

6. **Literaturverzeichnis** 210

7. **Letzte Worte** 223

1. Einleitung

„Das Trauern um einen Menschen, den wir liebten, ist der Extremfall des Hereinragens des Todes ins Leben und kann uns deshalb am deutlichsten klar machen, wie sehr der Tod unser Leben verändern kann, wie sehr er unser Selbst- und Weltverständnis aufbricht, wie sehr <abschiedliche Existenz> von uns gefordert wird – und wie weh diese tut. Der Extremfall zeigt uns aber auch, dass Trennungen, so schwer sie uns fallen, nicht nur Verlust bedeuten, sondern auch Herausforderung zur größtmöglichen Selbstverwirklichung."[1]

Jeder Mensch wird im Laufe seines Lebens mit gewollten oder nicht gewollten Trennungen und Verlusten konfrontiert.[2] Hiermit einher gehen Abschieds- und Trauererfahrungen, die besonders beim Tod eines nahe stehenden und geliebten Menschen auf die Brüchigkeit und Begrenztheit des eigenen Lebens verweisen und aufzeigen, wie verletzlich und endlich dieses ist. Mit dem Erleben des letzten und definitiven Abschiedes ist ein Gefühl von Trauer verbunden, das Teil eines jeden Menschenlebens ist und das menschliche Dasein unabhängig von Alter, Geschlecht oder religiöser Zugehörigkeit bis in die letzten Tiefen ersucht, verändert und dabei weder nach Wohlstand noch nach Ausbildung oder Profession fragt.[3] Das Phänomen „Gefühl" ist vor diesem Hintergrund nicht zu verstehen als eine „<Stellungnahme> der Person zu Objekten auf Grund besonderer zur Person sprechender Qualitäten"[4], sondern Gefühl bedeutet hier

---

[1] *Verena Kast*, Trauern. Phasen und Chancen des psychischen Prozesses. Stuttgart ²⁰1999, S. 184.

[2] In Anlehnung an *Franco Rest* soll hier auf den Unterschied von Trennung und Verlust hingewiesen werden: „Trennungen sind vor allem auch lernbar, man kann sie üben. Verluste dagegen überwältigen uns, wir sind ihnen gegenüber ohnmächtig." *Franco Rest*, Sterbebegleitung statt Sterbehilfe. Damit das Leben auch im Sterben lebenswert bleibt. Freiburg im Breisgau 1997, S. 186. Im weiteren Verlauf der Arbeit wird der Begriff Verlust noch weiter gefasst werden und durch den Begriff der Grenzsituation, die nur erhellt, aber nicht begründet oder erklärt werden kann, wie es bei *Karl Jaspers* definiert wird, Anwendung finden. An dieser Stelle soll darauf hingewiesen werden, dass es nicht darum geht herauszuarbeiten, wie sich zum Beispiel die Trauer um einen Partner von der Trauer um ein Kind oder einen Elternteil oder andere Personen unterscheidet. Es wird auch die Verschiedenheit der Trauer nicht thematisiert werden, wie wir sie beispielsweise nach einem Unfalltod, einem natürlichen Alterstod, nach einem Tod infolge einer schweren Erkrankung oder bei einem Selbstmord erleben können. In dieser Arbeit steht die Trauer um einen Menschen, mit dem man in einer personalen Liebesgemeinschaft verbunden war, im Vordergrund. Einer Liebe, in welcher der andere „jeweils in seiner Einmaligkeit und in einem einmaligen Bezug zu uns gerade nicht als der bloß andere (...), sondern als Du erfahren und gemeint wird". *Fridolin Wiplinger*, Der personal verstandene Tod. Freiburg ²1980, S. 56. Hiermit wird angeknüpft an *Freuds* Definition von Trauer: „Trauer ist regelmäßig die Reaktion auf den Verlust einer geliebten Person". *Sigmund Freud*, Trauer und Melancholie, S. 428f. In: Ders., Gesammelte Werke, Band X. Werke aus den Jahren 1913-1917. Frankfurt am Main ⁸1991(c), S. 428-446.

[3] Vgl. *Monika Müller, Matthias Schnegg*, Unwiederbringlich – Vom Sinn der Trauer. Hilfen bei Verlust und Tod. Freiburg, Basel, Wien 1997, S. 11.

[4] Vgl. hierzu *Helmuth Plessner*, Lachen und Weinen. Eine Untersuchung der Grenzen menschlichen Verhaltens (1941), S. 347. In: Ders., Ausdruck und menschliche Natur. Gesammelte Schriften VII. Frankfurt am Main 1982, S. 201-387.

„wesensmäßig Bindung meiner selbst an etwas (…). Durchstimmende Angesprochenheit des Menschen als Ganzem"[5].

Wenn *Liliane Giudice* in ihrem Buch „Ohne meinen Mann" zum Ausdruck bringt, dass „beim letzten Abschied (…) die Gefühle aller Menschen, zu allen Zeiten gleich"[6] sind, dann bedeutet dies sicher nicht, dass sie ein einheitliches Trauerempfinden postulieren möchte. Vielmehr ist es so zu verstehen, dass sich grundlegende Übereinstimmungen in dem Gefühlserleben „Trauer" finden lassen,[7] wenngleich jeder Mensch seine eigene Trauergeschichte hat, die ihm durch seine persönliche Biographie und die je eigene Beziehung zu dem verstorbenen Menschen aufgegeben ist. Sei es, dass der junge *Aurelius Augustinus*[8] im vierten Jahrhundert seinen Jugendfreund durch den Tod verliert, oder *Clive Staples Lewis*[9] im 20. Jahrhundert seine geliebte Frau. Immer stellt sich beim Verlust eines nahe stehenden Menschen eine Art Gefühlschaos ein. Empfindungen wie Entsetzen[10], Wut[11], Hilflosigkeit[12], Vereinsamung[13], Verzweiflung[14], Ergebenheit, Angst, Hoffnungslosigkeit, prägen die „Trauerlandschaft"[15].

---

5   Ebenda, S. 347f.
6   *Liliane Giudice,* Ohne meinen Mann. Aufzeichnungen einer Witwe. Stuttgart 1970, S. 103. Es sei an dieser Stelle darauf hin gewiesen, dass dem Heranziehen nichtwissenschaftlicher Werke keine argumentative sondern eine illustrative Intention zugrunde liegt. Der hohe Gehalt an reflektiertem Eigenerleben lässt Zitationen aus diesen und weiteren Selbstzeugnissen der unmittelbar Betroffenen als gerechtfertigt erscheinen.
7   Vgl. auch *Giudice,* 1970, S. 119, die im Nachwort ihres Buches „Ohne meinen Mann" nochmals hervorhebt, dass „sosehr jeder seine Trauer erlebt als die ihm ganz eigene, als die einzige, die einmalige", es doch eine Gleichheit im Leiden gebe.
8   *Aurelius Augustinus,* Die Bekenntnisse. Einsiedeln ⁴2002. Übertragung, Einleitung und Anmerkungen von *Hans Urs von Balthasar.* Viertes Buch, Kap. IV,7 – Kap. IX, 14 (S. 91-97) und neuntes Buch, Kap. XII, 29-35 (S. 232ff.). Dieser Brückenschlag soll erlaubt sein, da „die in den Konfessionen erzählte Geschichte, (…) die Geschichte des Aurelius Augustinus [ist], Mensch wie wir alle". *Paul Ludwig Landsberg,* Die Erfahrung des Todes. Frankfurt am Main 1973, S. 44.
9   *Clive Staples Lewis,* Über die Trauer. Zürich, Düsseldorf ⁵1998. *Lewis* autobiographischer Trauerprozess sei hier stellvertretend für eine Reihe autobiographischer Veröffentlichungen zum Thema Trauer genannt.
10 Vgl. *Marlene Lohner,* Plötzlich allein. Frauen nach dem Tod des Partners. Frankfurt am Main 1994, S. 127: „[W]enn der Partner stirbt, ist das Entsetzen so groß, daß nichts außer dem existiert. Es ist ein grauenvolles Entsetzen, man begreift überhaupt nichts mehr."
11 Vgl. *Giudice,* 1970, S. 32: „Mich packte eine sinnlose Wut. Oki war nicht mehr da – sein Hut hing in der Garderobe. Die Dinge, die er zurückgelassen hatte, überdauerten, als wollten sie mich höhnen."
12 Vgl. hierzu *Georg Scherer,* Sinnerfahrung und Unsterblichkeit. Darmstadt 1985, S. 71: „[Das] Verzehrtwerden des Lebens durch den Tod mitten im Leben geschieht unausweichlich und stürzt den Menschen in eine Hilflosigkeit, die allen seinen Möglichkeiten eine Grenze setzt."
13 Angst und Verzweiflung können den Menschen aus seinen tragenden Bezügen zu den Mitmenschen heraus reißen und somit eine Grundlage für die Vereinsamung darstellen. Vgl. hierzu *Otto Friedrich Bollnow,* Das Wesen der Stimmungen. Frankfurt am Main ⁷1988, S. 98. Trauernde klagen sehr häufig darüber, dass die Mitmenschen sich zurückziehen und sie sich von diesen alleingelassen fühlen. Vgl. hierzu *Lewis,* ⁵1998, S. 12f. Auf diesen Punkt wird später nochmals eingegangen, da hier schon eine Grenze der Begegnung anklingt.
14 Der Begriff der Verzweiflung enthält einen wesentlichen Anhaltspunkt für den Selbst-Werdungsprozess in der Trauer, denn mit *Gabriel Marcel,* Gegenwart und Unsterblichkeit. Frankfurt am Main 1961, S. 52, gesprochen, kann die „Verzweiflung, (…) wenn sie zurückstrahlt, als ein Mittel zur Rückgewinnung seiner selbst erscheinen". Vgl. hierzu auch *Karl Jaspers,* Philosophie, II, Existenzerhellung. Berlin, Göttingen, Heidelberg ²1948, S. 489: „Wer nicht die Verzweiflung

Die Trennung durch den Tod versetzt den Zurückbleibenden[16] in einen „Abgrund"[17] des Leides, in dem er sich leer und ausgebrannt fühlt. Der „Abgrund" – als Metapher – enthält unterschiedliche Deutungszugänge. Zum einen steht er für das Gefühl des Stürzens in eine Tiefe, die „unergründlich" *(Marcel)* ist und aus der es keinen Weg zurück gibt. Er ist das Nichts, „in dem der Stiftungszusammenhang des spezifisch persönlichen Lebens zu enden und damit der Sinn zu schwinden scheint"[18]. Andererseits kann der „Abgrund" als „Ingrund" gedacht werden, nämlich „als urgründige Wirkmacht (...) in dem unser Leben wurzelt [und wo, S.B.] wir (und alle, die wir lieben) dort, dort in der Tiefe noch immer beisammen sind...".[19] Zunächst jedoch verliert der Trauernde angesichts der Abgründigkeit seines erlittenen Verlustes den Boden unter den Füßen,[20] für einen Moment, für einen Augenblick, wie lang auch immer dieser dauern mag, hat er nichts mehr, an das er sich halten kann. Er hat nichts mehr, das ihm Orientierung bietet, und plötzlich werden die Worte *Pascals*, dass „der Mensch (...) nur ein Schilfrohr, das schwächste der Natur, aber (...) ein denkendes Schilfrohr"[21] sei, mit denen er auf unsere Fragilität und Zerbrechlichkeit hinweist, in ihrer ganzen Tragweite deutlich. Aber mit den Worten *Pascals* und deren scheinbarer Widersprüchlichkeit hinsichtlich der darin enthaltenen Dialektik von Macht und Ohnmacht erhalten wir auch einen indirekten Hinweis auf etwas Ermutigendes, etwas Zukunftsweisendes: nämlich dass der Mensch in all seiner Brüchigkeit über die Fähigkeit der Selbstreflexion verfügt. Mit dieser Stärke ist ihm die Kraft verliehen, seine Lage zu erkennen, zu erkennen, „daß er so ist, wie er ist als <Schilfrohr>"[22]. Durch sie gelingt es ihm, sich selbst zu hinter-

---

im Verlust des geliebtesten Menschen in irgendeinem Sinne festhält, verliert seine Existenz ebenso wie der, der in der Verzweiflung versinkt (...). Nur aus der Verzweiflung wird die Seinsgewißheit geschenkt. Unser Seinsbewußtsein hat den Charakter, daß nur ist, wer dem Tod ins Auge sah."

15 *Hubert Böke* u. a., Trauer ist ein langer Weg. Düsseldorf 2000, S. 74.
16 Zur Wahrung der Lesbarkeit wird in dieser Studie darauf verzichtet männliche und weibliche Formen zu verwenden. Wenn im weiteren Verlauf die männliche Form benutzt wird, dann steht dahinter immer – gewissermaßen als Folie – „*der trauernde Mensch*".
17 *Giudice,* 1970, S. 21. Trauernde bedienen sich sehr häufig der Symbolik beziehungsweise der Bildsprache, um ihren Gefühlen Ausdruck zu verleihen, da sie ihr Leid nicht in sachlichen Begrifflichkeiten auszudrücken vermögen. Vgl. hierzu die Ausführungen zur „Wortlosigkeit" der Trauer.
18 *Paul Ludwig Landsberg,* Einführung in die philosophische Anthropologie. Frankfurt am Main 1934, S. 62.
19 *Fridolin Stier,* Vielleicht ist irgendwo Tag. Aufzeichnungen, Freiburg, Heidelberg ²1981, S. 94f.
20 Vgl. *Esther Goshen-Gottstein,* Als der Tod uns trennte. Das Weiterleben als Witwe. Göttingen 1997, S. 25: „Ich hatte den Boden unter den Füßen verloren, wie bei einem Erdbeben, wenn der Grund auf dem man jahrelang sicher gestanden hat, sich plötzlich auftut." Vgl. auch *Noa Ben Artzi-Pelossof,* Trauer und Hoffnung. Berlin 1996, S. 179: „Uns ist der Boden unter den Füßen weggezogen, und nun tasten wir herum, versuchen uns zu orientieren, ohne daß es uns bisher gelingen will."
21 *Blaise Pascal,* in: Pascal. Philosophie Jetzt. *Eduard Zwierlein* (Hrsg.), München 1997, S. 262 (200/347). Ergänzend sei hier hingewiesen auf die „Meditationen über B. Pascals Bild <vom denkenden Schilfrohr>", *Wilhelm J. Revers,* Zeit und Zeiten des Menschen, S. 177-199. In: *Ansgar Paus* (Hrsg.), Grenzerfahrung Tod. Graz, Wien, Köln ²1980.
22 *Eduard Zwierlein,* Der Mensch – ein denkendes Schilfrohr. Wegweisung in gefährlicher Zeit. Reflexionen mit Blick auf Pascal, S. 156. In: Menschsein in unserer Zeit. Der Zeitgeist auf dem Prüfstand. Jubiläumstagung 40 Jahre Klinik Dr. Heines, hrsg. von der Stiftung Dr. Heines. Bremen 1994, S. 153-167.

fragen, sich wahrzunehmen, zu erkennen, was vor sich geht, sich selbst anzunehmen, um dann den Schritt zu wagen, „das Leben des neuen Menschen zu leben, der wir geworden sind"[23]. Ein trauernder Mensch, der den Nächsten an der Schwelle zum Tod allein lassen musste, wird niemals mehr der sein, der er vorher war.[24] Er wird durch den Tod dieses nahe stehenden Menschen, den er unwiederbringlich verloren hat, mit einem Schlag verwandelt beziehungsweise in einen Weg der Wandlung gezwungen. Er befindet sich in einer Situation, die sein bisheriges Welt- und Selbstverständnis im höchsten Maße erschüttert und ihn – ob er will oder nicht – zur Wandlung zwingt, ja ihn gewissermaßen dazu auffordert sich zu bewegen, sich neu zu orientieren.[25] Die in dieser Aufgabe enthaltene Schwierigkeit ergibt sich daraus, dass der Hinterbliebene durch den Einbruch des Todes auf passive Weise einem Wandlungszwang ausgesetzt ist, die Entscheidung[26], wie er mit diesem Zwang zur Wandlung umgehen wird, muss er jedoch aktiv beantworten.[27] All das, was ihm bis zu diesem Zeitpunkt selbstverständlich war, ist in Frage gestellt. Im Erfahren der Bedrohtheit seines Daseins, seiner inneren Einheit, seines Seins stellt er die Frage nach sich selbst, ringt um Sinnerfüllung und macht sich sowohl alleine als auch in der Begegnung und Begleitung mit Anderen auf den Weg, sich selbst wahrzunehmen, zu erkennen und anzunehmen, um so ein neues Selbst- und Weltverständnis aufzubauen und zu gestalten. Der „Abgrund" ist dem Trauernden zum „Ingrund" geworden, eine Quelle, aus der er Möglichkeiten schöpft, um sich selbst, und seinen Weg zurück ins Leben, zu gestalten: „Das Loch in das ich fiel, wurde zur Quelle, aus der ich lebe."[28]

---

[23] *Cicely Saunders*, Brücke in eine andere Welt. Freiburg 1999, S. 112. „Jede Trauer ist im gewissen Sinne einmalig. Aber es gibt doch ein Grundmuster: Wir müssen akzeptieren, was vor sich geht. (…) Und schließlich müssen wir uns aufraffen und das Leben des neuen Menschen leben, der wir geworden sind." In diesen Worten sind die Kategorien „Selbst-Wahrnehmung", „Selbst-Erkenntnis", „Selbst-Annahme", „Selbst-Gestaltung" und „Selbst-Werdung", die für diese Studie tragend sind, bereits angedeutet.
[24] Vgl. *Giudice*, 1970, S. 56.
[25] Vgl. *Kast*, [20]1999, S. 17. Vgl. hierzu auch *Pascal*, 1997, S. 223, (641/129): „Unsere Natur besteht in der Bewegung, die vollständige Ruhe ist der Tod." Vgl. auch die Frage von *Landsberg*, 1973, S. 26: „Sind wir noch dieselben? Werden wir hinfort noch dieselben sein, nachdem wir solches empfunden haben?" Natürlich ist hier hinzuzufügen, dass der Mensch sich in jedem Augenblick seines Lebens sowohl von etwas in der Welt als auch von etwas von sich selbst trennt, er vollzieht in jedem Augenblick seines Lebens Verwandlung, aber eben nicht in dem existentiellen Maße wie beim Tod eines geliebten Menschen.
[26] In dem Zwang zur Entscheidung ist immer auch die Frage enthalten „Was soll ich tun?" und diese verweist zugleich auf eine Entscheidung, die über das empirische Leben hinausgeht und in der Frage an „ein Fortleben zu glauben oder nicht zu glauben" gipfelt. *Max Scheler*, Tod und Fortleben. In: *Maria Scheler* (Hrsg.), Schriften aus dem Nachlaß, Band I. Zur Ethik und Erkenntnislehre, Gesammelte Werke, Band X. Bern [2]1957, S. 38.
[27] Vgl. *Colin Murray Parkes*, Vereinsamung. Die Lebenskrise bei Partnerverlust. Psychologisch-soziologische Untersuchung des Trauerverhaltens. Reinbek bei Hamburg 1974, S. 115. *Parkes* weist darauf hin, dass die Entscheidung, nichts zu tun, als hätte sich nichts verändert, einer Illusion gleichkommt, die nur solange aufrechterhalten werden könne, „als die Witwe sich nicht in Situationen begibt, in denen das <Loch> sichtbar wird". In gewisser Weise würde der trauernde Mensch mittels dieser Illusion versuchen, aufzuhören zu leben, beziehungsweise die Zeit anzuhalten.
[28] *Ruth Marijke Smeding*, Das Loch, in das ich fiel, wurde zur Quelle, aus der ich lebe, S. 13. In: *Angelika Daiker* (Hrsg.), Selig sind die Trauernden. Trauer- und Gedenkgottesdienste. Stuttgart 1998, S. 13-24. Vgl. hierzu FN 27 dieser Studie. Weicht der Trauernde dem „Loch" aus, dann kann es ihm nicht zur „Quelle" werden, aus der heraus er als Verwandelter leben kann.

Dieser Prozess kann – bei aller Individualität – nie losgelöst vom jeweiligen kulturellen und gesellschaftlichen Kontext betrachtet werden.[29] Es gilt „immer, das Einzelne im Gesamt zu sehen, wenn man nicht gerade das Einzelne in seiner Besonderheit verfehlen will"[30]. Sowohl der trauernde Mensch als auch diejenigen, welche ihm auf seinem Trauerweg begegnen und ihn begleiten, sind eingebettet in ein gesellschaftlich-kulturelles System, das sie spiegeln. Ihr jeweiliges Denken steht immer in Abhängigkeit von der bestehenden Wirklichkeit. Dies impliziert, dass eine bewusste Auseinandersetzung mit dem Phänomen Trauer (und eine möglicherweise daraus resultierende Ableitung von Handlungsansätzen) stets vor dem Hintergrund dessen geschieht, geschehen muss, was in unserer gegenwärtigen Zeit an Gedanken zu diesem Phänomen sowie über mitmenschliche Nähe, Solidarität und Begleitung leitend und lebendig ist. Setzen wir uns mit Fragen um Tod und Trauer auseinander, so sind wir immer schon in irgendeine Richtung engagiert.[31] Das gelebte und praktizierte Trauerverhalten hat sich im letzten Jahrhundert im Zuge des zunehmenden Säkularisierungsprozesses sowie des Auseinandertretens von Tod und Trauer massiv gewandelt.[32] Das Ausdrücken von Trauerempfindungen hatte in den vorhergehenden Jahrhunderten aufgrund allgemein anerkannter Rituale immer einen gesellschaftlich gebilligten Platz. Trauer konnte in einem gesellschaftlich regulierten Raum gelebt werden, wurde von der Gesellschaft unterstützt und mitgetragen. Hierdurch erfuhr das Trauerverhalten zwar eine gewisse Verengung, da es gesellschaftlich geregelt und so auch fremdbestimmt wurde. Aber das Trauern war grundsätzlich erlaubt, konnte und durfte öffentlich zum Ausdruck gebracht werden.[33] Gegenwärtig jedoch befinden wir uns in einer Phase der „Verweigerung und Abschaffung der Trauer"[34]. Das Gefühl der Trauer, das sich beim Tod des geliebten[35] Menschen einstellt, wird zwar von der Öffentlichkeit zur Kenntnis genommen und anerkannt, darf jedoch, als „ein eher unerwünschtes Phänomen, dem enge örtliche und zeitliche Grenzen gesetzt sind"[36], nur im mehr oder weniger „unsichtba-

---

[29] Vgl. hierzu auch *Franz-Josef Illhardt*, Trauer. Eine moraltheologische und anthropologische Untersuchung. Düsseldorf 1982, S. 285: „Trauer kann trotz ihrer Bedeutung für das personale Leben nicht nur als individuelles und privates Verhalten gedeutet werden, sie ist in soziale Zusammenhänge involviert und wird darum von der Gesellschaft mitbestimmt." Vgl. auch *Chris Paul*, Wie kann ich mit meiner Trauer leben? Ein Begleitbuch. Gütersloh 2000, S. 15.
[30] *Landsberg*, 1934, S. 25.
[31] Vgl. *Sylvia Brathuhn*, Lernen, mit dem Tod zu leben. Menschenwürdiges Sterben – Möglichkeiten der Sterbebegleitung – Hospizbewegung. Bad Iburg 1999, S. 31.
[32] Vgl. *Norbert Fischer*, Fachvortrag: Leitlinien einer neuen Kultur im Umgang mit Tod und Trauer. In: Dokumentation Fachtagung: Neue Kultur im Umgang mit Tod und Trauer. Ministerium für Frauen, Jugend, Familie und Gesundheit des Landes Nordrhein-Westfalen. Wuppertal 1988, S. 16-19.
[33] Vgl. *Marianne Mischke*, Der Umgang mit dem Tod. Vom Wandel in der abendländischen Geschichte. Berlin 1996, S. 50f. Vgl. auch *Philippe Ariès*, Geschichte des Todes. München, Wien ²1980, S. 415f.
[34] *Ariès*, ²1980, S. 736.
[35] Es soll hier auf ein Paradoxon verwiesen werden. Liebe und Trauer sind untrennbar miteinander verbunden. Die Behandlung dieser beiden Phänomene in der Öffentlichkeit ist jedoch zutiefst unterschiedlich. Während die Liebe in all ihren Variationen thematisiert wird, bleibt die Trauer „ohne Worte". Vgl. hierzu *Herbert Scheuring*, Wege durch die Trauer. Würzburg 2004, S. 15.
[36] *Birgit Fischer*, Begrüßungs- und Eröffnungsrede. In: Dokumentation Fachtagung: Neue Kultur im Umgang mit Tod und Trauer. Ministerium für Frauen, Jugend, Familie und Gesundheit des Landes Nordrhein-Westfalen. Wuppertal 1988, S. 12. Vgl. hierzu auch *Uta Schlegel-Holzmann*, Kein

ren" Privatbereich zum Ausdruck gebracht werden: „Auf das Leichenbegräbnis und die Beisetzung folgt eine Zeit der Trauer. Die Hinterbliebenen können tiefen und anhaltenden Schmerz empfinden, doch nahezu im gesamten Abendland ist es heute zur Regel geworden, daß er nie öffentlich gezeigt werden darf."[37] Die Zunahme der anonymen Bestattungen[38], die vielfach unpersönlich gehaltenen Todesanzeigen[39], das Schwinden der Trauerkleidung[40], um nur einige Aspekte zu nennen, sind eindeutige Anzeichen für eine schleichende und kontinuierliche Ausbürgerung der Trauer aus dem öffentlichen Leben.[41]

Das Phänomen „Trauer" lässt sich gegenwärtig mit Hilfe zweier repräsentativer Eigenschaften illustrieren: „Ortlosigkeit und Wortlosigkeit"[42]. Diese beiden Kennzeichen als Dimensionen der gegenwärtigen Trauerkultur werden immer wieder von trauernden Menschen, wenn auch in unterschiedlicher Intensität, wahrgenommen, erfahren und beklagt. Nach dem Tod des nahe stehenden Menschen erlebt sich der Zurückbleibende orientierungs- und hilflos, einsam und auf sich selbst zurückgeworfen, die Zeit scheint für ihn still zu stehen.[43] Er empfindet sich als „Ortloser", der fassungslos und

---

Abend mehr zu zweit. Familienstand: Witwe. Gütersloh [8]2004, S. 69: „Das Tabu Trauer wird nur für den kurzen Moment eines lauten Aufschreis gebrochen. Dann wird kein Aufhebens mehr davon gemacht."

[37] *Ariès*, [2]1980, S. 740. Vgl. hierzu auch *Sabine Bode, Fritz Roth*, Der Trauer eine Heimat geben. Für einen lebendigen Umgang mit dem Tod. Bergisch Gladbach 1998, S. 27f.

[38] Vgl. *Norbert Fischer*, Wie wir unter die Erde kommen. Sterben und Tod zwischen Trauer und Technik. Frankfurt am Main 1997, S. 22. Vgl. ders., ebenda, S. 151.

[39] Vgl. *Werner Fuchs*, Todesbilder in der modernen Gesellschaft. Frankfurt am Main 1973, S. 138. Vgl. auch *Fischer*, 1997, S. 139f.

[40] Vgl. *Fuchs*, 1973, S. 166.

[41] Vgl. hierzu ergänzend *Ruthmarijke Smeding*, Sechsundzwanzig Worte für Schnee, warum nur ein Wort für Trauer? S. 150. In: *Ulrich Lilie, Eduard Zwierlein* (Hrsg.), Handbuch integrierte Sterbebegleitung. Gütersloh 2004, S. 146-158: „Eine Kultur gibt vor, was als <normal> anzusehen ist. Wir scheinen einem öffentlichen Raum für Trauer näher zu kommen, obwohl die Tür zu diesem Raum noch oft gesucht werden muss. Es gibt sie, und das meint einen Wandel, der sich in den letzten zwei Jahrzehnten in Deutschland vollzogen hat." Die Autorin führt dies einerseits auf die sich in Deutschland ausbreitende Hospizbewegung zurück und andererseits auf die zunehmende Einsicht, dass Sterben, Tod und Trauer unlösbar miteinander verknüpft sind. Vgl. hierzu auch *Bode, Roth*, 1998, S. 61f. Die beiden Autoren heben hervor, dass ein zunehmendes Bedürfnis nach einer neuen Trauerkultur bestehe, dieses aber noch die Tendenz als Widersacher habe, „das Althergebrachte zu fördern und das Ungewohnte abzulehnen".

[42] *Thomas Meurer*, Trauernde trösten – aber wie? In: Geist und Leben, Würzburg September/Oktober 1994, Heft 5, S. 374. An dieser Stelle sei schon darauf verwiesen, dass sich trauernde Menschen im Internet neue Möglichkeiten suchen dieser „Ort- und Wortlosigkeit" entgegenzutreten. Wer beispielsweise Webseiten wie www.leben-ohne-dich.de, www.verwitwet.de, www.initiative-regenbogen.de oder www.virtual-memorials.com anklickt, der sucht nach neuen Wegen, mit Menschen in Kontakt zu treten und Räume für seine Trauer beziehungsweise zu schaffen. Der tragende Gedanke ist hierbei, dass eine virtuelle Auseinandersetzung mit dem Tod (und dem Toten) den Trauerprozess „erleichtern" soll. Allerdings – und dies muss kritisch angemerkt werden – unterstützt beziehungsweise forciert eine solche Auseinandersetzung die Anonymisierung der Trauernden im lebendigen Umgang mit anderen Menschen.

[43] Vgl. hierzu *Chris Paul*, Warum hast du uns das angetan? Ein Begleitbuch für Trauernde, wenn sich jemand das Leben genommen hat. Gütersloh 1998, S. 68, die darauf hinweist, dass das Anhalten von Uhren bis vor wenigen Jahrzehnten zu den Bräuchen im Haus von Verstorbenen gehörte. Obwohl dieses Anhalten der weitertickenden Uhr eine tiefe symbolische Bedeutung für jeden Trauernden hat, wird es heute nicht mehr praktiziert.

ausgeliefert mit ansehen muss, wie die Umwelt, wie seine Mitmenschen – trotz der über ihn hereingebrochenen Katastrophe – nach wie vor in ihrem gewohnten Alltag beheimatet sind und mehr oder weniger unbeirrt zur Tagesordnung übergehen.[44] Die Dimension der „Ortlosigkeit" deutet darüber hinaus auf einen fehlenden Platz für ein angemessenes Abschiednehmen vom Verstorbenen sowie auf das Fehlen von Ritualen, die dem Trauernden Halt geben und sich so zu einem lebensrettenden Ort entwickeln können.[45]

Neben dem Gefühl der „Ortlosigkeit" erfährt und durchleidet der Zurückbleibende „Wortlosigkeit"[46]. Die „Wortlosigkeit" lässt sich ebenfalls in zweifacher Hinsicht beschreiben: Zum einen findet kein Trauernder jemals angemessene Worte, um seinem Schmerz und seiner Verzweiflung Ausdruck zu verleihen. Die Unfähigkeit, den Gefühlen Ausdruck zu verleihen, besteht darin, dass wir nur das in Sprache fassen können, was in unserer Realität gegeben ist. Der Tod aber überschreitet unsere menschliche Erfahrung.[47] Zum anderen – und dies ist eine typische moderne Erfahrung – verweist die Wortlosigkeit auch auf die Befangenheit und Sprachlosigkeit der Mitmenschen, auf ihre Angst und Hilflosigkeit im Umgang mit trauernden Menschen.[48] Die hölzernen (oder ausbleibenden) Beileidsbekundungen am Grab, das Unterlassen von Trauerbesuchen[49] und das Fehlen von Trost – im Gegensatz zu den üblichen Ver-Tröstungen – verweisen einerseits auf rituelle Sprachlosigkeit und fehlende Erfahrung, zeigen aber andererseits auch die Angst der Mitmenschen vor dem „Anderssein" des Trauernden, denn im „Unbehagen am Fremden und Schwachen ängstigt und beunruhigt den Menschen zuletzt, undurchschaubar und unverarbeitet seine eigene Sterblichkeit, die Kontingenz des eigenen Seins"[50]. Auf diese Weise wird die Einsamkeit und Isolierung des Trauernden verfestigt. Die eigene Trauer laut zu äußern und öffentlich zu zeigen, gilt als unangebracht oder als unschicklich, ist gewissermaßen verboten, und so wächst sowohl die Unsicherheit der Trauernden selbst als auch die ihrer Mitmenschen im Um-

---

[44] Vgl. *Ariès*, ²1980, S. 716: „Die Gesellschaft legt keine Pause mehr ein. Das Verschwinden eines einzelnen unterbricht nicht mehr ihren kontinuierlichen Gang. Das Leben der Großstadt wirkt so, als ob niemand mehr stürbe." Vgl. auch *Connie Palmen*, I.M. Ischa Meijer. In Margine. In Memorian. Zürich 1999, S. 370: „Außerhalb vom Lucaskrankenhaus kommt die Welt mir fremd vor, unbeteiligt, ungerührt vom Wissen um seinen Tod."

[45] Vgl. *Jorgos Canacakis*, Ich sehe deine Tränen. Stuttgart ³1989, S. 88. Vgl. hierzu auch *Sylvia Brathuhn*, Tod und Trauer. Die Trauer der Hinterbliebenen – Eine Antwort auf den Tod, S. 135ff. In: *Ulrich Lilie, Eduard Zwierlein* (Hrsg.), Handbuch integrierte Sterbebegleitung. Gütersloh 2004, S. 133-145.

[46] Die Begriffe „Wortlosigkeit" und „Sprachlosigkeit" werden in der Literatur vielfach synonym verwandt.

[47] Vgl. *Mischke*, 1996, S. 14f.

[48] Vgl. hierzu *Lewis*, ⁵1998, S. 11f., der aufzeigt, wie schwierig es ist mit anderen zu sprechen: „Sobald ich es versuche, erscheint auf ihren Gesichtern weder Trauer noch Liebe, nicht Furcht oder Mitleid, sondern das allerfatalste: Verlegenheit."

[49] Vgl. *Ariès*, ²1980, S. 715, der beschreibt, wie sowohl die Beileidsbekundungen am Grab, als auch die Trauerbesuche zu Hause noch bis zu Beginn des 20. Jahrhunderts gebräuchlich waren.

[50] *Eduard Zwierlein*, Denken wider die Aneignung und Ausgrenzung, S. 29. In: Ders., (Hrsg.), Normalität – Differenz – Asymmetrie. Ethische Herausforderungen im Umgang mit schwachen und Fremden, Band VII. Idstein 1995, S. 15-35.

gang mit ihnen. Dies führt zu einer Bestätigung der Aussage *Zieglers*: „In einer kulturellen Wüste ist beschwerlich trauern, und sie macht vieles schwerer als es eigentlich ist."⁵¹

Betrachten wir nun die bisherigen Gedanken und ergänzen sie durch die Aussage *Landsbergs,* dass „menschliches Leiden (…) Geburtswehe des Selbst"⁵² ist, dann lässt sich postulieren, dass der trauernde Mensch offenbar durch „jenen krisenhaften Nullpunkt der Existenz, den die Verzweiflung darstellt, hindurchgehen [muss], um sich selbst in seiner Eigentlichkeit kennenzulernen, um zu erfahren auf welche Sinngehalte sein Dasein angelegt ist"⁵³. Existentielle Verzweiflung zeichnet sich somit durch Bipolarität aus: Zum einen bedeutet sie „Verneinung", weil sie für den Trauernden einen Abgrund des Schmerzes bedeutet und damit sowohl ein „Nein" zum Geschehenen, als auch ein „Nein" zum Zukünftigen in sich trägt. Zum anderen verweist die Verzweiflung auf die positive Möglichkeit des „Sich-Selbst-Erkennens" und in diesem Kontext bildet sie das Fundament für den Prozess der „Bejahung" – der „Selbst-Annahme". Das heißt, der Trauernde ist nicht einfach nur ein „Dasein als Vorhandenheit"⁵⁴. Er ist nicht nur dem Verlust und der damit einhergehenden Verzweiflung ausgesetzt, sondern indem er zur entschiedenen Lebensführung aufgerufen ist, ist er immer ein „Unterwegssein zu sich"⁵⁵, ein auf dem Weg zu sich selbst Seiender.⁵⁶ In der Einsamkeit der Verzweiflung ergeht der Aufruf an ihn „wesentlich"⁵⁷ zu werden, sich zu „verselbsten"⁵⁸: „Selbstwerdung oder Verselbstung ist (…) der Prozeß, in dem der Mensch die noch unentfaltete oder unentdeckte Reichheit seiner Gesamtperson <offenbarschaffen> will."⁵⁹ Im Prozess der Selbst-Werdung, im Prozess der „Verwesentlichung"⁶⁰, in dem „das persönliche Subjekt echter, unverwechselbarer und selbständiger, <innerlicher> zu sich selbst wird"⁶¹, liegen Aufgaben, die vom Trauernden bewältigt werden müssen und von denen ein pädagogischer Impetus ausgeht: „Erkenne dich selbst!", „Werde, der du bist!".⁶² Um sich selbst zu erkennen, und der zu werden, der er

---

51 *Meinrad Ziegler,* Leben verwirrt mich mehr als sterben. Gedanken zur Trauer, S. 118. In: Sterben, Tod und Trauer. Vom Umgang mit dem Unvermeidlichen. Hrsg. von *Meinrad Ziegler, Ingo Mörth, Hubert Hummer.* Linz 1989, S. 115-128.
52 *Landsberg,* 1934, S. 199.
53 *Philipp Lersch,* Aufbau der Person. München ¹¹1980, S. 292. Hieraus erwächst für *Illhardt,* 1982, S. 11, die fundamentale ethische Frage „ob nicht das Selbstwerden des Menschen überhaupt nur durch Trauer gelingen könne, ob nicht alle Entscheidungen, (...) mit Trauer mehr oder weniger bewußt verbunden seien, weil sie doch Alternativen des Verhaltens und der Einstellung abscheiden, weil also jede Entscheidung Verlust- und Kontrasterlebnisse impliziere".
54 *Helmut Zöpfl,* Bildung und Erziehung. Donauwörth 1967, S. 85.
55 Ebenda, S. 85.
56 Vgl. hierzu auch *Landsberg,* 1934, S. 48: „Es wird sich uns zeigen, daß Mensch nie ein fertiges Etwas ist, sondern daß recht eigentlich immer nur M e n s c h w e r d u n g geschieht."
57 *Landsberg,* 1934, S. 64.
58 Vgl. *Eduard Zwierlein,* Die Idee einer philosophischen Anthropologie bei *Paul Ludwig Landsberg.* Zur Frage nach dem Wesen des Menschen zwischen Selbstauffassung und Selbstgestaltung. Würzburg 1989, S. 98f.
59 *Zwierlein,* 1989, S. 99.
60 Ebenda, S. 79.
61 *Paul Ludwig Landsberg,* Bemerkungen zur Erkenntnistheorie der Innenwelt, S. 370. In: Tijdschrift voor philosophie. Leuven, 1939, S. 363–376.
62 Vgl. hierzu auch *Zöpfl,* 1967, S. 112, der darauf hinweist, dass jeder „Todesfall", von dem „ich erfahre, rein dadurch, daß ich auf meinen eigenen Tod entweder aufmerksam gemacht oder daran erinnert werde, von vorneherein ein pädagogisches Moment" beinhaltet. Ob dieses jedoch zur

ist, bedarf der Zurückbleibende nicht nur der Einsamkeit der Verzweiflung, das „Auf-sich-Geworfen-Sein", sondern in diesem Prozess der Erschütterung benötigt er ebenso den Mitmenschen, um seinen je eigenen Weg der Selbst-Werdung gehen zu können, denn die „fundamentale Tatsache der menschlichen Existenz ist der Mensch mit dem Menschen"[63]. Er bedarf des Anderen, der ihm in diesem existentiellen Prozess zur Seite steht und ihn auf seinem Trauerweg – seinem Werde-Weg – begleitet. Damit erweist sich die Erschließung des Themenbereiches „Trauer und Selbstwerdung" auch als ein pädagogisches Anliegen, und als solches bedarf es „des Wissens um die Idee des Menschen, als einer Kenntnis des Einzelmenschen, der zu dieser Idee hin erzogen werden soll. (...) Der Pädagoge muß die Grundarten der Menschenkenntnis immer wieder synthetisch neu gewinnen, um solche Menschenkenntnis anwenden zu können"[64]. Selbstverständlich muss jede Art von Wissensgewinn in strenger Abhebung von den Arten der Menschenkenntnis gesehen werden, „die den praktischen Umgang mit Menschen einschließlich ihrer Beherrschung oder Heilung befördern wollen"[65]. Grundsätzliche Offenheit für neue Einsichten und der Verzicht auf ein geschlossenes Menschenbild sind universelle Forderungen, die sich hieraus ergeben.

Der Blick auf die Forschungslandschaft zum vielschichtigen und facettenreichen Themengebiet „Trauer" zeigt eine nahezu unübersichtliche Materiallage. Einzelne Disziplinen, wie beispielsweise Theologie, Psychologie, Psychoanalyse, Psychiatrie, Medizin, Soziologie, Sozialpädagogik und Pädagogik, haben dazu zahlreiche theoretische und empirische Forschungsbeiträge geleistet.[66] Die jeweiligen Ansätze, Schwerpunkte und Zielsetzungen zeigen hierbei sowohl eine spezifische und explizite Ausgerichtetheit auf das Phänomen „Trauer", als auch eine das Phänomen philosophisch-anthropologisch oft nur tangierende Betrachtungsweise. So ergänzen, überschneiden und widersprechen sich die einzelnen Studien in vielen ihrer Gesichtspunkte und Ergebnisse. Natürlich erwächst hieraus einerseits ein Gewinn an qualitativen Einsichten, andererseits jedoch führt das quantitative Anwachsen des Einzelwissens auch zu einer zunehmenden Differenzierung und Unübersichtlichkeit, die ihrerseits einen gewissen Rückschluss auf die grundlegende Rätselhaftigkeit und Fraglichkeit des Menschen zulässt.[67] Vor diesem Hintergrund erhebt sich die Notwendigkeit einer philosophisch-

---

Selbst-Werdung beitrage, liege daran, ob sich der betroffene Mensch diesem Ereignis bewusst und entschieden zuwendet.

[63] *Martin Buber*, Das Problem des Menschen. Gütersloh 62000, S. 164.
[64] *Landsberg*, 1934, S. 69.
[65] Ebenda.
[66] Vgl. zur Forschungslage im Bereich des Themengebietes „Trauer" exemplarisch die in den siebziger Jahren entstandene Arbeit von *Yorick Spiegel*, Prozess des Trauerns, Analyse und Beratung. München 41981, die 2003 erschienene Arbeit von *Kerstin Lammer*, Den Tod begreifen. Neue Wege in der Trauerbegleitung. Neukirchen-Vluyn 32004 und die 2005 von *Ruthmarijke Smeding* und *Margarete Heithkönig-Wilp* herausgegebene Arbeit, Trauer erschließen – Eine Tafel der Gezeiten. Wuppertal 2005. Ergänzend ist hier auch auf die wachsende und kaum überschaubare Zahl populärwissenschaftlicher Publikationen, die Ratgeberliteratur für Trauernde und Begleitende, die literarischen Textsammlungen zum Thema Trauer sowie auf die zahlreichen autobiographischen Veröffentlichungen trauernder Menschen hinzuweisen, die als Bemühungen betrachtet werden können, dem Phänomen „Trauer" Räume zu eröffnen und Worte zu verleihen, um so der bestehenden Gestalt- und Sprachlosigkeit entgegenzutreten.
[67] Vgl. hierzu *Landsberg*, 1934, S. 10, der gerade wegen der zunehmenden Reichhaltigkeit des Wissens vom Menschen die Frage stellt, ob dieser nicht im „G a n z e n (...) g e r a d e u m s o

anthropologischen Fundierung, die das Phänomen „Trauer" aus einer philosophischen Explikation heraus in den Blick nimmt und so der heterogenen Forschungslandschaft als Grundlagenreflexion dienen kann. Dabei soll jedoch nicht übersehen werden, dass es auch in der philosophisch-anthropologischen Diskussion vielfach kontrovers zugeht. Da die unterschiedlichen Studien nur teilweise auf die anthropologische Grundfrage des Menschen beziehungsweise auf die Grundstruktur des Menschseins eingehen, ist eine durchgängige generelle Grundlagenreflexion – Trauer als Selbst-Werdungsmodus zu verstehen – ein Desideratum der Forschung, auf das die vorliegende Studie antworten möchte.

Fassen wir das bisher Gesagte zusammen, um einleitend zu verdeutlichen, dass die Auseinandersetzung mit dem Thema „Trauer und Selbst-Werdung" letztlich aus einem philosophisch-anthropologischen Kontext heraus erfolgen muss: Der Tod eines geliebten Menschen reißt den Zurückbleibenden mit Gewalt aus dem Alltagsleben heraus. Er lässt ihn etwas spüren von der Ambivalenz des Lebens, der Kontingenz des Seins, der Ausgesetztheit der menschlichen Existenz. Er bringt ihn in Berührung mit seinen eigenen Begrenzungen, stellt ihn ungefragt in eine Grenzsituation hinein und fordert ihn auf schmerzvolle Weise zu einer Auseinandersetzung mit existentiellen Fragen auf. Um dieser Aufgabe nachkommen zu können, bedarf der Trauernde des Mitmenschen. Er kann den Weg der Verwirklichung, der Verselbstung nicht alleine, das heißt nur im Rückgang auf sich selbst, bewältigen,[68] sondern er braucht den Mitmenschen, um im begleiteten Gehen seines Trauerweges Schritt für Schritt ein neues Verständnis seiner selbst zu entwickeln. Im Durchleben seiner Trauer, im bewussten Erleben der Grenzsituation, erhält er Einblicke in sich selbst, die ihm nicht nur bisher ungekannte Einsichten in sein individuelles Selbst, sondern auch Einsichten in sein Menschsein überhaupt gewähren. Indem im Verlauf dieses Prozesses nicht nur die zerstörerische Seite des Todes gesehen wird, sondern auch sein konstruktiver und sinngebender Aspekt, kann das Phänomen „Trauer" als ein Existential gefasst werden, das es dem Zurückbleibenden ermöglicht, „sich selbst zu erkennen" und so „der zu werden, der er ist".

Entsprechend dem bisher Dargestellten lassen sich nun für den Fortgang der Studie zwei leitende Thesen postulieren. Erstens: Der Tod eines geliebten Menschen und die damit einhergehende Trauer sind für den Zurückbleibenden das Fundament seines Selbst-Werdungsprozesses beziehungsweise stellen einen spezifischen Modus in diesem Prozess dar.[69] Zweitens: Der Trauernde kann seinen Weg der Selbst-Werdung nicht

---

„rätselhafter [wird], je mehr wir im Einzelnen von ihm wissen?". Gleichzeitig verweist *Landsberg*, auf die Gefahr, dass die jeweiligen Einzeldisziplinen einen Anspruch darauf erheben, „d a s Wissen" (ebenda, S. 13) vom Menschen geben zu können.

[68] Vgl. hierzu *Jaspers*, 1958, S. 371: „Versuche ich mich zu isolieren, als ob ich selbst allein und mir genug sein könnte, so verliere ich mich."

[69] Weitere Modi, die den Prozess der Selbst-Werdung nachhaltig initiieren können, sind einerseits solche, die den Menschen als unverständliche Widerfahrnisse überwältigen und wachrütteln. So werden die Grenzen des Verstehens beispielsweise überschritten, wenn ein Mensch mit der Diagnose „lebensbedrohlich erkrankt" oder sogar „unheilbar erkrankt" konfrontiert wird. Auch schwere, scheinbar „sinnlose" Schicksalsschläge, wie der Verlust eines Beines, den ein Spitzensportler nach einem schweren Autounfall erleiden muss, können den Verstehenshorizont überschreiten und grenzsituativen Charakter haben. Andererseits können auch kontemplative Reflexionen, wie das Denken an den eigenen Tod – „meditatio mortis" – einen spezifischen Modus im Prozess der Selbst-Werdung darstellen.

alleine gehen, sondern braucht für die je eigenen – indirekten – Entzifferungen seines Selbst den Mitmenschen. Hieraus ergeben sich zwei Hauptfragen, die es im Verlauf der Studie zu beantworten gilt: Erstens: Inwiefern berührt die Trauer den Prozess der Selbst-Werdung? Zweitens: Wie beziehungsweise was kann Begleitung dazu beitragen, dass dieser Selbst-Werdungsprozess des Trauernden gelingt?

Beide Thesen mit den daraus resultierenden Fragen zielen auf das Existentielle im Menschen ab, weshalb bei der Erarbeitung des Themengebietes die existenzphilosophische Sichtweise im Vordergrund steht. Das Phänomen „Trauer" aus einer existenz-philosophischen Perspektive heraus zu erforschen, bedeutet, davon auszugehen, dass der Trauernde dem „Gefühl der Angst und Verlorenheit nicht einfach nachgibt und davor zu fliehen versucht, sondern sich ihm entschieden entgegenstellt, es bewusst auf sich nimmt und innerlich durchhält. In diesem Augenblick, wo [dem Trauernden, S.B.] alles fragwürdig geworden ist und zu entgleiten droht, und wo er nichts mehr hat, an das er sich halten könnte, da erfährt er einen eigentlichen <Umschlag>: da findet er in sich selber einen letzten unbedingten Halt, der von nichts Äusserem mehr bedroht werden kann"[70]. Es bedeutet also, den Blick nach innen zu wenden und sich mit den Fragen und den „Gegebenheiten" menschlicher Existenz auseinanderzusetzen. Es besagt, den Fokus auf Existentialien des Menschseins zu legen, und dies erfordert einen wissenschaftlichen Zugang, der nicht vorgibt, ein endgültiges Bild beziehungsweise eine sich rundende Darstellung vom (trauernden) Menschen gewinnen zu können, denn „was oder wer der Mensch ist, können wir am Ende gar nicht enträtseln oder auflösen. Der Mensch ist in diesem Sinne ein Geheimnis, und das Wort Geheimnis hat einen fundamental anthropologischen Sinn. Es bedeutet, daß die wahre Definition des Menschen seine Nichtdefinierbarkeit ist"[71]. Den Menschen als ein nichtdefinierbares Geheimnis zu betrachten, erfordert eine Haltung und eine Herangehensweise, die von „Ehrfurcht und Scheu"[72] getragen wird, und dies sowohl im direkten Umgang mit dem Menschen selbst als auch in der hier stattfindenden – indirekten – wissenschaftlichen Auseinandersetzung. Für die Entfaltung des vorliegenden Themengebietes bedeutet dies streckenweise eine Gratwanderung: Einerseits muss den wissenschaftlichen Ansprüchen von Objektivität, Neutralität und Distanz genüge getan werden, andererseits hängt die Art des Darstellens und Verstehens eng mit eigenen gelebten und erlebten Erfahrungen zusammen beziehungsweise wird beeinflusst von dem, was selbst erlitten und erlebt wurde. Dieser Umstand, wird er nur transparent genug gehandhabt, möge hier jedoch im Sinne einer Bereicherung bewertet und nicht im Sinne einer Verengung problematisiert werden.

Die Darstellung der nun folgenden philosophisch-pädagogischen Reflexionen, die als Grundlegung des Phänomens „Trauer" gelesen und verstanden werden wollen, gliedert sich wie folgt: Im ersten Hauptteil der Arbeit erfolgt eine anthropologisch-existentielle Grundlegung des Themas. Hierzu wird zunächst – in Referenz auf die

---

[70] *Otto Friedrich Bollnow*, Anthropologische Pädagogik. Bern, Stuttgart ³1983, S. 56.
[71] *Eduard Zwierlein*, Philosophie und Behinderung, S. 25f. In: Ders. (Hrsg.), Gen-Ethik. Zur ethischen Herausforderung durch die Humangenetik, Band II. Idstein 1993, S. 15-31. Den Menschen als Geheimnis „an-zu-erkennen", bedeutet nicht nur um seine prinzipielle Unbestimmbarkeit zu wissen, sondern ihn als in Frage gestelltes Wesen, das zugleich in die Frage hineingestellt ist, anzunehmen. Vgl. hierzu die Ausführungen von *Josef Derbolav*, Frage und Anspruch. Pädagogische Studien und Analysen. Wuppertal, Kastellaun 1970, S. 56-63.
[72] *Zwierlein,* 1993, S. 28.

Philosophie von *Paul Ludwig Landsberg* – das Sterblichkeitsbewusstsein und die damit verbundene Endlichkeitsproblematik des Menschen skizziert. Ziel dieser Ausführungen ist es, eine plausible und einsichtige Grundlage für die Untersuchung des existentiellen Innenweltdatums „Trauer" zu schaffen und eine „Antwort" auf die Frage, warum der Mensch – und hier vor allem der liebende Mensch – trauert, zu bekommen. Danach wird anhand der „bekennenden" Gedanken des *heiligen Augustinus* zum Tode seines geliebten Jugendfreundes eine „gelebte" Resonanz der vorangehenden Ausführungen erzeugt. In seinen Schilderungen zeigt sich, dass die Liebe – indem sie den Menschen sozusagen in das Todesverstehen „hineinreißt" – ein einzigartiges Erkenntnisorgan darstellt. Gleichzeitig veranschaulicht die Trauer des *Augustinus* den multiplen Verlusthorizont eines trauernden Menschen und verdeutlicht sowohl sein „Nicht-Verstehen" als auch sein „In-Frage-Gestelltsein". So kann aus der Trauer des *Augustinus* heraus, obschon sie zutiefst individuell ist, das Universelle – also die Trauer eines jeden Menschen – beleuchtet werden. Schließlich wird der anthropologisch-existentielle Teil durch den *Jaspersschen* Gedanken fundiert, dass der Mensch ein Wissender ist, der mehr ist, als er von sich weiß und sich somit zur Transzendenz hin öffnen kann. Mit Hilfe der Philosophie von *Karl Jaspers* soll der Frage nachgegangen werden, ob und in welcher Weise der Tod eines geliebten Menschen für den Zurückbleibenden zur „Grenzsituation" wird und in welcher Weise er dieser existentiellen Krise begegnen kann: Ausweichen oder Hineingehen? In der Uneigentlichkeit verharren oder den Weg in die Eigentlichkeit beschreiten? Scheitern oder Selbst-Werden? Menschliches Dasein ist nach *Jaspers* ein welt-immanentes, das einerseits immer in der Gefahr der Uneigentlichkeit steht, dem andererseits jedoch wesenhaft die Möglichkeit der Eigentlichkeit – und so auch der Transzendenz – inhärent ist. Diese Schritte nachzuzeichnen und aufzuzeigen, dass die Trauer – als Ausdruck einer existentiellen Krise – dem Menschen die Chance bietet, seine Existenz zu entdecken und zu offenbaren, ist Thema des letzten Abschnittes dieses Hauptteils.

Im zweiten großen Abschnitt der Studie soll aufgezeigt werden, dass Trauer ein individueller und prozesshafter Weg ist, dem die Aufgaben „Erkenne dich selbst!" und „Werde, der du bist!" als Antriebskräfte menschlicher Selbst-Werdung immanent sind. Dieser mehrschrittige Selbst-Werdungsweg soll dargestellt werden, indem erstens tragende Begrifflichkeiten geklärt und zweitens Wesensmerkmale der Trauerarbeit (Selbst-Wahrnehmung, Selbst-Erkenntnis, Selbst-Annahme und Selbst-Gestaltung) herausgearbeitet werden. Dass der Weg der Trauer für den Zurückbleibenden auf irgendeine Weise immer „Abschied – Tod – Neubeginn" bedeutet und somit in sich die Charakteristika eines Initiationsprozesses aufweist, soll im abschließenden Abschnitt dieses zweiten Hauptteils verdeutlicht werden.

Der dritte große Teil der Studie schließlich führt inhaltlich auf das Terrain der Praxis. Er fußt auf der Kernaussage, dass menschliches Sein immer Mitsein ist und impliziert die Aussage, dass der Trauernde seinen Weg der Verselbstung nicht alleine gehen kann, sondern der Begleitung eines Anderen bedarf, um selbst werden zu können. Es soll zunächst herausgestellt werden, dass der Begleitung eines trauernden Menschen immer Begegnung, besser formuliert: „gelungene Begegnung" vorausgehen muss. Zur Verdeutlichung dieser These werden die Wesenszüge von Begegnung und darauf basierend die Merkmale gelingender Begegnung herausgearbeitet. Im Anschluss daran wird aufgezeigt, dass Begleitung – will sie im Dienste der Selbst-Werdung stehen – immer ein mitmenschliches Geschehen ist, das sich – geprägt von einer bestimmten Haltung und einer besonderen Atmosphäre – an der Dynamik des Trauerprozesses orientieren muss und den Einsatz unterschiedlicher, aber spezifischer Begleitungsformen notwendig macht.

Ein abschließendes Kapitel blickt zurück, indem die wichtigsten Ergebnisse zusammengefasst, die gewonnenen Einsichten noch einmal vergegenwärtigt und mögliche Anknüpfungspunkte für weitere Forschungsarbeiten formuliert werden.

2. Anthropologisch-existentielle Grundlegung der Trauer

„Aber dann kommt er [der Tod, S.B.] und reißt mir ein ums andere Mal die Geliebten aus den Armen, mein Denkwissen platzt zur Wirklichkeit auf. Aus der Wahrheit, die ich eingeübt und mir vertraut gemacht habe, fährt es plötzlich heraus, wie ein Blitz in die Krone durch den Stamm bis in die Wurzeln des Baums schlägt ... Dann <schmecke> ich ihn. Die Wahrheit wissen ist das eine, sie zu schmecken bekommen das andere ..."[73]

Eine Auseinandersetzung mit dem Gefühl der „Trauer" eines Menschen, der eine ihm nahe stehende Person durch den Tod verloren hat, ist untrennbar verknüpft mit der Bestimmung des Menschen auf der Suche nach dem Sinn von Sein. Sie verlangt ein eingehendes Bedenken der Endlichkeit des Menschen sowie dessen Bewusstsein vom Tode, denn „die Frage nach dem Menschen lässt sich nicht ausreichend ausarbeiten, wenn die Sterblichkeit des Menschen unberücksichtigt bleibt"[74].

In diesem Teil der Arbeit soll herausgestellt werden, was der Tod für uns Menschen bedeutet, woher und wie wir um den Tod wissen. Es soll der Frage nachgegangen werden, auf welche Weise uns Tod und Sterben in ihrem ganzen Ernst so zur Gegebenheit kommen, dass wir einer Auseinandersetzung mit ihnen nicht mehr ausweichen können.[75] Hierbei werden die Grundfragen philosophischer Anthropologie berührt, die eine anthropologische Fundierung erfordern, wie sie beispielsweise in den Schriften *Paul Ludwig Landsbergs* zu finden ist.[76] Seine Reflexionen sind in intensiver Weise von einem Bedenken der Endlichkeitsproblematik des Menschen durchzogen und so ist „das Problem des Todes (...) eines der durchgehenden und entscheidenden Themen"[77] seiner Philosophie. *Landsberg* geht es „in aller Anthropologie (...) um die Frage des todbedrohten Sinnes des Menschenlebens und damit um das philosophische Grundproblem schlechthin"[78]. Sein spezifischer anthropologischer Entwurf, „Die Erfahrung des Todes"[79], soll für die nun nachfolgenden Reflexionen als Referenz dienen, da er vor allem mit seinen Grundgedanken zur „Erfahrung vom Tod des Nächsten" eine plausible Grundlage sowohl für die Untersuchung des existentiellen Innenweltdatums[80] „Trauer" als auch für die Beantwortung der Frage, warum der Mensch trauert, schafft.

---

[73] *Stier*, ²1981, S. 112.
[74] Vgl. Georg *Scherer*, Das Problem des Todes in der Philosophie. Darmstadt 1979, S. 5.
[75] Vgl. *Scherer*, 1979, S. 3.
[76] Vgl. hier ergänzend vor allem: *Scheler*, ²1957, S. 11-64. Die Fragerichtung *Schelers* zielt auf einen verstehenden Zugang zum Todesphänomen, auf eine „Erkenntnistheorie des Todes" ab, und ist leitend in die Philosophie des 20. Jahrhunderts eingegangen. Vgl. *Scherer*, 1979, S. 3.
[77] *Zwierlein*, 1989, S. 77.
[78] *Landsberg*, 1934, S. 73.
[79] *Paul Ludwig Landsberg*, Die Erfahrung des Todes. Frankfurt am Main 1973. Über *Landsberg* hinaus gibt es eine Vielzahl von Theorien, die sich in unterschiedlicher Akzentuierung mit der Todesgewissheit des Menschen auseinandersetzen. Es geht in dieser Studie nicht darum die verschiedenen Lehren für die Annahme der menschlichen Todesgewissheit herauszuarbeiten. Dies würde sicher den Rahmen des hier Möglichen sprengen, sondern es soll hier in Anschluss an *Landsberg* und seine Thanatologie die Gewichtung auf die Bedeutung der Kategorie „Erfahrung" für die Gewissheit des eigenen Sterbenmüssens herausgearbeitet werden.
[80] Vgl. *Zwierlein*, 1989, S. 38.

2.1 Erfahrung vom Tod

> „Es gibt den Tod. Und alles, was ist, ist von Belang. Und alles was geschieht hat Folgen, (...) und sie sind unwiderruflich und unumkehrbar."[81]

Wir als Menschen „rechnen"[82] damit, dass wir alle irgendwann, auf irgendeine Weise einmal sterben müssen.[83] Aber woher nehmen wir diese Todesgewissheit, was ist es für ein Wissen, das der Mensch um seinen Tod hat? Nach *Landsberg* verfügt der Mensch über zwei Möglichkeiten der Todeserfahrung. Erstens: er fühlt den Tod als inhärente Zukunft des eigenen Lebens und damit als „die Möglichkeit der Unmöglichkeit zu sein"[84]. Zweitens: er erfährt die Bedeutung des Todes im Tod des Mitmenschen.[85]

Wenden wir uns zunächst der ersten Möglichkeit von Erfahrung[86] zu. In dem Maße, wie sich im Menschen sein individuelles Lebensgefühl herausbildet, wie er sich nicht mehr als substituierbares Gattungsexemplar empfindet, sondern das Unikatsgefühl der Unersetzbarkeit spürt, in dem Maße, wie er sich „besondert",[87] sich seiner selbst be-

---

[81] *Lewis*, ⁵1998, S. 18.
[82] Das hier angedeutete „Rechnen" wurzelt in der Fähigkeit des Menschen, die eigene Endlichkeit, im äußeren Registrieren der Limitationen und Reduktionen seiner Fähigkeiten sowie den damit verbundenen Beschränkungen, zu spüren und diese – in Analogie zum dem Bild der „abbrennenden Kerze" – zur Idee eines kontinuierlichen Alterns zu entwerfen. Ein solches „Rechnen" ist nicht synonym zu setzen mit dem „Rechnen" mit dem Tode, wie *Scheler* es versteht. Vgl. hierzu *Scheler*, ²1957, S. 30: „So sehr [der] moderne Mensch – <rechnet> mit dem Tode und sich tausendfach gegen ihn <versichert>, so ist der Tod doch *nicht eigentlich anschaulich für ihn da*. Er lebt nicht angesichts des Todes." In diesen Worten zeigt sich, dass wir auch in einem anderen, einem engführenderen Sinne mit dem Tode „rechnen". Wir versuchen uns auf jegliche Art und Weise gegen den Tod zu „versichern" und ermöglichen es ihm, gerade auf diese Weise uns einer Katastrophe gleich zu überfallen.
[83] Vgl. *Landsberg*, 1973, S. 9.
[84] *Scherer*, 1985, S. 51. Vgl. auch *Giudice*, 1970, S. 15. Vgl. auch *Martin Heidegger*, Sein und Zeit. Tübingen ¹⁸2001, §50, S. 250, der vom Tod als der „Möglichkeit der schlechthinnigen Daseinsunmöglichkeit" spricht.
[85] Vgl. *Landsberg*, 1973, S. 15.
[86] *Landsberg* geht in seinem Erfahrungsbegriff über einen empiristischen Ansatz hinaus. Erfahrung ist für ihn mehr als ein „Wissen über", das heißt mehr als ein „objektives Wissen", es ist ein „Wissen von und um", ein „existentielles Wissen", und so definiert er Erfahrung als ein „originäres Innewerden". Vgl. *Paul Ludwig Landsberg*, Bemerkungen zur Erkenntnistheorie der Innenwelt, S. 370. In: Tijdschrift voor philosophie. Leuven 1939, Band I, S. 363-376. Vgl. auch *Josef Pieper*, Tod und Unsterblichkeit, S. 336. In: Ders., Schriften zur philosophischen Anthropologie und Ethik: Grundstrukturen menschlicher Existenz, Band V. *Bertold Wald* (Hrsg.). Hamburg 1997, für den Erfahrung ein Gewahrwerden bedeutet, „das zustande kommt, wann immer und auf welche Weise auch immer wir die Wirklichkeit selbst unmittelbar berühren, die Wirklichkeit der Welt und auch die Wirklichkeit, die wir selber sind". Vgl. auch *Immanuel Kant*, in: Kant Lexikon. Bearbeitet von *Rudolf Eisler*. Hildesheim, New York 1979, S. 134, der den Zusammenhang von Erfahrung und Erkenntnis darstellt: „Daß alle unsere Erfahrung mit der Erkenntnis anfange, daran ist gar kein Zweifel; (…) Wenn aber gleich alle unsere Erkenntnis mit der Erfahrung anhebt, so entspringt sie darum doch nicht eben alle aus der Erfahrung." Ergänzend hierzu soll *Marcel*, 1961, S. 157, angeführt werden: „Nichts ist wichtiger, als zu erkennen, wie schwer es ist, die Erfahrung zu denken."
[87] Vgl. *Landsberg*, 1973, 16ff. Vgl. ders., 1934, S. 56. Der Mensch aktualisiert sein Todeswissen „in dem Maße, als er todbedrohtes Individuum wird und zur Entfaltung eines Gefühls von sich selbst als Individuum gelangt". Der Begriff „aktualisieren" verweist auf ein „a priori" des Todeswissens,

wusst wird, sich erlebt und erfährt, wächst die Schwere und Härte des Phänomens „Tod". Die sich hier zeigende Proportionalität lässt *Landsberg* zu dem Ergebnis gelangen, dass „es ein einziger Vorgang ist, in dem Individuen als solche *werden* und in dem sie, im eigentlichen humanen Sinne, *sterblich werden*"[88]. *Landsberg* verweist zudem auf die zu diesem Prozess der Individuation analog wachsende Last, nämlich das Gefühl der Angst vor dem Tode[89], das Empfinden der Bedrohung durch den Tod, der den Werdensprozess des sich in der Besonderung befindenden Menschen abbricht. Die zunehmende Individualisierung und der damit einhergehende Entwicklungsgang der „Sterblich-Werdung" lässt nicht nur das Bewusstsein für die eigene Sterblichkeit wachsen, sondern es nimmt vor allem „die Bedrohung selbst, die dieser Tod objektiv enthält"[90] zu, denn „tatsächlich ist der Mensch umsomehr durch den Tod bedroht, je mehr Individualität er verlieren kann, weil er sie eben gewonnen hat"[91]. Der Tod, als empfundene Bedrohung der gesamten – in Besonderung begriffenen – Existenz eines Menschen, wirft die Fragen nach der Unsterblichkeit und des Fortlebens auf und fordert den Menschen in irgendeiner Form zur Auseinandersetzung heraus, denn „mit dem in ihm aufgebrochenen Wissen vom Tode (...) wird er alsbald ein Wesen, welches nach dem Sinne seiner Existenz fragt"[92]. Der Mensch ist von seinem Wesen her immer auf Sinn verwiesen und seiner bedürftig, so strebt er danach, alles, was ihm begegnet, sinnhaft[93] zu verstehen. Gelingt ihm dies nicht, das heißt bleibt ihm der Sinn sowohl für den gegen-

---

bis hierin folgt *Landsberg* seinem Lehrer *Max Scheler*, geht dann aber über diesen hinaus, der zwar versucht habe „das wirkliche Wesen der menschlichen Todeserfahrung aufzudecken", aber im Grunde nur die „Erfahrung des Alterns" beschrieben habe. *Landsberg*, 1973, S. 12. Vgl. hierzu auch *Eberhard Jüngel*, Tod. Stuttgart ²1983, S. 43f., der darauf hinweist, dass *Schelers* These „von der fundamentalen Bezogenheit des menschlichen Lebens auf den Tod (...) sich nämlich, wenn sie wahr ist, gerade an der Struktur des menschlichen Daseins als eines Seins mit Anderen bewähren" muss.

[88] *Landsberg*, 1973, S. 20. Vgl. ders., 1934, S. 54f.
[89] Vgl. hierzu *Landsberg*, 1934, S. 55, der die Todesangst, als „Erzittern der Person vor einer metaphysischen Verlassenheit, in der sie sich schon vernichtet sieht", und die sich in dem Satz „Ich will nicht sterben" ausdrückt, deutlich unterscheidet von der vitalen Furcht vor dem Sterben, die ja vorwiegend den Umständen des Sterbens gilt und sich in den Worten „So will ich nicht sterben" zeigt. Vgl. hierzu auch die Ausführungen von *Joachim Wittkowski*, Tod und Sterben. Ergebnisse der Thanatopsychologie. Heidelberg 1978, S. 64f., der ebenfalls unterscheidet zwischen der „Angst vor dem Tod" und der „Angst vor dem Sterben". *Wittkowski* differenziert die „Angst vor dem Tod" in eine Angst vor dem eigenen Tod und einer Angst vor dem Tod des Anderen. Die Angst vor dem eigenen Tod werde vorwiegend gespeist aus dem Verlust der innerweltlichen Beziehungen, aus den Fragen nach dem „Nachher" und „Danach" sowie aus der Sorge um die Zurückbleibenden. Der Tod Anderer verweise auf die Möglichkeit der eigenen Sterblichkeit, was sich nach *Wittkowski* zur „Angst vor Toten" steigern könne. Die Angst vor dem Sterben gilt nach *Wittkowski* vorwiegend den Umständen des Sterbens.
[90] *Landsberg*, 1973, S. 16.
[91] *Landsberg*, 1934, S. 55.
[92] Ebenda, S. 60. Verwiesen sei hier auf den Gedanken der Sinndialektik: Der Tod selbst kann einerseits als Sinnproduzent verstanden werden, da er Zeitknappheit ins Leben bringt, andererseits erscheint er uns auch als Sinnzerstörer, da uns im Bewusstsein der eigenen Sterblichkeit etwas begegnet, „das man im gewissen Sinne das <Nichts> nennen kann, (...) der Abgrund, in dem der Stiftungszusammenhang des spezifischen persönlichen Lebens zu enden und damit sein Sinn zu verschwinden scheint". Vgl. ders., ebenda, S. 62.
[93] Vgl. hierzu ders., ebenda, S. 60: „Die selbstverständliche Sinnerfülltheit, mit der jedes gesunde Lebewesen in seiner Umwelt lebt, ist im Menschen aufgehoben."

wärtigen Moment als auch für die Zukunft verborgen, dann „bricht die Angst oder die Resignation in unser Dasein ein"[94]. Die Folge hiervon ist, dass der moderne Mensch sein mögliches Wissen um den Tod verdeckt „sei es (...) in der Gestalt der Verdrängung, des Versuches dieses Wissen zu übergehen oder den Ernst des Todes auf irgendeine Weise zu verharmlosen"[95] oder im Begehen des Weges der Betäubung, Beruhigung, Ablenkung und Vermassung.[96] Auf diese Weise versucht der „Sterbliche"[97] das Wissen um den Tod in seinen Alltag zu integrieren. Er strebt danach, den bevorstehenden Tod in alltäglicher Auslegung auf ein Begebnis – ein „Vorkommnis" – zu nivellieren, das zwar das Dasein berührt, jedoch niemanden eigens zugesprochen werden kann:[98] „Das Sterben, das wesenhaft unvertretbar das Meine ist, wird in ein öffentlich vorkommendes Ereignis verkehrt, das dem Man begegnet."[99] Obwohl dem Menschen nach diesen Ausführungen wesenhaft das Wissen um die Notwendigkeit des bevorstehenden Todes innewohnt, bleibt es ihm dabei doch verwehrt, Erkenntnissubjekt seines eigenen Totseins zu sein, denn „nur wenn der Tod nicht unser letztes Schicksal ist, sondern wir durch ihn hindurchgehen können, werden wir ihn erfahren haben und Gewißheit darüber erlangen, was er ist"[100]. Totsein und Verstehen schließen sich demnach in einem bestimmten Sinne aus.[101] Dies bedeutet aber nicht, dass wir vom Tode gar nichts wissen können, dass er uns in seiner „Verhülltheit"[102] ein völliges Geheimnis[103] oder Mysterium[104] bleibt, sondern indem wir um „die Möglichkeit der Unmög-

---

[94] *Scherer,* 1985, S. 19. Es ist hier zu differenzieren zwischen einer Angst „ob es Sinn gibt" und wenn es diesen gibt, „ob ich den Sinn treffe".

[95] *Scherer,* 1979, S. 6. *Pieper,* 1997, S. 328, weist darauf hin, dass sich zahllose Zeugnisse zusammentragen ließen, „in denen [ein] Einspruch gegen das Unbegreifliche, ja gegen das Unmögliche des dennoch Tag für Tag Geschehenden zum Ausdruck kommt".

[96] Vgl. *Zwierlein,* 1989, S. 79. Ein solches Reaktionsmuster lässt das im Menschen gewordene Todesbewusstsein jedoch nicht in seiner Eigentlichkeit erwachen, sondern spricht dem Tod seine Wirklichkeit ab, ja es kann sogar von einer „Umkehr der Humanisierungsrichtung" gesprochen werden. Vgl. ders., ebenda, S. 79. Es sei hier auf die Bedeutsamkeit der Auseinandersetzung des individualisierten Menschen mit seiner je eigenen Trauer verwiesen. Indem er sich dieser Trauer stellt und damit auch der Auseinandersetzung mit der eigenen Sterblichkeit, wird diesem umgekehrten Humanisierungsgeschehen entgegengewirkt.

[97] Vgl. *Martin Heidegger,* zitiert nach *Gion Condrau,* Der Mensch und sein Tod. Certa moriendi condicio. Zürich, Einsiedeln 1984, S. 139: „Der Mensch west als der Sterbliche. So heißt er, weil er sterben kann. Sterbenkönnen heißt den Tod als Tod vermögen. Nur der Mensch stirbt – und zwar fortwährend, solange er auf dieser Erde weilt, solange er wohnt."

[98] Vgl. *Heidegger,* [18]2001, S. 253. So betrachtet wird hier eine doppelte Verarmung des modernen Menschen sichtbar, denn „ein relativ hohes Maß an Individualität [muss] zugleich unter Verlust traditioneller, tröstender und orientierender Leitvorstellungen, Unsterblichkeits- oder Fortlebenshoffnungen auf die zur letzten Wirklichkeit gewordenen Faktizität des Todes reagieren". *Zwierlein,* 1989, S. 79. Mit anderen Worten: Der individualisierte Mensch verliert das Sinnangebot, das im Kollektiv als rituelle Praxis gelebt wurde, und muss ohne die Sinndeutungshorizonte, in welchen Leben, Selbst und Tod gedeutet wurden, zurechtkommen.

[99] *Heidegger,* [18]2001, §51, S. 253.

[100] *Scherer,* 1985, S. 47.

[101] Vgl. *Zwierlein,* 1989, S. 85.

[102] Ebenda.

[103] Vgl. hierzu *Eduard Jüngel,* Der Tod als Geheimnis des Lebens, S. 111. In: *Johannes Schwartländer* (Hrsg.), Der Mensch und sein Tod. Göttingen 1976, S. 108–125, der aufzeigt, dass der Tod zugleich unser Tiefeigenstes und das Befremdlichste ist, und er somit „ein bleibendes *Geheimnis* des Lebens [ist], das er beendet". Vgl. auch *Anne Philippe,* Nur einen Seufzer lang. Reinbek bei

lichkeit"[105] zu sein wissen, gewinnt der Tod für uns an Schärfe, *kann* er uns in unserem ganzen Menschsein erschüttern und somit existentiell werden.

Schauen wir zurück auf die eingangs geschilderte, den Menschen fast zerreißende Trauer, die ihn angesichts der eingetroffenen „Notwendigkeit des Todes" überfällt, dann ist deutlich geworden, dass sich zunehmendes Todeswissen und damit einhergehende Todesangst in provokativer Weise gegenüberstehen.[106] Die wachsende Angst vor dem Tod, die damit verbundene Angst vor dem Nichts und die offenen Fragen nach dem Fort- und Weiterleben verhindern, dass das Wissen um die Notwendigkeit des Todes über ein mehr oder weniger sachliches „Denkwissen"[107] hinausgeht und einer wirklichen Bewusstheit der eigenen Sterblichkeit weicht, die notwendig wäre, um von der puren Kenntnisnahme der Alltäglichkeit zur existentiellen Erkenntnis zu gelangen. In diesen Ausführungen ist deutlich geworden, dass ein solches „Todeswissen" keine befriedigende Antwort darauf zu geben vermag, warum der Mensch beim Tod eines geliebten Menschen einer existentiellen Erschütterung verfällt, die er mit den alltäglichen Bewältigungsstrategien nicht mehr zu verkraften in der Lage ist. Warum der Verstand still steht, „wenn er an die Grenzen des Entsetzens stößt"[108], wo doch alles erst anfängt. Um dem Phänomen „Trauer" beziehungsweise der Frage „Warum der Mensch trauert" näher zu kommen, ist es daher erforderlich, auf die zweite durch *Landsberg* herausgearbeitete Möglichkeit einzugehen: Die Erfahrung vom Tod des Nächsten.[109]

Die Erfahrung des Sterbens und des Todes eines Menschen, den wir lieben, der uns das Liebste ist, geht weit über das hinaus, was wir im Sinne der Logik von These und Konklusion zu verstehen vermögen. Als Beispiel sei der klassische Syllogismus genannt: „Alle Menschen sind sterblich. Sokrates ist ein Mensch, also ist auch Sokrates sterblich."[110] Auf dieser Ebene bleibt der Mensch in einer „Fremderfahrung" des Todes verhaftet, die über das „man stirbt eben"[111] nicht hinaus reicht. Erfahren wir hingegen den Tod eines geliebten Menschen, der „unendlich viel mehr als der Tod des Anderen

---

Hamburg ²¹2001, S. 43: „Man muß es [das Geheimnis, S.B.] angehen, sich bemühen es aufzulösen. Je weiter wir in die Welt der Erkenntnis eindringen, desto deutlicher werden wir merken, daß es ein Geheimnis bleibt."

104 Vgl. hierzu *Zöpfl*, 1967, S. 182: Der Tod ist „das Mysterium, an dem der Mensch teilhat und über das man nicht einfach verfügen kann". Dies bedeutet, dass das Mysterium etwas im Menschen ist, etwas in das er verstrickt ist. Es kann in seiner Totalität dem Menschen nicht gegenübertreten.

105 *Heidegger*, ¹⁸2001, §53, S. 262.

106 Die Frage, die sich an dieser Stelle noch nicht beantworten lässt, ist die Frage nach dem „Worüber ich trauere?" Trauer bedeutet nicht nur erfahren, dass jemand nicht mehr da oder zugänglich ist, sondern die Trauer betrifft auch die Unsicherheit bezüglich des Wissens, wo der geliebte Mensch jetzt ist und was ihm da widerfährt. Weitere Fragen sind: „Trauere ich auch über mich, weil mir etwas fehlt, etwas genommen ist, weil ich mein eigenes Schicksal antizipiere? Trauere ich auch über das Menschengeschlecht, das dem Tod verfallen ist?"

107 *Stier*, ²1981, S. 112.

108 *Philipe*, ²¹2001, S. 79.

109 Vgl. hierzu auch *Heidegger*, ¹⁸2001, §47, S. 237: „Um so eindringlicher ist doch der Tod Anderer. Eine Beendigung des Daseins wird demnach <objektiv> zugänglich. Das Dasein kann, zumal da es wesenhaft Mitsein mit Anderen ist, eine Erfahrung vom Tod gewinnen."

110 Vgl. hierzu auch *Leo Tolstoi*, Der Tod des Iwan Iljitsch. Stuttgart 1965, S. 57. Vgl. auch *Scheler*, ²1957, S. 30. Vgl. auch *Landsberg*, 1934, S. 58.

111 Vgl. *Heidegger*, ¹⁸2001, §51, S. 253. Vgl. *Scherer*, 1985, S. 51. Vgl. ders., 1979, S. 57.

im Allgemeinen"[112] ist, werden wir in unserer ganzen Existenz von diesem Ereignis betroffen, ja werden solchermaßen erschüttert,[113] dass es uns nicht länger möglich ist, den Tod als eine sachlich zu bewältigende Realität zu betrachten. Um beim Tod des Anderen, des Mitmenschen gewissermaßen eine selbsteigene Todeserfahrung zu machen[114], bedarf es als unabdingbare Voraussetzung der persönlichen Liebe.[115] Einen Menschen zu lieben und an dessen Einzigartigkeit zu partizipieren, berührt immer das Problem des Todes, denn dieser bedroht das Besondere, bedroht das Einzigartige dieses geliebten Menschen, ja der Tod sucht dieses geradezu zu vernichten. Mit *Zwierlein* gesprochen, können wir nun sagen, dass „die gleichsam metaphysische Traurigkeit der Liebe (...) aus dem spezifischen individuellen Verlustkummer [resultiert]. Als personale Liebe liebt sie das seinsmäßig Besondere, das sie zu bejahen, zu steigern und zu bewahren sucht, während der Tod dem Menschen in erhabener Gleichgültigkeit hinsichtlich seiner Besonderung widerfährt"[116]. Das heißt nur in der erkenntnistheoretischen Bedeutung der Liebe wird der ontologische Ernst des Todesproblems deutlich, oder um es mit den Worten *Landsbergs* auszudrücken: „Wo in Liebe die Person selbst uns gegeben ist, da alleine, aber da mit innerer Notwendigkeit, berühren wir das ontologische Problem ihrer Beziehungen zum Tode."[117] Um aber aus der erlebten Erfahrung „die Todesbedrohtheit in ihrer ganzen Wucht und Fülle möglichem konkreten Verstehen zugänglich"[118] machen zu können, bedarf es des Verfahrens der „Wiederholung"[119], des „wiederholenden Mitgehens"[120] des Sterbens bis zum Eintritt des Todes des geliebten Menschen.[121]

Der Vorgang des Sterbens und der Moment des Todes müssen hier strikt unterschieden werden. Im Vorgang des Sterbens leiden wir mit dem Sterbenden mit, spüren

---

112 *Landsberg*, 1973, S. 21.
113 Vgl. *Jaspers*, II, ²1948, S. 485, der beim Tod des Nächsten von der Möglichkeit der „existentiellen Erschütterung" spricht.
114 Vgl. *Scherer*, 1985, S. 51. Vgl. ders., 1979, S. 57.
115 Hier sei auf *Landsberg*, 1973, S. 29, verwiesen, der hervorhebt, dass schon „ein einziger Akt persönlicher Liebe genügt, um zugleich mit der Gegenwart oder vielmehr mit der <anwesenden Abwesenheit> der Person, den Wesenskern des menschlichen Todes fühlbar zu machen".
116 *Zwierlein*, 1989, S. 83. Vgl. auch *Landsberg*, 1934, S. 57.
117 *Landsberg*, 1973, S. 23f.
118 *Zwierlein*, 1989, S. 82.
119 *Landsberg*, 1973, S. 22. *Zwierlein*, 1989, S. 78, weist darauf hin, dass „das Wiederholungsprinzip nicht eine bloße Abbildung oder Spiegelung, sondern auch die Möglichkeit eines schöpferischen Gestaltens meint".
120 *Landsberg*, 1973, S. 30.
121 Vgl. hierzu ders., ebenda, der darauf hinweist, dass es, um den Tod des Anderen, des Nächsten zu erfahren, nicht zwingenderweise des Beiwohnens des Sterbeprozesses und des Miterlebens des Verschwinden der geistigen Person bedarf, sondern dass die Erfahrung des Todes auch beim Erhalt einer Nachricht des Todes des geliebten Menschen gemacht werden kann. *Landsberg* verweist hier als Beispiel auf die Eltern von getöteten Soldaten. Vgl. hierzu auch *Fridolin Wiplinger*, Der personal verstandene Tod. München ²1980, S. 43f. Allerdings sei schon an dieser Stelle darauf verwiesen, dass die direkte Konfrontation mit dem Toten jedoch wesentlich für den Verlauf des Trauerprozesses ist. Durch die Berührung, durch das Anschauen, „weiß" der Hinterbliebene nicht nur, dass der geliebte Mensch tot ist, sondern er hat es mit allen Sinnen erfahren und kann es „be-greif-en". So kann ein bewusstes Abschiednehmen vollzogen werden und der Realisierungsprozess kann hier anknüpfen.

den physischen Schmerz dieses leidenden lebendigen Leibes[122], spüren, wie wir immer weiter von einander getrennt werden bis zum Eintritt des Augenblickes völliger Ruhe, Schweigen und Stille. Waren wir bis zu diesem Augenblick in prinzipieller Weise noch füreinander erreichbar und wussten, dass „die geliebte Person als solche noch existiert"[123], so machen wir nun mit dem Eintritt der zur Wirklichkeit gewordenen Unmöglichkeit[124], mit dem unwiderruflichen Ende des vitalen Prozesses, „die Erfahrung einer geheimnisvollen Abwesenheit der geistigen Person"[125]. Wir fühlen uns unbarmherzig „in die fremde und kalte Welt des vollendeten Todes"[126] hinübergeführt, in eine Welt, in der jedes vitale Mitleiden ins Leere tastet und schlagartig aufgehoben wird „in der tieferen Bewußtwerdung, daß dieses Wesen in der Einzigartigkeit seiner Persönlichkeit nicht mehr da ist und nicht mehr in diesen Körper zurückkehren wird"[127]. Die Person, die wir als einzigartig und unersetzlich lieben, ist nicht mehr, wird nie mehr wiederkehren.[128] In dem „Niemals Wieder!"[129] wird die ganze Bedrohlichkeit, Unumkehrbarkeit und Endgültigkeit dieses Geschehens offenbart.[130] Alles, was der zurückbleibende Mensch noch im Zusammenhang mit dem Verstorbenen sagen kann, drückt sich aus in

---

[122] Vgl. *Landsberg*, 1973, S. 22. Vgl. ders., ebenda, S. 31, wo er aufzeigt, dass „das Mitempfinden vitalen Schmerzes" unabhängig davon, wie stark und furchtbar dieser Schmerz sei, „für uns Menschen etwas *relativ* Tröstliches" habe, und dass der Akt des Sterbens „unserem geistigen Verstehen wesensmöglich zugänglich" sei.

[123] Ebenda, S. 22.

[124] Vgl. hierzu *Johann Wolfgang von Goethe*, Friedrich Sorets Gespräche mit Goethe in Eckermanns Bearbeitung, Montag, den 15. Februar 1830, S. 669f. In: Ders., Gespräche mit Goethe in den letzten Jahren seines Lebens. Von *Johann Peter Eckermann*. Wiesbaden 1955, S. 487-720, anlässlich des Todes der Großherzogin Luise: „Ich muß mit Gewalt arbeiten, (…) um mich oben zu halten und mich in diese plötzliche Trennung zu schicken. Der Tod ist doch etwas so Seltsames, daß man ihn ungeachtet aller Erfahrung, bei einem uns teuren Gegenstande nicht für möglich hält und er immer als etwas Unglaubliches und Unerwartetes eintritt. Er ist gewissermaßen eine Unmöglichkeit, die plötzlich zur Wirklichkeit wird. Und dieser Übergang aus einer uns bekannten Existenz in eine andere, von der wir auch gar nichts wissen, ist etwas so gewaltsames, daß es für die Zurückbleibenden nicht ohne die tiefste Erschütterung abgeht."

[125] *Landsberg*, 1973, S. 22. Vgl. auch *Karl Pleger*, Dialog mit Peter Wust. Briefe und Aufsätze. Heidelberg 1949, S. 331, der angesichts seines toten Vaters ein Gefühl der Fremdheit entwickelte: „dieses von der Krankheit aufgezehrte, sich selber entfremdete Gesicht, erinnerte mich kaum noch an meinen Vater, es entführte mich vielmehr in eine unüberholbare Ferne, es war etwas wie ein erschütterndes Mahnzeichen seiner unwiderruflichen Abwesenheit. (…) Das Beste von ihm ist verschwunden." Vgl. auch *Zwierlein,* 1989, S. 81: „Wer den toten Körper anschaut, weiß, daß das Beste nicht mehr da ist."

[126] *Landsberg*, 1973, S. 22f.

[127] Ebenda, S. 23.

[128] Vgl. auch *Jaspers*, II, ²1948, S. 484. „Ich bin allein geblieben, als ich, im letzten Augenblick den Sterbenden allein lassend, ihm nicht folgen konnte. Nichts ist rückgängig zu machen; für alle Zeit ist es das Ende. Der Sterbende läßt sich nicht mehr ansprechen."

[129] *Landsberg*, 1973, S. 23. Vgl. auch *Herrad Schenk*, Das Haus, das Glück und der Tod. München 1998, S. 112. „Nie mehr würde er nach Hause kommen, nie mehr knirschend durch den Hof radeln. Dieses Niemals war am Anfang so schrecklich, ich durfte gar nicht hindenken, schon das Antippen der Vorstellung schien mich auseinanderzureißen. Mit Grauen dachte ich an die zwanzig oder dreißig Jahre, die ich vielleicht noch würde leben müssen, und nie mehr, nie nimmer nie würde er wiederkommen."

[130] Vgl. auch *Karl Guido Rey*, Du fehlst mir so sehr. Der Weg der Liebe durch Tod und Trauer. München 1998, S. 93: „Es gibt keine Rückkehr ins Vergangene mehr. Es wird nichts mehr so wie es war."

negierenden Prädikationen, als verzweifelten Versuch die Ausdrücke des Bekannten zu benutzen[131]: Er wird nicht mehr zu mir sprechen, wird mich nicht mehr anschauen, nicht mehr mit mir lachen, nicht mehr mit mir sein, es wird kein „Wir"[132] mehr geben: „der Tod ist die definitive Unzugänglichkeit."[133] Das Zerreißen des „Wir" lässt den Zurückgebliebenen in absoluter Einsamkeit[134] zurück, in einem Zustand „äußerster Vereinzelung infolge der entstorbenen Liebe des geliebten Nächsten"[135]. Er versinkt in dem grauenhaften Wissen: „ich bin tot für ihn, er ist tot für mich."[136] Der Mensch, mit dem der Zurückbleibende „dialogisierend oder schweigend verbunden war, steht im Abgrund der Fremdheit"[137] und er, der dem geliebten Menschen „bis an die äußerste Grenze des <Jenseits>"[138] gefolgt ist, hat für einen Moment die „Atmosphäre, die aus dem Land des Todes kommt"[139] berührt, um sofort danach wieder zurückzukehren „aus dem Reiche des Dunkels"[140]. Aus dieser erlebten Erfahrung heraus hat der Mensch ein existentielles Wissen seines eigenen Sterbenmüssens gewonnen.[141]

Der Mensch hat ein Wissen um die Notwendigkeit des Todes. In der Erfahrung des Todes eines nahe stehenden Menschen erfährt er das Sterbenmüssen des Jeder-

---

[131] Vgl. *Zwierlein*, 1989, S. 83. Vgl. auch *Mischke*, 1996, S. 14: „Der Tod stellt sich immer nur als negative Definition von Leben dar." Wir können nur etwas in Sprache fassen, das in unserer Realität gegeben ist, da sich menschliche Sprache hauptsächlich auf gemachte Erfahrungen bezieht. Der Tod aber liegt außerhalb unserer menschlichen Erfahrung und setzt somit dem semantischen Vermögen der Worte Grenzen. Vgl. hierzu auch *Marcel*, 1961, S. 156: „jede menschliche Erfahrung als solche drückt sich aus und wird Sprache. Man kann sagen, daß das, was diesseits der Sprache ist, in gewissem Sinne auch diesseits der Erfahrung ist."

[132] Für viele Trauernde ist der Gedanke, dass es kein „Wir" mehr geben wird, dass durch dieses „Wir" ein Riss gegangen ist, kaum erträglich, so benutzen sie dieses „Wir" auch nach dem Tode des geliebten Menschen noch und lassen aus dem Riss gleichsam einen Schattenriss werden, um sich selbst zu vermitteln, dass der Verstorbene noch Teil ihres Lebens ist. Vgl. *Goshen-Gottstein*, 1997, S. 41: „Ich sprach noch länger als ein Jahr nach seinem Tod im Plural; ich sagte <wir> als sei er noch da. So lud ich zum Beispiel einen Freund ein, <uns> zu besuchen."

[133] *Zwierlein*, 1989, S. 83.

[134] Der Begriff der Einsamkeit ist hier mit dem Gedanken der Vereinsamung zu verbinden, wie ihn *Bollnow*, ⁷1988, S. 99, gebraucht: „Wo (...) der Mensch von wirklich echter und schwerer Trauer ergriffen wird, die ihn im innersten Wesen erschüttert, da tritt jederzeit auch die volle Vereinsamung ein." Gleichwohl soll hier schon ein Verweis auf Kapitel 2.3.3 dieser Studie erfolgen, in dem herausgestellt wird, dass „Einsamkeit" im existenz-philosophischen Sinne eine wesentliche Bedingung von Kommunikation und Selbst-Werdung bildet.

[135] *Zwierlein,* 1989, S. 83. Vgl. ders., Tod und Sinn, S. 41. In: Logotherapie & Existenzanalyse. Zeitschrift der Deutschen Gesellschaft für Logotherapie und Existenzanalyse e.V., 2. Jahrgang, Heft 1, November 1993, S. 34-46. Vgl. auch *Jaspers*, II, ²1948, S. 484: „jeder stirbt allein; Die Einsamkeit vor dem Tode scheint vollkommen, für den Sterbenden wie für den Bleibenden."

[136] *Landsberg*, 1973, S. 28.

[137] Ebenda, S. 144.

[138] Ebenda, S. 26.

[139] Ebenda.

[140] Ebenda. Vgl. auch *Schenk*, 1998, S. 222: „Es ist, als ob ein Vorhang reißt, der Vorhang vor dem Zentrum der Dinge, einen Augenblick schaut man in das glühende Innere der Welt, in die blendende Schneewüste des Nichts, und wird dann wieder zurückgeschleudert. (…) Der Blitz hat einen berührt, eine Zeitlang ist man gezeichnet, weil man für Sekunden hinter den Vorhang geschaut hat, jedoch ohne wirklich etwas zu sehen. Man hat es nur gefühlt. Vorübergehend ist man wie erblindet."

[141] Das eigene Sterbenmüssen wird dem Menschen nach *Jaspers*, II, ²1948, S. 485, immer dann ins klare Bewusstsein gehoben, wenn der Tod des Anderen existentiell erschüttert.

mann und damit auch sein eigenes. In dieser erhellenden Erkenntnis trauert der Mensch, dem der Tod das Liebste, das er hatte, entriss. Er stürzt in einen Abgrund des Leides, seine Welt wird durch den Todesschatten verdunkelt, er kann den Verlust weder fassen noch ertragen, sein Herz schreit auf im wilden Schmerz, er wird im höchsten Maße auf sich selbst zurückgeworfen und stellt sowohl die Welt als auch sich selbst in Frage.[142]

Im Folgenden soll unter Einbeziehung des bisher Erörterten und unter besonderer Berücksichtigung der philosophischen Thanatologie von *Landsberg* ein „Dialog" mit anderen Autoren und Autobiographen geführt und in Ergänzung, Reflexion, Abgrenzung, Modifizierung, Unterstützung etc. versucht werden, das „Gelände zu durchschürfen und abzuräumen, auf dem das Mysterium, das mit dem Tod des Nächsten verbunden ist, endlich wenn nicht erhellt, so doch wenigstens dem Verständnis nähergebracht werden kann"[143]. Dabei sollen die mit dem Tod eines geliebten Menschen einhergehenden Elemente der Trauer unter dem Gedanken des „Verlustes", des „Nicht-Verstehens", des „In-Frage-Gestellt-seins" als Merkmale der Wandlung subsumiert werden. Implizit leitend sollen hierbei folgende Fragen sein:

- Warum trauert der zurückbleibende Mensch und leidet unsagbare Qualen, wo ihm doch das Phänomen Tod immer und überall gegeben ist, nicht nur bei Fremden und in der Ferne, sondern auch bei den Menschen, die er kennt?[144]
- Warum fällt er in den Abgrund des Leides, wo er doch weiß, dass jedes Leben ein endliches ist?[145]
- Was geschieht im Menschen, wenn eine ihm nahe stehende, eine geliebte Person stirbt?
- Was bedeutet der Verlust im Leben des Zurückgebliebenen?
- Was kennzeichnet das Phänomen „Trauer"? Oder mit den Worten von *Gabriel Marcel* gesprochen: was ist es „was wesentlich in Verzweiflung setzt?"[146]

Möglichen Antworten auf diese Fragen soll exemplarisch anhand der „bekennenden" Gedanken des *heiligen Augustinus* anlässlich des Todes seines einstmaligen Jugend-

---

[142] Es ist der *Heilige Augustinus* selbst, der dieses Geschehen – nach dem Tod seiner Mutter – als „doppelten Schmerz" bezeichnet: Der Mensch wird angesichts des Verlustes, den er beim Tod eines Nahestehenden erleidet, vom Gefühl der Trauer überfallen und er leidet unter dieser Trauer, da er doch weiß, „was nach der gesetzten Ordnung und unserem sterblichen Los unumgänglich ist". *Augustinus*, ⁴2002, zehntes Buch, XXII, 31. Es sei hier auch auf die Ausführungen von *Lewis*, ⁵1998, S. 27, hingewiesen, dem in der Trauer um seine Frau aufgeht, dass man nie weiß, „wie sehr man eine Sache glaubt, bis deren Wahrheit zu einer Frage von Leben und Tod wird".

[143] *Gabriel Marcel*, Gegenwart und Unsterblichkeit. Frankfurt am Main 1961, S. 103f.

[144] Vgl. *Sigmund Freud*, Vergänglichkeit, S. 359f. In: Ders., Gesammelte Werke, Band X. Werke aus den Jahren 1913-1917. Frankfurt am Main ⁸1991(b), S. 358-361: „Die Trauer über den Verlust von etwas, das wir geliebt oder bewundert haben, erscheint dem Laien so natürlich, daß er sie für selbstverständlich erklärt. Dem Psychologen aber ist die Trauer ein großes Rätsel, eines jener Phänomene, die man selbst nicht klärt, auf die man aber anderes Dunkle zurückführt."

[145] Vgl. *Landsberg*, 1973, S. 14: „Ich habe nicht nur die Evidenz, daß ich mich unmittelbar vor der realen Möglichkeit des Todes befinde, in jedem Augenblick meines Lebens, heute und immer. (...) Mors certa, hora incerta. Der Tod hat seine intime Dialektik. Er ist für uns anwesend in Abwesenheit." Vgl. ders., 1934, S. 51: „Der Mensch ist ein Wesen, welches weiß oder doch wissen kann, daß es sterben muß."

[146] *Marcel*, 1961, S. 286.

freundes nachgegangen werden.[147] Dessen unerwartetes Sterben hatte den damals Neunzehnjährigen solchermaßen in seinem Dasein[148] betroffen, verstört und erschüttert, dass er sich in dem „Schmerz um das Verlorene"[149] und in seiner „drückenden Trauer"[150] „selber zu einer großen Frage"[151] wurde. Der *Augustinische* Text[152] enthält viele Elemente des Verhaltens eines Menschen, der einen großen Verlust erlitten hat,[153] ihm haftet als „locus classicus"[154] eine ausgezeichnete Inspirationskraft[155] an und erlaubt durch seinen theologischen Bezug eine Einbettung des Themas „Trauer" in einen theologischen Kontext, ohne diesen selbst in den Vordergrund zu stellen:[156] „Die in den Konfessionen erzählte Geschichte ist die Geschichte des Aurelius Augustinus, Mensch wie wir alle, aber darin und eben darum wird *eines jeden* eigenes Drama in besonderer Form erzählt. Das Individuelle erleuchtet das Universelle."[157] Die *Augustini*-

---

[147] Einfließen werden jedoch auch die rückblickenden *Augustinischen* Gedanken beim Tod der Mutter. Hierbei sollte auch die Zäsur der Konversion Beachtung finden, denn wir erfahren über die Trauer des *Augustinus* vor und nach seiner Bekehrung vom Manichäismus zum Christentum. Die hier geschilderten Empfindungen des *Augustinus* sind somit immer vor dem Hintergrund einer jeweiligen Selbst-Werdungsstufe zu verstehen und verweisen gleichzeitig auf den Aspekt der „Trauerarbeit", die den Humanisierungsprozess in Richtung Selbst-Werdung voranbringt. Die Gefühle des *Augustinus* werden soweit möglich mit Aussagen von Trauernden unserer Zeit verbunden, um auf diese Weise das Betreten des pädagogischen Terrains vorzubereiten.

[148] *Hans Urs von Balthasar* übersetzt mit dem Begriff „Daseinserfahrungen" (Prüfung). Vgl. *Augustinus*, ⁴2002, viertes Buch, Kap. V, 10. Indem *Landsberg*, 1973, S. 44, davon spricht, dass der *Augustinische* Text im Grunde „unübersetzbar" ist, sensibilisiert er für die Schwierigkeit, die einer Übersetzung inhärent ist.

[149] *Augustinus*, ⁴2002, viertes Buch, Kap. V, 10.

[150] Ebenda.

[151] *Augustinus*, ⁴2002, viertes Buch, Kap. IV, 9. Für *Landsberg* ereignet sich mit dieser Frage „die Geburt der existentiellen Philosophie." Vgl. *Landsberg*, 1973, S. 46.

[152] *Augustinus,* ⁴2002. Viertes Buch, Kap. IV,7 – Kap. IX, 14. (S. 91-97).

[153] Vgl. *Kast,* ²⁰1999, S. 18. Vgl. auch *Illhardt*, 1982, S. 39.

[154] *Zwierlein*, 1989, S. 47.

[155] Vgl. *Landsberg*, 1973, S. 48: „Der Text der Konfessionen bleibt unerschöpflich." Siehe auch: *Wilhelm Geerlings*, Augustinus. Freiburg 1999. Url: http://idw-online.de/public/pmid-16600/ zeige_pm.html (30.04.03): „An Augustinus (...) kommt keiner vorbei: Vielen gilt er als der <erste moderne Mensch>. Seine <Bekenntnisse>, in denen er sein Innenleben bis in die verborgenste Tiefe offenbart, sind ein entscheidender Schritt auf dem Weg zu unserem heutigen Verständnis von Subjektivität, Selbstbewußtsein und Identität." An dieser Stelle sei darauf hingewiesen, dass es hier ausschließlich darum geht, die Aspekte der Trauer herauszuarbeiten und nicht darum den Wert der Bekehrung und seine grundlegende Bedeutung zu thematisieren, denn mit *Marcel*, 1956, S. 119, gesprochen „bleibt [diese] in rationalistischer Sicht immer unverständlich, weshalb alle, die sie von außen her erörtern wollen, zwangsläufig dazu neigen, sie zu entstellen oder gar zunichte zu machen".

[156] Vgl. hierzu *Landsberg*, 1973, S. 31, der ausführt, dass beim Tod eines nahestehenden Menschen die „Erschütterung unserer gesamten Existenz offenbar [wird], welche so scheint es, der religiöse Glaube allein erträglich machen kann". Mit diesen Worten *Landsbergs* wird ausgedrückt, dass eine Reflexion des Themenkomplexes „Trauer" über den Menschen hinausweist und immer auch in irgendeiner Form die Sphäre des Glaubens berührt. Vgl. auch *Dorothee Sölle*, Leiden. Freiburg, Basel, Wien 1993, S. 109, die darauf hinweist, dass „Jedes Leiden, das als Bedrohung des eigenen Lebens erfahren wird" die Gottesbeziehung berührt. Zur Vertiefung des theologischen Hintergrundes, siehe: *Gisbert Greshake, Jakob Kremer*, Ressurectio Mortuorum. Zum theologischen Verständnis der leiblichen Auferstehung. Darmstadt 1992.

[157] *Landsberg,* 1973, S. 44.

schen Schilderungen seiner damaligen Trauerempfindungen sind durchwoben und begleitet von analytischen Gedanken, in welchen er „das psychologische Element"[158] überschreitet und sich „stets zur lebendigen Anschauung des Metaphysischen, des Symbolischen, des Existentiellen [erhebt]. Er wird für sich selbst der <Jedermann>, der Mensch schlechthin"[159]. Das Eintauchen in die persönlichen Erfahrungen des *Augustinus*, das Aufklären und Aufhellen seiner Eigenheiten lassen es zu, diese in allgemeingültige Erfahrungen umzuformen, denn „indem er aufs redlichste sein Leben erzählt, gibt er ein treues Bild vom Menschenleben und Menschenwesen überhaupt"[160]. In diesen Worten *Landsbergs* finden wir die Legitimation die Trauer des *Augustinus* als etwas Universelles zu postulieren, da „der Andere (...) mir in dieser Erfahrung in Wahrheit alle Anderen"[161] vorstellt. Im Folgenden sollen hierzu die wesentlichen Sätze aus den Bekenntnissen wiedergegeben werden.

2.2 Der Tod eines geliebten Menschen – Reflexionen in Anschluss an *Augustinus'* Confessiones IV.

„Da wurde mein Herz vor Schmerz verfinstert, und was ich immer ansah war tot. Die Vaterstadt wurde mir unerträglich, das Mutterhaus eine seltsame Bitternis. Was immer ich gemeinsam mit ihm erlebt hatte, verkehrte sich ohne ihn in unerträgliche Qual. Überall suchten ihn meine Augen, doch er entzog sich. Und ich haßte alles, weil es ihn nicht enthielt, und kein Ding mir versprechen konnte: <Warte nur er kommt!>, wie es der Fall war, als er noch lebte und abwesend war. Ich selber war mir zu einer großen Frage geworden, und ich befragte meine Seele, warum sie traurig sei und mich so verwirre. Und sie wusste mir darauf nichts zu antworten. Und wenn ich ihr sagte: <Hoffe auf Gott>, so gehorchte sie mir nicht, und tat recht daran, denn der geliebte Mensch, den sie verloren, war echter und besser als das Gespenst, auf das zu hoffen ich sie anwies. Einzig die Tränen taten mir wohl; sie waren die einzige Wonne, die mir an seiner Stelle verblieb. (...) Ich hoffte ja nicht, ihn wieder aufleben zu sehen, nicht das erbat ich unter Tränen, ich klagte nur und weinte, denn ich war armselig und hatte alle Freude verloren. Oder soll man sagen: Weinen ist bitter, und nur weil alles, was wir sonst genossen, uns zum Ekel ward und wir dessen überdrüssig sind, ist uns wohl dabei? (...) Elend war ich (...) und bitterlich weinend ruhte ich aus <in der Bitterkeit>. Elend war ich, und liebte doch mein elendes Leben mehr als den verlorenen Freund. Ich hätte es wohl gern verändert, aber doch nicht lieber verloren als den Freund, oder auch bloß für

---

[158] Ebenda, S. 43f. Vgl. auch *Wiplinger*, ²1980, S. 45 und S. 49, der darauf hinweist, dass die „Schilderung" der Trauererfahrung des *Augustinus* nicht „als bloße Deskription eines psychischen Zustandes im Sinne moderner Psychologie" verstanden werden dürfe. Sie sei „vielmehr der erste Ansatz einer existenzialen Phänomenologie ursprünglicher Todeserfahrung als einer Weise der Selbst- und Seinserschließung überhaupt – also von ontologischer Relevanz".
[159] *Landsberg*, 1973, S. 43f. Vgl. auch ders., ebenda, S. 72.
[160] Ebenda, S. 44.
[161] *Zwierlein*, 1989, S. 84. Vgl. auch *Romano Guardini,* Einführungen, S. VII. In: Pascal, Gedanken. Bremen 1958, S. VII-XXVIII: „Im abendländischen Schriftbereich gibt es einige Bücher, welche die Gewähr einer unvergänglichen Wirkung in sich tragen, weil sie aus einem geistig-religiösen Schicksal hervorgehen, das allgemeingültig ist. Sie führen zur Begegnung mit dem Wesentlichen (...). Dazu gehören die (...) Bekenntnisse des Aurelius Augustinus."

ihn, wie man es von Orest und Pylades erzählt oder fabelt, die gleichzeitig für einander sterben wollten, weil nicht gleichzeitig zu leben ihnen schlimmer erschien als der Tod. Aber in mir war ein gewisses dem widersprechendes Gefühl erwacht: Einerseits ein äußerster Lebensüberdruß, andererseits eine Angst vor dem Tod, der ihn mir entrissen hatte, als meinen blutigsten Feind, und ich wähnte schon er könnte plötzlich alle Menschen verschlingen, weil er jenen umbringen konnte. (...) Ich war erstaunt, die anderen sterblichen Wesen am Leben zu sehen, weil der, den ich wie einen Unsterblichen geliebt hatte, gestorben war. Und noch mehr war ich verwundert, mich nach seinem Tode noch lebendig zu sehen, der ich ein zweiter Er war. (...) ich fühlte, meine und seine Seele waren eine einzige in zwei Körpern gewesen, deshalb war mir das Leben ein Überdruß, denn ich wollte nicht hälftig leben und fürchtete mich doch vor dem Tod, damit der nicht endgültig sterbe, den ich so sehr geliebt hatte. O die Torheit, die es nicht versteht, Menschen auf menschliche Art zu lieben. (...) Ich glühte, weinte, seufzte, war verstört, es gab weder Rast noch Besinnung. Ich trug eine zerrissene, blutige Seele in mir, die von mir getragen zu werden sich sträubte, aber ich fand keinen Ort, um sie hinzulegen. (...) Alles war mir zuwider, sogar das Licht. Alles, was nicht so war, wie es gewesen war, schien mir unerträglich und verhaßt, bloß nicht mein Gestöhn und meine Tränen; hier allein fand ich einige Ruhe. Sobald meine Seele das verlor, drückte mich die Überlast meines Elends. (...) Wenn ich versuchte meine Seele dort [bei Gott, S. B.] niederzulegen, um ihr Ruhe zu verschaffen, glitt sie ins Leere ab und fiel wieder auf mich zurück. Ich war für mich selbst eine unselige Stätte geworden, an der ich nicht sein und vor der ich nicht weichen konnte. Wohin hätte denn mein Herz vor meinem Herzen fliehen sollen. Wohin hätte ich von mir weg fliehen können, ohne mir selbst nachzufolgen?"[162]

2.2.1 Hereinbrechen der Finsternis und Verlust des Lichtes

„Das Licht erlosch. Es wurde finster in mir. Die Welt lag wieder im Schatten. [Die Trauer, S.B.] schüttete mich mit Finsternis zu."[163]

Wenn *Augustinus* seine Gefühle beim Tod des Freundes damit einleitet, dass der Schmerz[164] sein Herz verfinsterte, um dann fortzufahren, dass alles was immer er ansah

---

[162] *Augustinus*, ⁴2000, Kap. IV, 9 – Kap. XII, 12. Zitate, die sich auf diesen Abschnitt beziehen, werden im Folgenden nicht gesondert angegeben.
[163] *Rey*, 1998, S. 79f.
[164] Beim Sichten der Literatur fällt auf, dass es zwar eine grundsätzliche Übereinstimmung darüber gibt, dass der Schmerz durch „Subjektivität", „Nicht-Mitteilbarkeit", dem „Problem der kaum Messbarkeit" sowie der „Unvermutetheit" charakterisiert wird, dass er aber in unserer traditionellen Begrifflichkeit schwer fassbar gemacht werden kann. Vgl. *Esther Fischer-Homberger,* Integration und Desintegration. Zur Anatomie des Schmerzes, S. 57. In: *Gisela Ecker* (Hrsg.), Trauer tragen – Trauer zeigen. Inszenierungen der Geschlechter. München 1999, S. 57-64. Vgl. hierzu auch die Ausführungen von *Ulrich Moser*, Lebensbegleitung bis zum Tod – Psychologische Aspekte, S. 46. In: *Josef Müller* (Hrsg.), Von Hoffnung getragen. Begleitung von Sterbenden und Trauernden. Würzburg 1996, S. 43-57: „Es ist wichtig zwischen der Erfahrung von Schmerz und Leiden zu unterscheiden. Schmerz ist nicht mit Leiden gleichzusetzen." Im weiteren Verlauf der Arbeit soll der Begriff des Schmerzes jedoch im Sinne des „Leidens" verstanden werden, wie es bei *Sölle,*

„nur tot" war, so ist dies ein Zeugnis dafür, dass der Tod seinen Lebensfluss unterbrochen hatte. Dass er mittels seiner Macht der „anwesenden Abwesenheit"[165] seinem ganzen Sein und Dasein das Lebendige genommen hatte. Der Freund, den er so sehr liebte, mit dem er „zusammen im Licht"[166] war, ist nicht mehr, und er, der den Freund so sehr liebte, dass sein eigenes Dasein in dieser Liebe überhellt[167] wurde, erfährt nun, wie nicht nur sein Innerstes, sein Herz, seine Seele, sondern auch sein äußeres Umfeld, die Dinge seiner Umgebung mit den Schatten des Todes überdeckt werden.[168] Innere und äußere Welt lassen sich, so wird hier deutlich sichtbar, nicht voneinander scheiden. Es scheint, als hätte mit dem erlöschenden Leben des Freundes sein eigenes Tageslicht ein jähes Ende gefunden[169] und wäre, begleitet von den „unerträglichen Qualen" der Finsternis, der Nacht als ein negatives zerstörerisches Prinzip gewichen: „Alles war mir zuwider sogar das Licht. Alles, was nicht so war, wie es gewesen war, schien mir unerträglich und verhaßt."[170] Der Schmerz, der über *Augustinus* hereinbricht, ist ein Ausdruck des Sträubens „gegen das (...), was uns gegen unseren Willen widerfährt"[171]. Er ist gepaart mit einer starken Empfindung von Ohnmacht und Machtlosigkeit[172] sowie

---

1993, S. 25, zu finden ist. Bei ihr wird deutlich, dass in dem Wort „Leiden" sowohl „die Dauer und Tiefe eines Schmerzes ausgedrückt [ist, als auch] die Mehrdimensionalität als Verwurzelung des Leidens im physischen und sozialen Leib des Menschen". Hinzuweisen ist auch auf die Ausführungen von *Marcel*, 1961, S. 108f., der den Schmerz, der mit dem Verlust einer geliebten Person verbunden ist, als „notwendiges Moment" bezeichnet, da es der Schmerz ist, der verhindert, dass sich der Trauernde der Besessenheit überlässt und sich der Überlebende mitbegraben möchte. Vgl. auch *Lewis*, [5]1998, S. 62ff., der in seinen Tagebuch-Aufzeichnungen hervorhebt, dass das Festhalten am Schmerz eine Blockade des Trauerprozesses bewirke, und erst wenn man den Schmerz „loslasse" eine Beziehung zum Verstorbenen möglich sei.

165 *Landsberg*, 1973, S. 45.
166 *Marcel*, 1961, S. 298.
167 Vgl. *Lersch*, [11]1970, S. 39: „Denn in der Liebe zu einem Menschen schwingt immer auch die Freude über sein Dasein mit und diese Freude, in der eine Überhellung des eigenen Daseins erfahren wird, gehört zum Wesen der Liebe." Vgl. auch *Dietrich von Hildebrandt*, Über den Tod. St. Ottilien 1980, S. 16, der zum Ausdruck bringt, dass mit dem Tod des geliebten Menschen, das beglückende Licht, das uns vorher leuchtete, erlischt.
168 *Rey*, 1998, S. 94: „Die Farben sind matt. Keine Glanzpunkte und kein Schattenspiel. Alles ist grau, unbedeutend, tot." Vgl. auch *Helga Ide*, Mein Kind ist tot. Trauerarbeit in einer Selbsthilfegruppe. Reinbek bei Hamburg 1988, S. 14: „Ich sehe ein wenig Licht nach all der schwarzen Leere." Vgl. auch die Zeilen eines Gedichtes, dessen Quelle leider nicht bekannt ist. In: *Böke*, 2000, S. 38: „deine Augen sehen nicht mehr, und so ist auch für mich alles dunkel."
169 Vgl. auch *Artzi-Pelossof*, 1996, S. 178f: „Großpapa, du warst das Feuer vor dem Lager, und jetzt sind wir allein, ohne Fackel in der Finsternis; uns ist so kalt, wir sind so traurig."
170 Vgl. hierzu auch *Kast*, [20]1999, S. 20, die darauf aufmerksam macht, dass Hass ein wesentliches Element des Trauererlebens darstellt, der auf alles und jeden gerichtet sein kann, zu dem der Trauernde in Beziehung steht.
171 *Augustinus*, Bekenntnisse und Gottesstaat. Ausgewählt von *Joseph Bernhardt*. Stuttgart [5]1951, III, 3 (S. 278).
172 Nach *Sölle*, 1993, S. 19, ist „das Bewußtsein der Ohnmacht eine fundamentale Bestimmung des Leidens" – und die Trauer um einen geliebten Menschen wird hier als Leiden verstanden – die einhergeht mit dem Gefühl erfahrener Machtlosigkeit, dem eine Entfremdung des Trauernden von sich selbst innewohnt.

einem Gefühl der Gottverlassenheit:[173] „Und wenn ich ihr [meiner Seele, S.B.] sagte: „Hoffe auf Gott", so gehorchte sie mir nicht."

Die Metapher des erlöschenden Lichtes, der einfallenden Finsternis enthüllt die aufgebrochene Orientierungslosigkeit in ihrer ganzen Schärfe und verweist darauf, dass der Hinterbliebene beim Verlust des geliebten Menschen ins Bodenlose, in einen Abgrund des „Nichts" fällt, in dem nichts mehr hilft und nichts mehr verstanden wird.[174] Der Zurückgelassene ist mit Eintreten des Todes aus einer Welt, die sich ihm in seinem Alltagsverständnis[175] klar, deutlich und luzide präsentierte, in eine Welt hineingestoßen worden, die aller Vertrautheit, aller Klarheit entbehrt und somit für ihn zu einer einzigen Schwärze wird, in der sich kein Licht und kein Leben zeigt und in der ihm jede Kraft, „die verfinsterte Realität zu bejahen"[176], abhanden gekommen ist.[177]

In dem Bild der Finsternis lassen sich verschiedene Aspekte aufzeigen: Zunächst einmal kann Finsternis aus einem defizitären Blickwinkel heraus erschlossen werden im Sinne von fehlendem Licht. Licht aber bedeutet Energie und Wärme und wirkt „lebenerweckend und lebenentfaltend"[178]. In der Lichtlosigkeit hingegen erlebt der Mensch

---

[173] Das Gefühl der Gottverlassenheit wird von trauernden Menschen eher im Sinne einer „Abwesenheit" und nicht als „nicht-existent" begriffen. Vgl. *Rey*, 1998, S. 13: „Gott wurde mir unbegreiflich, weil er mich so maßlos prüfte und herausforderte." Vgl. auch *Lewis*, [5]1998, S. 8f: „Und wo bleibt Gott? (...) warum ist Er (...) so meilenfern als Hilfe in Zeiten der Trübsal?"

[174] Die Möglichkeit der Begegnung, wie sie in Kapitel 4 zur Darstellung kommt, wird zeigen, dass dem Trauernden in der Begegnung eine Chance geboten wird, aus dem Abgrund einen Übergang zu gestalten, eine Brücke zu bauen, die es ihm ermöglicht, zum „Licht am Ende des Tunnels" zu gelangen. Vgl. auch *Artzi-Pelossof*, 1996, S. 27, die, nachdem sie die Nachricht vom Tod ihres Großvaters erfuhr, das Gefühl hatte, in einen „langen schwarzen Tunnel" zu treten.

[175] Dem Begriff „Alltagsverständnis" ist hier ausreichend Aufmerksamkeit zu schenken. Erklärend sei hier auf das Gleichnis des Menschen in der Höhle von Platon verwiesen, mit dem das siebente Buch der „Politeia" beginnt. Die Menschen leben in der Höhle als Gefangene und glauben sich doch im Licht, da sie das sinnlich Wahrnehmbare für das Seiende halten. Dennoch leben sie unter Schatten im Finsteren. Auch der heutige Mensch scheint in solchen Schatten zu leben. Obwohl er weiß, dass er sterben muss, lebt er ein Leben als „Unsterblicher". Der Tod eines geliebten Menschen reißt ihn aus dieser vermeintlichen „Klarheit" heraus und kann meines Erachtens im zweiten Stadium des Höhlengleichnisses angesiedelt werden („und wenn man ihn zwänge ins Licht zu blicken", *Plato*, Politeia. Amsterdam 1971, S. 179). Durch den Tod des Nächsten wird er gezwungen, von dem, was er bisher für wahr gehalten hat, nämlich dass der Andere (und er selbst) unsterblich sind, wegzusehen und sich der Wucht der Erkenntnis, dass er und die, die er liebt, „Sterbliche" sind, zu stellen. Vgl. hierzu auch die Ausführungen von *Sigmund Freud*, Zeitgemäßes über Krieg und Frieden, S. 346-350. In: Ders., Gesammelte Werke, Band X. Werke aus den Jahren 1913-1917. Frankfurt am Main [8]1991(a), S. 324-355: Der Autor reflektiert in seinem Werk „Zeitgemäßes über Krieg und Tod" das Verhältnis des Menschen zum Tode und gelangt zur Aussage, dass der eigene Tod für den Menschen von heute unvorstellbar und unwirklich ist. Da er den Tod aber nicht von sich fernhalten könne, lasse er sich auf Kompromisse ein, gebe den Tod einerseits zu, bestreite aber dessen Bedeutung der Lebensvernichtung, und im Unbewussten glaube er nicht an den eigenen Tod und gebärde sich wie „unsterblich". Insofern können wir auch sagen, dass mit dem eingetretenen Tod eine „Ent-Täuschung" stattfindet, die dann den Prozess der Trauer nach sich zieht. Enttäuschung kann hier wörtlich im Sinne von Verlust und Zerstörung einer Illusion verstanden werden. Der Mensch wird aus einer Täuschung herausgerissen, er wird eines Besseren belehrt. Vgl. Duden, Band VII, [3]2001, S. 182.

[176] *Marcel*, 1961, S. 263.

[177] Vgl. hierzu *Nicholas Wolterstorff*, Klage um einen Sohn. Göttingen 1988, S. 71: „Der Mittag ist finster geworden. So schnell, wie sie sagen konnte <Er ist tot>, wurde das Licht matt."

[178] *Lersch*, [11]1970, S. 311.

„eine Mattigkeit und Armut des Lebens, gleichsam ein Müdewerden und Hineignen zu dem, was vom Leben her als Tod erscheint"[179]. Das Bild der Finsternis ist auch als Metapher zu begreifen für die Ungewissheit dessen, was den geliebten Menschen erwartet, was mit ihm geschieht, was ihm widerfährt, wenn er in die „finstere Schlucht"[180], oder wie es im Buch *Ijob* heißt, wenn er „ins Land des Dunkels und des Totenschattens"[181], in ein „Land so finster wie die Nacht, wo Todesschatten herrscht"[182], entschwunden ist. Wird er dort weiterleben und wenn ja wie?[183] Es werden hier die Gedanken des Fortexistierens versus der endgültigen Vernichtung deutlich, durchdrungen von dem Gefühl der Todesangst als ein „Erzittern der Person vor einer metaphysischen Verlassenheit, in der sie sich schon vernichtet sieht, durch eine, in einer Art von Schwindel der Vorstellungskraft erfüllte Vorwegnahme des Endes des körperlichen Lebens"[184].

Die Todesangst[185] ist eine der mächtigsten Ängste, die der Mensch empfinden kann. Sie wurzelt in dem „Nichts", das dem Menschen beispielsweise beim Verlust einer geliebten Person auf allen Ebenen seines Seins begegnet und zu verschlingen droht. Der Hinterbliebene fühlt sich in dieser Angst gefangen, sie ist ihm allgegenwärtig.[186] Im Kollabieren des Lichtes sind die Momente der „Aktionalität", „Kognitivität" und „Emotionalität" als Deklinationen des „Nichts" enthalten. Auf der aktionalen Ebene erlebt der Trauernde sich in seinem Handlungsspielraum einschneidend eingeschränkt. Er fühlt sich „ohn-mächtig", „ohne Macht", „macht-los". Das hierin implizierte Wort „Ohnmacht" verweist direkt auf die kognitive Ebene, denn ein Ohnmächtiger ist „bewusst-los" und ohne Verstehen. Auf der emotionalen Ebene zeigt das Kollabieren des Lichts Kontaktlosigkeit und Verlassensein an. Das Bild der Finsternis

---

[179] Ebenda.
[180] Die Bibel des 20. Jahrhunderts. Gesamtausgabe in der Einheitsübersetzung. Pattloch 1998, Die Psalmen. Erstes Buch 23, 4.
[181] Ebenda, Buch *Ijob*, 10, 21.
[182] Ebenda, 10, 22.
[183] Vgl. *Landsberg*, 1934, S. 65: „Indem [der Mensch, S.B.] fragend hinausschreitet ins Unbekannte des Jenseits, findet er sich in einem Dunkel, indem es wie von einem Nichts bedroht fühlt und sich nicht zu bergen weiß. Gelingt es ihm nicht, sich gleichsam von außen her, durch eine geglaubte Lehre zu beruhigen, so sucht er sich selbst, durch eigene Geisteskraft und eigene Auslegung seines Wesens, in diesem Dunkel zu orientieren." Das heißt, der Mensch muss in dieser Situation eine Entscheidung treffen, die über sein empirisches Leben hinausweist, denn – so *Landsberg* – in der unmittelbaren Erfahrung vom Tod des Anderen sei keinerlei Hinweis auf ein mögliches Fort- oder Weiterleben enthalten. Vgl. ders., ebenda, S. 23. Vgl. auch *Scheler*, ²1957, S. 47, der darauf hinweist, dass es kein Wissen darüber gibt, ob und wie die Person fortexistiert, er könne es nur glauben.
[184] *Landsberg*, 1973, S. 51.
[185] Vgl. zur Differenzierung von „Todesangst" und „Todesfurcht" die zusammenfassenden Ausführungen in FN 89 dieser Studie. Ergänzend sei hier verwiesen auf die Ausführungen von *Gion Condrau*, Todesfurcht und Todessehnsucht, S. 206. In: *Ansgar Paus* (Hrsg.), Grenzerfahrung Tod. Graz, Wien, Köln ²1980, S. 201-240: „Für Freud stand fest, daß die Furcht ein bestimmtes Objekt voraussetze, vor dem man sich fürchtet, während die Angst einen unbestimmten, von einer bestimmten Gefahrensituation unabhängigen Zustand bezeichne."
[186] Es ist hier auch die Angst vor dem „Gottesgericht" enthalten, wie die Worte von *Giudice*, 1970, S. 27f. zeigen: „Oki [der Verstorbene, S.B.] war auf dem Weg zu Gott, mit jedem Augenblick entfernte er sich mehr und ich blieb zurück im Rachen der Angst (…). Oki konnte jetzt aus seinem Leben nichts wegnehmen und nichts mehr hinzufügen."

verweist somit auf einen anthropologischen Grund, enthält die Frage nach Sinn, denn in der Erfahrung der Finsternis empfindet der Mensch sich in eine sinnleere Welt hineingestellt.[187] Der Mensch, der vom Anspruch getrieben ist, seine Welt und die sich darin darbietenden Dinge und Geschehnisse zu erleuchten, um sie dann „aufzuklären", sieht sich hier an seinen Grenzen.[188]

Wenden wir uns nun wieder *Augustinus* zu, so wird deutlich, dass er den Tod des Nächsten, des geliebten Freundes nicht „anschaulich" machen, dass er ihn nicht als „einleuchtend" begreifen kann, denn wie kann er, „den ich wie einen Unsterblichen geliebt hatte", sterben? Es ist das eingetreten, was schon immer gewusst und gefürchtet wurde, das Entsetzlichste ist wahr geworden und konnte weder verhindert noch kann es rückgängig gemacht werden.

2.2.2 Verlust von Welt mit den darin enthaltenen Möglichkeiten

> „Damit tritt an die Seite der Leiche als eines ausgezeichneten Todesphänomens der ihr analoge Zerfall der Welt eines Menschen. Wie die Leiche verwest und sich auflöst, so verliert auch die Welt ihre Einheit und Ganzheit."[189]

Welt verstehen wir in Anschluss an *Scherer* als „das gegliederte Ganze der Verhältnisse, in denen ein Mensch lebt"[190] und in der er versteht, „was die Dinge jeweils bedeuten, wie sie geordnet sind, ihren Wert und Unwert, ihren Anfang und ihr Ende"[191]. Die Welt baut sich nach *Scherer* aus dem „innerweltlich Seienden"[192] auf, und so deutet er die Welt als ein „Gefüge, in dem diese Seienden ihren Ort und ihre Zeit einnehmen"[193]. Im Be- und Erleben der Welt erschließt sich der Mensch **die** Welt, als **seine** Welt, und somit können wir Welt verstehen als den „Horizont, in dem wir unser Verständnis der Wirklichkeit im ganzen vollziehen. Er leitet die gesamte Lebenspraxis des Menschen. In ihr geht es uns um den Sinn unseres Seins (...) [den wir] im existentialpragmatischen Sinn artikulieren oder verfehlen"[194] können. Im Kontext mit dem Verlust eines geliebten Menschen geht es immer um die Welt des zurückbleibenden Menschen. Aber, auch wenn jedes Individuum seine Welt im Rahmen der übergreifenden Zusammenhänge verwirklicht und gestaltet, seinen Bezug zu dieser Welt herausbildet, so ist es doch nicht „nur" die je-eigene-Welt, die im Tode zusammenbricht und untergeht, sondern diesem

---

[187] Die Frage nach Sinn, wie sie sich dem Menschen in der Trauer auftut, wird in Kapitel 2.2.7 ausführlicher thematisiert werden.

[188] Die Finsternis verweist jedoch bereits – wenn auch zu diesem Zeitpunkt noch nicht für den Trauernden wahrnehmbar – auf Klarheit. Vgl. hierzu *Angelika Aliti*, Die Sucht unsterblich zu sein. Warum der Mensch den Tod fürchtet und darüber das Leben versäumt. Stuttgart 1991, S. 234f: „[D]ie Dunkelheit verhindert, daß unsere Augen von der Vielfalt der Dinge abgelenkt werden, es gibt nichts zu tun, als zu sein. Die ganze Welt dreht sich langsamer, was alles, was ist, deutlicher wahrnehmbar macht."

[189] *Scherer*, 1985, S. 66.

[190] Ebenda, S. 64.

[191] Ebenda.

[192] Ebenda, S. 65.

[193] Ebenda.

[194] Ebenda, S. 64.

zurückbleibenden Menschen scheint die Welt als Ganzes vernichtet.[195] Hier liegt für viele Trauernde ein furchtbarer Stachel, denn wie kann sich die Welt weiterdrehen, wo doch alles Lebenswerte erloschen ist?[196] Der Hinterbliebene empfindet sich nach dem Tod des nahe stehenden Menschen als „Fremdling in einer fremden Welt, einer Todeswelt, deren Wirklichkeit allein der Schmerz ist"[197].

Schauen wir nun wieder auf *Augustinus*. Seine Welt, die Welt, in der er sich sicher, geborgen und behaust gefühlt hatte[198], scheint von einem Moment zum anderen der „Vernichtung" anheim gefallen und wird ihm erbarmungslos zu einer grausamen und brutalen „Todes-Welt": „Und was immer ich ansah, war tot." *Augustinus* sieht sich vor die Trümmer[199] seiner zusammengebrochenen Welt[200] gestellt, unter denen alle einst darin enthaltenen Möglichkeiten von Erfahrung, Handlung und Werten begraben liegen.[201] „Die Vaterstadt wurde mir unerträglich, das Mutterhaus eine seltsame Bitternis. Was immer ich mit ihm gemeinsam erlebt hatte, verkehrte sich ohne ihn in unerträgliche Qual (...) und ich haßte alles, weil es ihn nicht enthielt."[202] Es findet hier ein Verlust

---

[195] Vgl. *Karl Jaspers*, Von der Wahrheit. München 1958, S. 107f: „Der Mensch ist in der Welt aus ihr und mit ihr geworden. Er ist Mikrokosmos, das heißt, er ist Spiegelbild, Vertretung des Makrokosmos, in dem nichts ist, was nicht auch in ihm ist." Vgl. zum Mikrokosmosgedanke auch *Johann Wolfgang von Goethes* Gedicht Prooemion, in dem es heißt: „Im Inneren ist ein Universum auch." Vgl. hierzu auch *Robert Spaemann*, Lügen haben lange Beine, S. 156. In: Die zehn Gebote heute. Wegweisung auch für unsere Zeit. Freiburg im Breisgau 1982, S. 154-156: „Jede Person ist die ganze Welt noch einmal."

[196] Vgl. hierzu *Rey*, 1998, S. 106: „Alles ist zerstört." Trauer wird hier verstanden als der Ausdruck eines Bruches, den die gelebte Synchronie mit Anderen erlitten hat, und in dem das „Nichtmehr" oder „Nie-mehr" der gemeinsamen Zeit schmerzhaft gefühlt wird. Der Trauernde kann sich nicht von der Vergangenheit lösen, während die Zeit der Anderen weiterläuft. Vgl. auch *Philipe*, ²2001, S. 32: „Das Ende der Welt: dein Tod. Und gleichzeitig empfand ich, wie unberührt die Welt ohne dich weitergehen würde."

[197] *Wiplinger*, ²1980, S. 44. Vgl. auch *Giudice*, 1970, S. 57: „Ich sehe alles durch die Linse des Schmerzes, und sie verwandelt mir alles Vertraute. Ich sehe und höre, als wäre ich mir selber fremd."

[198] Vgl. hierzu *Jaspers*, 1958, S. 94: „Die Welt heißt das, worin wir geborgen sein können, oder das, was uns fremd sein kann. Die Welt in der wir geborgen sind, ist das Nahe, Vertraute, Zugehörige, unsere Heimat." Vgl. auch *Schenk*, 1998, S. 156: „Ich (...) verlor nur und fast alles, als ich plötzlich gewaltsam aus einem Dasein herausgeworfen wurde, in dem ich mich so wohl gefühlt hatte wie vielleicht nie zuvor."

[199] Vgl. hierzu auch *Johannes Müller*, Vom Leben und Sterben. München ⁴1917, S. 29: „Das Leben stockt, und unsre ganze Welt stürzt in Trümmer."

[200] Vgl. auch *Artzi-Pellosof*, 1996, S. 20: „Ich wußte nicht, daß der Countdown schon lief und meine Welt kurz vor dem Zusammenbruch stand."

[201] Vgl. auch *Freud*, ⁸1991(a), S. 342f: „Wir begraben mit ihm unsere Hoffnungen, Ansprüche [und] Genüsse." Vgl. auch *Otto Friedrich Bollnow*, Krise und Neuanfang. Beiträge zur pädagogischen Anthropologie. Heidelberg 1966, S. 68f: „Der gemeinsam aufgebaute Lebensraum bricht (...) zusammen. Der Spielraum des Handelns wird eingeengt. (...) Die eigenen Lebens- und Erlebnismöglichkeiten schrumpfen zusammen. (...) Der Mensch findet nichts mehr, an das er sich halten könnte. So bricht die Leere über ihn zusammen. Der Mensch ist einsam geworden. Und einsam heißt hier: er ist weltlos geworden."

[202] Vgl. hierzu auch *Rey*, 1998, S. 93, dem die Gegenstände im Haus – gewissermaßen als „Chor des Todes" –ein stummes „Nichts mehr", „Niemals wieder", „Aus und vorbei" entgegensummen: „Sie alle sind schwanger von Alltäglichkeiten eines glücklichen Zusammenseins, das jetzt erloschen ist. Sie sind selber zu erstorbenen stummen Zeugen erstarrt. Sie demonstrieren mir, dass die Veränderung endgültig und irreversibel ist. Es gibt keine Rückkehr ins Vergangene mehr. Es ist nichts mehr so, wie es war."

von Weltbezug, eine Negation von Welt statt, die bildlich gesprochen darin zum Ausdruck kommt, dass *Augustinus* nur auf Bruchstücke und Fragmente zurückschaut, nur Linien sieht, die ins Leere laufen und darauf verweisen, dass die Welt – seine Welt – fremd, arm und leer[203] geworden ist und jeglicher Vertrautheit entbehrt.[204] Die Vertrautheit weicht der Fremdheit, die Heimat der Vereinsamung. Es gibt nicht mehr „unsere" Welt, es gibt nicht mehr „meine" Welt: Mit dem geliebten Menschen „stirbt auch die Welt, die mit ihm verbunden war und ist nicht zuletzt auch der Trauernde der Welt und sich selber gestorben. Er ist tot für die Welt, wie die Welt für ihn gestorben ist"[205]. Mit dem Verstorbenen scheint nicht nur die Vergangenheit und Gegenwart, sondern auch die eigene Zukunft[206] mit ihren Perspektiven[207] gestorben, all die gemeinsam geschmiedeten Pläne, die Erwartungen, die an den Verstorbenen geknüpft waren, all dies ist im Abgrund des Todes versunken[208] und folglich hasst[209] *Augustinus* alles, ist ihm die ganze Welt zuwider: „Alles war mir zuwider, sogar das Licht. Alles, was nicht so war, wie er gewesen war, schien mir unerträglich und verhaßt."

Augustinus hat sich seine Welt in der Beziehung zu seinem Freund ausgestaltet. Die beiden jungen Männer haben in ihrer Freundschaft, in der einer des anderen bedurfte[210], ihre gemeinsame Welt in einem „Modus von Kommunikation [verwirklicht], indem jeder der beteiligten Partner mit dem anderen verbunden ist, weil er dieser bestimmte Mensch ist und zugleich, weil mit ihm zusammen bestimmte Sinngehalte erfahren werden können"[211]. Hierin wird ausgedrückt, dass diese Weltverwirklichung in der Beziehung eines Ichs zum Du stattfindet. Aber es geht auch „um die gemeinsame Teilhabe an einem Ich und Du verbindenden Medium, in dem sie einander begegnen"[212]. In ihrer Freundschaft, die ihnen „gar köstlich, erwärmt durch die Glut gemein-

---

[203] Vgl. *Freud,* ⁸1991(c), S. 431: „Bei der Trauer ist die Welt arm und leer geworden." Vgl. auch *Marcel,* 1961, S. 152: „(Ein einziges Wesen fehlt dir nur, und alles ist entvölkert...)". Vgl. auch *Bollnow,* 1966, S. 68: „Die Welt selber verarmt und in ihr zugleich der Mensch, der dieser Welt zugeordnet ist."

[204] Vgl. *Adalbert Stifter,* Werke und Briefe. Der Nachsommer. Eine Erzählung, Band III. Stuttgart, Berlin, Köln 2000, S. 162. Die Worte des Ich-Erzählers verweisen ebenfalls auf die Fremdheit der Welt, die sich ihm nach dem Tod seiner Mutter auftut: „Dann ging ich wieder durch das ganze Haus. Es schien mir gar nicht, als ob es das wäre, in welchem ich die Tage meiner Kindheit verlebt hatte. Es erschien mir so groß und fremd."

[205] *Spiegel,* ⁴1981, S. 98.

[206] Vgl. auch *Rey,* 1998, S. 109: „Vor der Zukunft steht eine Mauer."

[207] Vgl. auch *Ide,* 1988, S. 43: „dieses Wort Perspektive auf mich angewandt (...) gab es für mich nicht mehr, und das würde es auch nie wieder geben."

[208] Vgl. *Schenk,* 1998, S. 160: „Ich sehnte mich nach der Welt, die mit W's Tod unwiderruflich untergegangen war: ein ganzes Universum von gemeinsam entwickelten Ideen und nur uns verständlichen Anspielungen und intimen Bedeutungen, von gemeinsamen Erlebnissen und Erfahrungen, die wir im Reden zwischen uns lebendig hielten."

[209] Vgl. *Karl Jaspers,* Einführung in die Philosophie. München, Zürich ¹⁹1971, S. 48, aus dessen Gedanken zum „Hass" deutlich wird, wie sehr dieser auf Vernichtung strebt. Hass drängt „zum Nichtsein. (...) Haß sinkt zum selbstichen Punkt in der Loslösung von Transzendenz. (...) Haß [wirkt] als laute, das Sein im Dasein auslöschende und das Dasein selbst vernichtende Katastrophe".

[210] Vgl. *Augustinus,* ⁴2002, viertes Buch Kap. 4, 8.

[211] *Scherer,* 1985, S. 65.

[212] Ebenda, S. 65f. Das verbindende Medium, in dem sich die beiden jungen Männer begegneten, ist wohl der Manichäismus, in den *Augustinus* den Freund einführte: „Ich hatte ihn vom wahren

samer Neigungen"²¹³ war, schufen die beiden jungen Männer einen gemeinsamen Weltbezug, ja eine gemeinsame Welt, die mit dem Tod des einen, ohne den das Herz nicht zu sein vermochte²¹⁴, jäh vernichtet wurde. Es gab keinen Bezug mehr zu dieser Welt, kein gemeinsames Erleben mehr, denn derjenige, der all dies möglich machte, der würde nie wieder kommen, „wie es der Fall war, als er noch lebte und abwesend war"²¹⁵. Vorbei endgültig und unwiderruflich!²¹⁶ In der Bewusstwerdung des Endgültigen und Unwiderruflichen manifestiert sich auch der radikale Unterschied zum Sterbeprozess, der doch bis zum letzten Augenblick noch von Hoffnung getragen ist, und sei diese auch noch so verzweifelt.²¹⁷ Das „Nie-Wieder" beinhaltet den unausgesprochenen Anschlusssatz des „wie bisher". Nie wieder können wir wie bisher miteinander leben, zusammen lachen, weinen, genießen oder wie *Wiplinger* es formuliert: Nie wieder können wir „Gegenwart für einander in Wort und Antwort, Blick und Anblick, Anruf und

---

Glauben abgebracht, den er als Jüngling noch nicht in seiner Fülle und Tiefe erfaßt hatte, um ihn in die verderblichen abergläubigen Fabeleien einzuführen, die meine Mutter über mich weinen ließen." *Augustinus*, ⁴2002, viertes Buch, Kap. IV, 7. *Augustinus* gibt jedoch einen Hinweis darauf, dass sich seine Welt auch ohne den eingetretenen Tod des Freundes, vor dem Zusammenbruch befand, da das Gemeinsame – der fehlende „wahre" Glaube – sich aufgelöst hatte. Wobei ihm dies zu jenem Zeitpunkt noch nicht erkenntlich war. Dies ist festzumachen an folgenden Worten: „er sollte erst wieder zu Kräften kommen, wenn seine Gesundheit ganz wieder hergestellt wäre, könnte ich mit ihm nach meinem Belieben verfahren." *Augustinus,* viertes Buch, Kap. IV, 8. Dass der Aufbau der gemeinsamen Welt auch immer durch die Gegenstände des täglichen Lebens stattfindet, lässt sich in den Worten von *Rey,* 1998, S. 93, sehr deutlich ablesen: „Ich muss die Ohren verschließen vor den Geschichten, die mir Tische und Stühle, Nippsachen auf der Truhe und die Bilder an der Wand zuflüstern."

213 *Augustinus,* ⁴2000, viertes Buch, Kap. IV, 7.
214 Vgl. ebenda.
215 Es ist hier ein Hinweis auf die zu leistende Trauerarbeit gegeben, die darin bestehen muss, einen neuen Weltbezug zu schaffen. Vgl. *Kast,* ²⁰1999, S. 19. Vgl. auch *Helmut Vetter*, Der Schmerz und die Würde der Person. Frankfurt am Main 1980, S. 24: „Anders als im Bereich leiblicher Affektionen drückt sich der psychische Schmerz weniger ein Warnmoment als einen Veränderungsprozeß aus. Die Trauer führt in schmerzlicher Weise eine Realitätsveränderung vor Augen. Ein geliebter Mensch wurde einem entrissen. Eine Liebesbeziehung hat aufgehört. Die Wirklichkeit, der meine Sympathie gehört hat – ganz allgemein gesprochen –, besteht nicht mehr. Ich muß mich neu orientieren, erneut ein gewandeltes Verhältnis zur Realität herstellen."
216 Vgl. hierzu auch *Josef Manser*, Tod und ewiges Leben in der Sicht des christlichen Glaubens, S. 153. In: Stichwort: Tod. Eine Anfrage. Rabanus Maurus-Akademie (Hrsg.). Frankfurt am Main 1979, S. 138-170: „Es ist vorbei, endgültig vorbei. Viele Unternehmungen und Vorhaben werden jäh abgebrochen. Pläne können nicht mehr realisiert werden."
217 Vgl. *Wiplinger,* ²1980, S. 46. Auch *Augustinus* hofft, trotz des lebensbedrohlichen Zustandes des Freundes, auf dessen Genesung. Vgl. auch *Wust*, 1949, S. 282, – schwer an Krebs erkrankt, dem Sterben nahe – am 4. Februar 1939 auf eine Postkarte an *Karl Pleger* schrieb: „Ich bin zu Frau Tiemann (…) gegangen. Ich habe Hoffnung, daß mir dort geholfen wird. Ich wäre jedenfalls sehr e r s t a u n t, wenn diese einfache Oldenburgerin mich heilen würde, nachdem die Schulmedizin versagt hat." Der Vollständigkeit halber sollen hier auch die Gedanken seines Briefpartners – *Karl Pleger* – angesichts dieser verzweifelten Hoffnung hinzugefügt werden: „Herr, mache Schluß mit ihm. Es ist nicht länger zuzusehen, (…) zuzuhören, wie hier ein armer Mensch das steile Ufer der Hoffnung erklettert, und dann, wenn er kaum ein bißchen Luft und Licht in sich hineingesogen hat, wieder hinuntergestürzt wird in die kalten, grauen Wasser der Enttäuschung und des Lebensverzichts, herauf, herunter, immer wieder herauf und herunter, wozu, was hat das für einen Sinn, wann hört es endlich auf?" *Pleger*, 1949, S. 339.

Erwiderung, Erwartung und Erfüllung"²¹⁸ sein. Nie wieder wird es eine leibliche Begegnung geben.

Mit dem Tod des Freundes und ohne dessen „leibliche Gegenwart", mit der dieser die gemeinsame Welt „durchwohnte"²¹⁹, verliert die Welt für *Augustinus* ihre Einheit und Ganzheit und so auch ihren Sinnhorizont. Indem die Einheit des Zusammenhanges verloren gegangen ist, verweist sie auf die ihn umgebende Beziehungslosigkeit in all ihren Facetten.²²⁰ Somit ist in dieser im Tod untergegangenen Welt nicht nur der Verstorbene „weltlos"²²¹ geworden, sondern auch *Augustinus* hat seine Welt, seine Heimat verloren, ist ohne Bleibe und wird in seiner Einsamkeit in erschütternder Weise auf sich selbst zurückgeworfen: „ich war für mich selbst eine unselige Stätte geworden, an der ich nicht sein und vor der ich nicht weichen konnte. Wohin hätte mein Herz vor meinem Herzen fliehen wollen? Wohin hätte ich vor mir weg fliehen können, ohne mir selbst nachzufolgen?"²²²

2.2.3 Verlust des geliebten Menschen und Verlust von Liebe

> „Liebe ist ein unaussprechlich großes Geschenk. Trauer ist der höchste Preis, den sie einfordert. Sie ist die bitterste Frucht an ihrem schönen Baum. Um Trauer zu verstehen, müssen wir über die Liebe nachdenken (...)."²²³

Der junge *Augustinus* beschreibt im vierten Buch seiner „Bekenntnisse" in eindringlicher Weise die Gefühle, Empfindungen und Erfahrungen angesichts des Todes seines geliebten Jugendfreundes, der „diesem Leben entrissen" wurde: „ich glühte, seufzte, weinte, war verstört, es gab weder Rast noch Besinnung. Ich trug eine zerrissene blutige Seele in mir." Für *Augustinus* war der verstorbene Freund ein Gefährte, der ihm außerordentlich lieb war, der an seiner Seite wandelte, der mit ihm gemeinsame Neigungen teilte, der ihm ein Weggenosse war, ohne welchen sein Herz nicht zu sein vermochte und mit dem er sich in einer Freundschaft²²⁴ verbunden fühlte, die ihm süßer war als

---

218   *Wiplinger*, ²1980, S. 46.
219   *Scherer*, 1985, S. 66.
220   Vgl. hierzu *Marcel*, 1961, S. 153: „Seit ich M. verloren habe, kann ich mich für nichts mehr interessieren."
221   *Scherer*, 1985, S. 67.
222   Vgl. hierzu auch *Giudice,* 1970, S. 68: „Meine Trauer schmerzte, als würde ich von innen her zerrissen. Fast wäre ich weggerannt. Aber wohin? Vor meiner Qual konnte ich nicht fliehen, ich trug sie überall mit mir." Vgl. auch die Aussagen von *Rey*, 1998, S. 7: „Ich versuchte vor ihr [der Trauer, S.B.] zu fliehen. Ich wusste nicht wohin. Es gab keinen Zufluchtsort." Vgl. auch *Philipe*, ²¹2001, S. 91: „Ich breche auf und wandre, ohne an etwas zu denken, auf der Flucht vor mir selbst."
223   *Rey,* 1998, S. 18f.
224   Die Freundschaft, die *Augustinus* in jungen Jahren „süßer war als alle Wonnen [seines] damaligen Lebens" erfährt in den „Bekenntnissen" eine Zurechtrückung, indem er bekennt, dass „jeder Geist (...) elend ist, der durch Freundschaft mit Sterblichen gefesselt ist". *Augustinus,* ⁴2002, Kap. VI, 11. Eine Freundschaft sei nur dann echt „wenn Du [Gott, S.B.] zwei Menschen aneinander bindest, die dir beide verbunden sind in „der Liebe, die durch den uns geschenkten Heiligen Geist in unsern Herzen ausgegossen ist". *Augustinus,* ⁴2002, Kap. IV, 7. (Röm 5,5)

alle Wonnen seines damaligen Lebens.[225] Der Verstorbene war für *Augustinus* nicht irgendeine andere Person, sondern dieser Mensch war mehr für ihn, er war (s)ein „Du"[226], mit dem er sich durch ein Band gegenseitiger Liebe verbunden sah, mit dem er in wechselseitiger Liebe eine Synthesis, einen Bund, ein „Wir"[227] gestiftet hatte, das durch den Tod jäh zerrissen wurde.[228] Wenn wir nun mit *Scheler* die Liebe definieren als eine „*(...) Bewegung, in der jeder konkret individuelle Gegenstand, der Werte trägt, zu den für ihn und nach seiner Bestimmung möglichen höchsten Wert gelangt; oder in der er sein ideales Wertwesen, das ihm eigentümlich ist, erreicht (...)*"[229], dann impliziert dies, dass der verstorbene Freund für *Augustinus* – und umgekehrt auch *Augustinus* für den Verstorbenen – mehr war als nur eine gegebene reale, also empirische Person, die der jeweilige aufgrund der sich ihm zeigenden positiven Werte liebte. Vielmehr vermochten sie wechselseitig mit den „Augen der Liebe"[230] die noch möglichen „höheren" Werte erkennen, die dem je anderen innewohnen. Das heißt, die Liebe vermag es, dem Liebenden ein „Wertbild"[231] – ein „Werdebild" – zu entwerfen, sie vermag zu antizipieren und ermöglicht es dem Liebenden, das in diesem einzigartigen und geliebten Menschen Vorhandene „herauszulieben"[232] und kann so als „Wertantwort"[233] definiert werden. *Scheler* verweist hier aus-

---

[225] Vgl. hierzu auch *Landsberg*, 1973, S. 43, der darauf hinweist, dass der Jugendfreund in den „Bekenntnissen" nur im Zusammenhang mit dessen frühen Tod und den damit verbundenen Trauerempfindungen erwähnt wird.

[226] Hier ist auf die Ausführungen von *Wiplinger*, ²1980, S. 34, zu verweisen, der kritisch anmerkt, dass „ziemlich bedenkenlos vom Ich und Du in der dritten Form" gesprochen werde, „ohne den Widerspruch solcher Sprechweise zu dem in ihr Gesagten zu merken". Für *Wiplinger* ist dies eine versachlichende und verobjektivierende Redeweise, die er für unangemessen hält, da das Denken personalen Seins selbst nur im personalen Dialog angemessen möglich sei.

[227] Vgl. *Landsberg*, 1973, S. 25; S. 46f. Vgl. ders., ebenda, der ausführt, dass in der Stiftung des <Wir> „das eigentliche Wesen der Freundschaft" liege.

[228] Auch wenn das Band der Liebe jäh zerrissen und damit das „Wir" entzweit wird, so kann es dennoch im Herzen des Zurückbleibenden Bestand haben. Vgl. die Aufzeichnungen von *Esther Goshen-Gottstein*, die nach dem Tod ihres Mannes noch länger als ein Jahr von „wir" und „uns" sprach und das Gefühl hatte, ihr Mann sei noch Teil ihres Lebens. *Goshen-Gottstein*, 1997, S. 41. Vgl. auch *Schlegel-Holzmann*, ⁸2004, S. 7: „Die Liebe macht zwei Seelen zur Einheit. Dann reißt der Tod eine Hälfte weg."

[229] *Max Scheler*, Wesen und Formen der Sympathie. Die deutsche Philosophie der Gegenwart. *Manfred S. Frings* (Hrsg.), Gesammelte Werke, Band VII. Bern, München 1973, S. 164.

[230] Vgl. hierzu auch *Antoine de Saint-Exupéry*, Der Kleine Prinz. Düsseldorf ³⁹1984, S. 52: „man sieht nur mit dem Herzen gut, das Wesentliche ist für die Augen unsichtbar." Vgl. auch *Pascal*, 1997, S. 310: Mit den „Augen der Liebe" „liebt man selbst die geringsten Dinge, wozu die anderen [die Nicht-Liebenden, S.B.] unfähig sind".

[231] *Lersch*, ¹¹1970, S. 264f., verweist ebenfalls auf eine existentielle Deutung der Liebe, die über die psychologische Sichtweise hinausgehe, weshalb er auch in kritischer Form *Stendhals* Gleichnis von der „Kristallbildung" betrachtet, in dem die Liebe als eine Überschätzung des wirklichen Wertes des geliebten Menschen dargestellt werde.

[232] Vgl. *Scheler*, 1973, S. 156f. Nach *Scheler* kommt somit der Liebe die eigentliche wertentdeckende Funktion zu. Man hat *Scheler* deshalb des Emotionalismus bezichtigt, da nach seiner Auffassung Werte grundsätzlich emotional erfasst werden. Vgl. hierzu *Max Scheler*, Liebe und Erkenntnis, S. 77-98. In: *Maria Scheler* (Hrsg.), Schriften zur soziologischen Weltanschauungslehre, Gesammelte Werke, Band VI. Bern, München ²1963(b). Vgl. auch *Verena Kast*, Lebenskrisen werden Lebenschancen. Freiburg im Breisgau ²2000, S. 74: „In einer Liebesbeziehung ist es in der Regel so, daß tief verschwiegene Seiten in uns durch den Liebespartner oder die Liebespartnerin <herausgeliebt> werden können."

drücklich darauf, dass die Liebe deshalb keine „schaffende", sondern eine „schöpferische" Kraft ist. Sie vermag es nicht, etwas in den Menschen hineinzulegen, das nicht schon in ihm *ist* und auf den Akt der „Enthüllung" wartet.[234]

Angesichts der leidvollen Gefühle, die *Augustinus* so eindrucksvoll veranschaulicht hat, wird deutlich, dass es Trauer als Bruch im Leben eines Menschen, als existentielle Erschütterung nur dort geben kann, wo ein Mensch in „persönlicher Liebe"[235] – wie sie mit *Scheler* charakterisiert wurde – einem Mitmenschen verbunden ist.[236] Einem Mitmenschen, an dessen „Einzigartigkeit"[237] er in dieser persönlichen Liebe gerührt hat und mit dem er aufgrund seiner eigenen Individualisierungs- und Selbst-Werdungsgeschichte verbunden ist.[238] Um den Verlust eines Menschen als Verarmung und Leere des eigenen Da-Seins, als Erschütterung der eigenen Existenz zu erfahren, bedarf es der Liebe, die im Sinne eines Erkenntnisorganes[239] das Erkennen-Wollen des Einzigartigen, des Besonderen im Blick hat, das heißt, es verlangt eine Liebe, die „auf die unersetzliche Konkretheit des anderen bezogen"[240] ist. In ihr können wir völlig selbstlos den Anderen bejahen und ihm das Seinskompliment „Wie gut, daß es dich gibt!"[241] aussprechen. Ein solches Lieben ist gleichsam ein Streben, das den Menschen über die Enge seines Ichs hinaustreibt, hinein in die Weite des „Wir-sind", in der er die Einsamkeit überwindet.[242]

Dagegen steht der Tod. Dieser bedeutet Abbruch, bedeutet Trennung und Separation von dem, den wir in seiner Unersetzlichkeit und Besonderheit lieben, und so wird *Augustinus* angesichts des Todes seines geliebten Freundes in die Einsamkeit der Ver-

---

[233] *Dietrich von Hildebrand*, Das Wesen der Liebe. In: Gesammelte Werke, Band III. Regensburg 1971, S. 33.
[234] Vgl. hierzu *Scheler*, 1973, S. 160, der aufzeigt, dass ein „Suchen" nach neuen Werten in dem geliebten Menschen letztlich als „Zeichen eines bestehenden *Mangels* an Liebe" gedeutet werden muss.
[235] *Landsberg*, 1973, S. 29.
[236] Vgl. hierzu ders., ebenda, der darauf hinweist, dass es nicht notwendigerweise eines „Vorausbestandes einer persönlichen Freundschaft" bedarf, sondern dass „ein einziger Akt persönlicher Liebe genügt, um zugleich mit der Gegenwart oder vielmehr mit der <anwesenden Abwesenheit> der Person, den Wesenskern des menschlichen Todes fühlbar zu machen". Diese Worte verweisen meines Erachtens auch indirekt auf die Gefahr, die Qualität der Trauer an der Länge und der Tiefe der Beziehung zu dem Verstorbenen zu messen und damit gewissermaßen „Qualitätsstandards" aufzustellen.
[237] *Landsberg*, 1973, S. 21.
[238] Vgl. hierzu auch *Ben Artzi-Pelossof*, 1996, S. 49: Die junge Enkeltochter des ermordeten *Jitzhak Rabbin* in ihrer Autobiographie „Trauer und Hoffnung" schreibt, dass es eines Bundes der Liebe bedarf, um das Zerreißen beim Tod des geliebten Menschen zu spüren: „Über die Bande zwischen uns wurde nicht oft gesprochen, aber sie waren durch bedingungslose Liebe besiegelt. Ich fühlte mich besonders sicher und geborgen, wenn er in der Nähe war."
[239] Für *Landsberg*, 1934, S. 38, ist die Liebe ein solches Erkenntnisorgan: „Die Liebe ist es, die eine wirklich eindringende Erkenntnis ermöglicht, die das Besondere und Einzigartige zunächst im einzelnen Menschen erfaßbar macht."
[240] *Zwierlein*, 1989, S. 57. Vgl. hierzu auch *Jaspers*, [19]1971, S. 49: „Was ich liebe, von dem will ich, daß es sei."
[241] *Pieper*, 1997, S. 294.
[242] Vgl. *Philipe*, [21]2001, S. 46: „Es gab dich, mich und jenes <wir>, das nicht nur du *und* ich war, das im Entstehen war, das über uns hinauswachsen und uns beide enthalten sollte."

einzelung zurückgestoßen,[243] in der er sich fühlt, als würde er nur noch „unvollkommen"[244], nur noch „hälftig leben". Es ist nur der des „großen Leides fähig (...), der großer Liebe fähig ist. Ihm, der völlig hingegeben, völlig mit dem geliebten Wesen verwachsen war, ihm schlägt der Tod die tiefe Wunde, wenn er das ihm verbundene Wesen von ihm losreisst"[245], und unter dieser Prämisse gewinnen auch die im alltäglichen Leben so häufig zitierten Sätze, wie „Trauer ist der Preis der Liebe" oder „Liebe hat ihren Preis" ihren je eigenen Gehalt.[246] *Zöpfl* verweist hierzu auf die Worte des *Augustinus* „Sine dolore non vivitur in amore"[247], die den Hinweis enthalten, dass „Liebe als Liebe zum Mitmenschen (...) immer um den Schmerz des Abschieds [weiß], den auch die größte Liebe nicht verhindern können wird, und daß sie, je länger sie währt und je stärker sie wird, um so mehr Trauer, Tränen und Schmerz mit sich bringen muß"[248]. Wir erkennen hier eine Proportionalität von Liebe und Trauer, in der deutlich zum Ausdruck kommt, dass der Tod immer der Feind der Liebe ist, ja dieser gewissermaßen sein muss, denn „die Liebe (...) ist die Bewegungsweise des Lebens hin auf eine Erfüllung, die der Tod nicht erfüllen kann. Er ist ihr Gegenteil"[249].

Betrachten wir vor dem Hintergrund des Verlustes von Liebe nun die Gedanken *Pascals*, der in seiner „Abhandlung über die Leidenschaften der Liebe"[250] resümiert, dass der Mensch „mit einer natürlichen, im Herzen eingeprägten Anlage zur Liebe geboren" wird und es ihm unmöglich sei, auch nur „einen Augenblick ohne sie [zu] leben"[251], dann lässt sich hier auch ein Ansatz dafür finden, dass der Zurückbleibende nicht nur um den verlorenen Menschen trauert, um dessen nicht verwirklichte Möglichkeiten, Chancen und Potentiale, sondern dass die Trauer zugleich auch sich selbst gilt.

---

243 Vgl. auch *Marcel*, 1961, S. 152: „Ein einziges Wesen fehlt dir nur, und alles ist entvölkert..." Vgl. auch *Müller*, ⁴1917, S. 30: „Man steht (...) wieder allein in der Welt und merkt erschaudernd, wie die öde Einsamkeit mit eiskalter Hand nach dem Herzen greift." Vgl. auch *Stier*, ²1981, S. 94: „(...) kein Echo antwortet aus der Wüste und Weite, in die ich verloren bin." Vgl. auch *Rey*, 1998, S. 153: „Ich bin allein. Ich muss allein leben, allein schlafen, allein essen, allein die Ferien verbringen, allein ausgehen, allein alt werden, allein krank sein, allein sterben." Vgl. auch *Goshen-Gottstein*, 1997, S. 54: „Einsamkeit setzt sich wie ein Puzzle aus einer Myriade trivialer Kleinigkeiten zusammen." Vgl. *Philipe*, ²¹2001, S. 111: „am ersten Abend (...) erblickte ich den mondlosen Himmel, unendlich erdrückend. Ich war allein auf der Erde."
244 Vgl. hierzu *Pascal*, 1997, S. 304: „Der Mensch ist allein etwas Unvollkommenes; er muß einen zweiten finden, um glücklich zu sein."
245 *Karl Meuli*, Entstehen und Sinn der Trauersitten, S. 38. In: Schweizerisches Archiv für Volkskunde, Jg. 1993, Nr. 1. Basel 1997, S. 27-40. Vgl. hierzu auch *Max Scheler*, Vom Sinn des Leides, S. 45. In: *Maria Scheler* (Hrsg.), Schriften zur soziologischen Weltanschauungslehre, Gesammelte Werke, Band VI. Bern, München ²1963(a), S. 36-72: „Der Schmerz und der Tod stammen (...) aus der Liebe. Sie wären nicht ohne sie."
246 Vgl. hierzu auch *Rey*, 1998, S. 128: „Wie arm wäre ich trotz aller Verletzungen ohne die Liebe zu meiner Frau. (...) Nein, ich möchte keine Sekunde unserer Liebeszeit missen. (...) Ich ließ mich ganz ein. Mit allem was ich habe. Jetzt bezahle ich den Preis dafür." Vgl. *Parkes*, 1974, S. 20: „Der Schmerz der Trauer ist ebenso Teil des Lebens wie die Liebesfreude; vielleicht ist er der Preis, den wir für die Liebe bezahlen, der Preis für die Bindung."
247 *Zöpfl*, 1967, S. 166.
248 Ebenda.
249 *Zwierlein*, 1989, S. 92.
250 *Pascal*, 1997, S. 300-312.
251 Ebenda, S. 302.

Bei *Augustinus* selbst lassen sich Hinweise auf diesen selbstinteressierten, selbstbezüglichen Aspekt der Trauer finden: „Daß mich so ein schwerer Schmerz im Inneren drückte, stammte daher, daß die so wundervolle geliebte Gewohnheit, mit ihr [der Mutter, S.B.] zusammenzuleben, plötzlich zerrissen war, und eine klaffende Wunde hinterließ."[252] Hier scheint die Trauer des *Augustinus* bedingt durch das Vermissen der lieb gewonnenen Gewohnheit und der damit verbundenen Lücke, die sich ihm auftut. Auch im Tod des Freundes erfährt er ein Gefühl der Trauer, das auf ihn selbst gerichtet scheint: „Ich hoffte ja nicht, ihn wieder aufleben zu sehen, nicht das erbat ich unter Tränen, ich klagte nur und weinte, denn ich war armselig und hatte alle Freude verloren."[253] Wie soll er, *Augustinus*, ohne den Freund leben, ohne seine Liebe, die sein eigenes Leben bereicherte und seinem Dasein Freude gab? Wie soll er ohne den Freund leben, der es ihm ermöglichte, sich selbst zu erkennen, sein eigenes „Ich" zu werden, und dieses in der ganzen Einzigartigkeit und Besonderung zu erfassen?[254] Mit dem Verlust des Freundes hat *Augustinus* auch die mit und durch diesen auf ihn gerichtete Liebe verloren, ist die in der Gemeinsamkeit gestiftete „Zirkularität der gegenseitigen Belebung und Bestärkung"[255] verloren gegangen. Ergänzen wir dies mit dem Gedanken „Liebe ist alles. Sie ist das grundlegende Wort, das jeder in sich birgt, aus dem er lebt, aus dem er Person und <Ich> ist"[256], dann wird deutlich, dass der hier erlebte Verlust der Verwirklichung des Selbst – im Sinne der Humanisierungsaufgabe – scheinbar entgegenwirkt und sein Werdeprozess in einer Unsicherheit versinkt, die einem Abgrund gleicht.

2.2.4 Verlust und Sehnsucht als Motor des Suchens

„Ich möchte dich suchen (...), im Norden, im Süden, in Wüsten und Steppen, in der Tiefe des Meeres, in Verliesen und Schlössern, in Höhlen und Schluchten, in Hütten auf Bergen; in Wäldern und Sümpfen, in Städten und Straßen, im Gewimmel von Menschen bis ans Ende der Welt. Deine Augen, deine Lippen, dein Lächeln, deine Wangen, dein Leben, deine Hände ... Ich möchte dich suchen bis ans Ende der Welt. Ich möchte dich suchen. *Ich* kann dich nicht finden. Ich weiß, du bist tot."[257]

---

[252] *Augustinus*, ⁴2000, neuntes Buch, Kap. XII, 30. Vgl. auch *Lewis*, ⁵1998, S. 21: „Ich bin entsetzt. Aus der Art, wie ich rede, muß jedermann den Eindruck bekommen, H.'s Tod sei hauptsächlich wegen seiner Wirkung auf mich von Belang. Sie selbst scheint ganz in Vergessenheit zu geraten."

[253] *Augustinus*, ⁴2000, viertes Buch, Kap. V, 10. Bei *Lewis*, ⁵1998, S. 23, lesen wir: „Ach, meine Liebe, Liebe, komm nur für einen einzigen Augenblick zurück." Vgl. auch *Philipe*, ²¹2001, S. 95: „Ich hätte alles auf der Welt dafür gegeben, wirklich alles, dich lebendig auftauchen zu sehen (…). Nur zehn Minuten, nicht mehr, und dann den Tod, die Folter, ganz gleich was, nur dich wieder sehen." Obwohl sich Trauernde bewusst sind, dass sie das „Unmögliche" erhoffen, wollen sie die Endgültigkeit des „Nie-Wieder" aufheben und den Moment des Glücks für immer festhalten.

[254] Vgl. *Landsberg*, 1934, S. 38.

[255] *Rey*, 1998, S. 21.

[256] *Zöpfl*, 1967, S. 164.

[257] *Rey*, 1998, S. 80.

Augustinus findet sich nach dem Tod des Freundes in eine Welt hineingeworfen, die ohne diesen eine andere, eine finstere, eine fremde Welt ist.[258] Überwältigt vom Bedürfnis, sich mit dem geliebten Freund zu einen, drängt[259] ihn die Sehnsucht[260], den Menschen, den er so sehr entbehrt, nach dem er sich mit jeder Faser seines Herzens verzehrt, zu suchen.[261]

Betrachten wir die Sehnsucht „als eine besondere Erscheinungsform der Liebe"[262], die immer dann entsteht, „wenn der Gegenstand der Liebe in der Gegenwart des von ihr Ergriffenen entrückt ist"[263], dann erweist sich das Suchen des *Augustinus* als eine Ausdrucksform seiner Liebe. Er „will die Möglichkeit einer Welt nicht zulassen, in der der Gegenstand dieser Liebe fehl"[264]. Hier wird deutlich, dass nur der suchen wird, „der in seinem Gefühl der Vermissung eine Ahnung dessen bewahrt, was er einmal hatte oder war und was ihm (deswegen) zusteht und notwendig ist"[265]. *Augustinus* vermisst den Freund, und von diesem Vermissen aus will er den defizitären Zustand – den „Status quo minus"[266] – beenden, um das, was war, das „Ursprüngliche", das „Eigentliche", den „Status quo"[267] wiederzuerlangen:[268] „Und überall suchen ihn meine Augen, doch er entzog sich."[269] Es scheint ihm unbegreiflich zu sein, dass er, der schon so oft weg war, nicht wie sonst wiederkehrt, dass er den, den er selbst so oft zurückgelassen hatte, bei seiner Rückkehr nie mehr wieder finden wird.[270]

---

[258] *Schenk*, 1998, S. 155f: „das Erschreckende war (...), daß auch die Dinge drum herum nicht mehr dieselben waren wie vorher. [Alles] hatte sich auf sonderbare Weise verändert und veränderte sich in den Wochen danach weiter und weiter, ein unheimlicher Prozeß (...), nichts paßte mehr richtig zusammen."

[259] Vgl. *Lersch*, [11]1970, S. 30: „Jedem Bedürfnis entspringt ein Drang und jeder Drang enthält ein Thema des Bedürfens."

[260] Vgl. Parkes, 1974, S. 56: „Sehnsucht – ein nachhaltiges und aufdringliches Verlangen nach dem gestorbenen Menschen."

[261] Vgl. auch *Rey*, 1998, S. 100: „Ich möchte sie überall suchen. Kein Weg wäre mir zu weit und keine Gefahr zu groß. Mein Heimweh ist eine unstillbare Sehnsucht." „Die Sehnsucht nach dem Tode" (*Novalis*) wird in Kap. 2.10 Berücksichtigung finden.

[262] *Lersch*, [11]1980, S. 197.

[263] Ebenda.

[264] Ebenda, S. 196.

[265] *Zwierlein*, 1997, S. 35, der sich bei seinen Ausführungen zum „Suchen" auf die Gedanken *Pascals* bezieht.

[266] Ebenda.

[267] Ebenda. Vgl. auch *Marcel*, 1961, S. 145: „Jedes Suchen ist auf eine Befriedigung ausgerichtet."

[268] Vgl. *Zwierlein*, 1997, S. 35.

[269] Vgl. hierzu auch *Rey*, 1998, S.79: „Ich suchte in der Menge nach dem Gesicht der Verlorenen und fand es nicht. Es hatte keinen Sinn, sie zu suchen." Der Trauernde spürt, dass es keinen Sinn hat, Sinn zu erwarten. Er spürt, dass es sinnlos ist, die „Fratze der Sinnlosigkeit" zu leugnen. Er befindet sich im Abgrund zwischen dem Suchen als willentlicher Intention des Menschen, infolge seines auf „Sinn-verwiesen-Seins", und der sich breit machenden Resignation bei der Erkenntnis, dass dieses wollende Suchen an der Realität vorbeigeht.

[270] Vgl. hierzu *John Bowlby*, Das Glück und die Trauer. Stuttgart [2]2001, S. 112, der das Suchverhalten des Trauernden aus bindungstheoretischer Perspektive heraus erklärt. Ein Kind entwickle aus der Bindung an die Mutter heraus ein gewisses Urvertrauen, und jede Trennung von ihr verursache die Angst, sie könne für immer verloren sein, und so beginne es, nach ihr zu suchen. Dieses Verhalten, so *Bowlby*, werde im Erwachsenenalter dann reaktiviert, wenn eine wichtige, nahe Person abwesend ist. *Bowlby*, der vier Phasen der Trauer postuliert hat, siedelt das „Suchen" vor allem in der Phase der „Sehnsucht und der Suche nach der verlorenen Bindungsfigur" an, die einige Mo-

Hierin enthalten ist ein Hinweis auf den radikalen Unterschied „zwischen räumlicher, relativer Abwesenheit einerseits und jener definitiven Abwesenheit andererseits, die wir im Tode des Mitmenschen erfahren"[271]. Im Modus der räumlichen Abwesenheit wird der Abwesende zwar vermisst, der Zurückbleibende weiß jedoch, dass der Geliebte irgendwann zurückkommt, dass diese Trennung nur eine vorübergehende ist.[272] Es ist eine unerschütterliche Gewissheit, dass die, die wir lieben, ebenso danach streben, sich wieder mit uns zu vereinigen, wie wir, die Zurückbleibenden, dies tun. Im Tod jedoch entzieht sich der Geliebte diesem Zusammenschluss, und so bemerkt *Augustinus*: „doch er entzog sich." Der Tote entzieht sich, in einem Modus der „seinsmäßigen Untreue"[273], dem Streben der Liebe nach Vereinigung. Insofern können wir sagen, das Suchen des Zurückbleibenden enthält „zwar die Anerkennung einer Trennung, aber diese Trennung wird nicht als endgültig angesehen. Nach der Annahme des Trauernden hat sich das Liebesobjekt nur zeitweise entfernt. Er ist davon motiviert, weiterhin auf die Rückkehr des Verstorbenen zu warten oder unbewußt, oder halbbewußt die Suche nach ihm aktiv zu betreiben"[274].

Das Bedürfnis, den Verstorbenen zu suchen, ist von einer weiteren Problematik durchdrungen. Einerseits ist der Verstorbene als Ziel der Suche nicht mehr existent und die Suche könnte somit als Suche ohne Ziel klassifiziert werden, andererseits aber ist das Suchverhalten des Hinterbliebenen keineswegs „ziellos"[275] oder auch gegenstandslos zu nennen, da es ja von einem konkreten Ziel getrieben ist, nämlich den verlorene Menschen wieder zu erblicken, ihn wieder zu finden, sich wieder zu vereinen.[276] Wir könnten also sagen, dass es für „das Suchen kein Gefundenes gibt (...) aber für den

---

nate und oft Jahre dauert. Der Hinterbliebene sei in dieser Phase von dem Drang beherrscht, den Verstorbenen zu suchen und wiederzugewinnen. Vgl. *Bowlby*, ²2001, S. 107ff. Es ist jedoch zu erwähnen, dass *Bowlby* in das Suchen nicht die Komponente des Selbstverlustes oder des Verlustes der Identität mit aufnimmt, wie sie in Kapitel 2.2.5 Beachtung finden wird. Bei *Verena Kast* finden sich ebenfalls vier Phasen der Trauer, wobei sie das „Suchen" als wesentliches Merkmal der dritten Phase, der „Phase des Suchens und Sich-Trennens", zuordnet. Vgl. *Kast*, ²⁰1999, S. 78-83.

[271] *Landsberg*, 1973, S. 45.
[272] Vgl. auch *Pascal*, 1997, S. 311: „Sobald es [das geliebte Wesen, S.B.] einen Augenblick abwesend ist, entdeckt man, daß es dem Herzen fehlt. Welche Freude es wiederzufinden! Unverzüglich fühlt man, daß die Sorgen verschwinden."
[273] *Zwierlein*, 1989, S. 83. Vgl. auch *Pleger*, 1949, S. 332: „Er [der Tote, S.B.] hat uns im Stich gelassen. Wir samt unsern Angelegenheiten sind ihm unendlich gleichgültig geworden." Vgl. auch *Philipe*, ²¹2001, S. 41: „Manchmal nehme ich dir übel, daß du gestorben bist. Du bist desertiert, du hast mich im Stich gelassen."
[274] *Spiegel*, ⁴1981, S. 195. Vgl. auch *Beverley Raphael, Sally Wooding*, Klinische Intervention für Trauernde, S. 236. In: *Joachim Wittkowski* (Hrsg.), Sterben, Tod und Trauer. Grundlagen, Methoden, Anwendungsfelder. Stuttgart 2003, S. 226-244: „Die Vorstellungen jener, die von einem Trauerfall betroffen sind, sind erfüllt von der Sehnsucht nach der Wiederkehr der verlorenen Person sowie vom psychischen Schmerz, wenn diese Person nicht erscheint."
[275] *Parkes*, 1974, S. 63.
[276] Vgl. hierzu auch die Ausführungen von *Lersch*, ¹¹1970, S. 378ff. Auch *Kast*, ²⁰1999, S. 79 macht auf die Sinnhaftigkeit des Suchens aufmerksam, die sie darin begründet sieht, dass der Hinterbliebene mittels seines Suchverhaltens immer mehr darauf vorbereitet wird, den Verlust zu akzeptieren und sein Leben ohne den Verstorbenen weiterzuleben.

Suchenden gibt es immerhin das Gesuchte! Und so <ist> dieses Gesuchte dem Suchenden *doch* <gegeben>"[277].

Das Suchen des Trauernden verweist des Weiteren auf die Verlorenheit, auf die Verwaistheit des eigenen Ichs. Der Verstorbene wurde geliebt und Liebe zeichnet sich immer aus durch ein Streben „von sich weg[zu]gehen, hin zum anderen"[278], um das Ich im Du zu suchen. Indem *Augustinus* in dem verstorbenen Freund sein eigenes Ich verwirklichen konnte, ist ihm auch dies abhanden gekommen. Der Ich-Verlust zeigt sich darin, dass er sich ohne den Geliebten nur noch als halben Menschen betrachtet und so das Suchen von einer Sehnsucht nach Vereinigung und Ganzheit geleitet wird:[279] „Die Sehnsucht setzt ein Entbehren von besonderer Stärke voraus, eine Not, die nach Abhilfe ruft, zugleich aber einen, diese Not als Schmerz empfindenden besonderen Rang des Daseins, der seine Erfüllung, seine Gestalt noch nicht gefunden hat, eine Kraft, die, eben der Sehnsucht fähig, sich Ziele besonderer Art setzt, deren Wirklichwerden sie fordert."[280]

2.2.5 Bedrohte und herausgeforderte Identität

„Hatte ich meine Identität verloren? Oder erfuhr ich erst jetzt wer ich wirklich war?"[281]

Augustinus hat sich in Liebe einem anderen Menschen, dem Freund, hingegeben.[282] Hingabe – in Anlehnung an das *Hegelsche* Verständnis – bedeutet hier „das Aufgeben seines selbständigen Bewußtseins und seines vereinzelten Fürsichseins, das erst im Bewußtsein des anderen sein eigenes Wissen von sich zu haben sich gedrungen fühlt"[283]. In der Konsequenz bedeutet dies, dass in der Erfahrung des „Wir-sind" nicht nur Grund und Möglichkeit für das „Du-bist" liegen, sondern auch für das „Ich-bin",

---

[277] *Viktor Frankl*, Ärztliche Seelsorge. Grundlagen der Logotherapie und Existenzanalyse. Frankfurt am Main ⁴1987, S. 308, Anm. 27.
[278] *Zöpfl*, 1967, S. 165.
[279] Indem sich der Trauernde jedoch selten zu diesem irrationalen Ziel bekennt, wird das Suchverhalten sowohl von den anderen, als auch von ihm selbst als „ziellos" bezeichnet.
[280] *Johannes Hoffmeister*, Wörterbuch der philosophischen Begriffe. Hamburg ²1955, S. 549. In dem Wort Sehn-Sucht lassen sich zwei Begriffe ausmachen. Es ist das „Sehnen", das sich als emotionale Bewegung auf etwas Unbestimmtes und Unfassbares richtet, insofern ist das Sehnen immer gepaart mit einem Verlangen nach. Im zweiten Teil des Wortes erkennen wir den Begriff „Sucht", die immer gespeist wird aus dem Verlangen nach etwas Bestimmtem. Die Sucht ist gepaart mit Angst, da sie immer in der Furcht lebt nicht erfüllt zu werden.
[281] *Rey*, 1998, S. 78.
[282] Vgl. *Jüngel*, 1976, S. 120: „Das liebende Ich nimmt am geliebten Ich ganz und gar teil, indem es sich diesem hingibt."
[283] *Georg Wilhelm Friedrich Hegel*, Ästhetik, Band I. Frankfurt am Main ²1966, S. 539. In Bezug auf die in dieser Definition enthaltenen Problematik hinsichtlich der Ideologisierungsgefahr der Autonomie der Liebe wird auf *Scherer*, 1985, S. 182f. verwiesen: „Gerade indem sich die Personen gegenseitig in ihr Lieben-Können hervorrufen, konstituiert sich jene Dimension, die wir <positive Interpersonalität> nennen. In ihr ist das <Ich bin> oder <Ich muß sein> durch ein <Wir sind> überholt. Das bedeutet keineswegs die Auslöschung des Ich. Es gewinnt sich vielmehr, wenn es seine Fähigkeiten, den anderen sein zu lassen, aktualisiert und seinerseits von dem anderen akzeptiert wird."

oder um es in den Worten *Rey* zu formulieren: „Das Ich [des] anderen formte die Umrisse meiner Identität. In der Erfahrung des Du oder des Wir erlebte ich mich als das was ich bin."[284] Doch plötzlich, von einem Moment zum anderen, wird der Freund, jener einmalige und unersetzliche Mensch, mit dem *Augustinus* in personaler Liebe „geeint"[285] war, ihm unwiderruflich durch den Tod entrissen.[286] „Das herausfordernde, unterstützende und begrenzende Gegenüber (...), das die Ichkräfte strukturierte und sinnvoll bestätigte"[287] – und ihm so eine Reflexionsfläche war – ist verloren gegangen und zurück bleibt nur der „tiefe Schmerz über den Verlust eines hohen Gutes"[288]. Die in der Liebe gestiftete „dialektische Einheit"[289], in der die beiden Partner in einem einzigartigen Verhältnis[290] zueinander standen, ist auseinander gebrochen, und diese Spaltung bedroht das Ich des Zurückbleibenden an seinen Wurzeln, bedroht seine Identität und bringt diese in Gefahr.[291]

Mit *Erikson* können wir Ich-Identität definieren im Sinne „der unmittelbaren Wahrnehmung der eigenen Gleichheit und Kontinuität in der Zeit und die damit verbundene Wahrnehmung, daß auch andere diese Gleichheit und Kontinuität erken-

---

[284] *Rey*, 1998, S. 18. In diesem Sinne ist das „Ich-bin" als ein „Mit-sein" zu verstehen, in dem die „*anwesende* Abwesenheit des Anderen", die zu mir selbst gehört, durchschimmert. Vgl. auch *Eduard Zwierlein*, Was heißt Verstehen? – Eine Auseinandersetzung mit Paul Ricœur, S. 37. In: Seminar Philosophie, Universität Koblenz-Landau. Das Denken des Anderen. Französische Philosophie im 20. Jahrhundert. Heft 2, Koblenz 2000, S. 29-45.

[285] Vgl. *Jaspers*, 1958, S. 989: „Durch Liebe werden sie eins."

[286] Vgl. auch *Parkes*, 1974, S. 110: „Plötzlich, und bis zu einem gewissen Grad immer unerwartet, ist aus dem <Wir> ein <Ich> geworden, <Unser> hat sich in <Mein> verwandelt."

[287] *Rey*, 1998, S. 21.

[288] *Von Hildebrand*, 1971, S. 382. Es ist die in diesen Worten – „Tiefer Schmerz – hohes Gut" – enthaltene Gegenläufigkeit zu beachten, die auf eine Proportionalität von Liebe und Schmerz verweist. Es kann hier auch die Trauer als Wertantwort auf die verlorene Liebe verstanden werden.

[289] *Igor A. Caruso*, Die Trennung der Liebenden. Eine Phänomenologie des Todes. München 1968, S. 43. Obgleich *Carusos* Arbeit bei der Untersuchung des Phänomens Trauer nicht vom Verlust des geliebten Menschen durch den Tod ausgeht, sondern „die Lage von zwei geliebten Menschen, die sich aus moralischen, religiösen, sozialen und utilitären Gründen (...) trennen müssen" untersucht, können seine Reflexionen für das vorliegende Thema genutzt werden, da „die Auslöschung bei lebendigem Leibe im Bewußtsein des Liebenden" den Tod durchaus ins Bewusstsein hebt. Ders., ebenda, S. 27.

[290] Vgl. *Rey*, 1998, S. 21: „In dieser Einheit widerfährt ihnen ein einmaliges und nur ihnen eigenes Identitätserlebnis. Sie erleben sich als Liebende und Geliebte, als Bergende und Geborgene, als Gemeinschaft im Wir und als Ich gegenüber der Individualität des Du. Sie erfahren sich als Grenzgänger zwischen zwei Welten: Als aufeinander Angewiesene und doch Freie, als Ähnliche und doch Fremde, als Begrenzte und doch Grenzenlose, als in Raum und Zeit Gebundene und doch ins Ewige Hineingehobene. Sie erfahren sich als ineinander Verwobene und doch als sich nur Begleitende." Vgl. hierzu auch *Marcel*, 1961, S. 293, der hervorhebt, dass die Liebe eine Wechselseitigkeit erlaubt, die so tief ist, dass eine geheimnisvolle Einheit zustande kommt, in der jeder der Mittelpunkt des Anderen ist.

[291] Vgl. *Caruso*, 1968, S. 44: „Der Verlust des Identifikationsobjektes bedroht wirklich die Eigenidentität – und das ist ein Sterbenserlebnis." Die Suche nach Identität wird hier als Antwort auf das Faktum der Orientierungslosigkeit, die mit dem Verlust des geliebten Menschen auftritt, verstanden. Vgl. auch *Lohner*, 1994, S. 78: „wenn man sich jahrelang so stark mit einem anderen Ich identifiziert (...) und daraus sehr viel Kraft gezogen hat, dann ist es nur zu verständlich, daß bei dessen Verlust in den meisten Fällen eine schwere Identitätskrise einsetzt." Vgl. hierzu auch *Bruno Hamann*, Pädagogische Anthropologie. Bad Heilbrunn ²1993, S. 142f.

nen"²⁹², beziehungsweise als die Fähigkeit, „sein Selbst als etwas zu erleben, das Kontinuität besitzt, das <das Gleiche> bleibt, und dementsprechend handeln zu können"²⁹³. Identität wird also erfahren als das Gefühl, eine einzige, kohärente Einheit zu sein, die sich im Strom der Veränderungen durchhält. Aber Identität muss sich auch unter dem *Pindarschen* Imperativ –„Werde, der Du bist!" – behaupten und das bedeutet, dass der Mensch eine Art von „Identitätsspagat" zwischen Kontinuität und Wandel, zwischen Stabilität und Dynamik überbrücken muss, dass er „in sich und zugleich auf dem Weg sein, derselbe bleiben und doch ein anderer werden"²⁹⁴ muss.²⁹⁵ Es zeigt sich hier eine paradoxe Schwierigkeit: Einerseits wird Identität „indem ich an mir selbst festhalte, mich bewahre und behaupte. Anderseits wird sie, indem ich mich verwandle"²⁹⁶.

Eine weitere Schwierigkeit, die sich in Bezug auf die Erhaltung eines durchgehenden Identitätsgefühls ergibt, erwächst daraus, dass die Person bemerkt, dass auch die Blicke anderer ihn nicht mehr in der gewohnten Gleichheit und Kontinuität wahrnehmen. Jemand, der einen nahe stehenden Menschen durch den Tod verliert, bleibt zurück, er ist alleingelassen, ein „Hinterbliebener". Er ist, eine „<Hinterlassenschaft>, (…) etwas, das der tote Mensch hinter sich gelassen hat und das zunächst ohne neue Bedeutung ist. Dinge und Menschen, die hinter dem Geschehen zurückbleiben, ihre alten Bedeutungen und Rollen sind mit dem Tod des Menschen, zu dem sie gehörten, erloschen"²⁹⁷.

Wenden wir uns unter Berücksichtigung dieser Definitionen wieder den Bekenntnissen des *Augustinus* zu und folgen seinen Worten, wenn er formuliert: „ich fühlte, meine und seine Seele waren eine einzige in zwei Körpern gewesen." In dieser Empfindung – ergänzt durch die *Augustinische* Befürchtung, „hälftig leben" zu müssen – kommt zum Ausdruck, dass es dem Bleibenden angesichts des erlittenen Verlustes nicht länger

---

²⁹² *Erik Erikson*, Identität und Lebenszyklus. Frankfurt am Main 1966, S. 18. Im Duden. Fremdwörterbuch, Band V. Dudenredaktion (Hrsg.), Mannheim, Wien, Zürich ⁵1990, S. 331, ist der aus dem Lateinischen stammende Begriff „Identität" folgendermaßen definiert: „a. vollkommene Gleichheit oder Übereinstimmung (in Bezug auf Dinge oder Personen); Wesensgleichheit; das Existieren von jm, etw. als ein Bestimmtes, Individuelles Unverwechselbares; b. die als <Selbst> erlebte innere Einheit der Person."
²⁹³ *Erik Erikson*, Lebensgeschichte und historischer Augenblick. Frankfurt am Main 1982, S. 36.
²⁹⁴ *Rey*, 1998, S. 18.
²⁹⁵ Vgl. hierzu auch *Andreas Lischewski*, Person und Bildung. Überlegungen im Grenzgebiet von philosophischer Anthropologie und Bildungstheorie in Anschluß an Paul Ludwig Landsberg, Band I, Amsterdam 1998, S. 163: „Nur durch die Spannung von Identität und Veränderung kann der Mensch wahrhaft er <Selbst> als Einheit werden, kann er sich selbst dort treu bleiben, wo im empirischen Sinn Untreue vorliegt, und dennoch als in seinem tiefsten Wesen Veränderter aus einer solchen Handlung hervorgehen."
²⁹⁶ *Rey*, 1998, S. 18. Vgl. hierzu auch *Robert Spaemann*, Personen. Versuche über den Unterschied zwischen >etwas< und >jemand<. Stuttgart ²1998, S. 94: „Die Identität eines Menschen ist einerseits diejenige eines natürlichen Dinges, eines Organismus. Als solcher ist er jederzeit von außen reidentifizierbar. Aber diese basale natürliche Identität enthält nur eine Vorgabe für den Weg der Identitätssuche, die zugleich den Charakter einer Identitätsstiftung hat. Person ist nicht das Resultat dieser Stiftung, nicht das Ende des Weges, sondern der Weg selbst, das Ganze einer Biographie, deren basale Identität ihrerseits biologisch gesichert ist." Hierin enthalten ist der Gedanke des Menschen als „Homo viator" (*Gabriel Marcel*)
²⁹⁷ *Paul*, 2000, S. 83f. Vgl. zu dem Begriff „Hinterbliebenen" auch die Ausführungen von *Smeding*, 2004, S. 151.

möglich scheint, sich dauerhaft und kontinuierlich in sich selbst geeint zu fühlen.[298] Das Empfinden nur noch „hälftig zu leben", nur noch ein „halber Mensch"[299] zu sein, lässt es ihm unmöglich erscheinen „mit sich selbst im Einklang zu sein"[300], das heißt, sich im Sinne eines dauernden inneren „Sich-selbst-Gleichsein"[301] zu empfinden.[302] Seine Eigenidentität, die er in der Identifikation[303] mit dem Verstorbenen erlangte, die ihm Sicherheit, Stabilität, Kontinuität und Dauerhaftigkeit gewährte, scheint sich im Abgrund des „Nichts" zu verflüchtigen[304], und so droht er sich selbst ein Fremder zu werden, ein Fremder, der sich die Frage nach der eigenen Identität, die Frage des „Wer bin ich?"[305] stellt.[306]

---

[298] Vgl. hierzu die Definition von *Kast*, [20]1999, S. 177: „[Die] Identität möchte ich bestimmen als Gefühl des Einsseins mit sich selber, als gewordener und werdender Mensch, die sich aus dem Geöffnetsein seines Ich nach innen und nach außen immer wieder neu formt." Nur so habe der Trauernde den Mut, sich immer wieder von sich selbst zu distanzieren, und „vertrauensvoll das Unbekannte" an ihn herantreten zu lassen.

[299] Vgl. hierzu die Aussagen von befragten Witwen, in *Parkes*, 1974, S. 114: „Es ist, wie wenn mir das Innere herausgerissen worden wäre und eine entsetzliche Wunde zurückgeblieben wäre." Auch hebt der Autor hervor, dass Witwen angesichts des Todes ihres Partners von „Abtrennung" sprechen oder es zu Aussagen kommt: „wie wenn die Hälfte von mir fehlte." Das heißt, es werden Begrifflichkeiten verwendet, die den Vergleich zu einer Amputation erlauben. Vgl. hierzu auch *Schlegel-Holzmann*, [8]2004, S. 21: „Dann kommt der Tod und zerschneidet eiskalt dieses Seil. Absturz ins Nichts. Alles zerreißt. Die heilige Ordnung des Lebens – dahin. Das Zusammenleben – vorbei. Jetzt bräuchte man so sehr den anderen, um an dessen Brust zu klagen. Aber jetzt ist man halbiert, und nur die Kissen saugen den Schmerz auf."

[300] *Hamann*, [2]1993, S. 142.

[301] Ebenda.

[302] Vgl. hierzu auch *Schenk*, 1998, S. 155f: „Es wunderte mich, daß die Freunde mit mir umgingen, als sei ich dieselbe Person, dabei war doch in meinem Inneren kein Stein auf dem anderen geblieben. Das war sonderbar: Ich war es zeitlebens gewohnt, in vielen Bereichen allein und nicht etwa als Paar aufzutreten. Und doch zerfiel nach W's Tod meine Identität in kleine Stücke, die wie in einem Kaleidoskop durcheinandergerüttelt waren. (…) Alles schien sich gegen alles zu verschieben, nichts paßte mehr richtig zusammen."

[303] Vgl. *Caruso*, 1968, S. 43. Vgl. ders., ebenda, S. 27f: „Zwei Personen waren in einer <Dualunion> verschmolzen, die nur ein Vorbild in der <Dyade> Mutter-Kind hat; der Verlust des Libidoobjektes, das gleichzeitig ein starkes Identifikationsobjekt ist, führt nun zu einer echten Verstümmelung des Ichs, zu einer nicht zu unterschätzenden Ich-Katastrophe durch Identitätsverlust (…) und somit zu einer beträchtlichen und bedrohlichen Regression des Ichs." Nach *Illhardt*, 1982, S. 242, besteht nun „höchste Lebensgefahr", in der alle verbleibenden Kräfte „zum Kampf gegen diese Bedrohung eingesetzt werden" müssen. Nach *Spiegel*, [4]1981, S. 72f. kann die Regression „sowohl die Reaktion auf ein traumatisches Erlebnis sein, als auch darüber hinaus ein Mechanismus, dieses Erlebnis zu bewältigen". In diesem Verständnis steht die Regression im Dienste des Ichs.

[304] Betrachten wir die Worte des *heiligen Augustinus*, in IV, 8: „Ich war überrascht und verwirrt hielt ich an mich", dann zeigt sich schon hier, dass es ihm angesichts der unerwarteten Worte des Freundes schwer fällt, sein Selbst als etwas zu erleben, das Kontinuität besitzt, das „das Gleiche" bleibt, und dementsprechend handeln zu können.

[305] Vgl. auch *Rey*, 1998, S. 80: „Ich fragte mich immer wieder: Wer bin ich denn?" Vgl. auch *Thomas Meurer*, Trauernde trösten – aber wie? S. 373. In: Geist und Leben. Würzburg September/Oktober 1994, Heft 5, S. 373-379: „Ich weiß ja im Moment gar nicht, wie ich bin und wer ich bin." Die Frage „wer bin ich?" muss nach *Landsberg*, 1934, S. 64f., nicht nur durch die Fragen „Wohin gehe ich?" und „Woher komme ich?" ergänzt werden, die für ihn die Urfragen der Philosophie sind, sondern auch durch die Frage „Was soll ich tun?" Gerade diese letzte Frage verweist darauf, dass sich der Mensch gegen den Tod nicht wehren kann, dass er das Geschehene nicht

In dem Empfinden, sich nicht länger „als ein Seiender (...), der in sich geeint ist"[307] verstehen zu können, zeichnet sich das Thema Kontingenz[308] ab und findet in dem Gedanken „weder kann ich mich auf mich selbst noch auf den anderen verlassen" Ausdruck. Im Tod des Geliebten erfährt der Zurückbleibende eine Bedrohung, die den Verlust der erworbenen Individualität impliziert[309] und darauf verweist, dass der rätselhafte und schwierige Individuationsprozess dauerhafte und eindeutige Antworten verwehrt.[310] Im Angesicht der Kontingenz nämlich versagt die Sprache, die erklären will. Es tragen keine Worte mehr. *Augustinus* aber sucht verzweifelt nach Antworten, die ihn einen Weg finden lassen, sich in sich selbst zu einen und so wieder eine begriffliche Identität seiner selbst zu gewinnen. Er aber findet sich hineingeworfen in die Leere eines antwortlosen Raumes, in dem alle Fragen verhallen, und er sich selber „zu einer großen Frage" wird:[311] jemand ohne Antwort. Mögliche Antworten, die schon einmal gefunden wurden, sind ihm mit dem Tod des Liebsten erneut aus der Hand gerissen worden, und in seinem Schmerz geht ihm auf, der Tod könne definitiv und abrupt „alle Menschen verschlingen, weil er jenen umbringen konnte". Diese existentielle Erschütterung wirft die Sinnfrage des „Wer bin ich?" auf, die in die Mitte der eigenen Existenz zielt. In dieser Frage gewinnt auch das Nichtwissen um die eigene und endgültige Bestimmung Gestalt und gipfelt in der Frage: „Wer bin ich z u l e t z t?"

---

rückgängig machen kann. Er kann jedoch aus seiner Freiheit heraus eine Haltung wählen, die er zu dem schicksalhaften Ereignis einnehmen kann. Hierauf wird im dritten Kapitel näher eingegangen werden.

[306] Vgl. hierzu auch die Ausführungen des *Augustinus* beim Tode seiner Mutter: „meine (...) Seele [war] wund, mein Dasein wie in Stücke gerissen, das aus meinem und ihrem ein einziges geworden war." *Augustinus*, ⁴2002, neuntes Buch, Kap. XII, 30. Vgl. auch *Spaemann*, ²1998, S. 44, der darauf hinweist, dass es ein Irrtum sei zu glauben „die Identität der Person [konstituiere] sich ausschließlich über das eigene Bewußtsein und über die eigenen Erinnerungen." Die Identität wird zwar in Form einer Sinngeschichte dargestellt, es bedarf aber dazu auch des geliebten Menschen (sozusagen als narrativer Co-Autor), um diese Sinngeschichte zu rekonstruieren. Eine bedeutsame Funktion bei dem Aufbau der eigenen Identität kommt dem Gedächtnis als „aktive, selektive Phantasiemaschine" zu. Der Verstorbene kann diese Funktion nicht mehr übernehmen und die eigene Sinngeschichte zeigt wesentliche Lücken, Risse und Brüche.

[307] *Rudolph Berlinger,* zitiert nach *Lischewski*, 1998, S. 432.

[308] Vgl. hierzu *Zwierlein*, 1989, S. 112. Der Gedanke der Kontingenz impliziert hier, dass der Tod als „anwesende Abwesenheit" jederzeit wie ein „Zufall, der doch jedem Menschen schließlich unvermeidbare Notwendigkeit ist, über die Person hereinbrechen kann" und das „definitive Ende einer autonom handelnden menschlichen Person" bedeutet.

[309] Vgl. *Landsberg*, 1934, S. 70f. Vgl. hierzu auch *Rey*, 1998, S. 21: „Wer den geliebten Partner verliert, verliert die lebensnotwendig gewordene Gemeinsamkeit mit ihm. Es ist wie wenn er seine Seele verlöre. Er droht bis ins archetypische Fundament hinein zu zerbrechen. Sein Glück wird zerstört, seine Harmonie zerreißt." Vgl. auch *Parkes*, 1974, S. 115: „ich hatte das Gefühl, innen hohl zu sein, als wäre das Herz aus mir herausgerissen worden und als wäre ein zerfetztes Loch zurückgeblieben." (Zitat einer Witwe, S.B.)

[310] Vgl. *Zwierlein*, 1989, S. 91.

[311] Hierin zeigt sich – mit *Gerhardt*, 2000, S. 45, gesprochen – dass „die im Begriff unterstellte Stabilität der begriffenen Sache das begreifende Individuum mit einschließt".

2.2.6 Verlust der „Unsterblichkeitsillusion" beim Tod des geliebten Menschen

> „Es ist mir, als ob ihr Tod in mich hineingeschlupft wäre (...) alles verfremdend, (...) nichts mehr ist, wie es war..."[312]

In seinen Bekenntnissen schreibt *Augustinus*: „Ich war erstaunt, die anderen sterblichen Wesen am Leben zu sehen, weil der, den ich wie einen Unsterblichen geliebt hatte, gestorben war. Und noch mehr war ich verwundert, mich nach seinem Tode noch lebendig zu sehen, der ich ein zweiter Er war." In diesen Worten wird nicht nur sein Erstaunen und seine Verwunderung darüber erfahrbar, dass sowohl die anderen Sterblichen als auch er noch lebten[313] – obwohl jener, den er „wie einen Unsterblichen geliebte hatte, gestorben war" –, sondern es ist auch erkennbar, dass sich *Augustinus* mit dem Tod des Freundes seiner eigenen Sterblichkeit bewusst geworden ist.[314] In dieser Erfahrung ist ihm sein Denkwissen zur Wirklichkeit aufgeplatzt:[315] aus abstraktem Wissen ist konkrete Erfahrung geworden.[316]

Proportional zum fortschreitenden Individualisierungsprozess, so wurde es im ersten Teil der Ausführungen aufgezeigt, wächst das Bewusstsein der eigenen Sterblichkeit und damit einhergehend das Gefühl der Bedrohung durch den Tod.[317] *Augustinus* war demnach in die Möglichkeit gestellt, sowohl seinen eigenen Tod als auch den Tod des Freundes als eine jederzeit eintretende reale und inhärente Möglichkeit seines Daseins begreifen zu müssen.[318] Aber augenscheinlich ist es ihm unmöglich, sich entweder den Tod des Geliebten noch den eigenen realiter vorzustellen, bleibt ihm dieser abstrakt und unwirklich, bleibt *Augustinus* unbewusst von seiner eigenen Unsterblichkeit überzeugt.[319] Es scheint, als hätte erst der Tod ihm den Blick auf das Bewusstsein um die „Unwiederholbarkeit des Lebens"[320] eröffnet. Es ist, als ginge ihm, mit dem Tod des Geliebten, seine „Unsterblichkeitsillusion" verloren und würde ihm jäh „die Todes-

---

[312] *Stier*, ²1981, S. 101.
[313] Vgl. hierzu auch *Philipe*, ²¹2001, S. 42: „Stündlich fragte ich mich, nicht wie es möglich sei, daß ich lebte, sondern einfach, wie mein Herz weiterschlagen konnte, nachdem deines stehengeblieben war."
[314] Vgl. hierzu *Freud*, ⁸1991(a), S. 346: „Da mußte er [der Urmensch, S.B.] in seinem Schmerz die Erfahrung machen, daß man auch selbst sterben könne, und sein ganzes Wesen empörte sich gegen dieses Zugeständnis; jeder dieser Lieben war ja doch ein Stück seines geliebten Ichs."
[315] Vgl. *Stier*, ²1981, S. 112.
[316] Vgl. *Lewis*, ⁵1998, S. 44, der darauf hinweist, dass nur der höchste „Einsatz" – und ein solcher ist der Tod des Nächsten – uns aus unserem „bloßen Wort-Denken und (...) bloß begrifflichen Glauben aufzurütteln" vermag.
[317] Vgl. hierzu ergänzend die Ausführungen von *Pleger*, 1949, S. 344: „Je mehr der Mensch sich individualisiert, je mehr er sich seiner Besonderheit bewußt wird, je mehr er einen ihm allein eigenen Lebensinhalt verkörpert, welcher als persönliche Lebensform die Grenzen seiner kollektiven Lebensform überschreitet, um so bedeutsamer wird für ihn die Erfahrung des Todes. Denn erst jetzt ist ein Element in ihm groß geworden, welches wahrer Vernichtung fähig ist."
[318] Vgl. *Landsberg*, 1973, S. 14.
[319] Vgl. hierzu *Freud*, ⁸1991(a), S. 341: „Der eigene Tod ist ja auch unvorstellbar, und so oft wir den Versuch dazu machen, können wir bemerken, dass wir eigentlich als Zuschauer weiter dabei bleiben. (...) Im Grunde glaubt niemand an seinen eigenen Tod oder, was dasselbe ist: Im Unbewußten sei jeder von uns von seiner Unsterblichkeit überzeugt."
[320] *Plessner*, 1982, S. 356: „an der Unwiederholbarkeit des Lebens widerfährt ihm die eigene Endlichkeit."

bedrohtheit in ihrer ganzen Wucht und Fülle [seinem] möglichem konkreten Verstehen zugänglich"[321].

Im Vorhergehenden ist die Liebe als besondere „Form der Teilhabe und Teilnahme an einem anderen Menschen, in der gerade an der Einzigartigkeit und Unaustauschbarkeit dieses einen konkreten Menschen erkennend und fühlend partizipiert"[322] wird und als Zusage „Wie gut, daß es dich gibt"[323] verstanden worden. Diese „unio" jedoch wird durch den Tod vernichtet. Mit der Macht des letzten Wortes egalisiert und vergleichgültigt er auf unbarmherzige Weise die Besonderheit des geliebten „Du" und entreißt es der in Liebe gestifteten Gemeinschaft des „Wir".[324] Im Zerriss dieses „Wir", im Zerreißen „dieses neuen Wesens persönlich akthafter Ordnung"[325] wird der Zurückbleibende auf einzigartige Weise durch den Tod berührt: Er erfährt eine gefühlte Bedeutung vom Tod. „Durch die Angst vor dem Tod selbst und seiner Gewalt über unsere Person"[326] wird seine Existenz erschüttert und der Mensch zu einer „erlebten Kenntnis [des] eigenen Sterbens hingerissen"[327]. Er hat eine „echte Wesenserkenntnis gewonnen, sein Lebensgefühl weiterentwickelt und um eine plötzliche, gefühlsmäßige und für ihn unbezweifelbare Erfahrungsgewissheit bereichert (...) – so müssen wir alle einmal sterben"[328]. So kann nun gesagt werden: „Ein stückweit ist der Tod in die eigene

---

[321] *Zwierlein*, 1989, S. 82. Das hier implizierte Verstehen geht nach *Zwierlein* über die Erfahrung des Menschen, dass „er in einem prinzipiellen Sinne unter dem Diktat der Zeit steht" und damit „zunehmender Verendlichung" unterliegt, hinaus, und ist somit mehr als ein abstraktes oder induktiv gewonnenes Verstehen. Vgl. *Zwierlein*, November 1993, S. 39.

[322] Ebenda, S. 39. Vgl. ders., 1989, S. 84.

[323] *Josef Pieper*, Über die Liebe. München 1979, S. 30. *Pieper* verweist in diesem Zusammenhang an gleicher Stelle auf den Gedanken von *Gabriel Marcel*: „Einen Menschen lieben heißt sagen: du wirst nicht sterben."

[324] Vgl. *Müller*, ⁴1917, S. 29: „Aber es wird uns ja unsre Liebe genommen, die unser Leben war. Was eine Einheit war, wird auseinandergerissen."

[325] Vgl. *Landsberg*, 1973, S. 25f: „In diesem <wir> nun, und gleichsam mitgerissen durch die Eigenart dieses neuen Wesens persönlich akthafter Ordnung, werden wir zu einer erlebten Kenntnis unseres eigenen Sterbenmüssens hingerissen. Wir folgen dem <wir>, das zerbricht, indem wir dieses Zerbrechen erleben, bis an die äußerste Grenze des <Jenseits>; ja, einen Augenblick berühren wir gleichsam die Atmosphäre, die aus dem Land des Todes kommt, gehen wir ein in die äußerste Entfremdung, die die geliebte Person alsbald aus der bekannten Weise des Zusammenhangs mit uns hinwegnimmt. Sofort danach sind wir auch schon zurückgekehrt aus dem Reiche des Dunkels. Aber hat uns nicht in diesem Augenblick die große Kälte wirklich berührt? Sind wir noch dieselben? Werden wir hinfort noch dieselben sein, nachdem wir solches empfunden haben?"

[326] Ebenda, S. 60.

[327] Ebenda, S. 26. Vgl. auch ebenda, S. 28: „Meine Gemeinschaft mit dieser Person scheint zerbrochen: aber diese Gemeinschaft war in gewissem Maße *ich selbst*, und in eben diesem Maße dringt der Tod in das Innere meiner eigenen Existenz ein und wird eben dadurch unmittelbar spürbar." Vgl. ebenda, S. 47f: „So sehen wir, wie Augustinus eben durch die Stiftung dieses Wir (...) und durch dessen Zerbrechen sich nicht nur vor den Tod gestellt, sondern, ich wage zu sagen, in das unaussprechliche Innere seines eigenen Todes gestellt sieht." Vgl. auch *Pieper*, 1997, S. 293: „Und was dem Liebenden zuteil wird, angesichts des tatsächlichen Sterbens des geliebten Menschen, der nicht sterben <darf>, das ist, daß er selber diesen Tod, (...) wie von innen erfährt; es wird ihm eine Erfahrung zuteil, die der selbsteigenen Todeserfahrung des Sterbenden selbst so nahe kommt, wie es überhaupt menschenmöglich ist."

[328] *Landsberg*, 1934, S. 57. Vgl. hierzu auch *Schenk*, 1998, S. 222: „Es ist als ob der Vorhang reißt, der Vorhang vor dem Zentrum der Dinge, einen Augenblick schaut man in das glühende Innere der Welt, in die blendende Schneewüste des Nichts, und wird dann wieder zurückgeschleudert. (...)

Existenz eingedrungen [und] erscheint der Person als Destruktion von Personalität."[329]

Bedroht durch die Möglichkeit der „Depersonalisierung"[330], sich „selbst entzogen"[331], bleibt *Augustinus* verzweifelt[332] und völlig auf sich selbst geworfen zurück:[333] wie „eine unselige Stätte, an der [er] nicht sein und von der [er] nicht weichen konnte." In dieser Situation, in welcher sich *Augustinus* der Tod als „katastrophale Nichtungsmöglichkeit"[334] des „Ich", des „Du", des „Wir" offenbart, wird er sich „selber (...) zu einer großen Frage"[335]. Im Erfahren des Todes als das „Nichtwissen von der eigenen Bestimmung"[336] wird die „Selbst-zerrissenheit" des *Augustinus* spürbar, und es wird deutlich, wie ihm „das Sein seiner selbst wie des geliebten Verstorbenen, das von Mensch, Welt und Sein überhaupt, sein gesamtes bisheriges Seinsverständnis fragwürdig [wird, und] in einer radikalen Frage nach dem Sinn des Seins überhaupt"[337] einmündet.

2.2.7 Das radikal in Frage-gestellt-sein und die Frage nach Sinn

> „Trauer ist, wenn alles seinen Sinn verliert. Die Blumen sind welk. Die Ohren sind taub. Die Augen sind blind. Keine Freude, kein Ziel, kein Weg."[338]

Gekennzeichnet durch Verunsicherung und Desorientierung[339] ist der Seelenzustand des jungen *Augustinus*. Im Entschwinden aller bisherigen Sicherheiten und Selbstver-

---

Der Blitz hat einen berührt, eine Zeitlang ist man gezeichnet, weil man für Sekunden hinter den Vorhang geschaut hat, jedoch ohne wirklich etwas zu sehen. Man hat es nur gefühlt. Vorübergehend war man wie erblindet. Die Berührung des Todes erhebt einen auch, man ist wie aussätzig und ausgezeichnet zugleich. Man fühlt sich den anderen entrückt, als könne man nun nie mehr als normaler Mensch zwischen Menschen leben."

[329] *Zwierlein*, November 1993, S. 41. Vgl. auch *Marcel*, 1961, S. 152: „Sie und ich, wir sind voneinander getrennt. Unerträgliche Dualität: <das ist kein Leben mehr!> Mein Dasein ist gewissermaßen entartet. Ohne Übertreibung könnte ich sagen, daß *ich nicht mehr lebe*. Dieser Satz kommt einem über die Lippen, wenn man den letzten Grad der Angst erreicht hat."

[330] *Landsberg*, 1934, S. 72. Vgl. auch *Lischewski*, 1998, S. 130.

[331] *Wiplinger*, ²1980, S. 44.

[332] Vgl. hierzu *Landsberg*, 1934, S. 73f: „Diese Problematik zeigt eben die Schwierigkeit an, den Schein endgültiger Sterblichkeit des Menschen für letztgültige Wahrheit zu nehmen und daß diese Schwierigkeit beinahe einer Unmöglichkeit gleichkommt, ermißt sich gerade daran, daß Unglaube an die Unsterblichkeit auf einer gewissen Stufe der Individualisation Verzweiflung des Menschen an sich selber mit sich bringen muß. Der Mensch ist ein Wesen, das ein existentielles Problem der Unsterblichkeit erfahren kann."

[333] Vgl. hierzu *Landsberg*, 1934, S. 58: „Das Todesgefühl gibt zugleich ein neues Gefühl innerer Einsamkeit." Vgl. auch *Wiplinger*, ²1980, S. 48.

[334] *Zwierlein*, 1989, S. 85.

[335] Nach *Landsberg*, 1973, S. 46, hat sich in dieser Frage, die in der Erfahrung des menschlichen Todesschicksals ihre Quelle hat, „*die Geburt der existentiellen Philosophie*" ereignet, „in der der Mensch sein eigenes Menschsein zu begreifen und zu gewinnen versucht".

[336] *Landsberg*, 1973, S. 14. Vgl. auch Zwierlein, November 1993, S. 42.

[337] *Wiplinger*, ²1980, S. 49.

[338] *Rey*, 1998, S. 152.

[339] Desorientierung, so *Plessner*, 1982, S. 275, ist die natürliche Folge auf Situationen „denen gegenüber keine wie immer geartete sinnvolle Antwort durch Gebärde, Geste, Sprache und Handlung noch möglich ist".

ständlichkeiten, im Erfahren des „Nichtwissen[s] von der eigenen Bestimmung"[340], findet er sich auf sich selbst zurückgeworfen: „Wenn ich versuchte meine Seele dort [bei Gott, S. B.] niederzulegen, um ihr Ruhe zu verschaffen, glitt sie ins Leere ab und fiel wieder auf mich zurück." Im diesem Modus der außerordentlichen Aufmerksamkeit, in der er die Bedrohung der eigenen Besonderheit auf unausweichliche Weise wahrnimmt, wird er sich selber zur „großen Frage"[341] und sieht dabei nicht nur sich selbst, sondern den Sinn des ganzen Daseins in Frage gestellt.[342] Wenn auch „[d]ie Welt, in der wir leben (...), so beschaffen [ist], daß ich rings um mich herum alle Gründe finden kann, zu verzweifeln, im Tod die Vernichtung und das jämmerliche Schlüsselwort des unverständlichen Daseins zu sehen, in das ich unverständlicherweise geworfen bin"[343], so scheint doch die Frage nach Sinn, „die zu ergründen und zu leben [uns] aufgegeben scheint"[344] – wenn sie ernst und nicht abstrakt gemeint ist –, nur „in einer konkreten Situation, in welcher [dem Mensch, S.B.] der Sinn seines Daseins fragwürdig geworden ist"[345] in existentieller Weise gestellt zu werden.[346] Mit dem Tod des geliebten Freundes, der für *Augustinus* eine solche konkrete Situation[347] darstellt, ist der Tod gewissermaßen in seine eigene Innenwelt eingedrungen,[348] hat die „Sinnerfülltheit"[349], in

---

[340] *Landsberg*, 1973, S. 14.
[341] Vgl. auch *Rey*, 1998, S. 80: „Ich fragte mich immer wieder: Wer bin ich denn? Ein Fremder in einer fremden Welt."
[342] Vgl. *Kast*, 20,1999, S. 23: „Der Trauernde versteht (...) oft auch das Schicksal nicht mehr [und] stellt sich die Frage nach dem Sinn des Lebens, die sich angesichts des Todes ja immer unabweisbar, ja geradezu brutal erhebt." Vgl. auch *Manser*, 1979, S. 160: „Der Tod stellt das menschliche Leben von Grund auf in Frage." Die Radikalität des „Infragestellens" bezieht auch den Glauben mit ein. Vgl. hierzu *Stier*, 2,1981, S. 91, der in tiefer Verzweiflung über den Tod eines geliebten Menschen Jesus erbittert anklagt: „Ich bin (...) erbittert über deines und deines Herrn Vaters totes Schweigen zu den widerwärtigen und ekligen Umtrieben, die ihr mit uns treiben läßt. Oder gar selber betreibt? Nichts weiß ich mehr! Glauben – woran? Wem? Vertrauen – worauf? Wem? Es gibt einen Glauben, der an eurer Existenz nicht zweifelt, aber eben darum über euch verzweifelt ist..."
[343] *Marcel*, 1961, S. 303. Vgl. ebenda, S. 285: „Jeder von uns kann in gewissen Stunden das Gefühl haben, die Welt sei so eingerichtet, daß sie in uns unbedingt die Versuchung der Verzweiflung erregen kann. (...) daß wir von der Verzweiflung umzingelt sind."
[344] *Zwierlein*, November 1993, S. 42.
[345] *Scherer*, 1985, S. 20. Vgl. *Gabriel Marcel*, Die Menschenwürde und ihr existentieller Grund. Frankfurt am Main 1965, S. 40: „Sicherlich ist es unbestreitbar, daß der plötzliche Tod meiner Mutter, als ich vier Jahre alt wurde, in mir eine dauernde Erschütterung verursacht, daß er in mir ein beängstigendes Fragen geweckt hat. Ich konnte mich nicht mit der Ungewissheit zufrieden geben, in der, so stellte ich fest, die meinen sich gewissermaßen eingerichtet hatten." Hier wird deutlich, dass der Tod der Mutter ein Trauma bedeutete, das sein ganzes Leben unter das Zeichen „der Tod des Nächsten" gestellt hat. Vgl. hierzu ders., Metaphysisches Tagebuch 1951. In: *Gabriel Marcel*, Gegenwart und Unsterblichkeit. Frankfurt am Main 1961, S. 287.
[346] Vgl. hierzu *Scherer*, 1985, S. 31f: „Der Mensch stellt die Frage nach Sinn nicht zu jeder Zeit. Er kann sie verdrängen oder auch, wenigstens zeitweise, so im Sinn leben, daß sie sich nicht stellt. (...) Damit wird die These von der Allgegenwart der Verwiesenheit des Menschen auf Sinn nicht außer Kraft gesetzt."
[347] Es sei an dieser Stelle auf die *Jaspersche* Unterscheidung zwischen Situation und Grenzsituation verwiesen, die im Kapitel 2.3 ausführliche Berücksichtigung findet.
[348] Vgl. *Zwierlein*, November 1993, S. 41.
[349] *Landsberg*, 1934, S. 60.

der er lebte, aufgehoben und ihn in notwendiger Weise[350], das heißt wesensnotwendig, in die Frage nach Sinn geworfen.[351] Das Erfahren der Endlichkeit des geliebten Freundes, das Erleben dessen gezeitigten Daseins, das sich als „äußerste Aufgipfelung"[352] aller Endlichkeitserfahrungen des Menschen zeigt, kann nun als ein Konstitutivum für Sinn definiert werden.[353]

Angesichts des verzweifelten Zustandes des *Augustinus* und seines darin aufgebrochenen Fragens wird einsichtig, dass der Tod dem Zurückbleibenden in paradoxer Weise – in einer Art „dialektischen Bosheit"[354] – gegeben ist: Einerseits erlebt er ihn in der gefühlten Bedeutung als Destrukteur von Sinn, als Zerstörer des Besonderen und Einmaligen sowie als „unnachgiebige Wand"[355], an der das dem Menschen innewohnende Streben nach Selbstverwirklichung sein Ende findet. Andererseits erscheint der Tod „so etwas wie die Bedingung von Bedeutung und Sinn zu sein"[356]. Der Tod begegnet dem Zurückgebliebenen im Gesicht der Januskörpfigkeit – als Sinnzerstörer und Sinngewährer – und zwingt den zwischen Verzweiflung und Hoffnung zerrissenen Menschen[357] zu der unlösbaren Aufgabe, „diese beiden auseinanderstrebenden Fluchtlinien des Nachdenkens über ihn fest[zu]halten"[358]. Die aufgezeigte Widersprüchlichkeit zur Deckung zu bringen, erweist sich dem Menschen als nicht aufzulösendes Problem. Er erfährt einerseits im „Nachdenken über den Tod (...) eine dauernde Verwundung seines Denkens"[359], andererseits erfährt er den Tod „in seiner motivierenden und ab-

---

[350] Vgl. hierzu *Landsberg,* 1934, S. 50f: „Es gilt, die Frage nach dem Wesen des Menschen ihrer geistigen Motivation und ihrem Sinn nach zu verstehen als eine Ausformung der philosophischen Urfrage überhaupt, die keine willkürliche, und historisch zufällige, sondern eine dem Menschen als solches notwendige Frage ist." Das philosophische Fragen, gehört demnach für *Landsberg* notwendigerweise zum Menschsein dazu.

[351] Vgl. *Landsberg,* 1934, S. 60: „In dem der Mensch ein Wesen wird – er ist nie, er wird immer –, welches weiß, daß es sterben muß, und was das bedeutet, wird er alsbald ein Wesen, welches nach dem Sinn seiner Existenz fragt." Vgl. auch *Manser,* 1979, S. 159, der die unterschiedlichen Fragen, die sich dem Menschen aufdrängen, treffend, und mit einem Hinweis auf *Augustinus* versehen, formuliert: „Warum? Was hat das für einen Sinn, wenn der Mensch vor die Möglichkeit des Nichts der eigenen Existenz gestellt wird? Hat das Leben angesichts des Todes einen Sinn? Haben Welt und menschliches Dasein noch Sinn? Mein Tun, mein Leben werden in Frage gestellt. Wozu noch? Lohnt es sich noch? Ich selber werde durch Endlichkeitserfahrungen, erst recht durch den Tod, radikal in Frage gestellt. Schließlich kann ich mir selbst zur Frage werden."

[352] *Manser,* 1979, S. 159.

[353] Vgl. *Viktor Frankl,* Logotherapie und Existenzanalyse. Zürich 1987, S. 143: „Die Endlichkeit, die Zeitlichkeit ist also nicht nur ein Wesensmerkmal des menschlichen Lebens, sondern für dessen Sinn auch konstitutiv." Vgl. ders., ebenda, S. 24: „Es ist also gerade der Tod, der so dem Leben und unserem Dasein als etwas Einmaligem Sinn verleiht."

[354] *Zwierlein,* November 1993, S. 43.

[355] Vgl. *Pleger,* 1949, S. 331, der den Tod mit einer „Wand aus Stahl und Beton" vergleicht. Vgl. auch *Müller,* ⁴1917, S. 30, der von einer „undurchdringlichen Scheidewand des Todes" spricht.

[356] *Müller,* ⁴1917, S. 42.

[357] Vgl. *Zwierlein,* 1989, S. 85.

[358] *Zwierlein,* November 1993, S. 42.

[359] Ebenda. Vgl. hierzu ders., ebenda, S. 35, der es *Frankl* als dankenswerten Verdienst zuschreibt, dass dieser die unverzichtbare Aufeinanderverwiesenheit der Todesdimension mit dem Leben, herausgestellt habe. Gleichzeitig sei auf die Kritik des Autors hinsichtlich einer gewissen Einseitigkeit – nämlich der Vernachlässigung des Momentes der Sinndestruktion – im *Franklschen* Todesverständnis hingewiesen. Dieses könne „wohl nur als extremer, übertriebener Reflex auf To-

stoßenden Doppelheit, [als] das Movens, durch das und gegen das Menschwerdung geschieht"³⁶⁰.

Die Fragen, die sich angesichts des unbegreifbaren Verlustes stellen, verweisen den Zurückbleibenden letztlich auf das „Gegebensein" seines Lebens. In diesem Gegebensein, in dieser „Gabe", schwingt gleichzeitig das Wort „Geber" mit, drängt sich die Frage nach dem „Wer" des „Gebers" auf, sucht der Fragende nach einem übergeordneten Organisationsprinzip, sucht er nach „Gott".³⁶¹ Im radikalen Fragen sucht der Zurückbleibende rastlos nach Antworten, kommt nicht mehr zur Ruhe – „es gab weder Rast noch Besinnung" –, bewegt er sich zwischen Verzweiflung und Hoffnung und vielleicht hin auf einen „Weg zu Gott, als dem Sinn und Ziel des Lebens"³⁶². In diesem Frageprozess sucht der Zurückbleibende etwas, „das (...) den Untergang der gesamten Welt überdauern könne. Es stellt sich hier mit Recht auch die Frage nach der „Unsterblichkeit" oder dem „Fortleben" als ein legitimes Problem, wenn es auch philosophisch zu keiner abschließenden Klärung oder gar definitiven Antwort kommen mag"³⁶³.

2.2.8 Verzweiflung und Hoffnung als Widersacher in der Trauer

„Ich komme mir vor wie ein Ertrinkender, der seine Arme zum Himmel reckt, weil ihm sonst nichts anderes übrig bleibt, oder der sich an einem losen Dornenstrauch festklammert, um sich vor dem Abgrund zu retten." ³⁶⁴

Augustinus sieht sich hineingeworfen in die Gespaltenheit zwischen „seinem Selbstentwurf und dessen Realisation"³⁶⁵ und erlebt dabei eine „Kluft zwischen Anspruch und Scheitern"³⁶⁶.Verzweiflung hält ihn angesichts des Todes seines Jugendfreundes umklammert, so dass sein „Herz vor Schmerz verfinstert". Das Hereinbrechen der Fins-

---

destabuisierung oder Absurditätsbehauptungen verstanden werden". Vgl. ders., ebenda, S. 37f; S. 44f.
360 *Zwierlein*, 1989, S. 96.
361 Vgl. hierzu den Brief *Pascals* anlässlich des Todes seines Vaters: „O H N E Jesus Christus ist er [der Tod, S.B.] grauenvoll, ist er der Abscheu und das Entsetzen der Natur." *Heinrich Lützeler* (Hrsg.), Pascal. Religiöse Schriften. Kempen-Niederrhein 1947, S. 171.
362 *Manser*, 1979, S. 162.
363 *Zwierlein*, 1989, S. 79f. Vgl. hierzu auch *Landsberg*, 1934, S. 72: „Indem der Mensch seine Fragen über das empirische Leben hinaus erweitert, indem er fragend hinaus schreitet ins Unbekannte des Jenseits, findet er sich in einem Dunkel, indem er sich wie von einem Nichts bedroht fühlt und sich nicht zu bergen weiß. Gelingt es ihm nicht, sich gleichsam von außen her, durch eine geglaubte Lehre zu beruhigen, so sucht er sich selbst durch eigene Geisteskraft und eigene Auslegung seines Wesens, in diesem Dunkel zu orientieren. In diesem Augenblick ist er anthropologischer Philosoph geworden." Vgl. hierzu auch *Lischewski*, 1998, S. 138, der hervorhebt, dass die Fragen nach einem absoluten Wesen, nach Unsterblichkeit und Fortleben, „keineswegs nur durch geoffenbarte Lehren einfachhin zu beruhigen wären, sondern (...) auch in die Zuständlichkeit des philosophischen Nachdenkens fallen. (...) Die Gottesfrage (...) betrifft jeden Menschen qua Menschentum und daher insbesondere auch den Philosophen."
364 *Rey*, 1998, S. 100.
365 *Manser*, 1979, S. 149.
366 Ebenda.

ternis, das in einem früheren Untersuchungsschritt erörtert wurde, weist darauf hin, dass der Zurückgebliebene keinen Ausweg mehr sieht. Sowohl die gegenwärtige, als auch die zukünftige Situation scheinen in der Finsternis der Ausweglosigkeit verhaftet zu sein.[367] Das Bild der Ausweglosigkeit kennzeichnet eine Situation, die als „sinn-lose" erscheint und dem Hinterbliebenen jede Art von Handeln unmöglich macht,[368] ihn in eine Art von Handlungsunfähigkeit hineinstellt.[369]

Folgen wir nun den Ausführungen *Bollnows,* der hervorhebt, wie die Verzweiflung „den Menschen erfassen und so sehr aus der gewohnten Sicherheit seiner Lebensbezüge herauswerfen [kann, S.B.], daß alle vernünftige Überlegung dadurch niedergehalten wird"[370], wie in der Verzweiflung „das Lebensgefühl im ganzen aus den Fugen geraten"[371] ist, und verstehen wir ergänzend die Verzweiflung als „eine schon im Leben geschehene Vorwegnahme"[372] des Todes, dann ergibt sich hieraus ein Auftrag für den Trauernden: Er muss sich eine Möglichkeit suchen[373] „[a]us jener die ganze Existenz in Frage stellende Finsternis der Verzweiflung herauszukommen"[374], um nicht lebend gestorben zu sein.[375] Dieser Ausweg kann weder in der in der Gestalt eines fixierenden Ausharrens[376] – als Kapitulation vor der Situation – gefunden werden, noch durch ein

---

[367] Vgl. hierzu *Zöpfl,* 1967, S. 157: „Irgendein Dunkel hat mich wider meinen Willen umfangen, aus dem es keinen Ausweg zu geben scheint, in das hinein kein Lichtfunken fällt."

[368] Vgl. *Philipe,* ²¹2001, S. 98: „aber Stunden verstrichen und Tage, ohne daß ich etwas getan hätte."

[369] Vgl. ebenda. Vgl. auch *Rey,* 1998, S. 88: „Meine Fähigkeiten haben sich verflüchtigt, mein Wille ist gestorben. Ich bin schlaff und ausgetrocknet." Vgl. auch *Müller,* ⁴1917, S. 34, der beschreibt, wie die Trauer den Menschen „innerlich lähmt und sich nach allen Seiten als eine verhängnisvolle Hemmung des Lebens erweißt."

[370] *Bollnow,* ⁷1988, S. 48.

[371] Ebenda.

[372] *Zöpfl,* 1967, S. 157.

[373] Vgl. *Caruso,* 1968, S. 148, der eindringlich betont, dass der Mensch sich bemüht „Sinn dort – und besonders dort – zu stiften, wo die Ausweglosigkeit am stärksten zu sein scheint."

[374] *Zöpfl,* 1967, S. 158.

[375] Das Moment der Ausweglosigkeit, das der Verzweiflung innewohnt, lässt die Gegenwart als Gefängnis erscheinen, aus der es keinen Durchgang, kein Heraus in die Zukunft zu geben scheint. Der hierin enthaltene Todesgedanke, lässt auch einen Querverweis auf den Begriff des „Sozialen Todes" zu, wie ihn *Ulrich Eibach,* Medizin und Menschenwürde. Ethische Probleme in der Medizin aus christlicher Sicht. Wuppertal 1976, S. 72f. versteht; nämlich als „selbstverschuldeten oder aufgezwungenen Abbruch der Kommunikation mit den Mitmenschen und die Ausgliederung aus und Isolierung von dem gesellschaftlichen Leben (...) durch die besonders (...) [trauernde, S.B.] Menschen in eine ausweglose Isolierung, Hoffnungslosigkeit und Verzweiflung gestoßen werden." Auch wenn *Eibach* bei seinen Ausführungen primär den sterbenden Menschen im Blick hat, scheint der Transfer seiner Definition auf Trauernde gerechtfertigt, weist doch die antizipierende Trauer des Sterbenden außerordentliche Parallelen zur Trauer des Zurückbleibenden auf.

[376] Dieser Form des Ausharrens kann das Merkmal der Erstarrung zugeordnet werden, wie wir es bei *Marcel,* 1961, S. 228ff., finden. Für ihn ist „Erstarrung, das Zeichen oder Merkmal eines Brachliegens. Dieses Brachliegen entspricht einer allgemeinen Entwertung des Lebens." Vgl. *Philipe,* ²¹2001, S. 97: „Ich lernte die Erstarrung kennen, die nur der Anfang des Todes ist." Vgl. ders., ebenda, S. 100: „Ich wartete ohne Erwartung. So vergingen Monate." Vgl. zum Unterschied zwischen „Erwartung" und Hoffnung" die Ausführungen von *Franco Rest,* Hoffnung gegen die Hoffnungslosigkeit, S. 14f. In: Kaleidoskop der Trauer. *Renata Bauer-Mehren, Karina Kopp-Breinlinger, Petra Rechenberg-Winter* (Hrsg.). Regensburg 2003, S. 12-35. Vgl. zur Differenzierung von Hoffnung und Erwartung auch die Ausführungen *Bollnows,* 1955, S. 102-106.

trotziges Aufbegehren.[377] Nach *Zöpfl* gibt es nur eine Möglichkeit, sich aus der Verzweiflung zu befreien: nämlich „einzig und allein die Hoffnung. (...) weil sie auf etwas anderes als auf das, was man selbst ist oder was zu meiner Situation gehört, gerichtet ist"[378]. Hoffnung enthält somit das Moment der Transzendenz, im Sinne eines „Hinausweisen-über"[379], und eignet sich als Nahtstelle zwischen Verzweiflung und Glauben[380], wie es in den Worten von *Augustinus* zum Ausdruck gebracht wird: „Ich trug eine zerrissene, blutige Seele in mir, die von mir getragen zu werden sich sträubte, aber ich fand keinen Ort um sie hinzulegen. (...) Zu dir, Herr hätte ich sie erheben sollen, (...) aber ich wollte es nicht und konnte es auch nicht."[381] In diesen Sätzen klingt deutlich das Inhäsive heraus, das seiner damaligen Verzweiflung anhaftete: „ich wollte es nicht und konnte es auch nicht", und so sieht sich der „in der Verzweiflung Beharrende alles Sinns verlustiggehen und damit in Selbstwiderspruch und Selbstzerstörung stehen, weil er sich vor dem Unausweichlichen selbst aufgibt [und sich so, S.B.] dem Nichts, der Vernichtung ausliefert"[382].

---

[377] Vgl. hierzu die Ausführungen *Bollnows*, 1955, S. 78: „Wenn sich alles trotzige Wüten als sinnlos erwiesen hat, bleibt als Ende der Ungeduld nur noch volle Verzweiflung."

[378] *Zöpfl*, 1967, S. 158. Dieses Verständnis von Hoffnung beinhaltet auch, dass „die Hoffnung stets von einem Blick in die Zukunft, getragen ist" und damit einen antizipatorischen Wesenszug hat. Somit kann Hoffnung in Anlehnung an *Bollnow*, 1955, S. 113, „als ein zeitliches Verhältnis, nämlich als ein bestimmtes Verhalten zur Zukunft" charakterisiert werden, und dies bedeutet, „daß die Hoffnung die ursprüngliche und tragende Bestimmung der inneren zeitlichen Struktur des menschlichen Lebens ist". Das heißt, so *Bollnow* weiter, „die ursprüngliche zeitliche Verfassung des menschlichen Lebens [ist] durch die Hoffnung bestimmt". Vgl. auch *Gabriel Marcel*, Sein und Haben. Paderborn 1954, S. 87: „Die Seele ist nur durch die Hoffnung; die Hoffnung ist vielleicht gar der Stoff, aus dem unsere Seele gemacht ist."

[379] Vgl. hierzu die zusammenfassende Anmerkung bei *Brathuhn*, 1999, S. 26, Anm. 3.

[380] Auch wenn *Zöpfl*, 1967, S. 160, hervorhebt, dass der Glaube der Hoffnung eindeutig voran liege, so würde dem in der Verzweiflung stehende Mensch der Glaube ein reines Abstraktum sein, aus dem heraus er keine Antworten finden könnte, gäbe es nicht die Hoffnung als Bindeglied, oder wie oben formuliert, als Nahtstelle zwischen Verzweiflung und Glaube. Vgl. auch *Marcel*, 1953, S. 80: „Die Basis der Hoffnung ist das Wissen um eine Situation, die uns verzweifeln läßt (die Krankheit, der Untergang etc.). Hoffen heißt der Realität Kredit einräumen, es heißt bejahen, daß es in ihr etwas gibt, was über die Gefahr triumphiert."

[381] Vgl. *Otto Friedrich Bollnow*, Neue Geborgenheit. Stuttgart, Köln 1955, S. 111: für *Bollnow* scheint die Hoffnung als „der letzte Grund der Seele (...), [die] so unablösbar zu den notwendigen Voraussetzungen des menschlichen Lebens [gehört], daß die Menschen sie nicht einmal im Trotz, nicht einmal mit Willen und Vorsatz ganz aus sich herausreißen können. Auch wenn sie im Anflug der Verzweiflung nicht hoffen *wollen*, auch wenn sie meinen, sich von allen Regungen der Hoffnung befreit zu haben – auch wenn sie es noch nicht wissen, insofern sie überhaupt leben, hoffen sie noch." *Bollnow* versteht die Hoffnung demnach als eine anthropologische Konstante, so dass ein Leben ohne Hoffnung höchstens als der „Zustand eines abgestumpften Dahinvegetierens, [in dem] die Hoffnung bis zur Gedankenlosigkeit abgesunken" sei, zu verstehen wäre. Die Hoffnung selber sei aber sogar noch in einer solchen Lage „wenigstens in gewissen, wenn auch noch so schwer erkennbaren Resten, vorhanden." Vgl. auch *Landsberg*, 1973, S. 46, für den die Hoffnung „eine seinsmäßige Grundbestimmung der menschlichen Person" ist. Dass auch in der tiefsten Verzweiflung noch Hoffnung ist, lässt sich auch an den Worten des Alttestamentlers *Fridolin Stier* ablesen: „Ich wollte [der] Glaube bräche blitzend aus der Wolke und schreckte mich aus der Dumpfheit und Verzweiflung (...)." In dieser Aussage ist deutlich die „Hoffnung auf Hoffnung" erkennbar. *Stier*, ²1981, S. 93.

[382] *Zöpfl*, 1967, S. 157.

Wenden wir uns wieder den *Augustinischen* Gedanken zu, so sehen wir seine Bemühungen, trotz seines verfinsterten und wankelmütigen Herzens eine Möglichkeit zu entdecken, dem Dunkel der Verzweiflung zu entfliehen und eine Kraft zu finden, die es ihm ermöglicht, die sich ihn „andrängende Verzweiflung"[383] zu überwinden. Indem er seine Seele anweist auf Gott zu hoffen, sucht *Augustinus* einen Ausweg, um aus seiner tiefen Verzweiflung herauszufinden: „Und wenn ich ihr sagte: <Hoffe auf Gott>, so gehorchte sie mir nicht, und tat recht daran, denn der geliebte Mensch, den sie verloren, war echter und besser, als das Gespenst, auf das zu hoffen ich sie anwies."[384] Hoffnung wird hier zwar als ein je eigener Akt deutlich, der „jedoch auf ein von meinem eigenen Handeln Unabhängiges"[385] abzielt. Das, was erhofft wird – in einer Art „spähende[r] Zuversicht"[386] – ist letztlich dem eigenen Zutun entzogen und ist damit fern „von jeder Art Vorausberechnung, Fordern oder Beanspruchung"[387]. Hierin wird offenkundig, dass dem Phänomen „Hoffnung" niemals die Intention zugrunde liegen kann, etwas haben zu wollen und so kann *Augustinus* auch formulieren: „Ich hoffte ja nicht, ihn wiederaufleben zu sehen". Indem er zum Ausdruck bringt, dass er nichts „Unmögliches" erhofft, zeigt er deutlich, dass das Wissen um die Unumkehrbarkeit dieses Todes in sein Bewusstsein eingedrungen ist.[388]

Abschließend soll festgehalten werden, dass in der Hoffnung immer das Moment der „Unsicherheit" enthalten ist, „weil der Gegenstand der Hoffnung und des Glaubens nun im letzten immer meiner Verfügungsgewalt entzogen ist"[389]. Somit darf ein „Hof-

---

[383] *Bollnow,* 1955, S. 110. Vgl. ders., Existenzphilosophie. Stuttgart ⁶1955, S. 73f: „die Verzweiflung [ist] die den Menschen in der ganzen Tiefe seiner Persönlichkeit erschütternde und total ergreifende Bewegung." Wichtig hierbei ist, dass *Bollnow,* die Verzweiflung als eine Krise sieht, „durch die der Weg zur eigentlichen Existenz führt". Ders., ebenda, S. 74.

[384] Das „Gespenst" von dem *Augustinus* hier spricht, ist die Lehre des „Manichäismus" und so kann – mit *Landsberg,* 1973, S. 47 gesprochen – diese Anstrengung nicht siegreich sein. Vgl. auch *Lewis,* ⁵1998, S. 53f: „Gerade dann, wenn nichts in unserer Seele Platz hat als ein einziger Schrei um Hilfe, kann Gott sie vielleicht nicht gewähren: man gleicht dem Ertrinkenden, dem nicht zu helfen ist, weil er sich anklammert und festhält. Vielleicht machen dich deine eigenen ständig wiederholten Schreie taub für die Stimme, die du zu hören hoffst."

[385] *Zöpfl,* 1967, S. 158.

[386] *Spiegel,* ⁴1981, S. 180.

[387] *Zöpfl,* 1967, S. 159. Vgl. hierzu auch die Ausführungen *Marcels,* 1961, S. 288, der auf den Unterschied zwischen dem Wunsch und der Hoffnung aufmerksam macht: „Der Wunsch ist definitionsgemäß egozentrisch auf den Besitz ausgerichtet. (…) Die Hoffnung dagegen ist nicht egozentrisch. (…) die Hoffnung ist niemals der wollende Zustand, der mit einem <ich möchte gerne, daß …> ausgedrückt werden kann." Diesen Unterschied hervorzuheben, scheint zwingend notwendig, da es nach *Bollnow,* 1955, S. 83, „andere und *bedenkliche* Stimmen [gibt] die [der] positiven Bewertung der Hoffnung entgegentreten. (…) Die Hoffnung, so [wird gemeint, S.B.], gaukelt dem Menschen *trügerische Wunschgebilde* vor, sie verhindert dadurch den realistischen Blick auf die Gegebenheiten des Lebens und läßt den Menschen zum Träumer werden, der vor den wirklichen Aufgaben des Lebens versagt".

[388] Vgl. hierzu *Marcel,* 1954, S. 100f., der den Tod als Sprungbrett einer absoluten Hoffnung beschreibt: „In einer Welt, in der es keinen Tod gäbe, würde die Hoffnung nur im Larvenzustand existieren."

[389] *Zöpfl,* 1967, S. 159. Vgl. zum Moment der „Unsicherheit" auch *Stier,* ²1981, S. 93: „[w]enn ich nur wüßte, nur hoffen dürfte, daß ich dich [Gott, S.B.] an der Schwelle wartend fände, ich säumte nicht einen Augenblick …". Vgl. ders., ebenda, S. 98: „*Wenn* es wahr ist, daß ER ist … *wenn* es wahr ist, wahr! wahr! (...) wenn das Licht, das in der Finsternis leuchtet, kein Irrlicht ist, *wenn* es nicht,

fen" in diesem Verständnis nicht gleichgesetzt werden mit „einem prophetischen Vorherwissen, einem Vorbestimmten"[390], denn dann würde es sich dem „Haben-Wollen" – einem Aspekt des menschlichen Daseins – verpflichten und würde Gefahr laufen, im Abgrund der Angst, dem das Haben entspringt, zu versinken: Hoffnung vermag uns nur zu durchdringen, „wenn die uns umschließende Rüstung des Habens Brechen und Spalten aufweißt"[391].

2.2.9 Der Verlust der Selbstbeherrschung und das Weinen

> „Aber in den ersten beiden Monaten nach Moshes Tod weinte ich oft aus heiterem Himmel. Ich brach plötzlich in Tränen aus (...). Die Tränen rannen dann unkontrollierbar; oft war es für mich sehr peinlich, weil es in der Öffentlichkeit stattfand, aber ich konnte den Tränenfluß einfach nicht bremsen. (...) Nichts und niemand hätte mich in solchen Momenten trösten können, war ich doch Moshes beraubt."[392]

Im Vorhergehenden ist ausführlich beschrieben worden, wie sehr die „normale Daseinssituation"[393] des *Augustinus* durch den Tod seines Freundes nicht nur erschüttert wurde, sondern dass sein ganzes Welt- und Selbstbild aus den Fugen geraten ist. Die bisherigen Ausführungen lassen die Aussage zu, dass sich *Augustinus* an einer Grenze sieht, die nicht nur faktisch, sondern prinzipiell jede Möglichkeit der volitiven und kognitiven Auseinandersetzung zu unterbinden scheint. Ferner kann festgehalten werden, dass *Augustinus* angesichts des unwiederbringlichen „Lebensverlust" seines Freun-

---

wie angesteckt, so ausgelöscht wird, (...) WENN...!" Auch hier schwingt das Moment der „Unsicherheit" mit.

[390] *Zöpfl*, 1967, S. 159.

[391] *Gabriel Marcel*, Philosophie der Hoffnung. München 1957, S. 69f.

[392] *Goshen-Gottstein*, 1997, S. 39. Vgl. hierzu *Plessner*, 1982, S. 339. Vgl. ders., S. 371, der darauf hinweist, dass der Mensch – und hier vor allem der Mann – sich, je reifer er wird, je entwickelter er ist, um so mehr seiner Tränen schämt, beziehungsweise sich scheut, diese in der Öffentlichkeit zu zeigen. Vgl. hierzu die „Bekenntnisse" des *Augustinus*, achtes Buch, Kap. 12,28, der diesen Rückzug vor dem Ausbruch der Tränen beschreibt: „Um ihn [den gewaltigen Tränensturz, S.B.] ganz und laut sich ergießen zu lassen, stand ich auf und verließ Alypius – Einsamkeit schien mir geeigneter für das Werk der Tränen – (...) Ich warf mich unter einem Feigenbaum nieder und ließ meinen Tränen freien Lauf." In dieser Beschreibung ist schon ein indirekter Hinweis darauf enthalten, dass das „öffentliche" Weinen Trauernder zur Verunsicherung und Hilflosigkeit bei den Mitmenschen führt. Vgl. hierzu auch *Astrid von Friesen*, Du bist tot. Ich muss noch leben. Stuttgart 2000, S. 43: „Aber als die Orgel erklang (...) war es geschehen. Ich musste für die vollen zwei Stunden weinen, haltlos und abgründig. Die beiden Sitznachbarn rückten von mir weg".

[393] *Plessner*, 1982, S. 364: „Als normal gilt dem Menschen ein Dasein, in dem er sich orientieren kann" und in dem er sicher ist, „daß es mit den Dingen eine *Bewandtnis* hat, auch wenn er nicht weiß (und nicht wissen kann), welche". In diesem Abschnitt soll die Studie *Plessners* – „Lachen und Weinen" – als Grundlage dienen. Hierbei wird jedoch nur die Ausdrucksform des „Weinens" – über das nur der Mensch im Vollsinn verfüge – Berücksichtigung finden. Bedeutsam scheint mir in diesem Zusammenhang die Bemerkung *Plessners*, dass über das Weinen – obgleich es zum Wesen des Menschen gehört – im Vergleich zum Lachen, sehr wenig geschrieben wurde. Vgl. ders., ebenda, S. 211; S. 234.

des auf seine eigene Endlichkeit zurückgeworfen wurde[394] und damit sein „auf Verhältnisse und Verhältnismäßiges angelegtes Verhalten (...) an ein absolutes Ende"[395] gelangt. Der Zurückgebliebene gerät „in eine unbeantwortbare Lage"[396], – in eine „Grenzlage"[397] –, deren Charakteristikum das „Durchbrochensein der normalen Verhältnismäßigkeit unseres Daseins in und mit der Welt"[398] ist. Der Trauernde ist hier an die Grenzen seines bisherigen Verhaltens geraten, er stößt „an eine Schranke aller Bewandtnis, vor der Tat und Wort, Geste und Gebärde versagen"[399]. Der existentielle Zusammenbruch erfordert, dass der Mensch Antworten findet, Antworten, die einen „grenzreaktiven"[400] Charakter haben, und so eine Form „des Verhaltens zu anderen, zu sich, zu Dingen und Ereignissen, zu allem, was Menschen begegnen kann"[401] darstellen können. Der Mensch in der Trauer bedarf einer Form, eines Weges, dem Verlust des sicheren und gesicherten Verhaltens, der ja in der „Aufhebung der Verhältnismäßigkeit des Daseins"[402] gegründet ist – und in einer Unverhältnismäßigkeit des Daseins gipfelt – Ausdruck zu verleihen.

Folgen wir wieder den Worten des *Augustinus*. Es scheint, als habe dieser in seiner „unerträglichen Qual" einen solchen Weg gefunden: „Einzig die Tränen taten mir wohl"; „ich klagte nur und weinte". Diese resignativ anmutenden Worte bringen deutlich zum Ausdruck, dass *Augustinus* vor der „Grenzlage", in der er sich nach dem Tod des Freundes befindet, kapituliert: „Alles, was nicht so war, wie es gewesen war, schien mir unerträglich und verhaßt, bloß nicht mein Gestöhn und meine Tränen; hier allein fand ich einige Ruhe." Nichts hat mehr eine Bewandtnis, nichts bietet ihm mehr Anknüpfungsmöglichkeiten. Alles Vertraute ist außer Verhältnis geraten und so kann er sich weder zu den Dingen noch zu sich selbst verhalten.[403] In diesem „Akt der inneren Kapitulation"[404], dem das Moment der absoluten Vereinsamung anhaftet[405] „läßt er *sich* los, um weinen zu können. Das Sich-übermannen-Lassen ist für das Weinen auslösendes als auch konstitutives Moment"[406]. So kann das Weinen als eine Ausdrucksform

---

[394] Vgl. *Plessner*, 1982, S. 365.
[395] Ebenda.
[396] Ebenda.
[397] Ebenda, S. 378. Der Begriff der „Grenzlage", wie er von *Plessner* formuliert wird, findet in Kapitel 2.3 eine ausführliche Erörterung anhand des *Jasperschens* Begriff der Grenzsituation.
[398] *Plessner*, 1982, S. 365.
[399] Ebenda, S. 364. An dieser Grenze, dieser Schranke erfährt der Hinterbliebene ein Gefühl der „Ohnmacht", das mehr umfasst als ein Unvermögen sich gegen eine Gewalt aufzulehnen. Vielmehr ist die „Ohnmacht" hier zu verstehen als ein Mangel an Distanz zu dem, was den Trauernden im Gefühl ausfüllt, ihn hochreißt und erschüttert. Das Ohnmächtigsein impliziert hier ein „an die Grenzen des eigenen Verhaltens gekommen sein." Vgl. ders., ebenda, S. 365.
[400] Vgl. ebenda, S. 366.
[401] *Plessner*, 1982, S. 224.
[402] Ebenda, S. 378.
[403] Vgl. ebenda, S. 379.
[404] Ebenda, S. 371.
[405] Vgl. *Augustinus*: „was immer ich ansah, war tot." Vgl. auch *Plessner*, 1982, S. 371. Vgl. auch *Marcel*, 1961, S. 192: „Im Grunde verschmilzt die Verzweiflung mit der Einsamkeit."
[406] *Plessner*, 1982, S. 364. An anderer Stelle greift *Plessner* den Gedanken des „Sich-Los-Lassens" weiterführend auf und hebt hervor, dass das Weinen den Menschen nur dann ergreifen kann, wenn „eine innerliche Auflockerung, Distanzierung und Übergabe vor dem übermächtigen Anlaß vorhergegangen" sei, denn nur dann würde der Mensch sein „schwach- oder weichwerden" fühlen. Hier wäre auch Platz für den Gedanken, dass Trauernde vielfach nicht weinen können, da sie

bezeichnet werden, die „den normierten Gang des Lebens"[407] unterbricht, in den Bereich der Expressivität[408] gehört und als Äußerung ein „Nach-außen-Treten und Ausprägung von Innerem"[409] darstellt. Im Weinen artikuliert sich die menschliche Schwäche, werden Verletzlichkeit und Schmerz sichtbar.[410]

Wenn wir das Weinen des Weiteren verstehen als „entgleitende[s] Hineingeraten und Verfallen in einen körperlichen Vorgang, der zwangshaft abläuft und für sich selbst undurchsichtig ist"[411], dann kann es als eine Äußerung verstanden werden, bei dem „der Verlust der Selbstbeherrschung einen besonderen Grad erreicht und eine besondere Bedeutung gewinnt"[412] und das „Verhältnis des Menschen zu seinem Körper desorganisiert"[413] wird. Bevor jedoch der Tränenfluss in Gang kommt, muss „zwischen Anlaß und Ausbruch ein auf die Person gerichteter, ein reflexiver Akt eingeschaltet sein"[414], womit gesagt wird, dass dem Weinen ein Vermittlungscharakter anhaftet und die Tränenflut nicht unvermittelt herausplatzt. Zwar kann der „Anlaß des Weinens (...) uns (...) überfallen und eine Zumutung für unsere Selbstbeherrschung sein. Nur sind wir ihm nicht in (...) Direktheit ausgeliefert. Er rührt uns, und erst wenn wir der Rührung nachgeben, kommen die Tränen"[415]. *Plessner* fügt noch hinzu, dass „[z]wischen Anlaß und Ausbruch (...) ein auf mich gerichteter Akt des Sich-besiegt-Gebens eingeschaltet"[416] sein muss, damit der Mensch ins Weinen kommt.[417] Das heißt, auch wenn

---

wie „erstarrt" sind. Vgl. hierzu *Philipe,* ²¹2001, S. 94 nach dem Tod ihres Mannes: „Ich aß, ich trank, mir war gar nicht zum Weinen." Vgl. auch *Nina Herrmann*, Mit Trauernden reden. Zürich 1988, S. 17f., eine Krankenhausseelsorgerin, die nach dem Tod ihres Freundes zunächst erstarrt war, und erst während der Trauerfeier das „Schwach-Werden" fühlte, das sie „übermannte" und den Tränenfluss ermöglichte: „das einzige, was ich von meinem Körper noch spürte, war ein Kloß im Hals. (...) Während der Trauerfeier machte ich keinen Mucks. Aber ungefähr nach der Hälfte der Messe liefen mir Ströme von Tränen übers Gesicht. Ich konnte nicht aufhören, sosehr ich mir auch Mühe gab."

[407] *Plessner*, 1982, S. 226.
[408] Vgl. ebenda, S. 245.
[409] Ebenda, S. 249.
[410] Vgl. hierzu *Helga Käsler*, Mit der Trauer leben. München 1993, S. 95: Sie verweist darauf, dass dies für viele Trauernde der Moment ist, in dem sich schutzlos, ausgeliefert, verwundbar sowie klein fühlen und ergriffen sind von der Angst, dass die „Tränen nie mehr aufhören würden, daß sie gleichsam mit ihren Tränen zerfließen würden."
[411] *Plessner*, 1982, S. 359.
[412] Ebenda. Vgl. ders., ebenda, S. 225: „Wer (...) weint, verliert in einem gewissen Sinne die Beherrschung, und mit der sachlichen Verarbeitung der Situation ist es fürs erste zu Ende."
[413] Ebenda.
[414] Ebenda, S. 334.
[415] Ebenda, S. 373.
[416] Ebenda, S. 333.
[417] Ebenda, S. 334. *Plessner* bezieht sich hierbei auf zwei Autoren, die sich mit dem Thema der Rückwendung des Weinens auf sich selbst auseinandergesetzt haben. Ersterer ist *Joh. Ed. Erdmann*, Lachen und Weinen. Berlin 1850: dieser stellt die These auf, dass der Mensch nur über sich selbst weint, „weil man am meisten sich selbst liebt und nur den eigenen Schmerz als Schmerz empfindet." (wiedergegeben nach *Plessner*) Der Zweite ist *Arthur Schopenhauer*, Die Welt als Wille und Vorstellung, viertes Buch §67, S. 467. In: Züricher Ausgabe. Werke in zehn Bänden, Band I, zweiter Teilband. Zürich 1977. Dieser vertritt die Ansicht, dass das Weinen Mitleid mit sich selbst ist. Der eigene Schmerz muss erst als fremder vorgestellt werden. Er muss fremdes Leid werden, damit der Mensch mitfühlen kann, um ihn dann wieder als unmittelbares eigenes Leid wahrzunehmen. Dies bildet dann die Basis für das „ich tue mir leid", die das Weinen hervorruft. Beide

der Trauernde sich „plötzlich" von den Tränen „übermannt" fühlt, so ist doch ein Gefühl der Rührung, Ergriffenheit, Erschütterung vorangegangen, das diesen Verlust der Selbstbeherrschung herbeigeführt hat.[418]

Zuvor wurde festgehalten, dass im Weinen eine „Desorganisation" des Menschen im Verhältnis zu seinem Körper stattfindet. Diese „Desorganisation des Überwältigt- und Geschütteltseins wird jedoch nicht bloß erlitten, sondern wie eine Gebärde, wie eine sinnvolle Reaktion verstanden. Man (…) weint nur in Situationen, auf die es keine Antwort gibt"[419]. Für den Zurückbleibenden erscheint das Weinen als „einzig passende Antwort"[420], die er in dieser „Grenzlage" zu geben imstande ist.[421] Wenn *Augustinus*

Erklärungen sind für *Plessner* unzureichend, insofern sie den gesetzten Akt „der inneren Kapitulation" nicht berücksichtigen.

[418] Vgl. *Plessner*, 1982, S. 371. Vgl. auch *Heike Honauer,* Deshalb bin ich in diesem Sinne untröstlich. Und das ist gut so, S. 319-324. In: Lebendige Seelsorge. Würzburg 1995, J. 46, Nr. 6, S. 319: „Die Erfahrung des Verlustes ist der Trauer vorgeordnet: Zuerst verlieren wir etwas, dann <weinen> wir."

[419] *Plessner*, 1982, S. 359. *Plessner* kennzeichnet eine solche Situation mit den Beschreibungen „Fertigsein", „Nichts-mehr-anfangen-können". Es gibt nichts, aber auch gar nichts mehr, an das sich der Trauernde halten kann und das für ihn eine Bewandtnis hat.

[420] Ebenda, S. 274. Vgl. *Augustinus*, neuntes Buch, Kap. VII, 33: „Und auf einmal durfte ich vor Dir [Gott, S.B.] weinen: über sie und für sie, über mich und für mich." Allerdings bleibt ein Gefühl der Ambivalenz bei *Augustinus* zurück. Dies kommt darin zum Ausdruck, dass er einerseits auffordert, sein Weinen als Sünde zu betrachten, aber dem, der es tut, wirft er gleichzeitig eine gewisse Hochmütigkeit vor. Wenn *Augustinus* formuliert, dass er „über mich und für mich" weint, dann ist hier zumindest der Aspekt des Mitleids mit sich selbst enthalten, wie er in den Ausführungen *Schopenhauers* zu finden ist: Dieser sieht im Mitleid mit sich selbst, den allgemeinen Grund des Weinens. Vgl. hierzu *Plessner*, 1982, S. 355: Die Ursache des Weinens, so fasst er die These *Schopenhauers* zusammen, liegt in der „Objektivation des eigenen Schmerzes zum quasi fremden Leid, in das ich mich einfühle, mit dem ich mitleide und darin entdecke, daß ich es bin, mit dem ich Mitleid empfinde". Vgl. auch die Ausführungen *Landsbergs,* 1973, S. 47, der im Weinen, in den Tränen des *Augustinus* eine Art von Flucht sieht, die in sich selbst das Moment der Heuchelei trägt. *Landsberg* hält des Weiteren fest, dass *Augustinus* in seinen Tränen „die imaginäre Gegenwart dessen wieder[findet] dessen Verlust er beweint, und die vergegenwärtigende Klage muß ihn ersetzen". Das heißt auch hier ist sehr stark das Moment des Mitleids mit sich selbst angesprochen.

[421] Vgl. auch *Parkes*, 1974, S. 69f., der den Auslöser des Weinens ebenfalls in der Hilflosigkeit sieht, jedoch auf die unterschiedlichen Quellen der Tränen aufmerksam macht. *Antje Uffmann,* Trauern und Leben. Begleitung durch die Landschaft der Trauer. Zürich 1998, S. 30f., gibt eine knappe Übersicht über die verschiedenen Quellen der Tränen, deren Ursprung zu finden nach Meinung der Autorin ebenso wichtig ist wie das Fließen- und Laufenlassen der Tränen. Ein wesentlicher Gedanke der Autorin ist, dass das Weinen als Ausgangspunkt betrachtet werden kann, aus dem mit den Tränen ein Lebensimpuls in eine trostlose Wüste hineingeschwemmt und eine Rückkehr ins Leben ermöglicht wird (vgl. *Uffmann*, 1998, S. 28). Hingewiesen werden soll hier auch auf das im Weinen enthaltene psychologische Moment der Erleichterung, das diesem in einem gewissen Sinne eine „Abführfunktion" zuschreibt. Vgl. hierzu *Ralf Jerneizig, Arnold Langenmayr, Ulrich Schubert,* Leitfaden zur Trauertherapie und Trauerberatung. Göttingen, Zürich ²1994, S. 79: „Das Weinen dient der Abfuhr gestauter vegetativer Erregung, es regt wahrscheinlich das Immunsystem an und löst in der sozialen Umwelt Mitleid und helfende Reaktionen aus." Vgl. auch *Herrmann*, 1988, S. 59, die zwar auf die erleichternde Funktion der Tränen hinweist, jedoch gleichzeitig davor warnt, dem Weinen eine heilbringende Funktion zuzuschreiben: „[Tränen] schleifen scharfe Kanten des Schmerzes ab. Sie wirken wie ein Schwall kalten Wassers auf einer heißen Herdplatte. Das Wasser verdampft und kühlt die Oberfläche vorübergehend ab, aber die Temperatur im Herd bleibt glühend heiß." Vgl. auch die zusammenfassenden Ausführungen zum Weinen bei *Spiegel*, ⁴1981, S. 267-269.

formuliert: „Einzig die Tränen taten mir wohl", dann spüren wir, dass auch er in seiner Lage nicht imstande ist, eine andere passende Antwort als das Weinen, Klagen und Stöhnen, zu finden: „ich klagte nur und weinte." Wichtig ist, dass sich der Trauernde selbst in die Tränen mit einbezieht, innerlich beteiligt, ergriffen, gerührt, und erschüttert ist: „Wenn sich ihm die Kehle zuschnürt und die Tränen kommen, läßt er sich innerlich los, es übermannt ihn, und er überläßt sich dem Prozeß des Weinens"[422] als einzig passende Antwort auf diese grenzsituative Lage, die mit dem Wunsch sich „dahinsterben"[423] zu lassen einher geht.

2.2.10 Die Ambivalenz zwischen Lebensüberdruss und Angst vor dem Tod

> „Zu Ende, für immer zu Ende. Die Wellen der Zeit überschlugen sich. Ertrinken oder atmen – aber ich wollte weder das eine noch das andere, ich lehnte die Entscheidung ab. Das Leben war ein Tyrann: <Du lebst oder stirbst> sagte es."[424]

Der Mensch, der einen nahe stehenden Menschen verloren hat, lebt gewissermaßen „zwischen den Welten"[425]. Er findet sich plötzlich wieder in der „Zerrissenheit zwischen <Nie mehr!> und <Das Leben geht weiter!>, dieser Zustand Bürger zweier Welten zu sein, ist es, der Menschen, die um einen Mitmenschen trauern, das Weiterleben so schwer macht"[426]. Es wurde festgehalten, dass der Zurückbleibende, einem Entscheidungszwang ausgesetzt ist, dem er aktiv nachkommen muss. Er ist „eine geistige Person, und das heißt ein Wesen, das nicht nur fähig und berufen ist zur freien Entscheidung, das vielmehr diese Entscheidung überhaupt nicht vermeiden kann"[427]. „Leb oder stirb, aber entscheide dich"[428] so formuliert es *Philipe* und fährt fort: „man muß sich entscheiden können."[429]

---

[422] *Plessner*, 1982, S. 333. Vgl. ders., S. 364.
[423] *Marcel*, 1961, S. 151.
[424] *Philipe*, ²¹2001, S. 97.
[425] *Eva Gösken*, Die Hüterin der Verwandlungen. Über das Schöpferische in der Trauer. Oberhausen 2003, S. 32. Zwischen den Welten leben bedeutet, dass der Trauernde die Welt des Todes gewissermaßen berührt hat, und in seiner eigenen Welt nicht mehr beheimatet ist.
[426] *Thomas Meurer*, Trauernde trösten – aber wie? Exerzitien im Kontext. Wo wird Christus berührbar? S. 373. In: Geist und Leben. Würzburg, Heft 5, September/Oktober 1994, S. 373-379.
[427] *Pieper*, 1997, S. 353.
[428] *Philipe*, ²¹2001, S. 116. Dieser Imperativ impliziert die Aufforderung zur Selbsttötung, zu der der Mensch kraft seiner Freiheit und Fähigkeit zur Reflexion „wesentlich" in der Lage ist, es aber nicht tun soll. Vgl. hierzu *Landsberg*, 1973, S. 98. In der hier vorliegenden Studie soll (und kann) keine umfassende Erörterung über die Schwierigkeiten und die Komplexität des Problems des Selbstmordes geleistet werden. Hier sollen ausschließlich die in der Trauer vorherrschenden Gründe für die Ambivalenz zwischen dem Lebensüberdruss und der Angst vor dem Tod Berücksichtigung finden. Zur Vertiefung der Suizidthematik wird auf den Essay von *Landsberg* „Das moralische Problem des Selbstmords" verwiesen. In: *Landsberg*, 1973, S. 92-130.
[429] *Philipe*, ²¹2001, S. 116.

In der Verzweiflung der Trauer, in der „das ganze Haus bebt"[430], der „Boden" brüchig geworden ist und nicht mehr trägt, droht der Hinterbliebene in einen Abgrund zu stürzen: „Wie einer an der Steilwand, der, zu müd, um sich hochzuziehen, am liebsten sich fallen ließe..."[431] In diesem Zustand der absoluten Einsamkeit, in der Zerrissenheit des eigenen Ichs, im Verlust der Daseinsbewandtnis und der Zukunft[432], in dieser Lage, in der er sich „in das unaussprechliche Innere seines eigenen Todes hineingestellt sieht"[433], ist er durchdrungen von einem Überdruss am Leben. Lebendigsein ist ihm zuwider. Alles Genießen, wird zum Elend, nichts kann mehr erfreuen. Für einen Moment verweilt der Zurückbleibende bei der Versuchung[434], den lebensverneinenden Kräften die Überhand zu lassen, und seinem Willen zu sterben mehr Gewicht beizumessen als seinem Willen zu leben.[435] In diesem Augenblick verliert er die Lebenskraft und empfindet sein Elend so groß, dass „ein einigermaßen entwickeltes Seelenleben notwendig die Existenz einer solchen Versuchung entstehen läßt"[436]. Dem in der Versuchung stehenden Menschen, der allem überdrüssig ist, erscheint die unmittelbare Aktualisierung seines Sterbenswunsches – zumindest für einen Atemzug lang – fast als eine zwingende und passende Antwort.[437] Die Angst vor dem Tode hindert ihn jedoch daran, diese Antwort zu wählen. In der erlebten Ohnmacht erfährt sich der Trauernde gefesselt in einem Konflikt zwischen Versuchung und Ablehnung, ist er hin und her gerissen zwischen dem Wunsch, dem Geliebten „nachzusterben" oder im elenden Leben zu bleiben und gerät – in existentieller Sicht – ins Wanken.[438]

---

430 *Eduard Zwierlein*, Der Mensch und seine Gefährdung in der Gegenwart. S, 166. In: Logotherapie. Zeitschrift der Deutschen Gesellschaft für Logotherapie, Jg. 4, Heft 3, 1989/90, S. 161-177.
431 *Stier*, 1981, S. 94.
432 Vgl. *Philipe*, 21 2001, S.10: „Muß ich eine Zukunft hinnehmen, in der du fehlst?"
433 Vgl. *Landsberg*, 1973, S. 48.
434 Vgl. ebenda, S. 98: „Die Versuchung ist der gelebte Unterschied zwischen dem Taumel der Fähigkeit und der Entscheidung der Pflicht." Vgl. auch *Philipe*, 21 2001, S. 70: „Aber zuweilen befällt mich (...) die furchtbare Versuchung auszuruhen, die Waffen zu strecken. In solchen Augenblicken liebe ich die Erde, und die Vorstellung, mich in ihr schlafen zu legen – halb Murmeltier, halb Statue."
435 Vgl. ebenda, S. 111: „am ersten Abend (...) erblickte ich den mondlosen Himmel, unendlich, erdrückend. Ich war allein auf der Erde. Ich wünschte, die ziehenden Wolken hätten mich davongetragen." Es kann hier verwiesen werden auf den 2. Korintherbrief 7,10, wo es heißt: „die weltliche Traurigkeit aber führt zum Tod." In dieser Ausweglosigkeit bedarf der Mensch etwas, das über ihn hinausweist, das ihm einen Weg eröffnet.
436 *Landsberg*, 1973, S. 95. Vgl. ders., ebenda, S. 94, wo er in Bezug auf den Selbstmordgedanken von einer „der menschlichen Natur immanenten *Versuchung*" spricht. Vgl. hierzu auch die Ausführungen von *Erich Lindemann,* Jenseits von Trauer. Beiträge zur Krisenbewältigung und Krankheitsvorbeugung. Göttingen 1985, S. 184, der auf den Suizid eines Trauernden verweist, der sich, getrieben von der Vorstellung seine Frau könnte gestorben sein, mit dieser vereinigen wollte und aus dem Fenster sprang.
437 Vgl. *Caruso*, 1974, S. 66: „Das Bewußtsein ist zerrissen zwischen der Pflicht mitzusterben und dem Wunsch zu leben." Vgl. auch *Scheuring*, 2004, S. 18: „Trauer kann den Menschen so tief erschüttern, dass sich ihr Leben völlig verdunkelt und sie selbst sterben möchten." Vgl. hierzu *Rey*, 1998, S. 91: „Was soll ich hier? Ich schaffe das nicht allein (...). Ich mag nicht mehr. Ich will nicht weiterleben."
438 Vgl. *Illhardt*, 1982, S. 262: „Wo dieses Wanken den Menschen ganz erfaßt, da steht Leben in höchster Gefahr." Das heißt, dort wo es dem Menschen nicht gelingt aus der Aporie der Resignation und Hilflosigkeit zu entkommen, droht ein tatsächliches „Nachsterben", das im Vokabular der Psychologie unter dem Stichwort „Kummer-Effekt" erörtert wird. Vgl. hierzu *Hans-Dieter*

Lenken wir unser Interesse wieder auf die *Augustinischen* Gedanken und betrachten dessen ambivalente Empfindungen hinsichtlich seines Lebensüberdrusses einerseits und der Ablehnung des Todes beziehungsweise der Angst vor dem Tod andererseits genauer: „Elend war ich, und liebte doch mein elendes Leben mehr als den verlorenen Freund. Ich hätte es wohl gern verändert, aber doch nicht lieber verloren als den Freund, oder auch bloß für ihn. Wie man es von Orest und Pylades erzählt oder fabelt, die gleichzeitig für einander sterben wollten, weil nicht gleichzeitig zu leben ihnen schlimmer erschien als der Tod. Aber in mir war ein gewisses dem widersprechendes Gefühl erwacht. Einerseits ein äußerster Lebensüberdruß, andererseits eine Angst vor dem Tod, der ihn mir entrissen hatte, als meinen blutigsten Feind, und ich wähnte schon, er könnte plötzlich alle Menschen verschlingen, weil er jenen umbringen konnte. (…) ich fühlte, meine und seine Seele waren eine einzige in zwei Körpern gewesen, deshalb war mir das Leben ein Überdruß, denn ich wollte nicht hälftig leben und fürchtete mich doch vor dem Tod, damit der nicht endgültig sterbe, den ich so sehr geliebt hatte".

In den Lebensüberdruss[439] des Hinterbliebenen, der in einem latent oder offen verbalisierten Wunsch dieses Leben zu beenden gipfeln kann, können wir uns anhand unseres „wiederholenden Mitgehens"[440] bis zu einem gewissen Grad „einfühlen". Aber *Augustinus* gibt diesem „sich-selbst-aufgebenden Verlangen" nicht nach und die Versuchung, sein Leben zu beenden, kann keine Kraft über sein Handeln gewinnen. Warum nicht? Ihn, dem angesichts des definitiven Verlustes, angesichts „der durch nichts mehr aufzuhebenden Abwesenheit"[441] des geliebten Freundes die „katastrophale [Ver]-Nichtungsmöglichkeit"[442] des Todes zur Wirklichkeit erwachsen ist, umklammert das Gefühl der Bedrohung. Nicht nur der, den er so sehr liebte und auf Dauer und ewig bejahte – bejahen wollte – ist tot, sondern auch er selbst und alle anderen Menschen stehen plötzlich im Lichte dieser todbringenden Gewissheit: So werden wir alle sterben! Endgültig![443] Vom Zurückbleibenden wird das definitive „Ausscheiden aus <diesem> Leben [als] etwas im äußersten Sinn Nicht-rückgängig-zu-Machendes"[444] erfasst, als das Überschreiten einer Grenze die, von dem Augenblick, in dem er über die Schwelle tritt, „unwiderruflich in seinem Rücken"[445] bliebe. Das heißt, in dem er gewissermaßen dem Abgrund des Nichts entgegenschaut, in dessen „gähnende Tiefe"[446] hineinblickt, über-

---

Rösler u.a., Medizinische Psychologie. Heidelberg, Berlin, Oxford 1996, S. 192. Vgl. hierzu auch *Parkes*, 1974, S. 69, der darauf verweist, dass manchen Menschen der Freitod als Lösung des Problems Trauer erscheint.

439 Vgl. hierzu *Schlegel-Holzmann*, ⁸2004, S. 28: „Nach dem Tod des Partners hoffen ja viele, nicht mehr leben zu müssen. Diese Hölle aus Schmerz, Ohnmacht, Aufbegehren, Zorn, Verzweiflung, Depression, Heimweh, diese Trauer löst einen nie zuvor erlebten Lebensüberdruß aus."

440 *Landsberg*, 1973, S. 30. An dieser Stelle sei der *Landsberg*sche Terminus erlaubt, haben wir doch die Trauer des *Augustinus* im „Mit-Gehen" gewissermaßen „miterlebt".

441 *Scherer*, 1985, S. 62.

442 *Zwierlein*, November 1993, S. 41.

443 Vgl. hierzu *Zöpfl*, 1967, S. 170: „Liebe bleibt für den Lebenden schmerzlich, weil er sich und den Geliebten vergänglich sieht."

444 *Pieper*, 1997, S. 291.

445 Ebenda.

446 *Sören Kierkegaard*, Der Begriff Angst, S. 240. *Emanuell Hirsch, Hayo Gerdes* (Hrsg.). Werkausgabe, Band I. Düsseldorf, Köln 1971, S. 177-382.

fällt ihn, einem „Schwindel"[447] gleich, die Angst vor dem Tod, und er bekämpft[448] diesen, indem er sein „elendes Leben" ergreift, das er „wohl gern verändert hätte", aber doch mehr liebt „als den verlorenen Freund". Weder will er mit ihm, noch für ihn sterben.[449] Dieser Antagonismus zwischen Seinsliebe und Todesangst, der den Trauernden zwischen Hoffnung und Verzweiflung hin und her reißt, ist die Quelle, aus der Menschwerdung als Selbst-Werdung geschieht.[450]

---

[447] Ebenda.
[448] Vgl. *Caruso*, 1968, S. 36: „Der Tod kann nur durch das Leben bekämpft werden."
[449] Hier könnte auch die Frage gestellt werden, inwieweit der Zurückbleibende in seiner Trauer auch die Grenzen seines eigenen Liebesvermögens reflektiert, nämlich die Tatsache, dass er den Anderen, den Geliebten gehen lassen *kann* (nicht nur *muss*), ohne dass er selbst stirbt, dass seine Liebe nicht so umfassend ist, dass er diesem tatsächlich „nachstirbt"? Verwiesen sei hier auf *Friedrich von Hardenberg*, der sich als Dichter *Novalis* nannte. Ihn hat der frühe Tod seiner Verlobten, der 15-jährigen Sophie von Kühn, derart erschüttert, dass er ihr bald nachsterben wollte.
[450] Vgl. *Zwierlein*, 1989, S. 89. Vgl. ders., ebenda, S. 126: „Menschwerdung heißt, die Fülle der Selbst-Werdung im Antagonismus von Tod und Personalisierung zu entfalten und zu bewahren."

2.3 Dasein, Existenz und Trauer

> „Jeder Einzelne *bleibt ein Mensch*. Als solcher ist er selbst gebunden in das Umgreifende, das er nicht überblickt, hat er Mängel, begeht er Irrtümer, unterliegt Verkehrungen auch dann, wenn er den höchsten Rang, der dem Menschen möglich ist, in seinem Wesen entdecken würde. Ein Mensch ist nie alles."[451]

Mit der Hereinnahme des Todes in das eigene Dasein hält und trägt das Selbstverständliche und Gewohnte nicht mehr. Der vordergründige Halt an äußeren Lebensbedingungen ist zerbrochen. Der Hinterbliebene findet sich auf unmittelbare Weise in der Situation, die zuvor erlebte Wirklichkeit mit ihren konstitutiven Strukturen, die den Kern seiner Erfahrung bildeten, anzweifeln zu müssen. Zentrales Moment beim Verlust eines geliebten Menschen ist die unerwartete und plötzliche Veränderung des gewohnten Lebensgefüges. Der Zurückbleibende hat das Gefühl, einem Geschehen oder einer höheren Macht, der er nichts entgegensetzen kann, zu unterliegen, der Fortbestand des Lebens scheint gefährdet.[452] Für gewöhnlich leben wir unser alltägliches Dasein in der stillschweigenden Sicherheit, dass unser gewohntes Leben weiter bestehen wird. Wir verdunkeln die Todesgewissheit, um durch das Leben gehen zu können.[453] Der T Nächsten jedoch reißt uns mit Gewalt aus dem Alltagsleben heraus, lässt uns die Schwäche und Ohnmacht gewahr werden,[454] führt uns in Grenzbereiche und lei schmerzvolle Weise eine Auseinandersetzung mit existentiellen Fragen ein.[455]

Ein solches Erleben der „Wirklichkeitskrise"[456] ist nur mit dem Bewusstsein von Grenze überhaupt möglich. Dem Begriff der Grenze liegt eine Doppelbotschaft zugrunde, die rein formal gesehen in zwei Richtungen weist: Immanenz und Transzendenz, Begrenzung und Verweisen, Situation und Grenzsituation.[457] Im Erfahren der

---

[451] *Jaspers*, 1958, S. 803.
[452] Vgl. *Otto Friedrich Bollnow*, Existenzphilosophie und Pädagogik. Stuttgart u.a. ⁴1968, S. 27.
[453] Vgl. *Scheler*, ²1957, S. 27: „Es gibt eine Verdrängung der Todesidee, die bis zu einem gewissen Maße eine *allgemeine und normale* Erscheinung der menschlichen Natur darstellt. Und diese Erscheinung ist zweifellos von hoher vitaler Zweckmäßigkeit. Nur durch die Zurückdrängung der Todesidee aus der Zone des klaren Bewußtseins wächst den einzelnen Nützlichkeitsreaktionen des Menschen jener <Ernst> und jene Gewichtigkeit und Bedeutsamkeit zu, die ihnen fehlten, wenn der Todesgedanke immer klar und deutlich im Bewußtsein gegenwärtig wäre." Diese natürliche Verdrängung der Todesidee unterscheidet *Scheler* sehr prägnant von der Verdrängung der Todesidee des „*modernen westeuropäischen Menschen*", der den Tod bis zur Unsichtbarkeit verdrängt und bis zur Nichtexistenz „zerfürchtet" habe. Vgl. ders., ebenda, S. 27.
[454] Vgl. hierzu *Bruno Reifenrath*, Denkwege Edith Steins, S. 135-152. In: Wie der Vorhof des Himmels, *Jakobis Kaffanke, Katharina Oost* (Hrsg.), Beuron 2003, S. 139, der hervorhebt, dass in der Krise „Wissen und Tun, die im bloßen Umgangsverhalten miteinander verbunden waren", auseinander treten.
[455] Vgl. hierzu *Philipe*, ²¹2001, S. 79, die dies in einer sehr drastischen Weise zum Ausdruck bringt: „Der Verstand steht still, wenn er an die Grenzen des Entsetzens stößt; doch erst da fängt alles an."
[456] *Armin Nassehi, Georg Weber*, Tod, Modernität und Gesellschaft. Entwurf einer Theorie der Todesverdrängung. Opladen 1989, S. 260.
[457] Vgl. *Jaspers*, II, ²1948, S. 470: „Die Grenze tritt in ihre eigentliche Funktion, noch immanent zu sein und schon auf Transzendenz zu weisen." Vgl. hierzu auch *Eduard Spranger*, Stufen der Liebe. Über Wesen und Kulturaufgabe der Frau. Tübingen ³1965, S. 222: „Es liegt im Wesen der Grenze, daß sie zu einer Umkehrung der Sicht-Orte verführt. Man sieht nach drüben."

Grenze wird zum einen auf eine immanente Dimension, die gleichzeitig begrenzenden Charakter hat und die intersubjektive Alltagswelt bildet, verwiesen. Zugleich ist im Erfahren der Grenze der Hinweis auf Transzendenz enthalten, auf ein über sich Hinausweisendes, auf eine existentielle Dimension jenseits der intersubjektiven Alltagswelt.

Der Begriff der „Grenzsituation" ist ein durch *Karl Jaspers* geprägter Terminus,[458] den er 1919 erstmals in seinem Werk „Psychologie der Weltanschauungen" verwendete und den er 1932 in seinem dreibändigen Werk „Philosophie" für das philosophische Denken entfaltete.

Für *Jaspers* ist das Leben des Menschen immer ein Dasein in Situationen. Diese sind lenk- und änderbar, wandeln sich, werden zu Möglichkeiten und Gelegenheiten. Werden sie versäumt, kehren sie nicht wieder. Aber, was immer der Mensch tut oder lässt, immer ist er in Situationen: „Weil Dasein ein Sein in Situationen ist, kann ich niemals aus der Situation heraus, ohne in eine andere einzutreten."[459] Diese Gegebenheit als solche, „daß ich immer in Situationen bin, daß ich nicht ohne Kampf und Leid leben kann, daß ich unvermeidlich Schuld auf mich nehme, daß ich sterben muß"[460] sind für *Jaspers* Grundsituationen[461] unseres Daseins. Sie können den Menschen – obgleich immer da – plötzlich und unverblümt anspringen[462], und indem sich der Mensch in ihnen stehend erlebt, das heißt, sie weder zu erklären noch abzuleiten versucht, sondern sie unverstellt hinnimmt und ihnen nicht ausweicht, werden sie zu Grenzsituationen.

Es soll nun der Frage nachgegangen werden, ob das Erleben der Krise – das, was in der Trauer aufscheint – als „Grenzsituation", das heißt als Ausdruck einer „existentiellen Krise" adäquat zur Darstellung gebracht werden kann. Hierzu soll zunächst unter Referenz auf die Philosophie *Karl Jaspers* herausgestellt werden, dass menschliches Dasein ein Welt-Immanentes ist, in dem sich die Gefahr der Uneigentlichkeit verbirgt. Im Anschluss daran sollen Wege aufgezeigt werden, die aus diesem Modus heraus in

---

[458] Vgl. hierzu *Bollnow*, 61955, S. 61, der darauf aufmerksam macht, dass zwar der Begriff der „Grenzsituation" „eine eigentümliche Prägung von Jaspers ist und bei den anderen Existenzphilosophen nicht vorkommt", dass aber „der Sache nach die Erfahrung der Grenzsituation bezeichnend für die Existenzphilosophie überhaupt" ist.

[459] *Jaspers*, II, 21948, S. 469. Diese Situationsgebundenheit des Menschen kann gleichzeitig als Aufruf zur (Eigen-) Verantwortlichkeit verstanden werden, der das Bewusstsein für die eigenen Chancen sensibilisiert. *Jaspers*, der auch Psychiater war, räumt dem Heilungsgedanken eine wichtige Rolle in seinem philosophischen Weltbild ein. Er sieht den Ursprung von psychischem Leid in der Verdrängung und Verschleierung der Verstörung, als Reaktion auf Grenzsituationen. Er versucht herauszustellen, dass der Mensch das Scheitern als die Grenze seines Daseins begreifen und die damit einhergehende Verzweiflung als kraftbringende Chance des Leidens verstehen kann.

[460] *Jaspers*, II, 21948, S. 468. Vgl. hierzu ders., ebenda, S. 474: „Während die erste Grenzsituation das Geschichtliche in allem Dasein der Existenz zum Bewußtsein bringt, treffen *einzelne Grenzsituationen* jeden als allgemeine innerhalb seiner je spezifischen Geschichtlichkeit: Tod, Leiden, Kampf, Schuld."

[461] Vgl. *Karl Jaspers*, Der philosophische Glaube angesichts der Offenbarung. München 1962, S. 318f. Vgl. ders., 1958, S. 492: „Dasein steht in Not und Kampf."

[462] Vgl. hierzu *Albert Camus*, Der Mythos des Sisyphos. *Vincent von Wroblewsky* (Übers.). Reinbek bei Hamburg 52003, S. 20, der beschreibt, dass das Absurde den Menschen „an jeder beliebigen Straßenecke anspringen" kann. Hieraus kann dann im *Jasperschen* Verständnis eine Grenzsituation entstehen.

den Zustand der Eigentlichkeit führen, um dann in einem weiteren Schritt die Trauer unter dem Gesichtspunkt der existentiellen Krise zu betrachten, das heißt herauszuarbeiten, welche Wirkung die Grenzsituation „Tod" auf Existenz und auf existentielle Kommunikation hat.

2.3.1 Der Mensch in der Immanenz

„In völliger Immanenz würde sich *der Mensch* selbst *zum alleinigen Sein* machen. Außer ihm wäre nichts als das Material seines Tuns. Nur auf ihn noch kommt es an, er ist allein, was er ist. Es ist kein Gott; Gott zu denken ist kein Raum und lenkt den Menschen von sich ab, schläfert ihn ein und hindert ihn daran, seine Möglichkeiten zu verwirklichen."[463]

Bei *Jaspers* ist „der Mensch der *Wissende*, der immer noch mehr ist, als er von sich weiß"[464]. Er ist mehr als ein bloßes Resultat erkennbarer Kräfte und Zusammenhänge, „er ist *Weg*"[465]. Der Mensch, dessen Bewusstsein erwacht, findet sich zunächst von einer bestimmten Realität umgeben, die er Welt nennt. Diese Welt, unerschöpflich an Tatsachen und Gegebenheiten, die sich ihm aufdrängen, ist für ihn zunächst die umfassende Gesamtheit all dessen, was ist. Er bemüht sich deshalb, diese zu erkunden, um sie in ihrer Objektivität zu erkennen. Der Mensch kann jedoch die Totalität des Denkens, das sich selbst und die es umgebende Welt zugleich ergreifen müsste, nicht erreichen. Menschliches Denken ist immer in einer Subjekt-Objekt-Spaltung gefangen.[466] Diese Spaltung bleibt für das Denken unaufhebbar, und das umfassende einzige Sein als Ganzes – das „Umgreifende" – entzieht sich ihm. Aber aus der Tiefe dieses unzugänglichen Umgreifenden tritt die für den Menschen schöpferische Kraft der Spaltung von Subjekt und Objekt hervor. Denn ohne die Hoffnung, jemals „das Weltsein im Ganzen"[467] zu erreichen, ist das denkende Subjekt genötigt, seine eigene Situation, von der aus die Welt ihm zum Objekt wird, im kreisenden Verweilen zu erhellen.[468] Das Umgreifende ist „entweder das Sein, das *alles* ist, in dem und durch das wir sind. Oder es ist das Sein, das *wir selbst* sind, und worin uns jede bestimmte Seinsweise, auch alles Weltsein vorkommt"[469]. Der Mensch ist auf mehrfache Weise umgreifendes Sein: Er kann nur bloßes „lebendiges Dasein" sein, er kann sich erheben zum „Bewusstsein überhaupt" und

---

[463] *Jaspers*, III, ²1948, S. 817.
[464] Ebenda, S. 835. Vgl. ders., Einführung in die Philosophie, München, Zürich ¹⁹1971, S. 50: „Der Mensch ist grundsätzlich mehr, als er von sich wissen kann."
[465] Karl *Jaspers*, Die geistige Situation der Zeit. Berlin, New York ⁵1979, S. 135.
[466] Vgl. *Jaspers*, ¹⁹1971, S. 25.
[467] Vgl. ebenda, S. 62.
[468] Vgl. *Jaspers*, 1958, S. 52. Nach *Jaspers* ist das Sprechen vom Dasein wesensverschieden. Es ist davon abhängig, ob ich es in bestimmten Forschungsgegenständen als Leben erkenne, oder es als umgreifendes Denken erhellen will: „*Erkennen* zerspaltet und findet aus sich das eine Ganze, wenn es dem Erkennen verloren gegangen ist, nicht wieder. *Erhellung* bleibt im Ganzen, kreist in sich und findet keine fachliche Erkenntnis." *Jaspers*, 1958, S. 56f.
[469] Ebenda, S. 47.

schließlich zum „Geist". Innerhalb dieser drei Sphären befindet er sich im Bereich des Immanenten, ist er auf die Welt bezogen.[470]

Es soll nun näher auf diese Weisen des Umgreifenden geschaut werden, um hieraus einen Anhaltspunkt dafür zu erlangen, warum der Tod des Nächsten „unsere Sicherheitsgehäuse mit einem einzigen Zugriff (...) zerbrechen und in Ruinen (...) verwandeln"[471] kann, warum der Mensch in eine solche krisenhafte Situation stürzt, aus der es kein Entkommen zu geben scheint.

Für *Jaspers* ist alles Leben Dasein, das lebendige Dasein ist das Umgreifende: „Dasein ist das Umgreifende, als das ich lebendiges Wesen mit Anfang und Ende bin, als solches der Wirklichkeitsraum, in dem alles ist, was ich bin und was für mich ist."[472] Es ist also mehr als pure Gegenständlichkeit in Zeit und Raum, es meint: ich bin, ich wirke und erleide, ich habe Angst und Hoffnung, es ist Sorge und Furcht, Planen und Handeln, Kampf um Wachstum und Überleben, und es unterliegt dem Werden und Vergehen.[473] Es unterliegt diesem nicht nur, sondern das Dasein des Menschen weiß um den Tod *und* ist sich dieses Wissens bewusst. In dieser Doppelheit ist dem Dasein ein „Über-sich-hinaus-drängen" immanent, das zwei Möglichkeiten in sich birgt: Es kann „bloßes Dasein" bleiben, gefesselt an die Objekthaftigkeit der Welt, die als fraglose Realität angenommen wird, „als ob es das Sein an sich wäre"[474]. In diesem einengenden Modus verwirkt der Mensch seine Existenz. Er ist Gefangener im Wechselspiel zwischen Angst vor dem Tod oder Meiden und Vergessen des Todes. Existenz wird ebenso verwirkt, wenn den Daseinserscheinungen und deren Verschwinden in der Zeit – also dem Tod – Gleichgültigkeit entgegengebracht wird.[475] Der Mensch kann im Dasein allerdings auch ein „Über-sich-hinaus-drängen"[476] erfahren, und in solcher Erfahrung kann sich ihm das Umgreifende erhellen. Der Mensch als Dasein ist demnach immer schon mögliche Existenz: Um jedoch eine Entscheidung zwischen einem „bloßen Dasein" und einem Sein in der Existenz zu treffen, bedarf er des Bewusstseins, denn das lebendige Dasein, als Weise des Umgreifenden, weiß nichts von sich.

„Bewußtsein überhaupt ist das Umgreifende, das wir sind (...) durch Teilnahme an dem einen Bewußtsein überhaupt, das, mit sich identisch, Identisches meinen und als richtig einsehen kann."[477] „Bewusstsein überhaupt" bedeutet somit, sich den Raum der Wissenschaften zu erschließen. Es ist das Denken des Objektiven und des zu Wissenden, welches zwingend und damit allgemeingültig ist. Diese Dimension des Umgreifenden ist jetzt der Ort des gültigen Denkens, hier werden logische Gültigkeiten auf der

---

[470] Vgl. ebenda, 52-113. Als Existenz hingegen weist der Mensch über alles Innerweltliche hinaus auf das Sein, das alles ist. In der Existenz transzendiert er die Welt. Der Seinsmodus der Existenz – Eigentlichkeit wird in Kapitel 2.3.3 ausführlich behandelt.

[471] Peter *Wust*, Ungewißheit und Wagnis. Schriftenreihe der Peter-Wust-Gesellschaft Band I. *Werner Schüßler, F. Werner Veauthier* (Hrsg.). Münster, Hamburg, London 2002, S. 63.

[472] *Jaspers*, 1958, S. 53. Bei *Heidegger* wird die menschliche Realität, das Seiende „Mensch", mit dem Begriff *Dasein* bezeichnet. Dieses zeichnet sich dadurch aus, dass es ihm in seinem Sein um das Sein geht, welches sein *eigenes* ist. Ergriffen wird dieses Sein als In-der-Welt-sein. Vgl. *Heidegger*, [18]2001, §9, S. 41f.

[473] Vgl. *Jaspers*, 1958, S. 54f.

[474] *Jaspers*, II, [2]1948, S. 484.

[475] Vgl. ebenda, S. 483f.

[476] *Jaspers*, 1958, S. 62.

[477] Ebenda, S. 66f.

Ebene des Verstandes vollzogen. Denken und Handeln ist nur mit Bewusstsein möglich. Das „Bewusstsein überhaupt" – betrachtet im Verhältnis zu allem anderen Umgreifenden – ist ein Hinzukommendes, das Entfaltung bewirkt und immer mit einem anderen zu tun hat. Alles, was es erblickt, verwandelt sich. Nichts bleibt, was es ist, wenn Bewusstsein darauf gerichtet ist. Im Wissen um die Dinge können sich Sorgen, Leid und Kümmernisse vermehren, kann Sinnlosigkeit und Hoffnungslosigkeit sichtbar werden. Ist der Mensch jedoch bereit, Nebenerscheinungen und Wesenserscheinungen des „Bewusstseins überhaupt" zu unterscheiden, dann wird das Hinzukommende nicht Störung und Verderben, sondern der Mensch wird sich im Prozess der Bewusstwerdung erhellen können.[478] Allerdings bedeutet jedes „Bewusstgewordensein" eine neue Aufgabe. In der Bewusstheit müssen wir immer weitersuchen, zum Wahren und Wirklichen hin.[479] Insofern ist „Bewusstsein überhaupt" ruhe- und grenzenlos, die „Ruhe" liegt in der „Bewusst-losigkeit"[480]: „Ruhe als Dauer in der Zeit ist dem Menschen nicht vergönnt. Sie wäre das Ende der Zeit."[481]

Der Mensch ist jedoch nicht nur Dasein und Bewusstsein überhaupt, sondern er ist auch Geist: „Geist ist das Umgreifende, das wir als Wesen sind, welche in der Bewegung des Verstehens und des Verstandenwerdens Ganzheit verwirklichen sowohl in der Innerlichkeit wie als eine von ihm durchdrungene Welt. Geist ist wirklich wie das Dasein und innerlich wie das Denken (Bewußtsein überhaupt), aber er ist aus einem anderen Ursprung mehr als beide."[482] Geist ist das Vermögen der Ideen, das Denken des Ganzen, der Zusammenhänge, der Ordnung und Einheit, dessen, was sich nicht an der sinnenhaft gegebenen Wirklichkeit als solcher ablesen lässt. Alles, was der Mensch in der umgreifenden Weise des Bewusstseins denkt und was er im lebendigen Dasein erfährt, wird von der Reflexion aufgegriffen und in Begriffe gefasst. Der Geist ist es, der Bilder und Gedanken schafft, der versucht, sein lebendiges Dasein sinnhaften Ideen zu unterstellen und der Mannigfaltigkeit der Gedanken, der Gefühle, der Handlungen einen Zusammenhang, eine Orientierung, eine Struktur, eine Grenze und ein Maß zu verleihen. Indem er auf die Totalität, die umgreifende Wahrheit zielt, ist er „zu jedem Durchbruch fähige Entwicklungsmöglichkeit"[483].

Der Aufstieg innerhalb der drei Sphären weitet das Dasein bis an seine äußerste Grenze, die dem Geist unweigerlich eine Barriere ist. Das immanente Weltsein weist – so *Jaspers* – von selbst schon über sich hinaus. Der Mensch hat somit die Alternative, sein Dasein zwischen den Seinsmodi „Eigentlichkeit" und „Uneigentlichkeit" zu gestalten.[484] Erst durch Wahl und Entscheidung kann er sich zu seiner Existenz erheben, und es sind vor allem die Grenzsituationen wie Leid, Kampf, Schuld und Tod, die ihn in

---

[478] Vgl. ebenda.
[479] Vgl. *Jaspers*, ⁵1979, S. 11: „jedes Dasein von Bewußtsein wird in Bewegung gebracht durch das Wissen von sich; jedes Meinen und Wissen verändert den, der so weiß; verwandelt muß er ein neues Wissen von sich in seiner Welt suchen; so gerät er ohne Ruhe, weil Sein und Bewußtsein getrennt sind und ihre Trennung in immer anderer Gestalt erneuern, von einem ins andere."
[480] Vgl. *Jaspers*, 1958, S. 530.
[481] *Karl Jaspers*, Kleine Schule des philosophischen Denkens. München, Zürich ¹¹1988, S. 65.
[482] *Jaspers*, 1958, S. 71.
[483] Vgl. *Jaspers*, 1958, S. 73.
[484] Vgl. hierzu *Heidegger*, ¹⁸2001, §9, S. 42f: „Die beiden Seinsmodi der *Eigentlichkeit* und *Uneigentlichkeit* (…) gründen darin, daß Dasein überhaupt durch Jemeinigkeit bestimmt ist." Vereinfacht ausgedrückt bedeutet dies, dass für *Heidegger* Dasein uneigentlich und Sein eigentlich ist.

diese tiefste Entscheidung seines Daseins drängen, ihn unausweichlich in das „Entweder-Oder"[485] stellen: „Sein heißt, es ursprünglich *entscheiden.*"[486]

2.3.2 Die Gefahr der Uneigentlichkeit

> „Ihm war der Gedanke gekommen (…), daß sowohl sein Dienst wie auch seine Lebensführung, seine Familie sowohl wie all diese Interessen der Gesellschaft und des Dienstes, daß all dies zusammen nicht das Wahre gewesen sein mochte."[487]

Der Mensch ist innerhalb der ersten drei Weisen des Umgreifenden auf die Welt bezogen und dabei der Gefahr der Uneigentlichkeit ausgesetzt. Der Terminus „Uneigentlichkeit" ist ein von *Heidegger* gewählter Ausdruck, den er mit der Seinsweise der Alltäglichkeit[488] gleichsetzt und als einen Seinsmodus des Menschen charakterisiert. Im Modus der Uneigentlichkeit haben wir uns selbst noch nicht ergriffen, verhalten uns unwillentlich zu unseren Möglichkeiten. Wir sind und leben, wie „man"[489] eben lebt: „Das Dasein [kann sich] zu seinen Möglichkeiten unwillentlich verhalten, es *kann* uneigentlich sein und ist faktisch zunächst und zumeist in dieser Weise. Das eigentliche Worumwillen bleibt ungegriffen."[490] Der Modus der Uneigentlichkeit ist unterschiedlich gegründet und erschwert (verhindert) ein wirkliches Erfassen, ein „Aneignen"[491] von existentiellen Erschütterungen, von Grenzsituationen: „Wenn die Erschütterung noch nicht erfahren ist und die Richtung des <darüber hinaus> zur Transzendenz nicht gewonnen wird, dann ist der Mensch eigentlich noch nicht er selbst."[492] Erst in der Eigentlichkeit werden wir durch den Entschluss zum Selbst. Das Selbst ist aber nicht schon vor dem Entschluss da und muss quasi nur noch von uns entdeckt werden, sondern im Entschluss erst werden wir selbst. Die Tatsache jedoch, dass der Mensch sich auf seine Möglichkeiten hin entwerfen, sich selbst verwirklichen kann, ist hypothetisch zu begreifen, sie ist nicht gleichbedeutend damit, dass er dies auch notwendigerweise immer tut: „Daß das Dasein über sich hinaus ist, kann scheinbar bis zum Unmerklichen Verschwinden. Dasein scheint in sich die Möglichkeit zu haben, <bloßes Dasein>

---

485   Vgl. hierzu *Sören Kierkegaard*, Entweder-Oder. *Fritz Droop* (Hrsg.), *Christoph Schrempf* (Übersetzer). Wiesbaden 1955, S. 267: „Gibt es aber einen Gegensatz, so gibt es auch ein Entweder-Oder."
486   *Jaspers*, ²1948, S. 13. Vgl. ders., ebenda, S. 453: „Es ist aber das Wesen der Erscheinung der Existenz im Zeitdasein: es muß entschieden werden. (…) Nichts kann unentschieden bleiben."
487   *Tolstoi,* 1965, S. 87.
488   Vgl. *Heidegger*, ¹⁸2001, §64, S. 321f.
489   Für *Heidegger* ist das „man" das uneigentliche Selbst. Vgl. ders., ebenda, §66, S. 332.
490   Ebenda, §41, S. 193.
491   Vgl. *Jaspers*, I, ²1948, S. 244: „Aneignen ist das schlechthin Ursprüngliche, das nicht mehr befragt werden kann, das Einswerden in der Unterscheidung, das Hinangezogenwerden im freien Draufzugehen. Es ist wie innige Freundschaft, aber in dem Abstand der ins Vergangene gerichteten Beziehung. Es ist wie in aller Kommunikation das Rätsel, daß ich bin nur durch den Anderen und doch selbst bin; daß ich mich verliere ebensowohl im bloß aufnehmenden, widerstandslosen Zerflossensein an das Überkommene wie in selbstischer Isolierung." Diese Art der Aneignung ist für *Jaspers* die wahre, die er strikt abhebt von der unbemerkten und ungeprüften Assimilation. Vgl. ders., ebenda.
492   *Jaspers* ¹¹1988, S. 66.

bleiben oder werden zu können. Bleibe ich aber Dasein, ohne es im Ganzen zu erhellen, dann sind mir die Dinge meiner Welt eine bestehende opake und fraglose Realität, ist mir das ungewußte Überlieferte absolute Gleichgültigkeit, bin ich gefesselt an die Objekte, beherrscht von elementaren Antrieben und Auffassungsschematen (…), erfüllt von Angst und gedankenlosem, flüchtigem Glück, gebunden in Gehorsam an unverstandene, weil unbefragte Notwendigkeiten; und dies alles, ohne es zu wissen."[493] Das Dasein ist unser Alltag, den wir im Modus der Uneigentlichkeit leben. Zugleich aber liegt dem Dasein die Struktur der Existenzialität a priori zugrunde.[494]

Wenn wir in diesem Abschnitt der Studie auf mögliche Ursachen eingehen, die der Uneigentlichkeit zugrunde liegen, darf hieraus nicht der Rückschluss gezogen werden, dass die Uneigentlichkeit, als Seinsmodus des Daseins, einen niedrigeren Seinsgrad hat als die „Eigentlichkeit". Vielmehr ist dies so zu verstehen, dass der Mensch im Seinsmodus der Uneigentlichkeit „wesenhaft besorgend"[495] in seiner Welt aufgeht, und dass dieser Seinsmodus das Dasein in seiner vollen Konkretion hinsichtlich seiner „Geschäftigkeit, Angeregtheit, Interessiertheit, Genußfähigkeit"[496] bestimmen kann. Er kann sich in solchem Maße auf sein Dasein fixieren, dass er „die Welt oder etwas in der Welt als absolut"[497] setzt, und somit der Tod – weder sein eigener, noch der Tod eines geliebten Menschen – ihm als real werdende Möglichkeit erscheint.

Eine solche Fixierung beziehungsweise ein solches „Totalurteil" beruht nicht auf zureichendem Wissen, sondern auf unzureichendem Wissen.[498] Der Mensch heute lebt in einem wissenschaftlich orientierten Weltverständnis, dessen Deutungen er für objektiv und damit für richtig hält. Auf die Frage „Was ist der Mensch?" antworten alle Wissenschaften im Rahmen ihrer gewonnenen Erkenntnisse. Aus dem Auge verloren wird dabei, dass auf diesem Wege zwar ein Wissen vom Menschen gewonnen, aber niemals *das* Wissen vom Menschen im Ganzen erfasst werden kann. Als Dasein in der Welt ist der Mensch ein erkennbarer Gegenstand, ein Objekt, und so können die Wissenschaften etwas an ihm begreifen, aber niemals können sie den Menschen im Ganzen ergründen.[499] Wenn Wissenschaft glaubt, den Menschen in seiner Absolutheit zu erkennen, kommt es zu einer Verschleierung des Menschen durch ein Scheinwissen, das verdeckt, dass der Mensch grundsätzlich mehr ist, als er von sich wissen kann.[500] Solch objektiver Wissenschaftsglauben enthält in seiner Verabsolutierungstendenz die Gefahr, sich in einen Wissenschaftsaberglauben zu verkehren, der dem Menschen den Weg in die Eigentlichkeit versperrt.[501] Positivistische Wissenschaft lässt den Menschen vergessen,

---

[493] Ebenda, S. 63.
[494] Vgl. ebenda, S. 44. Vgl. ders., 1958, S. 63: „Aber nie hört völlig auf, daß ich als Dasein über das Dasein hinaus sein kann und es daher im Ganzen spüren kann." Vgl. auch *Heidegger*, [18]2001, §9, S. 44: „selbst im Modus der Uneigentlichkeit liegt a priori die Struktur der Existentialität."
[495] Ebenda, §38, S. 176.
[496] Ebenda, §9, S. 43.
[497] *Jaspers*, [19]1971, S. 62.
[498] Vgl. ebenda, S. 63.
[499] Vgl. ebenda, S. 52. Vgl. *Jaspers*, I, [2]1948, S. 108: „Der Mensch ist als Ganzes nicht objektivierbar. Soweit er objektivierbar ist, ist er Gegenstand in der Weltorientierung, aber als solcher auch nie er selbst."
[500] Vgl. *Jaspers*, [19]1971, S. 50.
[501] Vgl. *Jaspers*, 1958, S. 828. Vgl. ders., [5]1979, S. 128f: „Der Wissenschaftsaberglaube ist dem Schwindlertum wahlverwandt."

dass in der gewonnenen Gewissheit immer auch Ungewissheit bleibt.⁵⁰² Sie lässt ihn vergessen, dass das „Dämmerungsauge seiner (...) Erkenntniskraft"⁵⁰³ defizitär ist und er letztlich bei aller Erkenntnis immer „ein Sucherwesen auf gefahrvoller Wanderschaft"⁵⁰⁴ bleibt.

Das indirekte durch Technik vermittelte Denken ist ein weiteres Moment, das den Menschen an einem Weg aus der Uneigentlichkeit hindert. Der Mensch, der gefangen im Modus der Verkehrung lebt, glaubt, dass sein erworbenes, vermeintlich gültiges Wissen ihm „Mittel zu einer planhaft technischen Verwirklichung"⁵⁰⁵ seiner Welt bereitstellt, die es ihm erlauben, das Menschsein zu „machen". Aus dieser omnipotenten Haltung heraus, die das „Machenwollen des großartigsten Menschsein"⁵⁰⁶ zum Ziel hat, unterliegt der Mensch der Gefahr, „alles Menschsein zu ruinieren"⁵⁰⁷. Betrachtet man die Technik aus einem historischen Blickwinkel heraus, so können wir festhalten, dass Technik als Hilfsmittel zur Bedürfnisbefriedigung entstanden ist, um uns die Welt nutzbar zu machen. Wir wären nicht lebensfähig ohne eine solche „Vernutzung". Aber Technik, die als Mittel den Zweck überwuchert und damit selbst zum Bedürfnis wird,⁵⁰⁸ lässt das Geistig-Schöpferische verloren gehen, weicht der Beschränkung auf das Technische und droht, den Menschen im Seinsmodus der Uneigentlichkeit zu fixieren.⁵⁰⁹

Eine weiteres Problem, das den Menschen im Modus der Uneigentlichkeit zu halten droht, ist der Zustand der Gewohnheit: „Sie entspringt der Wiederholung. Es wird fraglos und unbewußt verwirklicht, was einst in der Not erwuchs und im hellen Bewußtsein getan wurde. Wir leben von der Vergangenheit, die in uns Gewohnheit wurde. Gewohnheiten sind die breite Basis unseres Daseins, ohne die jeder nächste Schritt unseres Geistes unmöglich würde."⁵¹⁰ Gewohnheiten sind somit präreflexiv, können – je nachdem ob wir von „guten" oder „schlechten" Gewohnheiten sprechen –, sowohl Grundlage als auch Verfestigung bedeuten. Im ersten Fall ist die Gewohnheit der Grund, aus dem wir leben – der Lebensgrund –, das heißt wir wissen um die Gewohn-

---

⁵⁰² Vgl. hierzu *Wust*, 2002, S. 180, der darauf hinweist, dass ein solches Wissen nur quantitativer Natur sei und darüber hinaus die Gefahr der „Wissenssattheit" in sich berge.

⁵⁰³ Ebenda, S. 52.

⁵⁰⁴ Ebenda.

⁵⁰⁵ Vgl. *Jaspers*, 1958, S. 803.

⁵⁰⁶ Ebenda, S. 803. Vgl. ders., ⁵1979, S. 128.

⁵⁰⁷ *Jaspers*, 1958, S. 803.

⁵⁰⁸ Vgl. *Jaspers*, II, ²1948, S. 577: „Bei allem Können in der Welt bleibt die Willkür des Zwecks. Mit technischen Mitteln kann ich so gut ruinieren wie aufbauen." Vgl. hierzu auch *Scheler,* ²1957, S. 30. „Der Sturz in den Strudel der Geschäfte um der Geschäftigkeit selbst willen, das ist (...) die neue fragwürdige Medizin, die dem modernen Menschentyp die klare und leuchtende Idee des Todes verdrängt und die Illusion eines endlosen Fortganges des Lebens zur unmittelbaren Gestaltung seiner Existenz werden läßt." Auch hier wird auf die Gefahr der Uneigentlichkeit verwiesen, da der Sinn des Fortschritts im Fortschritt selbst gesucht wird.

⁵⁰⁹ Vgl. hierzu die Ausführungen von *Clive Staples Lewis*, Der moderne Mensch und die Kategorien seines Denkens. S. 69-75. In: Ders., Gültiges und Endgültiges. Essays zu zeitgemäßen und unzeitgemäßen Fragen. Basel, Gießen 1992, der die Einschränkung in den Modus der Uneigentlichkeit, also die Fixierung des Menschen auf die Ebene des Nächstliegenden und Alltäglichen darin sieht, dass wir durch den oben genannten Wandel nicht nur von unserer Vergangenheit abgeschnitten werden, sondern auch die Beziehung zum Ewigen, zur Transzendenz verlieren. Vgl. auch *Marcel*, 1964, S. 87-102, der einen Entsakralisierungsvorgang angesichts der Vorherrschaft der Technik beschreibt.

⁵¹⁰ *Jaspers*, 1958, S. 826.

heit und können sie aus diesem Wissen heraus beherrschen. Im zweiten Fall jedoch bleibt die Gewohnheit präreflexiv. Dies ist nicht problematisch, solange die „Zeiten ruhig" sind. Kommt es jedoch, wie wir es beim Tod des Nächsten dargestellt haben, zu einer Erschütterung, zu einem Einbruch in das „gewohnte" Dasein, dann fällt „die Gewohnheit (...) um in der Not, ihr Sinn hat kein Leben mehr. In der bloßen Gewohnheit ist der Mensch sich selbst verloren"[511].

Der Zustand der Zerstreuung erweist sich als weiteres Hindernis, den Modus der Eigentlichkeit zu erreichen. Durch die zahlreichen Mechanismen der Zerstreuung ermöglicht sich der Mensch den Zustand des „nicht bei sich selbst sein Müssens"[512] und kann so den quälenden Fragen des Daseins ausweichen. Für *Pascal* ist die Zerstreuung „das Einzige, was uns in unserem Elend tröstet"[513], aber gleichzeitig hält er sie auch für das größte Unglück. Die Zerstreuung „hält uns hauptsächlich davon ab, an uns zu denken, und richtet uns zugrunde, ohne daß wir es merken. (...) die Zerstreuung unterhält uns und treibt uns unmerklich dem Tode entgegen"[514].

Der Mensch hat ein Wissen um seinen Tod, er ist sich seiner Sterblichkeit bewusst. Aber es gibt auch Gefahren, die ihn auf das Dasein fixieren. Diese lassen ihn sein Leben gestalten, als wäre es das „Sein an sich", und bewirken, dass er „durch Angst und Sorge in Bezug auf endliche Zwecke beherrscht"[515] wird. Dieses „Abgleiten"[516] in die Fesseln der Objektivität bewirkt, dass das Wissen um die Unausweichlichkeit des Todes den Menschen in ratlose Verzweiflung stürzt und zu einer eigenen und eigentümlichen Erfahrung – zu Angst führt. Insofern der Mensch sich seiner Begrenztheit bewusst wird, hat er Angst. Das heißt nach *Jaspers* erwächst die Angst in der Grenzsituation, aber sie ermöglicht ihrerseits auch die Aneignung der Grenzsituation: „Was Vernichtung sein kann, ist zugleich der Weg zur Existenz."[517]

Immanentes Dasein heißt, innerhalb von Grenzen zu leben und Beschränkungen zu unterliegen. Dies beinhaltet einerseits die Gefahr, sich dem objektivierenden Deuten der Wissenschaften zu beugen sowie die Technik als Zweck an sich zu nutzen. Auf der anderen Seite bedeutet es, in der Verfestigung der Gewohnheiten gefangen sein zu können und den Tod, kraft der „*Endlosigkeit* des Möglichen"[518], die ununterbrochen in ihrer Mannigfaltigkeit an mich herantritt und mich zu Entscheidungen veranlasst, durch Zerstreuung auszuklammern. In diesem Modus der Uneigentlichkeit gerät der Mensch immer tiefer in den Zustand der Selbst- und Weltverlorenheit. Die fraglose Hinnahme

---

[511] Ebenda, S. 827.
[512] Vgl. auch *Zwierlein*, 1989, S. 64, der auf die Zerstreuungstendenzen des heutigen Menschen hinweist und hervorhebt, dass ihnen das Allernächste – sie selbst – gleichzeitig das Allerfremdeste ist. Bei *Guardini*, [7]2003, S. 29f. heißt es mit Blick auf die Aufgabe des Menschen, bei sich selbst sein zu müssen: „Die tägliche Nähe ist eine Hülle, welche das Eigentümliche verbirgt."
[513] *Blaise Pascal*, Gedanken. Übertragen von *Wolfgang Rüttenauer*. Bremen 1958, S. 82.
[514] Ebenda, S. 83f.
[515] *Jaspers*, II, [2]1948, S. 486. Vgl. ders., ebenda, S. 488, wo er in qualitativer Weise differenziert zwischen der Angst des „existentiellen Nichtseins (...) [und] der Angst vor dem vitalen Nichtdasein".
[516] Vgl. ebenda, S. 417: „Geschichtlichkeit als Einheit von Dasein und Selbstsein macht Abgleitung nach zwei Seiten möglich. Suche ich das *Dasein ohne Selbstsein*, so verliere ich mich in Zufall, Willkür, Vielfältigkeit unter Einbuße eigenständigen Seinsbewußtseins, ich bin schlechthin nur verschwindend. Suche ich das *Selbstsein ohne Dasein*, so kann ich nur negieren, bis nichts mehr ist als dieser negierende Akt selbst; ich bin geworden wie nichts."
[517] Ebenda, S. 523.
[518] Ebenda, S. 580.

alles Genannten droht, den Menschen auf das Dasein zu fixieren, ihn zu existentiell unwahrhaftigen Handlungen zu verleiten[519], im Modus der Uneigentlichkeit zu halten und ihm den Weg in die Eigentlichkeit, in die Sphäre der Existenz zu verwehren.[520] Er bleibt ein Fall des Allgemeinen, der sich noch nicht in seiner Einzigartigkeit gefunden hat.[521] Der Mensch kann sich jedoch dieser Einzigartigkeit bewusst werden. Dem Dasein wohnt die Möglichkeit der Eigentlichkeit inne, sie ist ihm a priori gegeben.

2.3.3 Der Weg in die Eigentlichkeit

„<Ja, es war alles nicht das Wahre>, sagte er zu sich, <doch das macht nichts. Man kann ja, noch kann man es erreichen, das <Wahre>. Doch, was ist das <Wahre>?> fragte er sich und wurde plötzlich ganz still."[522]

Das Dasein hat die Möglichkeit, eigentlich zu sein, ist es aber nur, wenn es im Besitz seiner selbst, wenn es einzeln ist. Eigentlichkeit hat ihren Grund in der „Jemeinigkeit"[523] und ist eine Weise des Menschen, sich zu den eigenen Möglichkeiten zu verhalten. Erst durch das Erfassen des „Über-sich-Hinausstrebens" kann der Mensch „eigentlich" werden. Er ist sich selbst nicht genug,[524] immer bleibt ein „tiefes Ungenügen"[525].

Menschliches Sein kann sich nicht in den bisher zur Entfaltung gebrachten drei immanenten Weisen des Umgreifenden, die das Subjekt bilden, erschöpfen. Was der Mensch eigentlich ist, „ist das Umgreifende des Selbstseins. Selbstsein heißt Existenz"[526]. Der Weg in die Eigentlichkeit ist der Weg in die Existenz. Was ist nun das Spezifikum von Existenz?

Existenz bei *Jaspers* ist immer ein „Seinkönnen", das heißt mit Entscheidung verbunden. Existenz kann sich verlieren oder gewinnen, ist dabei jedoch nicht gegenständlich, nicht objektivierbar. Lebendiges Dasein, Bewusstsein und Geist eröffnen dem Subjekt weite Räume. Dagegen ist die konkrete Existenz gleichsam eine Verengung, denn sie ist verankert in einem Dasein, einer Individualität, einer Einmaligkeit.[527] Existenz ist also gebunden an die konkrete Geschichtlichkeit meines momentanen Daseins, sie nimmt die Besonderheiten und Grenzsituationen ihres Daseins auf sich, ihre Ge-

---

[519] Vgl. hierzu *Jaspers*, ⁷1974, S. 166f. Als existentiell unwahrhaftige Haltungen betrachtet *Jaspers* die Zuflucht zu etwas anderem, wie beispielsweise im Trost einer ewigen Seligkeit, im Vergessen und Verschleiern des Todes oder in rastloser Tätigkeit, die jede Besinnung unmöglich macht.

[520] Vgl. *Jaspers*, ¹⁹1971, S. 31, der darauf hinweist, dass der Ausweg aus dem Modus der Uneigentlichkeit, also das Hineingehen in die Grundsituationen des Daseins, einen umwendenden Charakter hat: „Der Sturz aus den Festigkeiten, die doch trügerisch waren, wird Schwebenkönnen – was Abgrund schien, wird Raum der Freiheit – das scheinbare Nichts verwandelt sich in das, woraus das eigentlich Sein zu uns spricht."

[521] Vgl. *Scherer*, 1979, S. 165. Vgl. hierzu *Bollnow*, 1955, S. 45, der darauf hinweist, dass das Leben durchaus längere Zeit hindurch in ruhiger Stetigkeit verlaufen könne, ohne dass es dadurch minder wesentlich oder im existenzphilosophischen Sinne „uneigentlich" sei.

[522] *Tolstoi*, 1965, S. 91.

[523] Vgl. *Heidegger*, ¹⁸2001, §9, S. 42f.

[524] Vgl. *Jaspers*, ¹⁹1971, S. 51. Vgl. ders., III, ²1948, S. 817.

[525] *Jaspers*, 1958, S. 76.

[526] Ebenda.

[527] Vgl. ebenda, S. 77.

bundenheit an ihre Ursprünge, an Familie, Heimat und Welt. Sie sucht den faktischen geschichtlichen Sinn dieses Daseins, und nur sie kann diesen Sinn entziffern. Existenz „beseelt" das Dasein,[528] bedarf hierzu jedoch unabdingbar des Bewusstseins, um sich nicht selbst verschlossen zu bleiben. Gleichzeitig ist Existenz verwiesen auf Geist, um sich verstehend zu verwirklichen. Es kann nun festgehalten werden: „Ohne Existenz wird alles wie bodenlos. Aus der Existenz wird die Tiefe wirksam. In allen Weisen des Umgreifenden werde ich mir als Existenz erst eigentlich gewiß. Alle drei Weisen des Umgreifenden, das ich bin, sind unerläßliche Bedingung dafür, daß Existenz sich selbst zur Erscheinung kommt und wirklich wird."[529] Ist hiermit das Spezifikum der menschlichen Existenz herausgestellt worden, soll nun der Frage nachgegangen werden, welche Möglichkeiten sich dem Menschen bieten, den Weg in die Eigentlichkeit zu beschreiten.

Der Mensch in der Immanenz lebt in seinem alltäglichen Dasein für sich und seine partikularen Interessen, er besorgt seine Welt, erledigt, was getan werden muss (strategisches, technisches sowie faktisches Denken und Handeln). Als bewusstes Wesen sucht er nach objektiven Allgemeingültigkeiten, als geistiges Wesen ist er in der Lage, die Welt sinnhaft zu deuten und Ideen zu entwickeln. Zu dem Begriff der Existenz steht das menschliche Dasein in Spannung[530] mit der Frage „Wer bin ich eigentlich?" Diese Frage stellt sich der Mensch nicht in abstrakten Situationen, sondern wenn seine Welt, sein Dasein ins Wanken gerät, wenn etwas Fremdes, Unbegreifliches in das Vertraute einbricht – wie dies beim Tod eines nahe stehenden Menschen der Fall ist – und zwar dergestalt, dass alle gewohnten Bezüge dadurch in Frage gestellt werden.[531] Der Mensch, der dabei die Erfahrung macht, an der Grenze seiner Vernunft angekommen zu sein, und sich dabei dem gänzlich Unverständlichen gegenüber zu sehen, erlebt etwas Existentielles, er macht eine Grenzerfahrung. Er macht diese Erfahrung unabhängig davon, ob er sich entscheidet, darin auszuharren oder den „Sprung"[532] zu wagen. Immer erfährt er sowohl den Aufruf als auch die Möglichkeit, diese Grenze zu

---

[528] Vgl. ebenda, S. 77f.
[529] Ebenda, S. 83. Ergänzend soll hinzugefügt werden, dass bei *Jaspers* schließlich die Vernunft das *Band* aller Weisen des Umgreifenden und aller Gestalten in ihnen ist, sie ist das einheitsstiftende Element, das alle diese verschiedenen Weisen des Umgreifenden in allen ihren vorkommenden Erscheinungen verbindet. Sie wird durch die lebendige Existenz, die an den Sinn glaubt, in Bewegung gebracht, und wird als das Umgreifende wirksam, das für alles offen ist und alles mit allem verbinden möchte. Das bedeutet: das Umgreifende schlechthin spaltet sich in das Umgreifende, das das Sein ist, und in das Umgreifende, das wir selbst sind. Letzteres teilt sich in das, was wir als Dasein, als Bewusstsein überhaupt und als Geist sind, verbunden durch das einheitsstiftende Band der Vernunft. Das wiederum in Immanenz und Transzendenz gespaltene Umgreifende fordert schließlich Existenz heraus, von der einen zur andern überzugehen. Vgl. *Jaspers*, 1958, S. 113-116.
[530] Bei *Jaspers*, 1958, S. 188, findet sich eine eindeutige Aufforderung an den Menschen, die lautet: „Wage dich hinein in diese Spannung!"
[531] Vgl. die bisherigen Ausführungen zu *Augustinus*, der sich anlässlich des Todes seines Freundes „selber zur großen Frage wurde".
[532] Vgl. *Jaspers*, 1958, S. 164: „Vergegenwärtigen wir (...) diesen all mein Seinsbewußtsein verwandelnden Sprung, diese am tiefsten wirkende Entscheidung, ob ich ihn leugne oder ob ich seinen Vollzug zum Ausgang meines Philosophierens mache." *Jaspers* unterscheidet unterschiedliche Weisen des Sprungs. Zum einen der Sprung von allem, was zeitlich erfahrbar und als solches wissbar ist, zum ewigen und wirklichen Sein selbst. Zweitens ist es der Sprung vom Umgreifenden, das wir selbst sind, zu dem Umgreifenden, das wir sein können: Existenz. Vgl. *Jaspers*, 1958, S. 164.

überwinden, sie zu transzendieren[533] und das Dahinter, das zunächst als dunkler, abweisender Abgrund[534] erscheint, aneignend zu ergreifen.

Wir Menschen befinden uns zu jeder Zeit und überall den antinomischen Strukturen unseres Daseins ausgesetzt.[535] Weder können wir diese überwinden, noch können wir sie auflösen. Wir können uns nur zu ihnen verhalten. Nehmen wir sie rational zur Kenntnis und versuchen sie zu erklären, oder ignorieren wir, dass die Polaritäten immer aus Wertpositivem und Wertnegativem bestehen, die unlösbar miteinander verbunden sind, so wird uns in beiden Fällen das Grenzsituative verschleiert bleiben. Der möglichen Existenz wird nicht zum Licht verholfen, sie verharrt im Dunklen, denn „als Existierender kann ich (...) nur zu mir kommen in der Grenzsituation der Antinomien"[536]. Um „Mensch" werden zu können, muss ich erfahren, dass mein Dasein zu keinem Zeitpunkt heil, verstehbar und übersehbar, sondern in seinen antinomischen Strukturen aufgebrochen und offen ist. Ich muss mich auf die Erfahrung einlassen, dass mir der Boden unter den Füßen weggezogen worden ist,[537] dass es keine Ordnung und Stabilität mehr gibt, dass alle Bezüge ins Leere zu laufen scheinen. Dass mir nicht nur die Welt, sondern auch ich mir selbst ein großes Fragezeichen geworden bin, eine „magna quaestio", die durch nichts zu erklären und durch niemanden zu beantworten ist. Im Erleben dieser abgründigen Erfahrung verliert sich der Mensch in der absoluten Haltlosigkeit, er ist völlig auf sich selbst „zurückgeworfen und in radikaler Weise einsam"[538].

Die Einsamkeit ist eine unabdingbare Voraussetzung für den Weg in den Seinsmodus der Eigentlichkeit.[539] Der Mensch muss einsam werden, um Selbst werden zu können. Einsamkeit kann hier im Sinne von „innerem Rückzug" verstanden werden, aber in diesem Zustand ist er noch nicht er selbst. Für *Jaspers* gibt es eine unverkennbare Unterscheidung zwischen dem Einzelnen als Einziger im Sinne der Isoliertheit beziehungsweise Vereinsamung und dem Einzelnen als Einziger im Sinne der Unvertretbarkeit. Der Weg in die Eigentlichkeit, in die Existenz, darf somit auf keinen Fall als solipsistischer Vorgang des „Sich-in-sich-selbst-Verschließens" verstanden werden, er ist kein „Weg des Einzelnen in seiner Einsamkeit"[540]. Es soll viel mehr so verstanden werden, dass der Mensch im Erfahren der Grenzsituation gewissermaßen in die Selbst-Werdung hineingeschleudert wird. Hieraus entspringt das Bedürfnis nach Kommunika-

---

[533] Vgl. *Jaspers*, II, ²1948, S. 470: „Die Grenze tritt in ihre eigentliche Funktion, noch immanent zu sein und schon auf Transzendenz zu verweisen."
[534] Im Transzendieren macht der Mensch den Schritt jenseits alles Seienden, dieser Schritt aber führt ins Dunkel, da der Verstand im Unendlichen nichts erkennen kann. Vgl. hierzu auch *Karl Jaspers*, *Nikolaus Cusanus*, München 1968, S. 22, wo hervorgehoben wird, dass es keine Brücke vom Endlichen zum Unendlichen gibt, sondern dass zwischen Immanenz und Transzendenz „der radikale Abgrund" liegt.
[535] *Jaspers*, II, ²1948, S. 508f.
[536] Ebenda, S. 510.
[537] Vgl. ebenda, S. 508.
[538] Ebenda, S. 347.
[539] Vgl. hierzu die Ausführungen *Heideggers*, ¹⁸2001, §57, S. 276f: Die Vereinzelung des Miteins vollzieht sich nicht aus der alltäglichen Beziehung des Selbst und des Anderen heraus, sondern macht sich genau dann bemerkbar, wenn diese problematisch oder in Frage gestellt wird. Mit *Jaspers* gesprochen heißt das, wenn der Mensch in eine Grenzsituation hineingerät.
[540] *Hans Saner*, Karl Jaspers. Reinbek bei Hamburg 1991, S. 100.

tion, da Selbsteinkönnen nur möglich in Kommunikation mit anderen ist:[541] „Als sich isolierendes Fürsichsein ist Selbstsein nicht mehr es selbst."[542] Existentielle Kommunikation überschreitet somit das Monologische. Sie findet immer zwischen zwei Existenzen statt, „die sich verbinden, aber zwei bleiben müssen – die zueinander kommen aus der Einsamkeit und doch Einsamkeit kennen, *weil* sie in Kommunikation stehen. Ich kann nicht selbst werden, ohne in Kommunikation zu treten, und nicht in Kommunikation treten, ohne einsam zu sein"[543].

Auf der einen Seite steht das menschliche Dasein als Alltag unserer Existenz. In diesem Alltag „besorgen" wir unsere Welt, ein jeder tut das, was getan werden muss. Wir befinden uns ständig in Situationen, die wir planend und handelnd gestalten und beeinflussen können, ohne je situationslos zu sein. In unserem Alltag sind wir aber auch „Grundsituationen" ausgesetzt, die weder machbar noch wandelbar sind, die wir nicht überwinden und auch nicht verlassen können. Diese „Grundsituationen" werden zu „Grenzsituationen", wenn der Einzelne ihnen nicht ausweicht, sie nicht verdrängt, sondern sich ihnen stellt, sich in sie hineinstellt. Der Moment, in dem wir in eine solche „Grenzsituation" hineingeraten, ist ein Moment des „Erwachens". Der Mensch befindet sich bildlich gesprochen an einer Wegscheide, an einem Scheidepunkt. Er wird erschüttert und entdeckt für einen Augenblick das ganz Andere, das im besorgenden Alltag verhüllt ist. Menschen haben die Freiheit zu wählen.[544] Entweder sie gehen in diese Krise der Freiheit[545] hinein und weichen der Grenzsituation nicht aus, oder sie weichen ihr aus und verharren weiter in ihrem „Dornröschenschlaf", das heißt im Seinsmodus der Uneigentlichkeit. Wählen sie das Hineingehen in die Krise, dann verliert alles Tragende seine Bedeutung und sie erleben sich als zutiefst einsam. Der Modus der Einsamkeit entbirgt die Bereitschaft, mit anderen in Kommunikation zu treten und das eigene Selbstsein (Selbstsein-Können) im Dialog mit dem Anderen zu entdecken. Der Andere befreit den Menschen zwar nicht aus seiner Einsamkeit, aber er ist wichtige und unabdingbare Voraussetzung für existentielle Kommunikation, die es dem in der Krise Stehenden ermöglicht, sich selbst zu befreien.

Es ist deutlich geworden, in welcher Lage sich der Mensch befindet oder befinden kann, wenn er mit dem Tod eines Menschen, den er liebt, konfrontiert wird. Der Tod als unvermeidbare Grundsituation des Menschen kann ihn, wenn er als der eigene bevorsteht oder als Tod des Nächsten einbricht, in einen Abgrund der Verzweiflung stürzen, der sich in dem Gefühl der Trauer zum Ausdruck bringt. „Das Trauern [ist] eine Gefühlsregung, in der das lebendige Dasein vom Nichtsein eines Sinnwertes in seiner ganzen Schwere und Unwiderruflichkeit durchdrungen ist."[546] Die Gefühlsre-

---

[541] Vgl. *Jaspers*, [19]1971, S. 22: „Ich bin nur mit dem anderen, allein bin ich nichts." Nur in der Kommunikation können wir die existentiellen Grundfragen erhellen. Im vierten Kapitel der vorliegenden Studie wird diesem Gedanken ausführlich Raum gegeben.
[542] *Jaspers*, 1962, S. 120.
[543] *Jaspers*, II, [2]1948, S. 347. Streng unterschieden werden soll die existentielle Kommunikation von der Daseinskommunikation. In den Weisen der Daseinskommunikation werden zwar Grenzen fühlbar, in denen die Richtung der existentiellen Kommunikation bereits angesprochen wird, aber diese selbst wird noch nicht getroffen. Vgl. ders., ebenda, S. 338-343.
[544] Vgl. hierzu *Jaspers*, III, [2]1948, S. 772: „Nur in Krisen der Existenz wird entschieden."
[545] Vgl. hierzu die Ausführungen *Jaspers*, II, [2]1948, S. 447ff. „Erhellung existentieller Freiheit."
[546] *Lersch*, 1970, S. 239: „Über den Verlust von Sinnwerten kann man sich nicht ärgern, wie man es beim Verlust oder beim Nichterreichen von Bedeutungswerten tut, sondern man kann darüber

gung Trauer, die den Menschen beim Tod eines unersetzbaren Anderen erfasst, kann unter dem Aspekt der „existentiellen Krise" bedacht werden. Hierzu soll in einem ersten Schritt gefragt werden, welche Wirkung die Grenzsituation „Tod" als „Tod des Nächsten" auf Existenz und existentielle Kommunikation hat. Was bedeutet die Grenzsituation „Tod des Nächsten" mit Blick auf den Selbst-Werdungsprozess? Was bedeutet sie für den Zurückbleibenden hinsichtlich existentieller Kommunikation? Bedeutet der Tod ihren Abbruch? Verharrt der Trauernde in der Einsamkeit der Kommunikationsunmöglichkeit oder gibt es eine andere Art von Kommunikation?

2.3.4 Trauer als Ausdruck einer existentiellen Krise

> „Wo eine gleichsam existentielle Selbstverständlichkeit, Unmittelbarkeit und Ungeschiedenheit zur Welt zerbrochen ist, Grenze erfahren wird, stellt sich im gleichen Moment der Erfahrung die Krise ein."[547]

Um einer möglichen Klärung der aufgeworfenen Fragen näher zu kommen, ist zunächst eine Auseinandersetzung mit dem Begriff „Krise" notwendig. Der Terminus Krise[548] wird auf unterschiedlichste Weise verwendet.[549] In der Vielfalt der Anwendungen lässt sich dennoch grundlegend festhalten, dass es „Krisen gibt, soweit man überhaupt sinnvoll von Leben sprechen kann"[550].

Nach *Kast* sind Krisen „Lebenssituationen, in denen die Anforderungen des Lebens und die Möglichkeiten, sie zu bewältigen, in einem krassen Widerspruch stehen. (...) Das ganze Leben verengt sich dann auf das sich in der Krise zeigende Problem, und gleichzeitig fehlt die Überzeugung, das Leben gestalten zu können"[551]. *Bollnow* vermerkt, „daß es sich in der Krise stets um eine Störung des normalen Lebensablaufes

---

nur trauern. Daraus erhellt deutlich, daß in der Trauer ebenso wie in der Freude die Thematik des Über-sich-hinaus-seins mitbetroffen wird. So ist es auch zu verstehen, daß der Trauer gerade jene zugespitzte Spannung und feindliche Gegenstellung zur Umwelt fehlt, die die Antriebsgestalt des Ärgers bestimmt. Die virtuelle Gebärde der Trauer ist das Gegenspiel des Sich-öffnens und Umfangens der Freude, sie ist ein Sich-verschließen und Abseitsgehen."

[547] *Illhardt*, 1982, S. 267.

[548] Vgl. Duden. Herkunftswörterbuch. Etymologie der deutschen Sprache, Band VII. Dudenredaktion (Hrsg.), Mannheim, Leipzig, Wien, Zürich ³2001, S. 454: Die etymologischen Wurzeln des Wortes „Krise" verweisen auf ein Moment der Unterbrechung. Das griechische Wort „Krisis" bedeutet Entscheidung, entscheidende Wendung. Ab dem 18. Jahrhundert wird „Krise" im Sinne von entscheidender, schwieriger Situation im allgemeinen Sprachgebrauch verwendet.

[549] Vgl. *Otto Friedrich Bollnow*, Existenzphilosophie und Pädagogik. Versuch über unstetige Formen der Erziehung. Stuttgart, Berlin, Köln, Mainz ⁴1968, S. 26f.

[550] *Bollnow*, ⁴1968, S. 27. Vgl. ders., ebenda: „Krisen gibt es nur in Bezug auf Leben. Krise und Leben scheinen irgendwie zusammen zu gehören."

[551] *Kast*, ²2000, S. 20. Hier zeigt sich deutlich der Unterschied zur „Situation", wie *Jaspers* sie herausgestellt hat. Auf Situationen kann der Mensch mit einiger Sicherheit reagieren, indem er sich Ansätze schafft, um die Situation zu verwandeln. Da die Situation jedoch immer zum immanent bleibenden Bewusstsein gehört, kann der Betroffene in ihr auf ein bestimmtes Bewältigungsinstrumentarium zurückgreifen. Vgl. *Jaspers*, II, ²1948, S. 468f. Vgl. auch die Ausführungen von *Hugo Mennemann*, Sterben lernen heißt leben lernen. Sterbebegleitung aus sozialpädagogischer Perspektive. Studien zur interdisziplinären Thanatologie, Band IV. Münster 1998, S. 148-172, der das Krisenhafte im Sterben unter sozialpädagogischen Aspekten betrachtet.

handelt, daß diese Störung durch die Plötzlichkeit ihres Auftretens und ungewöhnliche Intensität gekennzeichnet ist, daß der Fortbestand des Lebens in ihr gefährdet erscheint und sich im Durchgang durch die Krise schließlich ein neuer Gleichgewichtszustand einstellt"[552]. Eine Krise ist demnach wesentlich dadurch gekennzeichnet, dass ihr ein Ereignis zu Grunde liegt, das den Einzelnen aus seinen tragenden Bezügen herausreißt und ihm die „Ungesichertheit"[553] seines Daseins in bestürzender Tragweite vor Augen führt: „Krise wird wirklich als der *Mangel an Vertrauen*."[554] Aber ist hiermit das Spezifische, das Wesentliche ausgesagt, dasjenige, was Trauer als „existentiellen Krise" kennzeichnet? Oder geht die Trauer als „existentielle Krise" noch über das Gesagte hinaus?

Der Tod als objektives Faktum ist nicht Grenzsituation, sondern er wird dies nur, indem er entweder „mein Tod" oder der „Tod des Nächsten" ist.[555] Der Tod des geliebten Menschen hat dem Zurückbleibenden die Grundsituation „Tod" zur Grenzsituation werden lassen. Angesichts der Erfahrung, dass der geliebte Mensch nicht mehr ist, angesichts des „untilgbaren Schmerzes des <nie wieder>"[556], hört jede Täuschung auf.[557] Das „Nie-Wieder" erreicht hier eine ungeahnte Tiefe und der Zurückbleibende erfährt auf schmerzliche Weise, dass das bisher nicht für möglich Gehaltene – nämlich der verwirklichte Tod – in das eigene Dasein eingebrochen ist und nicht mehr der „Oberfläche des Sozialen, der Region des <Man> verhaftet"[558] ist. Der Hinterbliebene ist jetzt der tiefen Not seiner seelischen Ungesichertheit preisgegeben,[559] in der alles, auch sein Menschsein gefährdet scheint.[560] Im Gegensatz zu den anderen Grenzsituationen, die *Jaspers* nennt, ist hier die Möglichkeit der Reversibilität ausgeschlossen. Der Verstorbene bleibt tot für mich, wie ich für ihn: „Nichts ist rückgängig zu machen; für alle Zeit ist es das Ende."[561] Wir erleben hier gewissermaßen eine Verdoppelung der Einsamkeit: Die Einsamkeit im Zurückgeworfensein auf das eigene Selbst, hervorgerufen durch den Einsturz alles Tragenden. Gleichzeitig erfahren wir die Einsamkeit der Vereinzelung, die bedeutet, ohne diesen geliebten Menschen weiterleben zu müssen. Diese Doppelung scheint ein Spezifikum der Grenzsituation „Tod" zu sein.

---

[552] *Bollnow*, [4]1968, S. 27. In der Definition *Bollnows* ist schon das „Doppelgesichtige" einer Krise enthalten. Vgl. hierzu auch *Erika Schuchardt*, Warum gerade ich? Leben lernen in Krisen. Göttingen [11]2002, S. 11: „Daß aber auch jede Lebenskrise für den davon betroffenen Menschen ein neuer Anfang werden kann, entdecken wir nur allmählich auf dem mühseligen, oft verzweifelten Weg langen, scheinbar vergeblichen Suchens."

[553] Vgl. *Wust*, 2002, S. 17. In der Schrift „Ungewissheit und Wagnis" wird der Begriff der „Ungesichertheit" als *das* Existential menschlichen Seins herausgearbeitet. Ders., ebenda, S. 30, Anmerkung 1, verweist darauf, dass der Begriff der „Ungesichertheit" schon bei *Josef Pieper*, Über die Hoffnung. Leipzig 1935, S. 75, verwendet wird.

[554] *Jaspers*, [5]1979, S. 73.

[555] Vgl. *Jaspers*, II, [2]1948, S. 484f. Für *Jaspers* ist der eigene Tod die entscheidende Grenzsituation. In dieser Studie steht jedoch der Tod des Nächsten als Auslöser für die existentielle Krise im Blickpunkt, so dass der Schwerpunkt hierauf gelegt wird.

[556] *Jaspers*, [7]1974, S. 160.

[557] Vgl. *Jaspers*, III, [2]1948, S. 736.

[558] *Landsberg*, 1973, S. 32.

[559] Vgl. *Wust*, 2002, S. 160.

[560] Vgl. hierzu *Jaspers*, III, [2]1948, S. 736: „In den Grenzsituationen scheint die Vernichtung von allem offenbar."

[561] *Jaspers*, II, [2]1948, S. 484.

Bei *Marcel* heißt es: „Ich habe (…) einsehen müssen, (…) daß ich angesichts des Abgrundes, der durch das Verschwinden eines geliebten Wesens geöffnet wird, eine ganz andere und wahrscheinlich tiefere Bestürzung als vor meinem eigenen <Sterben-Müssen> empfinde. Dort, wo es sich um meinen eigenen Tod handelt, ist wahrscheinlich eine Art Narkose möglich (…). Die Trauer aber, insofern sie echt ist, schließt die Möglichkeit dieser Narkose aus. Sie würde eine Narkose als Verrat empfinden."[562] In dieser Aussage zeigt sich deutlich eine Gefahr: Unterdrückt oder verhindert der Mensch seine Trauer, dann kann dies dazu führen, dass ihm die Welt weiterhin leer und bedeutungslos erscheint. Er wird der Gegenwart keine Bedeutung abgewinnen und die Zukunft bar jeder Hoffnung ertragen. Das „Erwachen" bleibt ihm nur als kurzes Aufglimmen, es wird nicht zum Impuls, den Weg in die Eigentlichkeit zu suchen. Die „echte Trauer" lagert dann im Verborgenen, und der Hinterbliebene wird dem Seinsmodus der Uneigentlichkeit verhaftet bleiben mit der Gefahr, dem *Pindarschen* Aufruf „Werde, der du bist!" nicht nachzukommen. Stellt der Zurückbleibende sich jedoch dieser ganz anderen und tieferen Bestürzung, weicht er der „besondere[n] Ratlosigkeit und Ohnmächtigkeit"[563] nicht aus, ist er bereit, in die Risiken und Gefahren dieser Krise hineinzugehen, wird er auf gesteigerte Selbst-Werdung[564] hin erwachen und die ihm a priori gegebene Möglichkeit der Existenz in der existentiellen Kommunikation verwirklichen können.

Einsamkeit ist dabei für Kommunikation der unabdingbare Gegenpol, ohne Einsamkeit keine Kommunikation. Das heißt der Prozess der Selbst-Werdung ereignet sich in der Polarität von Einsamkeit und Kommunikation.[565] Wir brauchen das andere Selbst zur eigenen Selbst-Werdung.[566] Anders formuliert: Selbst-Werdung, Selbst-Sein erfahre ich nur in der Aneignung von Grenzsituationen und im Mit-Sein – Miteinandersein.[567] Im Mit-Sein sage ich Ja zum Anderen, zur Welt, zum Leben, zu mir selbst. Hierin erfahre ich nicht nur Stabilisierung, Bergung und Sicherheit, sondern auch Stimulation und Provokation, also Herausforderung durch den Anderen. Im Mitsein kann ich im beständigen Fragen auf meinen Weg der Selbst-Werdung voranschreiten.[568]

---

[562] *Gabriel Marcel*, Auf der Suche nach Wahrheit und Gerechtigkeit. Frankfurt am Main 1964, S. 75. Vgl. ders., ebenda, S. 80f. Für *Marcel* scheint der eigene Tod etwas zu sein, das aus der Sicht des irdischen Lebens betrachtet, jedes Ereignis unmöglich macht. Vgl. ders., 1964, S. 70.
[563] *Zwierlein*, 1989, S. 85.
[564] Vgl. ebenda. Vgl. *Zöpfl*, 1967, S. 68.
[565] Vgl. hierzu *Romano Guardini,* Briefe über Selbstbildung. Mainz ⁶2001, S. 133: „Einsamkeit ist nicht Menschenscheu oder Verlassenheit. (…) Recht gemeinsam kann nur sein, wer auch in der Einsamkeit zu Hause ist."
[566] Vgl. auch *Landsberg*, 1973, S. 55: „Der Geist kann nur in Gemeinschaft existieren. Es gibt kein geistiges Ich ohne ein Du."
[567] Vgl. *Martin Heidegger*, Prolegomena zur Geschichte des Zeitbegriffs. GA, Band XX. Frankfurt am Main 1979, S. 328: „Dasein ist als In-der-Welt-sein zugleich Miteinandersein – genauer Mitsein."
[568] Die Fragen der Existenz können nur in Beziehung auf Transzendenz erhellt werden: „Warum bin ich der, der ich bin? Warum geschieht mir, was mir geschieht, warum ist mir versagt, was mir versagt ist? Warum bin ich so, wie ich bin? Warum bin ich überhaupt, und nicht vielmehr nicht?" Vgl. *Romano Guardini*, Die Annahme seiner selbst. Den Menschen erkennt nur, wer von Gott weiß. Mainz ⁷2003, S. 22.

Mitsein kann in diesem Sinne – wie der Tod – als Grundbestimmung, als menschliches Existential verstanden werden.[569]

Was bedeutet dieses Mitsein für die Situation des Sterbens? Mit dem Sterbenden stehen wir im zeitlichen Dasein immer noch in Kommunikation. Als Liebende „treiben" wir uns in der existentiell gegründeten Kommunikation gewissermaßen gegenseitig hervor. Im Wissen um den bevorstehenden, auf Dauer gestellten Abschied können wir bis zum letzten Augenblick – zumindest solange Bewusstsein ist – mit ihm zusammen den Weg der Selbst-Werdung gehen.[570] Ergänzen wir diese Gedanken mit der Aussage *Jaspers'*, dass Selbstsein als isoliertes Ichsein aufhört, dass es nur in Kommunikation *ist*,[571] dann wird deutlich, dass der Selbst-Werdungsprozess angesichts des vollendeten Todes offensichtlich paradoxe Charakterzüge aufweist und zweierlei Fragen impliziert: Erstens, was passiert, wenn Kommunikation im Tod abrupt einen Abbruch erleidet? Und zweitens, welche Weisen wären denkbar mit dem „anwesenden Abwesenden" zu kommunizieren?

Wenn der „Tod (…) des geliebtesten Menschen, mit dem ich in Kommunikation stehe"[572], eintritt, erlebt der Zurückbleibende diesen Abbruch als den wohl tiefsten Schnitt im erscheinenden Leben. Er wird für einen winzigen Moment hinüber „in die fremde und kalte Welt des vollendeten Todes"[573] geführt, um dann in tiefster Einsamkeit alleine zurückzubleiben, in einer Welt, die nicht mehr die seine ist. Im Tod des geliebten Menschen hat er für einen Augenblick „die gänzliche Vereinsamung, durch [die] kein menschliches Wort mehr zu dringen vermag"[574], erfahren. Der Tod – als erfüllter Tod erfahren – wird zur radikalsten Distanz[575] und beendet die in der Liebe gegründete Kommunikation. Die Distanzierung, die der Zurückbleibende nun erfährt, ist radikal. Sie droht die Einsamkeit, in der sich das Selbst fast „verbluten"[576] kann, auf Dauer zu stellen, zu chronifizieren. Der existentielle Wille des Anderen zur Kommunikation ist nicht nur erlahmt, sondern er ist gestorben. Der Hinterbliebene muss nicht nur fürchten, den Anderen zu verlieren, sondern er hat ihn verloren. Der Mensch, mit dem ich in Kommunikation stand, ist nicht mehr. Weder kann ich zu dem geliebten „Du" von meinen Ängsten, Wünschen und Bedürfnissen sprechen, das heißt ich kann mich ihm nicht mehr offenbaren, noch kann ich zu ihm und mit ihm über mir Wichtiges sprechen: „Das Gespräch hört in jedem Fall auf."[577] Wenn wir nun sagen, dass wirkliche Kommunikation zutiefst gefördert wird von Ausdrucksmöglichkeiten und Ansprache, dann verwehrt der Tod auf radikalste Weise die Verwirklichung dieser

---

[569] Vgl. *Heidegger,* [18]2001, §26, S. 120: „Dasein ist wesenhaft Mitsein." Für *Heidegger* ist das Mitsein ein Existential, das heißt, es ist kein kategoriales Vorhanden-Sein neben anderem Vorhandenen und so ist Alleinseinsein für ihn ein defizienter Modus des Mitseins.

[570] Vgl. hierzu *Jaspers*, II, [2]1948, S. 484, für den der Schmerz der Trennung „der letzte hilflose Ausdruck der Kommunikation" ist.

[571] Vgl. ebenda, S. 337. Vgl. *Jaspers*, 1962, S. 120: *„Existenz ist nur in Kommunikation von Existenzen. Als sich isolierendes Fürsichsein ist Selbstsein nicht mehr es selbst. Es kommt zu sich nur, wenn in der Kommunikation mit anderem Selbst dieses zu sich kommt."*

[572] Vgl. *Jaspers*, II, [2]1948, S. 484.

[573] *Landsberg*, 1973, S. 22f.

[574] *Zöpfl*, 1967, S. 193. Vgl. auch *Jaspers*, II, [2]1948, S. 484: „jeder stirbt allein: die Einsamkeit vor dem Tod scheint vollkommen, für den Sterbenden, wie für den Bleibenden."

[575] Vgl. *Michael Schibilsky*, Trauerwege. Beratung für helfende Berufe. Düsseldorf 1989, S. 16.

[576] *Jaspers*, II, [2]1948, S. 363.

[577] *Lewis*, [5]1998, S. 17.

Grundbedürfnisse der Kommunikation, da er die beiden Urakte, die konstitutiven Grundelemente von Kommunikation – „Ausdruck und Ansprache"[578] – unmöglich macht, sie gewissermaßen ins Leere laufen lässt.[579] Der Hinterbliebene weiß das andere Selbst unwiderruflich verloren. Ihm schlägt ein Schweigen entgegen, das nicht nur den Schmerz des Zerrinnens, sondern den des endgültigen Ausbleibens in sich trägt. Dieses Schweigen, dem der Trauernde ausgesetzt ist, lässt sich nicht als Mangel einer gegenwärtigen Ausdrucksarmut[580] bezeichnen, sondern die Ausdrucksarmut ist abschließend, endgültig, auf Dauer gestellt. Der Trauernde ist auf bisher nie dagewesene Weise dem Unversöhnlichkeitscharakter des Schweigens ausgesetzt. Auf dieses Schweigen muss er reagieren, er muss gewissermaßen eine Entscheidung treffen, auf welche Weise der Andere für ihn „anwesend" bleiben kann. Lebt er mit dem Verstorbenen aus der Erinnerung heraus, isoliert und vereinsamt? Erfährt er ein Wissen um die definitive Unerreichbarkeit des Verstorbenen und wird darin von Einsamkeit und Verzweiflung erschüttert? Oder lebt er aus der Erinnerung heraus, das Immanente übersteigend nach vorne in die Transzendenz, wo der geliebte Mensch existentielle Gegenwart bleiben kann?

Der Verlust des geliebten Menschen kann den Trauernden in die Isolation drängen, „in die Existenzlosigkeit leerer Ichheit ohne Gehalt"[581]. Im Bemühen, dem Anderen nahe zu sein, noch mit ihm zu kommunizieren, versucht er, den Verstorbenen in der Erinnerung lebendig zu halten, versucht er, mit sich selbst und dem „Erinnerten" zu reden. Diese Form der Selbstkommunikation ist im Sinne eines Selbstgespräches zu verstehen, das den Trauernden tendenziell unterstützen kann, die Wirklichkeit schrittweise zu verstehen und anzunehmen,[582] das aber ebenso die Gefahr des Rückzuges in das „kalte Schweigen"[583] in sich birgt. Im erinnernden Selbstgespräch droht der Mensch, sich ganz in sich selbst zurückzuziehen, sich vom Dialogischen abzuwenden und im Monologischen zu erstarren, wo jede Frage nach Sinn ungestellt bleibt.[584] Die Erinnerung an den Verstorbenen ist für den Hinterbliebenen häufig damit verbunden, diesen zu glorifizieren, zu idealisieren und damit aufzuwerten. Der durch den Tod erlittene Verlust erscheint hierdurch umso größer.[585] Der Verstorbene wird in einer Art instinktivem Verlangen auf ein Idealbild hin fixiert.[586] Indem der Verstorbene in seiner

---

[578] *Eduard Zwierlein*, Grundlagen der Kommunikation, S. 71. In: *Ulrich Lilie, Eduard Zwierlein* (Hrsg.), Handbuch integrierte Sterbebegleitung. Gütersloh 2004(c), S. 67-74.
[579] Vgl. *Zwierlein*, 1989, S. 101. An dieser Stelle soll bereits auf die Bedeutsamkeit von „Ansprache" und „Ausdruck", bzw. „Mit-teilen" und „mit anderen teilen" verwiesen werden, die an späterer Stelle ausführlicher diskutiert wird.
[580] Vgl. *Jaspers*, II, ²1948, S. 360.
[581] Vgl. ebenda, S. 380.
[582] Vgl. *Paul*, 2000, S. 110.
[583] *Zöpfl*, 1967, S. 190.
[584] Vgl. ebenda.
[585] Vgl. *Spiegel*, ⁴1981, S. 281. Vgl. auch *Birgit Stappen*, Wie Trauern gelingen kann. Lebensbegleitung über den Tod hinaus, S. 103. In: *Josef Müller* (Hrsg.), Von Hoffnung getragen. Begleitung von Sterbenden und Trauernden. Würzburg 1996, S. 102-120.
[586] Vgl. *Jaspers*, II, ²1948, S. 346. Vgl. hierzu auch *Lewis,* ⁵1998, S. 22f: „Schon jetzt (...) spüre ich den allmählichen hinterhältigen Anfang eines Vorgangs, der aus der H. [der Verstorbenen, S.B.] meiner Gedanken mehr und mehr eine Frau der Phantasie macht. (...) Die Wirklichkeit ist nicht mehr da und kann mich nicht korrigieren, mir nicht Halt gebieten, wie es die wirkliche H. so oft getan hat (...), indem sie so ganz sie selbst war und nicht ich."

„Ichheit" nicht mehr realiter anwesend ist, besteht die Gefahr, ihn als eine zu beherrschende Sache zu fixieren und festzuschreiben.[587] Es zeigen sich in diesem Erinnern ausschließende Tendenzen insofern, als sich der Hinterbliebene in der Erinnerung des Toten vor der Außenwelt verschließt.[588] Verhaftet an die Vergangenheit, bleibt er gefangen in seinen Erinnerungen, innerhalb der Grenzen des Immanenten. Er droht, dem Alltag zu verfallen und in den Modus der bloßen Subjektivität abzugleiten, in ein solipsistisches Dasein, das mit der inneren Struktur persönlicher Existenz unvereinbar ist und die Tendenz ihrer Verdrängung in sich trägt.[589] In diesem Gefangensein kann sich der trauernde Mensch ausbleiben. Wird ihm aber in dieser Krise das isolierte Dasein zum Modus des „Ungenügens"[590], sieht er, dass sein haltloses Dasein nur Fassade ist,[591] weiß er nicht mehr, wer er ist, wird er sich selbst zur großen Frage, dann kann ihn die damit einhergehende Verzweiflung zum Antrieb des „Erwachens" werden.[592]

Wer in der Krise zum Ursprung finden will, so *Jaspers*, „muß durch das Verlorene gehen, um aneignend zu erinnern; die Ratlosigkeit durchmessen, um zur Entscheidung über sich zu kommen; die Maskerade versuchen, um das Echte zu spüren"[593]. Erst dann kann dem Hinterbliebenen der Andere in seiner ganzen Unerreichbarkeit präsent werden. Er weiß jetzt, dass der Verstorbene, „das Objekt der Sehnsucht unwiederbringlich verloren ist"[594]. In der „wissende[n] Erinnerung"[595] schaut er in den Abgrund der

---

[587] Vgl. *Jaspers*, II, ²1948, S. 376: „Sofern ich ein Wesen als Ganzes abschätze, die Summe ziehe und die Bilanz nehmen, ist es für mich keine Existenz mehr, sondern nur ein psychologisches oder geistiges Objekt." Vgl. hierzu auch *Jean-Paul Sartre*, Bei geschlossenen Türen, S. 38. In: Ders., Drei Dramen. Hamburg 1965, S. 9-43, wo dieser Objektivierungsvorgang dargestellt wird. Indem der „Blick des Anderen" (des Verstorbenen) nicht mehr vorhanden sei, könne dieser gewissermaßen vernachlässigt werden. Weil der Hinterbliebene sozusagen Macht über ihn habe, könne er auch mit dessen eigener Vorstellungswelt verschmelzen und den Verstorbenen zu einem reinen Objekt werden lassen: „Aber ich spiele ja nicht mehr mit; ohne Rücksicht auf mich ziehen sie das Fazit, und sie haben recht, ich bin ja tot. Erledigt wie eine Ratte. Ich bin Allgemeingut geworden." Totsein bedeutet bei *Sartre* keine Zukunft, keine Transzendenz mehr zu haben. Der Tote kann sich nicht mehr verändern, er ist verobjektiviert, fixiert, auf ewiglich festgeschrieben.

[588] Vgl. hierzu *Lewis*, ⁵1998, S. 11f. Er macht auf die Schwierigkeit aufmerksam, mit anderen Menschen zu reden: „Mit den Kindern kann ich nicht über sie reden. Sobald ich es versuche, erscheinen auf ihren Gesichtern weder Trauer noch Liebe, nicht Furcht oder Mitleid, sondern das Allerfatalste: Verlegenheit. (...) Ich kann ihnen nicht rasch genug davon aufhören." Hierin klingt deutlich an, dass die Isolierung nicht nur vom Hinterbliebenen selbst ausgeht, sondern vielfach eine Reaktion auf das Ausweichen der Mitmenschen ist.

[589] Vgl. *Landsberg*, 1973, S. 55. *Landsberg* setzt hier die Vereinzelung gleich mit dem, was *Jaspers* unter „isolierendem Fürsichsein" versteht. Auch für *Landsberg* ist die „Einsamkeit" eine unabdingbare Voraussetzung für wirkliche persönliche Bindung.

[590] Vgl. *Jaspers*, II, ²1948, S. 343.

[591] Vgl. ebenda, S. 331.

[592] Vgl. hierzu ebenda, S. 333: Der isolierende Rückzug verweist auf einen pädagogischen Auftrag. In der Phase der „Bodenlosigkeit" bedarf der Trauernde der „Bejahung" durch einen anderen Menschen, einen Menschen, der nicht an ihm zweifelt und ihm Halt gibt. Der Trauernde, der sein Selbst durch die Isolierung zu vernichten droht, ist ein „hilfsbedürftiges Wesen (…), dessen verborgenes Selbstsein unbewußt nur auf die Hand wartet, die es fassen kann." Ebenda, S. 331. Dieser Aspekt wird in Kapitel 4 ausführlich dargestellt.

[593] *Jaspers*, ⁵1979, S. 76. Aneignendes Erinnern im *Jaspers*chen Verständnis ist „wie ein Zusicherwachen, ein Widerkommen dessen, was ich schon mitbrachte". *Jaspers*, III, ²1948, S. 854.

[594] *Lis Bickel, Daniela Tausch-Flammer* (Hrsg.), In meinem Herzen die Trauer. Freiburg, Basel, Wien 1998, S. 105.

Haltlosigkeit und wird von Verzweiflung und Einsamkeit erschüttert. Die Einsamkeit, die den Trauernden jetzt ergreift „ist nicht identisch mit soziologischem Isoliertsein"[596], sie ist vielmehr „das Bereitschaftsbewußtsein möglicher Existenz, die nur in Kommunikation möglich wird"[597]. In diesem „Erwachen" gelingt ihm ein „Aufschließen" der solipsitischen Verschlossenheit, die es ihm verwehrte, sein Inneres zum Ausdruck zu bringen.[598] Erst jetzt – im absoluten Schmerz – wird Selbstkommunikation ein Übergang von wissender Erinnerung in „verstehendes Anschauen"[599]. Eine Selbstkommunikation, die an Selbstreflexion gebunden ist und sich als Selbstschöpfung verwirklich kann.[600]

Der Verstorbene kann dem Hinterbliebenen als „existentielle Gegenwart" „anwesend" bleiben. Im Tod des geliebten Nächsten erfährt sich der Hinterbliebene radikal auf sich selbst zurückgeworfen. In fassungsloser Erschütterung erlebt der Zurückbleibende in der Anwesenheit des noch greifbaren Leichnams[601] und der fehlenden Resonanz in der Begegnung die Spannung von Dasein und Wegsein. Er erfährt „den Kontrast zwischen dieser sichtbaren irdischen Realität und der rätselhaften Abwesenheit des Geliebten"[602] und ist gezwungen, den Blick bewusst auf die „Unwiederholbarkeit des Lebens"[603] zu richten. Der Tod hat die Gemeinschaft mit dem geliebten Menschen, er hat das „Wir" zerstört, und insoweit der Zurückbleibende dieses „Wir" war, ist die Zerstörung unvermeidlich auf ihn übergegangen. Der Hinterbliebene erfährt in dieser Erschütterung die Gewissheit: „sein Tod ist mein Tod."[604] „Der eigene Tod hat aufgehört nur der leere Abgrund zu sein."[605] Diese letzte und endgültige Trennung, die unter Schmerzen vollzogen wurde, ist für *Jaspers* „der letzte hilflose Ausdruck der Kommunikation"[606], die so tief gegründet sein kann, „daß der Abschluß im Sterben selbst noch zu ihrer Erscheinung wird und Kommunikation ihr Sein als ewige Wirklichkeit bewahrt"[607]. Der wahrhaft Geliebte bleibt „existentielle" Gegenwart, was *Jaspers* in der

---

[595] Vgl. Jaspers, [5]1979, S. 112.
[596] *Jaspers*, II, [2]1948, S. 347.
[597] Ebenda.
[598] Vgl. hierzu *Rey*, 1998, S. 108: „Ich schließe die Augen. Ich will nichts mehr sehen. Ich will auch von niemandem verstanden werden. Wer versteht mich denn, ich verstehe mich selber nicht."
[599] Vgl. Jaspers, [5]1979, S. 112.
[600] Vgl. *Jaspers*, II, [2]1948, S. 328.
[601] Vgl. *Landsberg*, 1973, S. 23: „War der Tod in jedem Lebensaugenblicke anwesend in Abwesenheit, so ist nun der Tote, an dessen Lager wir stehen, *abwesend in Anwesenheit*." Vgl. hierzu auch *Sartre*, 1965, S. 16, der die tote *Estelle* folgende Worte sprechen lässt: „Wenn es unbedingt nötig ist, diesen ….Zustand [des Totseins, S.B.] beim Namen zu nennen, so schlage ich vor, daß man uns <Abwesende> nennt, das ist korrekter. Sind sie schon lange abwesend?"
[602] *Hildebrand*, [2]1989, S. 13f.
[603] *Plessner*, 1982, S. 356. Vgl. auch *Karl Rahner*, Zur Theologie des Todes. Freiburg, Basel, Wien 1958, S. 27: „[Leben] ist wirklich geschichtlich, d.h. einmalig, unwiederholbar, von einer unaufhebbaren, nicht mehr rückgängig machbaren Bedeutung."
[604] *Marcel*, 1964, S. 77.
[605] *Jaspers*, II, [2]1948, S. 485. Vgl. *Kierkegaard*, 1971, S. 240, der den „leeren Abgrund" mit dem Synonym „gähnende Tiefe" bezeichnet. Die Begrifflichkeit „Gähnen" ist verwandt mit dem griechischen „cháskein" und bedeutet soviel wie „leerer Raum", „Kluft". Vgl. Duden, Band VII, [3]2001, S. 246.
[606] *Jaspers*, II, [2]1948, S. 484.
[607] Ebenda.

Formulierung: „wir sind sterblich als Lieblose, unsterblich als Liebende"[608], zum Ausdruck bringt. Der Hinterbliebene ist im Schmerz und der Erschütterung erwacht, und indem er sich in die Grenzsituation hineingestellt hat, die Grenze wahrgenommen hat, kann er seine Einsamkeit transzendierend aufheben. Seine Einsamkeit ist keine trostlose mehr, die sich in dem verzweifelten „niemals wieder" ausbreitet, sondern – über das Innerweltliche hinausgehend – ist sie die „leidvolle Einsamkeit des „nicht mehr", die zugleich geborgen ist in einem Sein für immer, das ihr als Erinnerung Gegenwart ist"[609]. So können wir sagen, dass der Trauernde trotz seiner „vernichtenden Sehnsucht"[610] nach dem Verstorbenen, trotz seines „leibhaften Nichtertragenkönnens der Trennung" doch verbunden ist mit einer Geborgenheit, die über das sinnlich Seiende hinausgeht. Die Einsamkeit *ist* die Möglichkeit des Transzendierens, und indem der Hinterbliebene sein Selbstsein nicht verschließt, sondern offen bleibt,[611] kann ihm das „Scheitern im Dasein die Durchbruchstelle zur Existenz und zum Halt im Ewigen"[612] werden.

Jeder der hier aufgezeigten Wege, den der Trauernde in dieser krisenhaften Situation einschlägt, jede Entscheidung, die er trifft, enthält „das Wagnis für die Ewigkeit; auf jedem kann es täuschende Selbstgewißheit in der Versteinerung geben, auf jedem den Aufschwung des Bewußtseins, in der Wahrheit sich zu bewegen"[613]. Das heißt, in der Bewegung von Immanenz zu Transzendenz darf das Grenzsituative, das immer ein Immanentes ist und diese Bewegung erst ermöglicht, nicht verloren werden. Nur im Ergreifen des existentiell Krisenhaften wird verhindert, dass die im Menschen auf Antwort drängenden, aufgebrochenen Fragen nach Grund und Boden, nach Sinn und Zweck seiner Existenz, wieder im „Dämmerschlaf" versinken: „Nur die Krise ist der Ausweis des Lebendigen, nicht die Befriedung."[614] Der Trauernde muss sich immer wieder mit der sich ihm in den Weg stellenden Grenze auseinandersetzen, und Auseinandersetzung bedeutet, dass er sich entscheiden muss. Er muss wählen, was die Grenze für ihn bedeutet: „was ich bin, das werde ich durch meine Entscheidungen."[615] Bleibt er dem Immanenten verhaftet und damit der Gefahr der Uneigentlichkeit ausgesetzt, oder ergreift er das Grenzsituative als Möglichkeit, sich seiner Transzendenz innezuwerden? Der Trauernde wird in der „existentiellen Krise", die der Tod des geliebten Menschen in ihm auslöst, sozusagen „angefragt", und die sich ihm aufdrängenden Fragen wollen beantwortet werden. Die Antworten werden davon abhängen, in wie

---

[608] *Jaspers*, [7]1974, S. 165. Vgl. hierzu auch *Gabriel Marcel*, Geheimnis des Seins. Wien 1952, S. 472, der sagt: „Einen Menschen lieben heißt zu ihm sagen: <Du wirst nicht sterben>." *Marcels* Gedanken verweisen auf Transzendenz und Ewigkeit. An dieser Stelle können theologische Glaubensbilder ihren Anknüpfungspunkt finden. Die Ausführung und Diskussion hierzu würde jedoch den zu leistenden Rahmen sprengen.

[609] *Jaspers*, II, [2]1948, S. 364. Hier ist eine andere Art von Erinnerung angesprochen, es bedeutet eine Vergegenwärtigung des Erinnerten in die Zukunft hinein.

[610] Ebenda, S. 485.

[611] Vgl. ebenda, S. 365. Will die Einsamkeit transzendierend aufgehoben werden, bedeutet dies, das Selbstsein offen bleiben und bis zum Ende leiden muss, denn Einsamkeit ist nur in geschichtlicher Kommunikation wirklich und angesichts ihrer Möglichkeiten nicht in Transzendenz aufhebbar. Das heißt, der trauernde Mensch muss sich aus der Unentschiedenheit heraus ständig von neuem wiedergewinnen.

[612] Ebenda, S. 508f.

[613] Ebenda, S. 387.

[614] *Gerl-Falkovitz*, 1999, S. 148.

[615] *Jaspers*, 1962, S. 119.

weit der Hinterbliebene es schafft, aus der Immanenz hinaus zu treten und sich auf Transzendenz hin zu bewegen. Trauer – so können wir an dieser Stelle formulieren – kann demnach verstanden werden als ein Konstitutivum für den Prozess der Selbst-Werdung, der auf Entscheidung dringt.[616]

---

[616] Vgl. hierzu *Bollnow,* 1955, S. 46, der anmerkt, dass es auch in der Krise nicht immer möglich ist durch eine klare Entscheidung die befreiende Lösung zu erzwingen, und dass es oft die größere Kraft erfordert, „das Unentscheidbare geduldig in der Schwebe zu lassen".

3. Trauer – ein individueller und prozesshafter Weg zum Selbst

„<Denn das schnellste Pferd, das uns trägt zur Vollkommenheit, ist Leiden>, nicht weil es Leiden ist, sicher nicht, weil es uns entselbstet, sondern weil es uns in einem sehr individuellen Sinne wesentlich macht, zu unserem einzigartigen und unendlich tiefen, geistigen Selbst führt. Das Leiden ist eine Erscheinung im Kampfe des Ich mit dem Selbst (…)."[617]

Der Trauerweg eines Menschen bewegt sich innerhalb seines individuellen Lebensspielraumes, wobei dieser Weg weder in festen Bahnen vorgezeichnet ist, noch eine einheitliche Linienführung zeigt. So sehr jeder Mensch seine Trauer als die ihm ganz eigene und einmalige, als „ein individuelles seelisches Erleben, ausgelöst durch den Tod eines Menschen, mit dem der Trauernde eng verbunden war"[618] erlebt, besteht doch eine gewisse Gleichheit im Leiden, gibt es grundlegende Übereinstimmungen in dem Gefühlserleben der Trauer. Eines der wesentlichen übereinstimmenden Merkmale aller Trauerprozesse ist das Faktum, dass Trauer kein Zustand ist. Sie ist „nicht etwas Statisches, das als Verlustreaktion auftritt und sich dann gleichsam abnützt, sondern sie ist im wörtlichen Sinne etwas Dynamisches"[619]: Trauer ist ein individuelles, prozesshaftes Geschehen, das sowohl lähmende als auch kraftvolle Dimensionen aufweist. In diesem Sinne können wir Trauer auch als „eine Verwandlungskünstlerin"[620] verstehen, die sich immer in einer anderen Gestalt zeigt.[621] Einen nahe stehenden Menschen zu verlieren, bedeutet für den Hinterbliebenen nicht nur das Ertragen von großem Leid, das Hin-

---

[617] *Paul Ludwig Landsberg*, Die Welt des Mittelalters und wir. Ein geschichtlicher Versuch über den Sinn des Zeitalters. Bonn ²1923, S. 34. Das eingefügte Zitat stammt von *Meister Eckhart*.

[618] *Mischke*, 1996, S. 115. Vgl. hierzu auch *Max Scheler*, Der Formalismus in der Ethik und die materiale Wertethik, Gesammelte Werke, Band II. Bern ⁴1954, S. 341-356, der die Trauer nicht nur als rein seelisches Gefühl kennzeichnet, sondern auch als geistiges Gefühl. Dem Bereich der „rein seelischen Gefühle" wird die Trauer zugeordnet, da sie „*von Hause aus* eine Ichqualität" ist, die in ihrer Bewusstheit über den stumpfen Schmerz hinausragt und zum Zustand des Ich wird (Ichzuständlichkeit). In Bezug auf den trauernden Menschen ist hierbei von Bedeutung, dass die „rein seelischen Gefühle" eine mannigfache intensivierte „Färbung" aufweisen können: sie können unterschiedlich „Ichfern" oder „Ichnah" sein. Je näher die Trauer am Ich ist, umso mehr wird der Mensch sie spüren und erleiden. Wenn *Scheler*, ebenda, S. 355, formuliert, dass in echter Verzweiflung (und so auch in der Trauer) „alles Ichzuständliche wie ausgelöscht" erscheint, dann wird deutlich, dass die Klassifizierung der Trauer als „rein seelisches Gefühl" nicht erschöpft ist, sondern die Trauer auch im Gewand des „geistigen Gefühls" besticht. Die „geistigen Gefühle" „scheinen aus dem Quellpunkt der geistigen Akte selber – gleichsam – hervorzuströmen und *alles* jeweilig in diesen Akten Gegebene der Innen- und Außenwelt mit (…) ihrem Dunkel zu übergießen. Sie <durchdringen> alle besonderen Erlebnisinhalte". Schauen wir unter diesem Aspekt zurück auf die Trauer des *Augustinus* und lesen erneut dessen Worte: „da wurde mein Herz verfinstert, und was ich immer ansah war tot", dann erfahren wir hier, wie die Trauer und mit ihr die Finsternis „gleichsam vom Kern der Person her" das Ganze seiner Existenz und seiner „Welt" *erfüllt*. „Erfüllen" im hier intendierten Sinne bedeutet „vom *Ganzen* unseres Seins Besitz ergreifen." Wenn die Verzweiflung den Trauernden ganz ergriffen hat, dann scheinen „alle möglichen Wege der Entrinnung aus dem negativen Gefühl *aufgehoben* (…), und kein im Spielraum unseres personalen Könnens liegender möglicher Akt und keine mögliche Handlung, kein mögliches Verhalten unsererseits auch nur denkbar (…), die das Gefühl abändern können". *Scheler*, ⁴1954, S. 356.

[619] *Illhardt*, 1982, S. 239. Vgl. auch *Canacakis*, ³1989, S. 29.

[620] *Canacakis*, ³1989, S. 29.

[621] Vgl. hierzu *Jorgos Canacakis*, Ich begleite dich durch deine Trauer. Stuttgart 1990, S. 30f.

nehmen eines unabänderlichen Schicksals. Es ist kein rein passives Geschehen, sondern der erlittene Verlust, der den Hinterbliebenen in eine „Zone des Nichtwissens"[622] gestürzt hat, verlangt ihm ein hohes Maß an Entscheidungen und aktivem Handeln ab.[623] Der Trauernde muss, um den schmerzhaften Trauerweg gehen zu können und „der zu werden, der er ist"[624], den Mut aufbringen, „der Wirklichkeit der [gewesenen] Beziehung und des eigenen Empfindens bewußt ins Auge zu sehen"[625]. Er muss, um dies mit einem durch *Sigmund Freud* geprägten Begriff auszudrücken, „Trauerarbeit"[626] leisten. Im Angesicht des Verlustes hat er die Möglichkeit zu sich selbst zu erwachen, „wenn auch nur zu einem noch unbestimmten, nur möglichen Selbst"[627]. Der Weg, den er dabei geht, ist der Weg der Selbst-Werdung, die Arbeit, die er dazu leistet, ist die Trauerarbeit. Im Prozess der Selbst-Werdung oder der Verselbstung versucht der Trauernde „die noch unentfaltete oder unentdeckte Reichheit seiner Gesamtperson"[628] offenbarzuschaffen. In diesem Prozess, der mit dem Augenblick des „Erwachens" einsetzt – insofern sich der Trauernde diesem Erwachen nicht verschließt[629] –, begibt sich der

---

[622] *Zwierlein,* 1995, S. 32.

[623] Allerdings hat der Mensch nie die Möglichkeit, überhaupt nicht zu wählen. Die Wahl bleibt immer, aber er kann sie hinnehmend vollziehen, indem er sich dem „Status quo" ergibt, das heißt Stillstand und Stagnation, oder er wählt aktiv und entscheidet sich für gerichtete Bewegung und Werden. Vgl. hierzu *Jaspers,* II, ²1948, S. 325.

[624] Natürlich ist der antike orphische Aufruf – „Werde, der du bist!" – an jeden einzelnen Menschen gerichtet, nur wird der Mensch in der Krise der Existenz „hellhöriger" sein und so dem Aufruf eher nachkommen können. Vgl. *Zwierlein,* 1989, S. 96: „Jeder einzelne Mensch ist (…) berufen, die Aufgaben eines wachsenden Werdeseins hin zu einer noch ausstehenden Ganzheit und Einheit seines Selbst aktiv wahrzunehmen."

[625] *Stappen,* 1996, S. 103.

[626] Der Begriff „Trauerarbeit" ist ein durch *Sigmund Freud* geprägter Begriff, den er erstmalig in seiner Schrift „Trauer und Melancholie" veröffentlichte. Er stellt hier die Frage: „Worin besteht nun die Arbeit, welche die Trauer leistet?" Ders., ⁸1991(c), S. 430.

[627] *Jaspers,* II, ²1948, S. 320.

[628] *Zwierlein,* 1989, S. 99.

[629] Vgl. hierzu die Ausführungen von *Jaspers,* II, ²1948, S. 301. Der Trauernde hat selbstredend die Möglichkeit, „den Lauf der Dinge *über* [sich] entscheiden" zu lassen. In diesem Fall jedoch entschwindet er als „er selbst", „weil gar nichts eigentlich entschieden wird, sondern alles nur *geschieht*". An dieser Stelle soll nochmals auf die Differenzierung der Trauer als „rein-seelisches" und als „geistiges Gefühl" verwiesen werden, wie sie bei *Scheler,* ⁴1954, S. 341-356, dargestellt wird (vgl. auch FN 618 dieser Studie). Seine Gedanken liefern wichtige Ansatzpunkte dafür, dass es nur einen „Weg durch die Trauer hindurch" gibt, und dass ein Verdrängen oder Unterdrücken der Trauerempfindungen nur eine vordergründige Linderung des Trauerschmerzes bewirkt. Wäre die Trauer nämlich einzig den „geistigen Gefühlen" zugeordnet, so würde dies für den Trauernden bedeuten, in diesem Gefühl gefangen zu sein, da diese weder durch unser Verhalten hervorgebracht, noch verhindert werden kann. Da die Trauer sich aber aufgrund des *Schelerschen* Schichtungsprinzip nicht an einen Punkt festmachen lässt, sondern vom „*Ganzen* unseres Seins Besitz" ergreift, können vitales und geistiges Ich nicht getrennt werden. Und genau hier liegt der Ansatz dafür, dass der Trauernde die Möglichkeit hat, sich mit seinem Trauerschmerz auseinanderzusetzen, sich – auf die eine oder andere Weise – den darin enthaltenen Aufgaben zuzuwenden, und der Trauer ihre (latent) zerstörerische Macht zu nehmen, denn „rein seelische Gefühle (…) haben die Tendenz, vor den Strahlen der Aufmerksamkeit – für deren Arten in verschiedenen Maße – völlig zu zergehen. Ein Schmerz wird daher durch Abwendung der Aufmerksamkeit von ihm *leichter* erträglich. (…) Dagegen *wächst* der *Druck* eines seelischen Leidens bei künstlicher Abwendung der Aufmerksamkeit von seinem Gegenstand, und es ist *umgekehrt* gerade die energische

Zurückbleibende, Trauerarbeit leistend, auf den Weg, das Geschehen zu realisieren und anzunehmen. Das heißt es findet ein „Realisierungsprozess"[630] statt, der bei *Parkes* als einer der Hauptaspekte einer Verlustreaktion zu verstehen ist und definiert wird als „die Art und Weise, in der eine Person nach einem Verlust von der Leugnung oder Vermeidung der Anerkenntnis des Verlusts dazu übergeht, den Verlust zu akzeptieren"[631]. Um den Verlust zu akzeptieren, begibt sich der Trauernde in eine Art „Dreischritt", der von der Selbst-Wahrnehmung über die Selbst-Erkenntnis zur Selbst-Annahme, zur Ergreifung, zur Gestaltung seines Selbst führt.[632] Den Verlust zu akzeptieren bedeutet nicht nur ihn in seiner Mehrdimensionalität anzunehmen sondern auch sich selbst, als denjenigen, den dieser Verlust getroffen hat, zu bejahen. Dabei ist der Prozess der Selbst-Annahme nie abgeschlossen, sondern bildet gleichsam den Grund oder Boden des Existierens.[633] Dies kann so gedeutet werden, dass jeder Moment der Annahme in einem immer „höheren" Reifungsgrad die Akzeptanz des Verlorenen darstellt, uns annehmen lässt, dass wir mit dem erlittenen Verlust leben und ihn in unser Leben integrieren.[634] Jeder Augenblick der Annahme ist zugleich Ausgangspunkt für einen erneuten Beginn, mit der fortwährenden impliziten Bereitschaft, „offenen Auges"[635] in die „stets jede Ganzheit zerschlagenden Grenzsituationen"[636] einzutreten und erneut zu „zerbrechen".[637] In diesem Sinne kann der Prozess der Trauerarbeit auch als ein Weg bezeichnet werden, in der sich das Selbst- und Weltverhältnis des Men-

---

Richtung der Aufmerksamkeit auf dasselbe, und die damit verbundene geistige Zerlegung und Objektivierung derselben, die hier <befreiend> wirken". *Scheler*, ⁴1954, S. 348.

[630] *Parkes*, 1974, S. 203. Vgl. hierzu auch *Spiegel*, ⁴1981, S. 87, der die „*Anerkennung der Realität*" als eine schrittweise und unumgängliche Aufgabe in der Trauerarbeit sieht.

[631] *Parkes*, 1974, S. 203.

[632] Im Trauerarbeitsmodell von *Erich Lindemann*, Jenseits von Trauer. Beiträge zur Krisenbewältigung und Krankheitsvorbeugung. Göttingen 1985, S. 111f., lässt sich dieser „Dreischritt" ebenfalls nachvollziehen: *Lindemann* schreibt der Trauerarbeit drei wesentliche Schritte zu: „(1) das Akzeptieren der schmerzlichen Gefühle, (2) die aktive Rückerinnerung an verschiedene, gemeinsam mit dem Menschen erlebten Situationen und Ereignisse und (3) das allmähliche Einüben und Erproben neuer Interaktionsmuster und Rollenbeziehungen, die die Funktionen, die Verstorbene im Leben des Überlebenden ausfüllten, teilweise ersetzen können. Mit anderen Worten: Die ursprüngliche Verwirrung und Ratlosigkeit, die nach einem solchen Verlust auftritt, wird vom Prozeß der Trauerarbeit abgelöst, in dessen Verlauf der Betroffene bei sich selbst das Gefühl des leidvollen Schmerzes zuläßt und dadurch meistert, daß er sich in systematischer Weise mit all dem auseinandersetzt, was ihn früher mit dem Verstorbenen verband und sich nun die Frage stellt: <Und was werde ich jetzt tun?>"

[633] Vgl. *Guardini*, ⁷2003, S. 20. Vgl. hierzu auch *Jaspers*, II, ²1948, S. 309: „Existentiell (…) gibt es keine Objektivität als endgültigen Bestand, sondern es gibt *Sprünge und Neuentstehung* der Existenz in der Erscheinung."

[634] Vgl. *Parkes*, 1974, S. 119: „Das Liebesobjekt wird niemals wirklich aufgegeben, es wird in einen Teil des Selbst umgewandelt." Als Rückseite des Verlustes tauchen auch andere Aspekte auf. Zum Beispiel Merkmale wie Dank für das Gewesene oder das Sehen neuer Perspektiven. Dem Verlust steht somit ein provozierter „Reichtum" von Empfangenem gegenüber.

[635] *Jaspers*, II, ²1948, S. 469.

[636] Ebenda, S. 300.

[637] Vgl. hierzu *Wust*, 2002, S. 162: Jeder „höhere Weg muß erst durch einen neuen Anstieg erklommen werden. Jeder Anstieg zu einer neuen Höhe führt (…) über neue Leiden und durch neue Dunkelheiten." Vgl. hierzu auch *Anne Morrow Lindbergh*, Stunden von Gold. Stunden von Blei. Jahre der Prüfung. München, Zürich ²1992, S. 207: Um zu wachsen (…), muß man verletzlich bleiben, bereit sein für die Liebe, aber – das bleibt einem nicht erspart – auch für weiteres Leid."

schen neu definiert und ordnet. Es ist ein Weg des Aufbruchs: Weg von der Immanenz hin zur Transzendenz, das heißt der Trauernde wird den Moment der Selbst-Annahme immer nur als Aufruf zum erneuten Aufbruch erfahren und erleben, denn „nur von der Annahme seiner selbst führt der Weg in die wirkliche Zukunft – für jeden in seine eigene".[638] Dieser Doppelsinn verweist auf das wesentliche Charakteristikum des Menschen, ein „homo viator" (*Gabriel Marcel*) zu sein, oder wie *Zwierlein* es formuliert: „Der Mensch (…) ist ein Nomade, unterwegs in Metamorphosen, auf der Suche nach Kohärenz und Identität."[639]

Um die Trauer als einen spezifischen Modus im Prozess der Selbst-Werdung des zurückbleibenden Menschen zu entwickeln und zu verstehen, ist es notwendig, den Gebrauch und Zusammenhang wichtiger Begriffe, die in diesem Kontext immer wieder verwendet werden, zu klären. Hierzu muss der Begriffsgehalt einiger grundlegender Begrifflichkeiten erläutert werden, um eine klare Verwendung sicherstellen zu können.[640]

3.1 Schärfung und Konturierung wesentlicher Begrifflichkeiten

„Der Begriff ist der Anschauung entgegengesetzt: denn er ist eine allgemeine Vorstellung oder eine Vorstellung dessen, was mehreren Objekten gemein ist, also eine Vorstellung, so fern sie in verschiedenen enthalten sein kann."[641]

Begriffe, so lässt sich grundsätzlich sagen, stellen zunächst einmal das Allgemeine dar, das heißt sie konstituieren sich aus dem, was vielen Gegenständen gemeinsam ist, bilden auf diese Weise gleichsam „das Grundgerüst des Denkens"[642] und können nicht unabhängig vom menschlichen Verstandesvermögen bestehen. Begriffe, da sie auf das Allgemeine abzielen und dabei das Konkrete, Individuelle, Besondere und Differente vernachlässigen, bergen jedoch auch die Gefahr, zu verwirren, wenn sie in unscharfer Weise, sinngleich oder synonym verwandt werden und deshalb ihre Bedeutungseigentümlichkeit, ihre Konturierung und Schärfe verlieren.[643]

Wenn *Landsberg* zum Beispiel formuliert, dass „menschliches Leiden [die] Geburtswehe des Selbst"[644] ist oder wenn er ausführt, dass das „Leiden (…) eine Erscheinung im Kampfe des Ich mit dem Selbst (…)" darstellt, das „uns in einem sehr individuellen Sinne wesentlich macht, zu unserem einzigartigen und unendlich tiefen, geisti-

---

[638] *Guardini*, ⁷2003, S. 24.
[639] *Zwierlein*, 1989, S. 98.
[640] Vgl. hierzu *Carl Gustav Jung*, Aion. Beiträge zur Symbolik des Selbst. Olten, Freiburg im Breisgau ⁴1980, S. 13, der beispielsweise hervorhebt, dass „zu weite Begriffe (…) sich in der Regel als ungeeignete Begriffe [erweisen], weil sie zu vage und zu dunstig sind."
[641] *Immanuel Kant*, Logik, §1, Anmerkung 1. In: Ders., Schriften zur Metaphysik und Logik, Band III. *Wilhelm Weischedel* (Hrsg.) . Darmstadt 1998.
[642] *Alexander Ulfig*, Lexikon der philosophischen Begriffe. Wiesbaden 1997, S. 55.
[643] Vgl. hierzu *Jaspers*, II, ²1948, S. 308, der anmerkt, dass die Sprache viele Worte der Art besitzt, die „weder Gegenstände bedeuten noch definierbar sind, oder die, wenn sie es sind, als definiert nicht ihren eigentlichen Gehalt bewahren."
[644] *Landsberg*, 1934, S. 199.

gen Selbst führt", dann begegnen uns hier unterschiedliche Begrifflichkeiten, die Fragen aufwerfen und nach Klärung verlangen: Wodurch unterscheidet sich das „Selbst" vom „Ich"? Was bedeutet der Begriff „individuell", und in welchem Verhältnis steht er zu den Begriffen „Individualität", „Individualisierung" und „Individuation"? Was bedeutet es, wenn wir davon sprechen, dass der Mensch im Prozess der Selbst-Werdung „die noch unentfaltete oder unentdeckte Reichheit seiner Gesamtperson <offenbarschaffen> will"[645]? Wie soll hier der Personbegriff gefasst werden, und was unterscheidet diesen vom Begriff der „Existenz", so wie der Terminus bei *Jaspers* zur Darstellung kam?

In der Verwendung der hier genannten Begriffe gibt es immer wieder Überschneidungen, Ergänzungen oder Spannungen hinsichtlich ihres jeweiligen Bedeutungsgehaltes. Sehen wir die einzelnen Begrifflichkeiten separat voneinander an, dann können wir feststellen, dass sie im Laufe der Jahrhunderte von vielen namhaften Denkern auf unterschiedlichste Weise mit dem Ziel durchdekliniert wurden, die Tragfähigkeit der einzelnen Begriffe auszuloten. Dies nachzuzeichnen und die einzelnen Begriffe in ihrer Historie zu entfalten, kann hier nicht Ziel sein. Vielmehr soll eine begriffliche Schärfung vorgenommen und ein Bedeutungsspektrum benannt werden, das präzisiert, welche Facetten mit den jeweiligen Begriffen im Rahmen dieser Studie ausgedrückt werden: „So abstrakt Begriffe auch erscheinen mögen, so konkret können ihre Auswirkungen sein, denn mit ihrer Hilfe wirkt das Denken auf die Existenz ein."[646]

Betrachten wir zunächst die menschliche Verfassung, die „conditio humana", als ein „Werdesein"[647], die sich kennzeichnen lässt als „être deux"[648], „être intermédiaire"[649] und „être en route"[650]. Als „être deux" ist der Mensch ein Zwiespältig-Sein, ein Zwei-Sein. Er ist „ein Wesen des Widerspruchs, widersprüchlich und Widersprüche hervorbringend"[651]. Als „être intermédiaire" ist er ein „Zwischensein", eingespannt zwischen zwei Polen: dem „Sein" und dem „Werden". Als „être en route" ist er immer unterwegs in der Doppelbewegung zwischen Selbsterhaltung und Selbststeigerung.[652]

---

[645] *Zwierlein,* 1989, S. 99.
[646] *Wilhelm Schmid,* Mit sich selbst befreundet sein. Frankfurt am Main 2004, S. 307.
[647] *Zwierlein,* 1989, S. 88. Ders., ebenda, S. 89f., macht deutlich, dass mit dem Terminus „Werdesein" nicht nur einen weiterer Begriff für das existentielle „Unterwegssein" des Menschen geliefert werden soll, sondern wichtig sei hierbei, „daß die Differenz von <Träger der Veränderung> und <Veränderung selbst> als in einem einzigen Vorgang der Personalisierung aufgehoben erachtet (…) werden soll". Vgl. auch *Landsberg,* 1934, S. 48: „Es wird sich uns zeigen, daß Mensch nie ein fertiges Etwas ist, sondern daß recht eigentlich immer nur M e n s c h w e r d u n g geschieht." Ders., ebenda, S. 55: „N i e u n d n i r g e n d s w e r d e n w i r e i n e a n d e r e W i r k l i c h k e i t f i n d e n a l s d i e s e M e n s c h w e r d u n g s e l b s t."
[648] *Zwierlein,* 2001, S. 103. ders., 1989, S. 93.
[649] *Zwierlein,* 2001, S. 102. ders., 1989, S. 93.
[650] Ebenda; ebenda.
[651] *Zwierlein,* 2001, S. 103. Das Zwiespältig-Sein oder Zwei-Sein ist beispielsweise daran erkennbar, wie sich der Mensch in verschiedenen fundamentalen Hinsichten beschreibt: 1. und 3. Person, subjektiv und objektiv, innen und außen, res cogitans und res extensa, Leib und Seele, Natur und Geist, Bewusstes und Unbewusstes usw.
[652] Vgl. hierzu auch *Zwierlein,* 1989, S. 88, der das „Ich" als „Intermedium" bezeichnet, weil das „<Ich>" sozusagen situiert ist in das Zweisein des Menschen als Naturfaktum und Freiheitswesen". Als solches ist der Mensch ein dramatisches Wesen, das sowohl temporal als auch situativ ein „Zwischen" ist. Er erfährt sein Dasein (Status quo) als etwas defizitäres (Status quo minus) und muss sich immer seiner Zweiheit („être deux") erinnern, um „eine Vereinseitigung seiner

„Die Bewegungen der Selbsterhaltung bilden seine konservative Struktur und sind Sicherungsversuche der Existenzhaltung, sich im Sein zu halten, zu ordnen und zu stabilisieren."[653] Insofern können der Seite des „Seins", die durch das „Ich" repräsentiert wird, selbsterhaltende Momente wie Ruhe, Sicherheit, Stabilität und Ordnung zugeschrieben werden.[654] „Die Bewegungen der Selbststeigerung orientieren ihre progressive Struktur an irgendwelchen Ideen eines guten Lebens und organisieren Metamorphosen des Werdens und der Freiheit."[655] Demzufolge können dem Pol des „Werdens", der durch das „Selbst" vertreten wird, Merkmale wie Bewegung, Wandlung, Prozess und Wachstum zugeordnet werden.[656]

Blicken wir nun zurück auf die bisherigen Ausführungen, und versuchen das „Ich" zu erschließen.[657] Herausgestellt wurde, dass der Mensch in der Immanenz, als bloßes Dasein in der Zeit, das heißt im Modus der Uneigentlichkeit, weder nach sich selbst fragt, noch sich in Frage stellt. Er erscheint sich vielmehr als selbstverständlich Gegebener, der sich seiner selbst als „Ich bin" bewusst ist: „Ich ist das Sein, das *sich selbst erfaßt*. Es ist sich seiner bewußt als auf sich gerichtet, als Eines zugleich zwei, die in der Unterschiedenheit Eins bleiben."[658] Die Grundlage jeder Reflexion auf uns selbst ist das Ichbewusstsein. In diesem wissen wir: „Ich bin ich." Insofern können wir sagen, dass das Ichbewusstsein ständig vom Bewusstsein des „Mit-sich-selbst-identisch-seins"[659] begleitet ist.[660] Der Mensch verwirklicht – als empirisches Ich[661] – in seinem

---

dramatischen Existenz" zu vermeiden. Insofern ist der Mensch als Suchender immer in Bewegung und nie kann sich diese Bewegung erfüllend beruhigen. Vgl. *Zwierlein*, 1989, S. 88f. Vgl. ders., 2001, S. 110.

[653] *Zwierlein*, 1995, S. 26.

[654] Vor diesem Hintergrund scheint die Bemerkung von *Marcel*, 1965, S. 125, gerechtfertigt, nämlich „daß das Ich viel eher als Sperr-Ventil denn als wirklich schöpferisches Prinzip auftritt".

[655] *Zwierlein*, 1995, S. 26.

[656] Beide Pole können in Extremen gelebt werden. Auf der Seite des „Sein" könnte sich dies im Gewand des „ontologischen Fixismus" zeigen, beziehungsweise des „moralischen Zynismus" – als „Sein ohne Sinn". Auf der Seite des „Werden" käme das Extreme in Form von Fanatismus oder Prozessualismus zum Ausdruck. Das heißt wenn diese beiden Momente des Existierens übertrieben werden, verliert der Mensch seine Mitte, er gerät aus der Balance und droht sich zu verfehlen.

[657] Vgl. *Landsberg*, 1934, S. 180: „Was der Mensch zu seinem Ich rechnet, ist sehr variabel und problematisch."

[658] *Jaspers*, II, ²1948, S. 316. Vgl. hierzu die Aussage von *Novalis*, in: Novalis. Das philosophisch-theoretische Werk, Band II. *Hans-Joachim Mähl, Richard Samuel* (Hrsg.). Darmstadt 1999, S. 10f: „Um das Ich *zu bestimmen*, müssen wir es auf etwas beziehn. Beziehn geschieht durch Unterscheiden." Das heißt das „Ich" erfasst sich nur in Bezug auf das Andere. Nur, wenn es sich nicht mehr mit sich selbst identisch empfindet, stellt es die Frage: „Wer bin ich?"

[659] *Georgi Schischkoff* (Hrsg.), Philosophisches Wörterbuch. Stuttgart ²²1991, S. 319.

[660] Vgl. hierzu *Guardini*, ⁷2003, S 14f., der darauf aufmerksam macht, dass mit dem scheinbar selbstverständlichen Gegebensein des Ich gleichzeitig eine Aufgabe gestellt ist: „Ich soll sein wollen, der ich bin; wirklich ich sein wollen, und nur ich. Ich soll mich in mein Selbst stellen, wie es ist, und die Aufgabe übernehmen, die mir dadurch in der Welt zugewiesen ist."

[661] Vgl. hierzu auch *Immanuel Kant*, Kritik der reinen Vernunft. Transzendentale Analytik, §16, Band II. *Wilhelm Weischedel* (Hrsg.). Sonderausgabe, Darmstadt 1998. *Kant* unterscheidet zwischen einem empirischen Ich und einem transzendentalen Ich. Das Letztere ist sozusagen der höchste Punkt oder das Fundament. Seine Funktion ist es, das Ableitungsprinzip aller wahren Sätze zu sein, es ist gewissermaßen der Träger von Formen und überindividuell. Das transzendentale Ich, wie *Kant* es setzt, ist die Bedingung aller Erfahrungen, ist aber selbst nicht gegenständlich, sondern gilt als

Alltagsleben die ihm bedeutungsvoll erscheinenden und nächstliegenden Zwecke. Er nimmt zu seinen Verhaltensantrieben Stellung, indem er diesen zustimmt oder sie ablehnt, er handelt und plant in relativer Unbekümmertheit und löst, soweit es ihm möglich ist, die anfallenden Aufgaben:[662] „Er zeugt sich [währenddessen, S.B.] die identitätsbildenden, handlungsanleitenden und sinnstiftenden Ressourcen, die sich ihm in seinem Leben als selbstverständlich vertraute Normalität zusammenfügen sollen."[663] Auf diese Weise versucht er, den „Status quo", das „Sein", zu erhalten. In diesem Kontext kann das „Ich" sowohl als identitätsgewisses, als auch als identitätsbesorgtes objektives Bewusstsein verstanden werden, dem als Ensemble von Fähigkeiten eine integrative Aufgabe zukommt.[664] Integrativ deshalb, weil es alle Bewusstseinsaspekte und Facetten (Unterbewusstes, Vorbewusstes[665]), zu dem es in irgendeiner Form in Beziehung steht, eingliedert: das „Ich" „ist jener komplexer Faktor, auf den sich alle Bewußtseinsinhalte verstehen. [Es] ist das (…) Subjekt aller persönlichen Bewußtseinsakte"[666]. Des Weiteren kann festgehalten werden, dass das „Ich" eine konfliktbeladene Größe ist. Es steht als „Interim"[667], das heißt als ein Wesen, das schon etwas ist, aber noch nicht ist, was es sein soll, zwischen konkurrierenden Mächten. Es erfasst sich als zwiespältig, muss ausgleichen und vermitteln zwischen Sein und Werden, zwischen Todesangst und Lebensliebe. Diese konfliktbehaftete „Zwischenlagerung" ruft ein Gefühl der Angst hervor, weshalb die Angst als eine Konstante des „Ich" erfasst werden kann. Nach *Freud* kann der Begriff der „Angst" gar nicht ohne den des „Ich" gedacht werden, beziehungsweise umgekehrt das „Ich" nicht ohne „Angst". Sie sind auf zentrale Weise miteinander verbunden: „Das Ich ist ja die eigentliche Angststätte."[668] Wenn hier von der „Angst" als einer Konstanten des „Ich" gesprochen wird, dann deutet dies darauf hin, dass es ein Panorama von subjektiven Ängsten gibt,[669] die sich philosophisch betrachtet vielleicht auf ein Urprinzip der Angst, das heißt auf einen Grund zurückführen

---

letzter Punkt und ist somit nicht das empirische Ich. Vgl. zum Begriff des „empirischen Ichs" auch den des „sozialen Ich" bei *Jaspers*, II, ²1948, S. 320. Dieses kann den Menschen so sehr beherrschen, dass er im Falle einer gravierenden Änderung seines Lebens, wie dies bei dem Verlust eines nahe stehenden Menschen gegeben ist, plötzlich sein „Seinsbewusstsein" verlieren kann. Mit dem Tod dieses einen geliebten Menschen ist ihm alles genommen worden, was er war.

662 Vgl. *Jaspers*, II, ²1948, S. 315.
663 *Zwierlein*, 1995, S. 26f.
664 Vgl. *Lutz Müller*, Suche nach dem Zauberwort. Identität und schöpferisches Leben. Stuttgart 1986, S. 118: „Der Grundgedanke ist, daß sich das Ich immer wieder auf das ungelebte Potential des Selbst bezieht, um etwas davon ins Leben zu integrieren."
665 *Jung*, ⁴1980, S. 32, hebt hervor, dass „je mehr und bedeutungsvollere Inhalte dem Ich assimiliert werden, sich letzteres desto mehr dem Selbst annähert, auch wenn diese Annäherung nur unendlich sein kann".
666 *Jung*, ⁴1980, S. 12.
667 *Zwierlein*, 1989, S. 88.
668 *Sigmund Freud*, Das Ich und das Es. Und andere metapsychologische Schriften. Frankfurt am Main 1978, S. 206.
669 Vgl. hierzu *Fritz Riemann*, Grundformen der Angst. München, Basel 1982, S. 15, der den Versuch macht, die Vielzahl der Ängste auf vier Grundformen der Angst zurückzuführen: „1. Die Angst vor der Selbsthingabe, als Ich-Verlust und Abhängigkeit erlebt; 2. Die Angst vor der Selbst-Werdung, als Ungeborgenheit und Isolierung erlebt; 3. Die Angst vor der Wandlung, als Vergänglichkeit und Unsicherheit erlebt; 4. Die Angst vor der Notwendigkeit, als Endgültigkeit und Unfreiheit erlebt." *Riemann* verweist darauf, dass letztlich alle möglichen Ängste immer Varianten dieser vier Grundformen der Angst sind.

lassen. Für *Jaspers* entspringt alle Angst – auf das Dasein gesehen – „aus der dahinterstehenden Todesangst. Loslösung von der Todesangst würde alle andere Angst auflösen"[670]. *Heidegger* sieht den Grund der Angst darin, dass sich das Dasein in der Angst „vor dem Nichts der möglichen Unmöglichkeit seiner Existenz"[671] befindet. Angst „bringt das Dasein vor sein eigenes Geworfensein und enthüllt die Unheimlichkeit des alltäglich vertrauten In-der-Welt-seins"[672]. Der Umstand, dass der Mensch sich nicht wirklich kennt, bedeutet, dass er sich selbst immer etwas „Nicht-Wissbares", etwas Geheimnisvolles, Unheimliches bleibt, das ihn ängstigt.

Fassen wir zusammen:[673] Das Ich ist das Sein, das sich selbst erfasst, sich auf sich selbst zurückbeugen kann und dabei von einem Gefühl der Kohärenz und Identität begleitet ist. Es ist eine Kraft, die sich selbst zu erhalten sucht, über integrative Fähigkeiten verfügt und dabei Struktur, Ordnung und Stabilität im eigenen Dasein schafft. Wenn jedoch das fraglos Selbstverständliche zusammenbricht – wie dies beim Tod eines nahe stehenden Menschen passiert –, dann ist scheinbar nichts mehr da, was trägt und hält. Dem „Ich" wird der Boden entzogen. In dieser Grenzsituation tritt plötzlich und unvermittelt das Abgründige und Geheimnisvolle in den Vordergrund, erfährt sich der Mensch als rätselhafte und problematische Existenz, erblickt er die im Dasein so mühevoll verhüllte, „die unheimliche Fremdheit der wirklichen Welt"[674] und findet sich wieder in der angstvollen Frage: „Wer bin ich eigentlich noch?"

Im Zerreißen des „Wir", das den Untergang des „Ichs" nach sich zieht, spürt der Hinterbliebene auf schmerzhafte Weise[675], dass er mehr ist, als er von sich zu wissen glaubte. Er spürt nicht nur das Unheimliche der äußeren Welt und der mitmenschlichen Gemeinschaft, sondern in gesteigerter Form empfindet er das Rätselhafte, Geheimnisvolle, Fremde und vielleicht Widersprüchliche in sich selbst. Er bemerkt: „ich bin noch anderes."[676] Im Wahrnehmen seiner „Unvollendung"[677] spürt der Hinterbliebene, dass etwas Besonderes stattfindet, dass das Gesamtpotential seiner Persönlichkeit nicht mit seinem bisherigen „Ich-Empfinden" abgedeckt ist beziehungsweise nicht mit diesem zusammenfällt. Es entsteht ein indirektes Wissen *um* sich, das mehr als ein Wissen *von*

---

[670] *Jaspers*, II, ²1948, S. 522.
[671] *Heidegger*, ¹⁸2001, § 53, S. 266.
[672] Ebenda, § 68, S. 342.
[673] Diese Zusammenfassung soll unter Berücksichtigung der Aussage *Landsbergs*, 1934, S. 180, gelesen werden: „Was der Mensch zu seinem Ich rechnet, ist sehr variabel und problematisch." Auch *Jung*, ⁴1980, S. 12, äußert sich in ähnlicher Weise, wenn er formuliert, dass „das Ich als Bewußtseinsinhalt an sich (…) kein einfacher, elementarer, sondern ein komplexer Faktor [ist], der als solcher nicht erschöpfend beschrieben werden kann".
[674] *Bollnow*, ⁶1955, S. 44.
[675] Vgl. hierzu *Caruso*, 1974, S. 146: „So muß der Schmerz der Trennung ein ganz entsetzlicher sein: *denn sie ist Trennung von sich selbst*. Sie ist das Zerreißen eines Ichs, das mit dem Objekt und sich selbst scheinbar identisch war; und nun geht das Ideal des Ichs zugrunde." In diesem Zerreißen des Ichs liegt die Möglichkeit, das ungelebte Potential des Selbst zu erspüren, zu erfassen. Würde das Ich nicht zerreißen, so würde es seine Kräfte auf Stabilisierung und Erhaltung setzen. Auch hier wird deutlich, dass die Größen „Ich" und „Selbst" etwas Differentes sind, jedoch unabdingbar in einer Beziehung zueinander gedacht werden müssen. Vgl. hierzu auch *Heidegger*, ¹⁸2001, § 64, S. 323, der hervorhebt, dass das eigentliche Selbst den phänomenalen Boden für die Frage nach dem Sein des Ichs bildet.
[676] *Jaspers*, II, ²1948, S. 323.
[677] Ebenda.

sich ist.⁶⁷⁸ Es ist ein Wissen, das als reflektiertes Teilhaben auf etwas „Anderes" verweist. Auf etwas *Wirkliches*, etwas *Essentielles,* auf etwas, das der betroffene Mensch als mehr, größer und komplexer als sein „Ich" empfindet und ihn auf seine bisher verborgenen und unentdeckten Potentiale aufmerksam macht.

Es ist deutlich geworden, dass „Ich" und „Selbst" nicht identisch sind, dass das „Selbst" etwas *anderes* ist als das „Ich".⁶⁷⁹ „Das Selbst ist *mehr als alles Wißbare*."⁶⁸⁰ Es „ist die vorhandene, jedoch nicht völlig erfaßbare Gesamtpersönlichkeit"⁶⁸¹. „Das <Selbst> weist auf das komplexe Gesamtsein eines werdenden Menschen, welches das <Ich>, das <Unbewußte>, die unentfaltete Möglichkeitsfülle und seine zukünftigen Werdensmöglichkeiten umfaßt."⁶⁸²

Aus diesen Formulierungen ist zu entnehmen, dass das „Selbst" weder Gegenständliches noch Zustand ist, sondern als etwas Dynamisches und Eigenständiges, als eine Größe, die weder objektiviert noch in seiner Gänze erfasst werden kann, aufscheint. Es kann als das Gesamt des psychischen Apparates, das sowohl Bewusstes als auch Unbewusstes umfasst, bestimmt werden.⁶⁸³ Das Selbst drückt Einheit und Ganzheit der Gesamtpersönlichkeit aus und scheint insofern die Stätte des schöpferischen Impulses zu sein, als vom ihm immer wieder Anstöße ausgehen, in den Selbst-Werdungsprozess hineinzugelangen.⁶⁸⁴ Dies alles lässt die Folgerung zu, dass das „Selbst" dem „Ich" definitionsgemäß übergeordnet ist⁶⁸⁵, und zwar in dem Sinne, dass sich das „Ich" zum „Selbst" wie ein Teil zum Ganzen verhält.⁶⁸⁶ Worin aber besteht nun genau das „Größere" und „Übergeordnete"? Was ist dieses „Mehr", und was macht die Differenz zwischen diesen beiden Größen aus?

Um hierauf eine Antwort zu bekommen, soll der Fokus auf die Modalität des „Andersseins"⁶⁸⁷ gelegt werden, denn es gibt „ein Hinterland zwischen <Selbst> und <anders> (…), das nicht klar abgegrenzt ist und das sich verändern kann"⁶⁸⁸. Das „Anderssein" lässt sich zwar anhand eines komplexeren modalen Betrachtungsspektrums aufweisen, jedoch soll an dieser Stelle lediglich eine Modalität – nämlich die Art und

---

678   Vgl. ebenda. Vgl. auch *Landsberg*, 1939, S. 372. Vgl. ders., 1934, S. 195f.
679   Vgl. hierzu auch die Schriften von *Landsberg*, für den die Differenz zwischen „Ich" und „Selbst" eine durchgehende These ist: *Landsberg*, ²1923, S. 31, S. 34, S. 47, S. 73f. Ders., 1934, S. 167f., S. 187. Ders., 1939, S. 364, S. 366.
680   *Jaspers*, II, ²1948, S. 323.
681   *Jung*, ⁴1980, S. 14.
682   *Zwierlein*, 1989, S. 50. Ders., ebenda, S. 99: „Der Begriff des Selbst ist ein Moment der <l'unité de l'homme>, insofern er die Ganzheit der Gesamtperson bezeichnet." Vgl. hierzu die Formulierung *Guardinis*, ⁷2003, S. 27: „Ich-Sein heißt geradezu einen Weg haben, jenen, der aus dem Ich der Anfänglichkeit in das der Vollendung führt. Der kann weit umführen, durch Bedrängnisse und Dunkelheiten. Er kann scheinbar verwehen und verschüttet werden. Immer ist er aber da, sogar wenn er durch den Untergang führt." In dieser Formulierung verbinden sich die Linien zwischen „Ich" und „Selbst". Das „Ich" erscheint als eine Größe, die sich im Durchgang durch Leid vollenden kann und so dem Begriff des „Selbst" nahe kommt.
683   Vgl. *Carl Gustav Jung*, Antwort auf Hiob. Zürich 1973, S. 92.
684   Vgl. *Jung*, 1973, S. 111.
685   Vgl. ebenda.
686   Vgl. *Jung*, ⁴1980, S. 14.
687   Vgl. hierzu *Zwierlein*, 1995, S. 26-29. Vgl. hierzu ders., 2000, S. 42: „Von Anfang an steht das Selbst im Zeichen einer Andersheit, deren es nicht mächtig ist."
688   *Parkes*, 1974, S. 113.

Weise des „Anderssein-Können"⁶⁸⁹ – fokussiert werden, da der Schwerpunkt auf den Aspekt der Möglichkeit und Potentialität gelegt werden soll. Im Kollabieren seines Ichs wird der Mensch auf schmerzliche Weise auf sich selbst zurückgeworfen. Losgelöst von allem, was ihm bisher Sicherheit und Stabilität gegeben hatte, erwacht er sich selber zur „magna quaestio". Im Modus der Einsamkeit, im Fragen, in der Suche nach Sinn wird er sich auf geheimnisvolle Weise seiner selbst als Reservoir unbekannter Möglichkeiten mit ungeahnten Fähigkeiten gewiss.⁶⁹⁰ Er spürt in dieser „Gewisswerdung", dass er über die Grenzen seines Bewusstseins hinaus über ein Potential verfügt, über einen inneren Reichtum, den er wie einen unvermuteten Schatz in sich trägt.⁶⁹¹ Zwar ist diese Kostbarkeit des „Anderssein-Könnens" letztlich in jedem Menschen vorhanden, aber solange sich der Mensch nicht ausdrücklich vom Zustand der Uneigentlichkeit⁶⁹² abkehrt, um den Weg in die Eigentlichkeit zu gehen, wird er sein Potential, die „nicht absehbare Fülle aktualisier- oder erzeugbarer Werdensmöglichkeiten"⁶⁹³, die in ihm liegen, nicht entwickeln können.⁶⁹⁴ Das dynamische Pendant zum Begriff der Potentialität bildet somit der Terminus „Entwicklung"⁶⁹⁵. Dieser verweist auf einen schöpferischen Prozess: „Ich bin, aber durch mein Potential kann ich auch ganz anders sein. Es liegt in mir, ich verfüge über die Fähigkeit, dieses Fremde, dieses ganz <Andere> entfalten zu können."⁶⁹⁶

---

⁶⁸⁹ Vgl. *Zwierlein*, 1995, S. 28. Vgl. hierzu auch die Ausführungen von *Eduard Zwierlein*, Philosophieseminar: „Ich und Selbst". Universität Koblenz-Landau, Abteilung Koblenz, SS 2003. Eine vollständige Modalitätstheorie des „Selbst" zu entfalten, würde das Aufweisen eines größeren Spektrum von Modalitäten verlangen: zum Beispiel „Anderssein-Können" (Potentialität); „Anderssein-Dürfen" (Verzeihen); „Anderssein-Sollen" (Gewissen); „Anderssein-Wollen" (Freiheit); „Ganz anders sein" (Gedanke der Einzigartigkeit); „Anderssein-Müssen" (Sterblichkeitsgedanke). Diese Modalitäten sind durch gegenseitige Durchdringung und inniger Kohärenz miteinander verbunden.

⁶⁹⁰ Vgl. *Jaspers*, II, ²1948, S. 326.

⁶⁹¹ Vgl. *Zwierlein*, 1989, S. 56, der hervorhebt, dass der einzelne Mensch im Sinne des Selbst „eine nicht absehbare Fülle aktualisier- oder erzeugbarer Werdensmöglichkeiten enthält, die ihm erinnernd oder schöpferisch vergegenwärtigt werden können".

⁶⁹² Vgl. *Bollnow*, ⁶1955, S. 38.

⁶⁹³ *Zwierlein*, 1989, S. 56.

⁶⁹⁴ Vgl. hierzu *Jung*, 1973, S. 120f., der herausstellt, dass zwar auch ohne bewusste Hinwendung zum Zustand der Eigentlichkeit der Werdensprozess des Menschen als unbewusster beziehungsweise natürlicher Individuationsprozess stattfindet, jedoch „will [dieser] nicht mehr bedeuten, als daß eine Eichel zur Eiche, und ein Kalb zur Kuh, und ein Kind zum Erwachsenen wird". Hier wird deutlich wie wichtig die bewusste Hinwendung zu diesem Prozess ist, da ohne Bewusstsein „das Ende (…) so dunkel wie der Anfang" bleibt. Beim bewussten Hinwenden hingegen „kommt soviel Dunkles ans Licht, daß einerseits die Persönlichkeit durchleuchtet wird, andererseits das Bewußtsein unvermeidlich an Umfang und Einsicht gewinnt".

⁶⁹⁵ Vgl. Duden, Band VII, ³2001, S. 927: Etymologisch entstammt der Begriff „entwickeln" dem mittelhochdeutschen Verb „wickeln". Der Begriff des „Entwickelns" wird seit dem 18. Jahrhundert im Sinne von „[sich] entfalten, [sich] stufenweise herausbilden" angewandt und verweist somit auf das darin enthaltene schöpferische Element.

⁶⁹⁶ Hierin enthalten ist der Gedanke an das Zufälligsein, an die Unberechenbarkeit des Daseins, denn das Leben hätte auch ganz anders sein können. Der „Begriff des Zufälligseins gewinnt für Lebewesen die maximale Expressivität im Phänomen des Todes". *Zwierlein*, 1995, S. 28. Am Tod des geliebten Menschen wird sich der Hinterbliebene seiner eigenen Sterblichkeit bewusst. Er spürt jetzt, dass er früher oder später die Totalität seiner jetzigen, individuellen Existenz verlieren wird, „um sie einzutauschen gegen ein ganz Anderes". *Landsberg*, 1934, S. 60.

Um sein Selbst zu finden, verfügt der Mensch nicht nur über die Fähigkeit, seine „unentfaltete Möglichkeitsfülle" zur Entfaltung zu bringen, sondern diese zu entfalten, zu entwickeln, und so sein Selbst zu ergreifen und werthaft zu verwirklichen, ist ihm gleichermaßen Ziel und Aufgabe:[697] „Im Laufe unseres Lebens enthüllt sich, daß wir uns aufgegeben sind und zu werden haben, der wir sind. Unser Selbst erscheint vor uns in dem Dunkel, in das wir leben. Nur Selbstwerdung empfinden wir wirklich als Sinn."[698] Je tiefer der Mensch in „das Reich unermesslicher Dunkelheit"[699] eindringt, desto mehr kann er mit dem zunächst Fremden und ganz Anderen übereinstimmen, kann mit ihm solidarisch werden.[700] In diesem Erhellungsprozess, in dem der Mensch sein Seinsbewusstsein verwandelt[701], kommt er seinem Selbst „näher", hebt er es immer mehr in sein Bewusstsein. Nie jedoch kann der Mensch sein Selbst in völliger Totalität ergreifen, nie kann das Selbst im objektiven Sinne gewusst werden, nie kann er es faktisch vollenden: „Die faktische Unvollendbarkeit in der Zeit [ist] geradezu gewiß."[702] Der Mensch, als Erscheinung in der Zeit, ist nie das Selbst, „das rein und ganz in ihr sich erschiene"[703]. Und genau dies ist nach *Jaspers* der Ursprung dafür, dass sich der Mensch der Möglichkeit bewusst wird, „selbst sein zu können". Er nimmt sich plötzlich nicht mehr nur als Sein wahr, sondern versteht sich in seiner ganzen Fraglichkeit als „Werden und als Zukunft"[704]. Dieses Verstehen, dieses Erwachen kann ihm Impuls sein, sich in Richtung Ganzheit zu entwickeln, das heißt sein Selbst – den „inneren Menschen" –, zu ergreifen. Die Ergreifung des Selbst setzt voraus, dass der Mensch sein „altes Selbst" sozusagen „überwindet". Indem er sich selbst reflektiert, werden „Schalen seines Selbst, die von ihm als unwahr beurteilt werden, [abgestoßen], (…) um das tiefere und eigentliche, unendlich, wahre Selbst zu gewinnen"[705]. Wobei hier deut-

---

[697] Vgl. *Zwierlein*, 1989/90, S. 169. Vgl. zu dem Vorgang des Entfaltens die Ausführungen von *Otto Friedrich Bollnow*, Begegnung und Bildung, S. 28. In: *Romano Guardini, Otto Friedrich Bollnow,* Begegnung und Bildung. Würzburg 1956, S. 28-52: „Entfaltung ist (…) das Auseinanderfalten dessen, was zusammengefaltet von Anfang an darin schon angelegt ist."
[698] *Landsberg*, 1934, S. 199.
[699] *Landsberg*, 1939, S. 365.
[700] Vgl. *Jaspers*, III, ²1948, S. 756.
[701] Vgl. *Jaspers*, ¹⁹1971, S. 18: „wir werden wir selbst in einer Verwandlung unseres Seinsbewußtseins."
[702] *Jaspers*, II, ²1948, S. 324. Vgl. auch *Carl Gustav Jung*, Die Beziehungen zwischen dem Ich und dem Unbewußten. Zürich 1933, S. 70f: „Es übersteigt unser Vorstellungsvermögen, uns klarzumachen, was wir als Selbst sind, denn zu dieser Operation müßte der Teil das Ganze begreifen können. Es besteht auch keine Hoffnung, daß wir je auch nur eine annähernde Bewußtheit des Selbst erreichen, denn, soviel wir auch bewußt machen mögen, immer wird noch eine unbestimmte und unbestimmbare Menge von Unbewußtem vorhanden sein, welches mit zur Totalität des Selbst gehört. Und so wird das Selbst stets eine uns übergeordnete Größe bleiben."
[703] Vgl. *Jaspers*, II, ²1948, S. 333.
[704] Ebenda, S. 324.
[705] Ebenda, S. 335. Der Terminus „Beurteilen" macht nicht nur deutlich, dass Selbstüberwindung und Selbstreflexion untrennbar zusammen gehören und im Selbstverstehen münden, sondern er verweist auch darauf, dass der stattfindende Prozess der Selbst-Werdung ein bewusster ist, in dem kraft der Selbstexaminierung der Selbst-Werdungsprozess vorangetrieben wird. Vgl. hierzu *Friedrich Nietzsche*, Unzeitgemäße Betrachtungen. Schopenhauer als Erzieher, S. 340. In: *Georgio Colli* und *Mazzino Montinari* (Hrsg.), Kritische Studienausgabe, Band I. München 1999, S. 337-427. Hier wird betont, dass der Mensch trotz der „Entschälung" dunkel und verhüllt bleibt: „und wenn der

lich sein muss, dass der Mensch – auch der Mensch in der Trauer – immer vor der ambivalenten Möglichkeit steht, „zu sich selbst zu kommen" oder aber „sich zu verlieren."⁷⁰⁶ Sich verlieren bedeutet in diesem Zusammenhang, sich immer weiter von sich selbst entfernen und sich dabei selbst auszubleiben: Indem er sein bloßes Dasein zum Ursprung und Ziel seines Lebens macht, indem er sich von dem Fremden und Geheimnisvollen – dem „Anderssein" – in ihm distanziert, sich davon abgrenzt, kann er als empirisches Ich leben und so sein Selbst verfehlen.

Versuchen wir an dieser Stelle das Selbst zusammenfassend zu explizieren, so können wir aus dem Vorangegangenen festhalten, dass „das <Wesen> oder eigentliche Sein des Menschen (...) auch als dessen <Selbst> begriffen werden"⁷⁰⁷ kann. Der Mensch erspürt im Zusammenbruch seiner Welt das Fremde, Geheimnisvolle, das bisher Unbekannte in ihm. Er nimmt wahr, dass er mehr ist, als er bisher von sich wusste, dass er im gewissen Sinne ein „Unvollendeter" ist. Im Spüren um die eigene Nichtvollendetheit erwächst in ihm der Drang zur Entwicklung. Er möchte die bisherige – möglicherweise nicht wahrgenommene – Stagnation seiner „Möglichkeitsfülle" in Bewegung bringen, möchte das Fremde, das Geheimnisvolle ans Licht heben und in seine Werdensstruktur einfügen. In diesem Sinne können wir das Selbst als Ursprung, als Kraft des schöpferischen Antriebs bestimmen. Das Selbst bildet so betrachtet den Boden, den sich das Ich Stück für Stück erschließt, integriert und bewusst macht. Haben wir das Ich durch die Modalitäten Identität und Kohärenz gedeutet, so können wir dem Selbst die Bedingung des „Andersseins" zuschreiben. Dieses „Anderssein", das sich in eindringlicher Weise in der Modalität des „Anderssein-Könnens" darstellt, verweist nachdrücklich auf Ziel und Aufgabe: die „ungewussten" Fähigkeiten und Möglichkeiten, das was unbekannterweise auch noch ist, zur Entfaltung zu bringen und zu entwickeln.⁷⁰⁸ Der Mensch kann diese Aufgabe verfehlen beziehungsweise an ihr schei-

---

Hase sieben Häute hat, so kann der Mensch sich sieben mal siebzig abziehn und wird noch nicht sagen können: <das bist du nun wirklich, das ist nicht mehr Schale.>"

706   Vgl. *Bruno Reifenrath*, Erziehung im Licht des Ewigen. Die Pädagogik Edith Steins. Frankfurt am Main, Berlin, München 1985, S. 117.

707   *Werner Beierwaltes*, Selbsterkenntnis und Erfahrung der Einheit. Frankfurt am Main 1991, S. 81. Vgl. auch *Müller*, 1986, S. 107, der darauf hinweist, dass das Selbst in den unterschiedlichen Kulturen in verschiedene Begrifflichkeiten gefasst, jedoch eigentlich bei allen als die letztlich unerkennbare Mitte unseres Wesens betrachtet wird: „Sie nannten es das Eine, die Schöpfung, das Atman, das Tao, Alpha et Omega, Gott in uns, den göttlichen Funken, den inneren Meister, den Stein der Weisen, das Wasser des Lebens." Vgl. hierzu auch *Hanna-Barbara Gerl-Falkovitz*, Nach dem Jahrhundert der Wölfe. Werte im Aufbruch. Zürich, Düsseldorf 1999, S. 142, die sich dagegen ausspricht, das Selbst als eine einfach „vorhandene, ja zuhandene Mitte" zu sehen, die der Mensch in sich trage und auf die er in der „Selbstversenkung, im <Abschalten> der Ablenkungen" zurückkommen könne. Vielmehr erscheine die Mitte, wenn von ihr überhaupt sinnvoll die Rede sein könne, „als eine Frucht, als Ergebnis schwingender Ruhe, worin verschiedene Bewegungen sich glückhaft ausbalancieren".

708   Vgl. hierzu *Edith Stein*, Endliches und ewiges Sein. Versuch eines Aufstiegs zum Sinn des Seins. Werke, Band II. Freiburg, Basel, Wien ²1962, S. 463, die darauf hinweist, dass natürlich kein einzelner Mensch es vermag, „in seinem Leben alle Möglichkeiten zu entfalten, die in seinem Wesen (als Einzelwesen verstanden) begründet sind." Vgl. auch *Landsberg*, 1934, S. 85, der den Aspekt der „Auswahl" um die Dimension der „Verantwortung" erweitert: „Die Gestaltung der Auswahl aber der unabsehbaren und unberechenbaren Möglichkeiten (...) liegt jeweils in der Verantwortung des Menschen selbst. Das heißt nicht, daß er allein und in einer unbegrenzten Freiheit diese Auswahl bestimmte, es genügt, daß er in irgendeiner Weise an ihr mitzuwirken vermag."

tern, oder er enthüllt und erweitert in diesem schöpferischen Prozess – dessen Ausgangspunkt der Schmerz um den Verstorbenen darstellte – Schritt für Schritt Aspekte seines Selbsts, hebt diese aus einem ungewussten Zustand ins klare Bewusstsein, macht sie wissbar, und kommt so seinem Selbst näher, ohne es jedoch je in seiner Ganzheit erreichen zu können: Indem ihm das Aufgegebene bewusst wird und er der Aufforderung zur Verwirklichung seiner Selbst nachkommt, individuiert er sich, macht er sich im individuellen Sinne wesentlich.[709]

Wenn sich der Mensch im Leiden im „individuellen Sinne wesentlich" macht, dann wird damit der sinnschöpferische Aspekt angesprochen, durch den sich der Mensch erst im wahren Sinne zu einer Individualität gestalten kann.[710] Der Mensch kann nur dort wesentlich werden, wo er sinnvoll wird: „Das Sinnhafte muß zugleich das Wesentliche sein."[711] Individuelle Verwesentlichung bedeutet somit, dass sowohl dem Begriff des Ichs als auch dem des Selbst das Individuelle als hauptsächliche Eigenschaft anhaftet. Der Begriff des Individuellen ist geprägt von einer eigenartigen Doppelgesichtigkeit: Dem Besonderen (Individualität) im Prozess der Besonderung (Individualisierung).

Dies bedeutet einerseits, dass das Individuelle im Menschen immer gekennzeichnet ist durch das Besondere, Einzigartige, Unverwechselbare und Unwiederholbare.[712] Insofern bedeutet „individuell sein" soviel wie einmalig und einzigartig, ein Unikat zu sein. Der Terminus „individuell" verweist aber darüber hinaus noch auf den Menschen als ein Einzelwesen, auf ein Individuum, das sich auch immer im Prozess der Besonderung befindet.

Damit ist die andere Seite des Individuellen angesprochen, nämlich der Prozess der Besonderung. Dieser ist immer ein individueller und stellt „im umfassenden Sinne eine Seite der Humanisierung"[713] dar. In dem Maße, in dem sich im Menschen ein individuelles Lebensgefühl entfaltet, in dem Maße er sich individualisiert, bildet sich proportional dazu auch die Gewissheit der eigenen Sterblichkeit aus und damit die Fähigkeit, den eigenen Tod zu antizipieren. Das heißt die Sterblichkeitserfahrung, die dem Menschen genuin ist, ist untrennbar mit der menschlichen Individualitätserfahrung verknüpft.[714] Denn der Mensch gewinnt in dieser Erfahrung nicht nur eine genauere Bewusstheit seiner persönlichen Eigenart, identifiziert sich nicht nur zunehmend mit sich selbst und erkennt sich in seiner Einzigartigkeit, sondern in dieser Erfahrung wird er „wirklich eigenartiger"[715]. Analog zur fortschreitenden Individualisierung und dem damit einhergehenden Entwicklungsgang der „Sterblichwerdung" wächst nicht nur das Bewusstsein für die eigene Sterblichkeit, sondern es nimmt vor allem „die Bedrohung selbst, die

---

[709] Vgl. *Scheler*, 1973, S. 47: „Der Mensch (…) wird <Mensch> um so mehr, je mehr er sich geistig individuiert."
[710] Vgl. hierzu die Aussagen *Landsberg*, 1934, S. 44, aus denen hervorgeht, dass sich mit der sinnschöpferischen Selbstbestimmung der Person „jeweils auch [der] Sinn seiner Vergangenheit ändert". Dies ist gerade in Hinblick auf den trauernden Menschen von großer Bedeutung, da er sich im Akt der bewussten Sinnstiftung individualisiert und in diesem Akt seiner persönlichen Gesamtexistenz einen neuen Sinn verleihen kann.
[711] *Landsberg*, 1934, S. 64.
[712] Vgl. *Lersch*, [11]1970, S. 173.
[713] *Landsberg*, 1934, S. 55.
[714] Vgl. hierzu die Ausführungen in Kapitel 2.1.
[715] Vgl. *Landsberg*, 1973, S. 16.

dieser Tod objektiv enthält"⁷¹⁶ zu, denn „tatsächlich ist der Mensch umsomehr durch den Tod bedroht, je mehr Individualität er verlieren kann, weil er sie eben gewonnen hat"⁷¹⁷.

Neben dem hier geschilderten Prozess der Individualisierung haftet dem Terminus Individualität jedoch auch der Vorgang der Individuation an. Individuation bedeutet hier: „Zum Einzelwesen werden, und insofern wir unter Individualität unsere innerste, letzte, unvergleichliche Eigenart verstehen, zum *eigenen Selbst werden.*"⁷¹⁸ Um Selbst werden zu können, muss das Individuum die Wahl eines eigenen Weges treffen, und in dieser Entscheidung die Gültigkeit der anderen Wege für sich selbst aufheben.⁷¹⁹ Es ist ein stufenweiser Prozess der Reifung und Selbst-Werdung, dessen Ziel eine größere Vollständigkeit und Ganzheit des individuellen Menschen ist.⁷²⁰ In diesem Sinne darf Individuation auch nicht als „Individualismus im engen, egozentrischen Sinn dieses Wortes [verstanden werden], denn die Individuation macht den Menschen nur zu dem Einzelwesen, das er ohnehin ist. Er wird (…) dadurch nicht <selbstisch>, sondern erfüllt nur seine Eigenart, was mit Egoismus und Individualismus nicht verwechselt werden darf"⁷²¹.

Es ist deutlich geworden, dass *Landsbergs* Verständnis von Individualisierung und *Jungs* Ausführungen zur Individuation nicht deckungsgleich sind. Der Individuationsprozess bei *Jung* ist als Methode und Weg zur Erweiterung der Persönlichkeit zu verstehen. Ihm ist ein integrativer Anspruch in Richtung Heilwerdung, Ganzwerdung zu Eigen, der dazu führt, dass der Mensch sich selber als das erkennen kann, was er *ist*. Bei *Landsberg*, der mit dem Terminus Individualisierung arbeitet, umfasst dieser Begriff den Prozess einer zunehmenden Identifizierung mit sich selbst als eine Seite der Humanisierung. Identifizierung und Humanisierung sind für *Landsberg* untrennbar an die andere Seite gebunden, nämlich an das sich ausprägende Todesbewusstsein. Hierin eingebettet liegt die Fähigkeit, sich selbst in seiner Einzigartigkeit und Unverwechselbarkeit wahrzunehmen und im Blick auf die eigene Sterblichkeit zu verstehen.

Dennoch scheint es so, als stünden beide Begriffe ebenso in einer direkten Beziehung, denn ein Mensch kann sich mit Blick auf seine eigene Sterblichkeit nur als einzigartig, als besonders, als Unikat empfinden und als solcher entdecken, wenn er sich als

---

[716] Ebenda.
[717] *Landsberg*, 1934, S. 55.
[718] *Jolande Jacobi*, Die Psychologie von C. G. Jung. Eine Einführung in das Gesamtwerk. Mit einem Geleitwort von C. G. Jung. Frankfurt am Main 1994, S. 108. Vgl. auch *Carl Gustav Jung*, Wirklichkeit der Seele. München 2001, S. 108.
[719] Vgl. *Jung* 2001, S. 107. Vgl. ders., 2001, S. 103.
[720] Vgl. hierzu *Jung*, 2001, S. 101, der darauf hinweist, dass Ganzheit in diesem Sinne immer nur als Ziel zu verstehen ist, denn „die Persönlichkeit als eine völlige Verwirklichung der Ganzheit unseres Wesens ist ein unerreichbares Ideal. Die Unerreichbarkeit ist aber nie ein Gegenstand gegen ein Ideal, denn Ideale sind nichts als Wegweiser und niemals Ziele".
[721] *Jacobi*, 1994, S. 108. Vgl. auch *Jung* 2001, S. 103: „Ohne Not verändert sich nichts. Am wenigsten die menschliche Persönlichkeit. Sie ist ungeheuer konservativ, um nicht zu sagen *inert*. Nur schärfste Not vermag sie aufzujagen. So gehorcht auch die Entwicklung der Persönlichkeit keinem Wunsch, keinem Befehl und keiner Einsicht, sondern nur der *Not*, sie bedarf des motivierenden Zwanges innerer oder äußerer Schicksale. Jede andere Entwicklung wäre eben Individualismus. Darum bedeutet auch der Vorwurf des Individualismus eine gemeine Beschimpfung, wenn er gegenüber einer natürlichen Persönlichkeitsentwicklung erhoben wird."

Individuum als heilbedürftig und heilsuchend[722] wahrnimmt. Die antagonistischen Kräften „Tod" und „Besonderung" sind der wesenhafte Motor dieses Prozesses, in dem der Mensch sich fortschreitend individualisiert, seinen eigenen Wert[723] erkennt und so zu seinem „individuellen Selbstsein als *Person*"[724] gelangt.

Mit dem Begriff der „Person" gilt es, einen weiteren Terminus zu präzisieren. Ein wesentliches Moment des individuellen Selbstseins als Person haben wir im Vorhergehenden ausgeführt, nämlich „das Erlebnis der Unverwechselbarkeit, Einmaligkeit und Unwiederholbarkeit der Individualität des Menschen"[725]. Ergänzt werden muss dies um die Gegebenheit, dass der Mensch im Modus des individuellen Selbstseins als Person sein eigenstes Leben lebt – oder es zumindest zu leben glaubt.[726] Dies ist ihm nur möglich angesichts der ihm eigenen Bewusstheit, in Freiheit über die Möglichkeiten des „Sich-selbst-wählens"[727] zu verfügen. Das Sich-selbst-wählen[728] stellt eine Aufgabe dar, die immer vor dem Hintergrund der Verantwortlichkeit für das eigene Dasein geschehen muss und auf eine ethisch-orientierte Begriffsbestimmung verweist. Betrachten wir unter diesem Gesichtspunkt die Formulierung *Kants*: „P e r s o n ist dasjenige Subjekt, dessen Handlungen einer Z u r e c h n u n g fähig sind. Die m o r a l i s c h e Persönlichkeit ist also nichts anders, als die Freiheit eines vernünftigen Wesens unter moralischen Gesetzen (…), woraus dann folgt, daß Person keinen anderen Gesetzen, als denen, die sie (…) sich selbst gibt, unterworfen ist."[729] Zur Grundlegung des Personbegriffs wird hier der Begriff der Freiheit zu Hilfe genommen. Freiheit ist – so *Kant* – ausschließlich von sich selbst abhängig und wird gewährleistet durch das moralische Gesetz, durch welches die Person sowohl Triebfeder als auch Gegenstand der Freiheit wird.[730] Ein weiterer wesentlicher Punkt, der bei *Kant* mit Blick auf den Personbegriff

---

[722] Vgl. hierzu *Walter Böckmann,* Sinn und Selbst. Wege zur Selbsterkenntnis. Basel 1989, S. 134: „Heil-Sein bedeutet (…) das Im-Werden-Befindliche und somit sich das im Werden Verändernde. (…) Das Heile (…) ist also nichts Statisches, sondern etwas durchaus Dynamisches, kein *Zustand*, sondern ein immerwährendes geordnetes *Werden*."

[723] Vgl. hierzu die Ausführungen von *Lersch,* [11]1970, S. 172f, der in diesem Zusammenhang auf das „Eigenwertstreben" des Menschen aufmerksam macht, das abzuheben ist vom „Geltungsstreben". Im ersteren sucht der Mensch sein Wertbild im Spiegel seines eigenen Urteils: „Es geht ihm um das individuelle Selbstsein als *Person.*" Das „Geltungsstreben" hingegen ist getrieben von dem Verlangen seinen eigenen Wert im Urteil der Mitmenschen zu erfahren.

[724] *Lersch,* [11]1970, S. 173. Vgl. auch *Spaemann,* [2]1989, S. 29: „Personen sind Individuen."

[725] *Lersch,* [11]1970, S. 173.

[726] Vgl. *Landsberg,* 1934, S. 194, der darauf hinweist, dass der Gestaltungsprozess des Menschen „kein Prozeß reiner Freiheit" ist, sondern dass dieser immer auch von schicksalhaften Gegebenheiten beeinflusst wird, die gleichzeitig als Grenzen und Bestimmungen fungieren. Vgl. auch *Lersch,* [11]1970, S. 173.

[727] *Lersch,* [11]1970, S. 173.

[728] Vgl. auch *Landsberg,* 1934, S. 85. Vgl. auch *Spaemann*, 1996, S. 177. Sich selbst zu wählen heißt nicht nur, sich als das „ideale Selbst" zu wählen, das man sein, beziehungsweise werden möchte. Es meint vielmehr, sich selbst in der ganzen gewordenen Konkretion zu wählen. Erst dieser Weg, der die eigene Vergangenheit mit einschließt, führt nach vorne, aus der Begrenztheit der Immanenz hinaus, hinüber ins Offene und Freie der Transzendenz.

[729] *Immanuel Kant*, Metaphysik der Sitten. Erster Teil. Werksausgabe, Band VIII. *Wilhelm Weischedel* (Hrsg.). Frankfurt am Main [5]1982, S. 329f. Vgl. hierzu die Ausführungen *Spaemanns,* [2]1998, S. 176, der demjenigen die Zurechnungsfähigkeit zuschreibt, der weiß, dass er abstrahiert – und das sei nur der Mensch.

[730] Vgl. *Kant,* [5]1982, S. 329f.

eine Rolle spielt, ist das Postulat, dass Personen ihrem Wesen nach schon „als Zwecke an sich selbst, d.i. als etwas, das nicht bloß als Mittel gebraucht werden darf"[731] ausgezeichnet sind. Mit Blick auf die Selbstzweckhaftigkeit kann *Kant* der „Person" somit einen „absoluten Wert"[732] zuschreiben, was unmissverständlich bedeutet, dass „Person" ihren Wert in sich selbst trägt, und damit ihre Würde konstituiert.

Für *Max Scheler* ist die Person das Zentrum des menschlichen Geistes.[733] Person in seinem Verständnis ist „weder gegenständliches noch dingliches Sein, sondern nur ein stetig sich vollziehendes (…) *Ordnungsgefüge von Akten*. Die Person ist nur *in* ihren Akten und *durch* sie"[734]. Person ist somit gekennzeichnet durch Aktualität, und jeder Versuch der Objektivierung würde der Einzigartigkeit der Person entgegenwirken.[735] Damit wird deutlich, dass auch für *Scheler* Person nur in der Verschiedenartigkeit der intentionalen Akte existiert[736] und – wie bei *Kant* – durch Selbstzweckhaftigkeit gekennzeichnet ist.[737] Bedeutsam für den mitmenschlichen Umgang – in unserem Falle in Bezug auf den Trauernden – sind die Wesensattribute, die *Scheler* der Person zuordnet und die diese in ihren sittlichen Vollzügen kennzeichnen: Vollsinnigkeit, Mündigkeit als „echtes Verstehenkönnen", Willensmächtigkeit sowie Zurechenbarkeit einer Handlung und Verantwortlichkeit.[738]

Fügen wir diesen Ausführungen noch die von *Landsberg* hinzu. Für ihn ist Person „eine Existenz, die sich in Akten selbst konstituiert, akthaftes Sicherbauen eines Werdeseins, das dem Gesamt der menschlich-individuellen Existenz seinen Sinn und seine Einheit gibt"[739]. Auch hier finden sich die Gedanken der Aktualität, Nicht-

---

731 *Immanuel Kant*, Grundlegung zur Metaphysik der Sitten. Werksausgabe, Band VII. *Wilhelm Weischedel* (Hrsg.). Wiesbaden ²1977, S. 60.
732 *Kant*, ²1977, S. 59. Kant definiert „Sache" als „ein Ding, was keiner Zurechnung fähig ist". So definiert er jedes Objekt der freien Willkür, das selbst der Freiheit ermangelt, als eine Sache. Sachen können deshalb im *Kantschen* Verständnis auch nur einen „relativen Wert" haben, weil sie selbst nur Mittel sind. Vgl. *Kant*, ⁵1982, S. 330.
733 Vgl. *Max Scheler*, Die Stellung des Menschen im Kosmos. Bonn ¹²1991, S. 37f: Person ist das, „was den Menschen allein zum <Menschen> macht, (…) ein allem *und jedem Leben überhaupt*, (…) *entgegengesetztes Prinzip*". Dieses dem Leben entgegengesetzte Prinzip ist für ihn der menschliche „Geist".
734 *Scheler*, ¹²1991, S. 48. Vgl. ders., ⁴1954, S. 395.
735 Vgl. *Scheler*, ⁴1954, S. 397. Vgl. ders., ebenda, S. 484: „Jede psychologische Objektivierung ist mit *Entpersonalisierung* identisch." Vgl. auch *Spaemann*, ²1998, S. 87.
736 Vgl. *Scheler*, ⁴1954, S. 393-397f. Ders., ebenda, S. 564, unterscheidet die „endliche vollkommene Person" in eine Soziale und eine Intime Person. Die „Intime Person ist es, die an einer Sozialverbindung mit anderen Personen keinen möglichen Anteil mehr hat. (…) Sie [steht] innerhalb des Gesamtreiches endlicher Personen gleichsam in absoluter *Einsamkeit*." *Scheler* verweist jedoch ausdrücklich darauf, dass die „Intime Person" nicht gleichzusetzen ist mit dem Terminus Individualität, und dass der Begriff der *Einsamkeit* keinesfalls mit objektivem Alleinsein verwechselt werden dürfe. Die Intime Person ist zu verstehen als ein Differenzierungsmoment des Selbst, es ist das, was von keinem anderen verstanden, erschlossen oder erreicht werden kann.
737 Vgl. Historisches Wörterbuch der Philosophie (HWdP), Band VII. Basel 1989, S. 316.
738 Vgl. *Scheler*, ⁴1954, S. 482-492. Gerade mit Blick auf die krisenhafte Situation des Trauernden können diese Wesensmerkmale nach außen verborgen bleiben und so kann *Scheler*, ebenda, S. 490, sagen: „Nur die *Fremdgegebenheit* [der] Person fällt jetzt weg", denn die Person *ist* der Mensch und kann deshalb auch nur sterben, wenn der Mensch auch stirbt.
739 *Landsberg*, 1973, S. 35. Bei *Zwierlein*, 1989, S. 89, finden wir in komprimierter und prägnanter Weise die individuellen Wesenswirklichkeit der Person im Sinne *Landsbergs* zusammengefasst: Person wird verstanden als „ein unableitbares, nicht-objektivierbares, existentielles Aktzentrum und

Objektivierbarkeit und Selbstzweckhaftigkeit wieder, die das Personsein als Konstitutivum für das individuelle Menschsein aufweisen.

Vervollständigen wir diese Wesensmerkmale von Personsein nun noch mit dem Gedanken, dass „Personen (...) Wesen [sind], für die anderes Selbstsein wirklich wird und deren Selbstsein anderen wirklich geworden ist"[740] und ergänzen dies um die Aussage *Spaemanns*, dass es „Person (...) nur im Plural"[741] gibt, dann erscheint es unabweisbar, den Begriff der Person stets unter der Idee der Intersubjektivität und damit unter dem Gedanken der wechselseitigen Verantwortung auszulegen und zu fassen.[742]

Resümierend zum Begriff der Person lässt sich festhalten, dass Menschen Personen von individueller Eigenart sind. Personsein bedeutet nicht, ein „objektives Vorkommnis"[743] zu sein, sondern es besagt vielmehr, dass Personsein als ständiges, sich fortwährend aktualisierendes „Werdesein" im Akt der Anerkennung[744] zu begreifen ist. Daraus resultiert, dass Person ihren Zweck ausschließlich in sich selbst trägt und niemals nur als Mittel gebraucht oder instrumentalisiert werden darf. Gefolgert werden muss nun, dass der Personbegriff an sich immer schon auf den Grundgedanken der Sittlichkeit, als freies, vernünftiges Handeln des Menschen, verweist.[745] Dies impliziert die ethische Forderung, die *Kant* in einer Variante des kategorischen Imperativs so auf den Punkt gebracht hat: „daß du die Menschheit sowohl in deiner Person, als in der Person eines jeden anderen jederzeit zugleich als Zweck, niemals bloß als Mittel brauchst."[746] Wichtig in Hinblick auf die Begleitung eines trauernden Menschen ist dabei der Grundgedanke dieses Imperativs, dass wir Gefahr laufen, den Menschen, der uns gegenüber steht, zu objektivieren und ihm den Weg in seine Eigentlichkeit zu blockieren.

Der Weg in die Eigentlichkeit und das Erwachen der Existenz gehören untrennbar zusammen.[747] Damit die dem Menschen a priori innewohnende Möglichkeit der Existenz „erwachen" kann, bedarf es einer grenzsituativen Erschütterung und der Bereit-

---

historisches Werdesein, indem eine fortlaufende Besonderung geschieht, indem die Frage nach der eigenen Identität und Einheit des Selbst thematisch ist, das Werte schafft, einen einzigartigen Eigenwert darstellt und ausbildet, die nicht austauschbar oder ersetzbar sind, also nicht vom Regenerationsprinzip erreicht werden, und in dem nach der eigenen Bestimmung im Fortgang der Humanisierung, nach ihrem Richtungssinn und Ziel gefragt wird".

740 *Spaemann*, ²1998, S. 87.
741 Ebenda.
742 Vgl. hierzu ebenda, S. 26, der den normativen Aspekt der Begriffsbestimmung betont: „Die Verwendung des Begriffs <Person> ist gleichbedeutend mit einem Akt der Anerkennung bestimmter Verpflichtungen gegen denjenigen, den man so bezeichnet."
743 Ebenda, S. 192.
744 Vgl. ebenda, S. 193. Vgl. hierzu ders., ebenda, der hervorhebt, dass Personsein nicht etwas ist, das vermutet wird, um dann bei starker Vermutung sozusagen juristisch anerkannt zu werden. Anerkennung der Person – im *Spaemannschen* Sinne – bedeutet: „zunächst einfach Rücknahme der eigenen, prinzipiell unbegrenzten Expansionstendenz, Verzicht darauf, den anderen nur unter dem Aspekt der Bedeutsamkeit zu sehen, die er in *meinem* Lebenszusammenhang hat, Achtung vor ihm als einer für mich nie gegenständlich werdenden Mitte eines eigenen Bedeutsamkeitszusammenhang."
745 Vgl. zum Begriff der „Freiheit" und „Vernunft" die Ausführungen *Spaemanns*, ²1998, S. 209-234.
746 *Kant*, ²1977, S. 61.
747 Da der Terminus „Existenz" in Kapitel 2.3.3 ausführlich erläutert wurde, soll seine Darstellung hier nur in zusammenfassender Weise hinsichtlich der wesentlichen Punkte erfolgen.

schaft, ihr nicht auszuweichen. Treten wir „offenen Auges"[748] in die Grenzsituation ein, stehen wir in der Möglichkeit, an ihr und in ihr zu scheitern und im Modus der Uneigentlichkeit zu verbleiben beziehungsweise in diesen abzugleiten, oder wir können, indem wir uns selbst wählen, unsere Existenz – die immer schon als apriorische Möglichkeit unserem Menschsein innewohnt – ergreifen. Um den Weg in die Eigentlichkeit zu beschreiben und zur Existenz zu erwachen, bedarf es der Erschütterung des bisher Selbstverständlichen. Der Mensch muss, zurückgeworfen in radikale Einsamkeit, an die Grenzen seiner Vernunft geraten und sich selbst zur Frage werden. Im Vorhergehenden haben wir festgehalten, dass Selbstsein Existenz heißt, jedoch niemals eine objektive Kategorie sein kann.[749] Existenz kann nicht im Sinne von „Ich bin eine Existenz" gewusst werden, sondern sie ist „Sein in Unbedingtheit"[750], und dies beinhaltet, dass der Mensch „ich selbst" in einem neuen Sinn sagen kann. Das Erwachen zur Existenz „ist nicht wie das Wachsen eines Lebens, das reflektorisch nach erforschbaren Gesetzen jeweils zu einer Zeit die gehörigen Schritte tut. [Es, S.B.] ist das bewußte innere Tun, durch das ich aus einem Vorher in ein Nachher trete"[751]. So gefasst, ist „Existenz" eine immer schon gegebene Möglichkeit, sie verweist den Menschen auf das Prinzip der Freiheit, sich selbst wählen (oder verfehlen) zu können. Sie kann immer nur ergriffen werden, ohne jemals im Modus der Objektivierbarkeit fixiert zu sein.

Versuchen wir nun die verschiedenen Begriffe in einer Art „Topographie" zusammenzufassen, dann scheint es, als ob man sie auf eine einzige Größe beziehen könnte: auf das komplexe und nicht objektivierbare Selbst. Der Mensch als Selbst bewegt sich zwischen den Polen Sein und Werden, zwischen Statik und Dynamik. Die statische Seite des Selbst können wir durch den Modus des „Seins" charakterisieren. Sie wird repräsentiert durch die Anerkennungsgrößen „Ich" (Eigenbewusstsein) und „Person" (Verantwortung).[752] Der dynamischen Seite des Selbst können wir die Seite des „Werdens" zuordnen. Ihr schreiben wir den Prozess der Individualisierung (im Sinne fortschreitender Besonderung) und den der Personalisierung (im Sinne zunehmender Verantwortung gegenüber sich selbst) zu. Damit diese (balancierende) Bewegung zwischen Sein und Werden – die dem Menschen Ziel und Aufgabe zugleich ist – stattfindet, bedarf es der grenzsituativen Konfrontation. Erst im Moment des Erwachens, wenn der Mensch sich als „Heil-Suchender" erlebt, kann er den Weg in die Eigentlichkeit, in den Modus der Existenz, einschlagen, kann er in den Korridor des „Nichtwissens um das Andere, um das Fremde" in ihm eintreten und die Grenzen seines Ichs in Richtung Selbst verschieben. In diesem Sinne können wir Existenz als einen Scharnierbegriff des Überganges zwischen Ich und Selbst bestimmen. Nimmt der Mensch das ihm Aufgegebene bewusst wahr, kann er der Aufforderung zur Verwirklichung seines Selbst tendenziell nachkommen und Selbst-Werden. Er kann sich individualisieren, sich im indi-

---

[748] *Jaspers*, II, ²1948, S. 469.
[749] Vgl. ebenda, S. 313.
[750] Vgl. ebenda, S. 310.
[751] Ebenda, S. 472.
[752] Im Begriff der Anerkennung liegt schon der Hinweis darauf, dass sowohl das Ich als auch die Person auf den Bezug zum Mit-Ich, zur Mit-Person verwiesen sind. Hinsichtlich der Situation des Trauernden bedeutet der Tod des geliebten Menschen zunächst eine Katastrophe für die menschlich-personale Konstitution, da die endgültige Trennung durch den Tod eine Blockade beziehungsweise einen Verlust dieser Verwiesenheit mit sich bringt. Hierauf wird in Kapitel 4 näher eingegangen.

viduellen Sinne wesentlich machen und so seinen Unikatscharakter herausfinden. Möglichkeit und Potentialität werden ihm so zunehmend zur Gewissheit und Tatsache.

3.2 Der Prozess der Selbst-Werdung als Aufgabe des Trauerweges

> „Ein solcher Verlust ist, je tiefer er uns trifft und je heftiger er uns angeht, desto mehr, eine *Aufgabe*, das nun im Verlorensein hoffnungslos Betonte, neu, anders und endgültig in Besitz zu nehmen: *dies* ist dann unendliche Leistung, die alles Negative, das am Schmerz anhaftet, (…) auf der Stelle überwindet, dies ist tätiger, innen-wirkender Schmerz, der einzige, der Sinn hat und unserer würdig ist."[753]

Der Tod eines nahe stehenden Menschen und der damit einhergehende Verlust beinhaltet die unausgesprochene Forderung, den Verlust in all seinen Facetten, in seiner ganzen Schwere ins Leben hineinzunehmen,[754] er fordert den Menschen gewissermaßen dazu auf „sich als werdende Besonderung in ihrer Bedrohtheit [zu] ergreifen und sich in diesen problematischen Charakter seiner selbst [zu] vertiefen"[755]. Es wurde dargestellt, dass der Verlust eines nahe stehenden Menschen nicht nur in gleichsam allen Bereichen die Welt[756] – also die Realität – des Hinterbliebenen, sondern auch ihn selbst und sein Verhältnis zu sich selbst grundlegend verändert.[757] Es findet ein so genannter „innerer Umbau"[758] statt. Das eigene Dasein ist aus den Fugen geraten, der Lebensweg scheint ziellos[759] und die Ablösung vom Verstorbenen wird als eine Verflüchtigung der eigenen Identität ins Nichts empfunden.[760] Die damit einhergehende seelische Erschütterung zwingt den Hinterbliebenen zu einer unabweisbaren Auseinandersetzung mit seiner Trauer. Indem er durch den erlittenen Verlust quasi gezwungen wird, Trauerarbeit zu leisten, „sieht er sich plötzlich vor eine schier unlösbare Aufgabe gestellt"[761]. Die Art und Weise, wie er damit umgeht, findet in unterschiedlicher und individueller Weise ihren Ausdruck und wird dabei in nicht unerheblicher Weise vom

---

[753] *Rainer Maria Rilke*, Die Briefe an die Gräfin Sizzo. Wiesbaden 1977, S. 50f.
[754] Vgl. *Bollnow*, 1966, S. 66.
[755] *Zwierlein*, 1989, S. 125. Vgl. ebenda, S. 115: „Der Mensch soll sich als Aufgabe ergreifen, sich in sein rätselhaftes Sein ohne Präjudikation vertiefen und es wagen, seine offene Zukunft zu gestalten."
[756] Vgl. hierzu *Therese Rando*, Trauern: Die Anpassung an Verlust, S. 179. In: *Joachim Wittkowski* (Hrsg.), Sterben, Tod und Trauer. Stuttgart 2003, S. 173-192. Die Autorin weist auf das Konzept der „Angenommenen Welt" hin, das mit dem Thema Verlust in Beziehung steht. Dieses Konzept sei gerade in Hinblick auf Tod und Trauer von großer Bedeutung, „weil die angenommene Welt einer Person zu einem großen Teil ihre Bedürfnisse, Gefühle und Verhaltensweisen bestimmt sowie Hoffnungen, Wünsche, Phantasien und Träume anregt – die alle nachdrücklich durch den Tod einer geliebten Person beeinflusst werden".
[757] Vgl. *Paul*, 2000, S. 78.
[758] *Schenk*, 1998, S. 156.
[759] Vgl. *Philipe*, [21]2001, S. 9.
[760] Vgl. *Rey*, 1998, S. 78.
[761] *Jochen Jülicher*, Es wird alles wieder gut, aber nie mehr wie vorher. Begleitung in der Trauer. Würzburg [4]2003, S. 12.

äußeren Umfeld beeinflusst.[762] Um nicht im Strudel des „Trauer-Chaos"' unterzugehen, sondern sich (er-neut) anzunehmen – also den Weg der Selbst- und Weltbejahung gehen zu können – bedarf der Trauernde der Struktur und Ordnung.[763] Strukturieren und Ordnen sind Tätigkeiten, die, um ausgeführt werden zu können, der Aktivität – also der Entscheidung – bedürfen. Das heißt, der trauernde Mensch muss aus seiner anfänglichen „lähmenden Passivität"[764] heraustreten.[765] Der Weg der Trauer[766] kann nicht automatisch durchlaufen werden.[767] Der Trauernde selbst wird seinen zunächst „als unbegehbar geglaubten Weg"[768] der Trauer letztlich aktiv gehen müssen.[769] Dabei stellen sich ihm immer wieder Aufgaben[770], denen er sittlich Genüge tun muss: Sich selbst in

---

[762] Vgl. hierzu *Scheler*, 1973, S. 246, der darauf hinweist, wie sehr die Selektion dessen, was wir an uns wahrnehmen oder nicht wahrnehmen, das heißt die spezifische Selbst-Wahrnehmung, „abhängig ist von den bestehenden *Beachtungs*richtungen, die unsere *Umwelt* auf unser Ich hat. Ein Erlebnis, dessen allgemeinen Charakter (…) wir in den Beachtungsrichtungen der Umwelt überhaupt gelegen wissen, ohne daß es darum momentan beachtet zu sein braucht, hat auch für uns selbst eine weit größere Chance von uns wahrgenommen zu werden". Bringen wir diesen Gedanken mit unseren einleitenden Worten zusammen, nämlich dass wir uns gegenwärtig in einer Phase der „Verweigerung und Abschaffung der Trauer" befinden, so wird deutlich, wie schwer es dem Trauernden fallen muss, seine Verlustgefühle wahrzunehmen, zu erkennen und anzunehmen.

[763] Vgl. *Parkes*, 1974, S. 91.

[764] *Scheuring*, 2004, S. 74.

[765] Vgl. hierzu beispielsweise das Trauerphasenmodell von *Kast*, ²⁰1999, S. 71f., in dem sie beschreibt, dass der Zustand des trauernden Menschen in der ersten Zeit (Phase) durch Empfindungslosigkeit und Starre gekennzeichnet ist. Auch *Bowlby*, ²2001, S. 107 postuliert eine erste „Phase der Betäubung". Bei *Giudice*, 1970, S. 39, wird deutlich, wie sehr der Austritt aus der Passivität eine bewusst zu treffende Entscheidung ist: „Auf der Türschwelle entschied es sich. Entweder würde ich in meiner Qual passiv untergehen, oder ich mußte tätig werden."

[766] Das Bild des Weges wird in den Selbstzeugnissen trauernder Menschen immer wieder als Metapher für ihr Trauererleben in der fortschreitenden Zeit verwendet. Vgl. hierzu exemplarisch, *Lewis*, ⁵1998, S. 68: „Trauer gleicht einem langen Tal, einem gewundenen Tal, wo jede Biegung eine vollkommen neuartige Landschaft enthüllen mag. Wie schon bemerkt, tut es nicht jede Biegung. Manchmal besteht die Überraschung aus dem Gegenteil; man steht vor genau der gleichen Landschaft, die man kilometerweit hinter sich glaubt. Dann fragt man sich, ob das Tal nicht ein Graben sei, der im Kreise führt. Das ist es aber nicht. Einzelne Abschnitte kehren zwar wieder; ihre Abfolge aber wiederholt sich nicht."

[767] Vgl. hierzu *Rey*, 1998, S. 88, der diesen Ausführungen in seinen Aufzeichnungen vehement widerspricht: „Trauerarbeit! Trauer ist keine Arbeit. Trauer ist ein Prozess, der an mir geschieht und den ich an mir geschehen lassen muss und den ich nicht leisten kann. Wie soll ich arbeiten? Ich bin erschüttert, verwundet, sinnlos und verlassen. Meine Fähigkeiten haben sich verflüchtigt, mein Wille ist gestorben. Ich bin schlaff und ausgetrocknet. Das Leben ist Tod. Der Tag ist grau. Die Zukunft ist ungewiss. Ich habe Angst. Wie soll ich damit arbeiten? Ich muss aushalten. Ich muss durchstehen. Hoffen, dass es wieder einmal erträglicher wird. Auf einen Morgen warten. Die Morgendämmerung kann ja nicht erarbeitet werden. Wir können nur hoffen, dass sie kommt. Wir müssen sie kommen lassen."

[768] *Smeding*, 1998, S. 13.

[769] Vgl. *Jerneizig*, ²1994, S. 27: „Trauerarbeit ist eine aktive psychische Handlung (…). Unter den vielen unterschiedlichen Untersuchungen über Trauerverläufe herrscht Übereinstimmung darüber, daß jeder Trauernde seine eigenen, ganz individuellen Trauerreaktionen als Bestandteile seiner jeweils personenspezifischen Trauerarbeit entwickeln muß." So können wir auch mit *Lindemann*, 1985, S. 126, formulieren, dass der Mitmensch bei der Bewältigung der Trauer hilfreich ist, der Trauernde „die Hauptsache der Arbeit (…) aber wohl alleine" leisten muss.

[770] Vgl. hierzu *Spiegel*, 1973, S. 86: „Um einen <normalen> Trauerprozeß zu gewährleisten, muß der Trauernde eine Reihe von Aufgaben lösen, die sich zusammenfassend beschreiben lassen als Aus-

Verantwortung übernehmen und seine Handlungen und Entscheidungen dieser Verantwortungsprämisse folgen lassen.[771] So kann formuliert werden, dass der Zurückbleibende einen Weg geht, der im Gehen selbst entsteht. Es ist kein vorgezeichneter Weg, der nur aufgefunden werden muss, sondern der Trauernde ist Autor und Gestalter seines eigenen „Trauerweges". Einem solchen „Wegbild" liegt zwangsläufig das Verständnis zugrunde, dass der Trauernde die Neuschaffung von Struktur und Ordnung, die aufgrund dieses Verlustes notwendig geworden, niemals auf einen Schlag zu leisten imstande ist, sondern dass dieses immer nur schrittweise erfolgen kann.[772] Der Mensch selbst ist Weg, ein Werdesein, ein Wanderer, so wurde an anderen Stellen gesagt, und damit ist impliziert, dass das Bild des Weges immer auf Bewegung verweist. Dabei darf jedoch nicht nur der Weg an sich gesehen werden, denn „Weg allein ist ohne Sinn. Kein Weg ohne Ort, von dem er kommt und zu dem er geht. Nur Weg ist, was die Griechen cháos nannten, die Gegenwelt zu kósmos"[773]. Dies bedeutet, dass es für den Hinterbliebenen unabdingbar ist, am Tod des geliebten Menschen anzuknüpfen, diesen wahrzunehmen, den Verlust zu realisieren, um so dem Aufruf „Werde, der du bist!" nachkommen zu können. Sind diese beiden Bezugspunkte „Woher komme ich?" und „Wohin gehe ich?" als implizite Leitlinien auf dem Trauerweg zugegen, dann kann dieser aus der Finsternis ins Licht, aus der Verzweiflung in die Hoffnung und aus der zerrissenen Identität heraus in die Selbst-Werdung führen. Der hierbei stattfindende Prozess der Auseinandersetzung mit der eigenen Trauer ist kräftezehrend und mühe-

---

lösung der Trauer, Strukturierung, Anerkennung der Realität, Entscheidung zum Leben, Aussprechen von gesellschaftlich unakzeptablen Gefühlen und Erfahrungen, Bewertung des Verlustes, Inkorporation des Toten, neue Lebensorientierung." Vgl. auch *James William Worden,* Beratung und Therapie in Trauerfällen. Ein Handbuch. Stuttgart, 1986 S. 19-25, der diese acht Aufgaben modifiziert und zu vier Aufgaben zusammenfasst: Den Verlust als Realität akzeptieren, den Trauerschmerz erfahren, sich anpassen an eine Umwelt, in der der Verstorbene fehlt, emotionale Energie abziehen und in eine andere Beziehung investieren. 1991 modifiziert *Worden* die postulierten Traueraufgaben, indem er Aufgabe zwei und vier umformuliert. Aufgabe zwei impliziert „Den Trauerschmerz erfahren und durcharbeiten", Aufgabe vier beinhaltet: „Dem Verstorbenen emotional einen neuen Platz zuweisen und das eigene Leben wieder aufnehmen." *Worden* gleicht sich mit der Umformulierung der neueren Trauerforschung an. Aufgabe zwei enthält den Zusatz der Aktivität, und Aufgabe vier weist darauf hin, dass es nicht zum völligen Ablösen vom Verstorbenen kommen kann, sonder dass zu einer veränderten Beziehung mit ihm gefunden werden soll. Vgl. hierzu *Ruthmarijke Smeding, Eberhard Aulbert,* Trauer und Trauerbegleitung in der Palliativmedizin, S. 868. In: *Eberhard Aulbert, Detlev Zech* (Hrsg.), Lehrbuch der Palliativmedizin. Stuttgart, New York 1997, S. 866-878. Vgl. hierzu auch Paul, 2000, S. 130. Vgl. auch *Chris Paul* (Hrsg.), Neue Wege in der Trauer- und Sterbebegleitung. Hintergründe und Erfahrungsberichte für die Praxis. Gütersloh 2001, S. 27, die darauf verweist, dass die wesentlichen Änderungen, die *Worden* vorgenommen hat, nicht in die deutschsprachige Ausgabe der Neuauflage übernommen worden sind.

[771] Vgl. *Romano Guardini,* Grundlegung der Bildungslehre. Versuch einer Bestimmung des Pädagogisch-Eigentlichen. Mainz 2000, S. 55. Vgl. hierzu auch *Nietzsche,* 1964, S. 201: „Wir haben uns über unser Dasein vor uns selbst zu verantworten; folglich wollen wir auch die Steuermänner dieses Daseins abgeben und nicht zulassen, daß unsere Existenz einer gedankenlosen Zufälligkeit gleicht."
[772] Vgl. *Lindemann,* 1985, S. 114.
[773] *Gerd Irrlitz,* Das Bild des Weges in der Philosophie. Abschiedsvorlesung, 11. Juli 2000, S. 4. Humboldt-Universität zu Berlin, Philosophische Fakultät I, Institut für Philosophie. Url: http://doch-ost.rz.hu-berlin.de/humboldt-vl/irrlitz-gerd-2000-07-11/PDF/Irrlitz.pdf (17.07.04).

voll.[774] Er kann vom Betroffenen als eine Gradwanderung zwischen den Extremen selbstisolierendem Rückzug (Fixierung) und aktionistischem Bestreben (Zerstreuung), die Lücke, die der Tod gerissen hat zu schließen, erlebt werden. Insofern kann durchaus gesagt werden, dass „Trauer (…) seelische Schwerstarbeit [ist] und sehr viel Zeit"[775] braucht.

Wenn wir nun im weiteren Verlauf den Trauerweg des Hinterbliebenen in seiner Prozesshaftigkeit nachzeichnen und entfalten wollen, so soll dies keinesfalls bedeuten, dass dieser linear sei, beziehungsweise dass der Weg, den der Trauernde beschreitet, im einmaligen Durchlaufen von „Stufen"[776] abgearbeitet sei. Anders gesagt: „Trauer ist nicht etwas, was entweder immer nur anwesend oder immer abwesend ist. Sie kann zurückkehren, zur erneuten Auseinandersetzung einladen."[777] Der Trauerprozess muss deshalb verstanden werden als ein kontinuierliches und wiederkehrendes Geschehen in der Zeit, das spezifische Aufgaben enthält, dessen Phasen[778] ineinander verzahnt sind, und das im großen Sinnzusammenhang der Selbst-Werdung steht.

Zusammenfassend kann an dieser Stelle formuliert werden, dass der erlittene Verlust die implizite Forderung an den Hinterbliebenen enthält, sich mit seiner Trauer auseinanderzusetzen. Er muss aktiv und selbstverantwortlich den mühevollen und zeitzehrenden Weg des Strukturierens und Ordnens gehen, das heißt er ist aufgefordert Trauerarbeit zu leisten. Dies freilich muss er auf seine je eigene Art und Weise tun, wobei die gesellschaftlichen Rahmenbedingungen immer beeinflussend wirken. Bedeutsam erscheint, dass „auf dem gesamten Weg des Trauerns, (…) immer wieder die Auseinandersetzung mit der schmerzhaften Realität ermöglicht wird. Um über einen sol-

---

[774] Vgl. hierzu *Zwierlein*, 1989, S. 59, der hervorhebt, dass „inneres Werk immer auch Anstrengung heißt". Vgl. auch *Illhardt*, 1982, S. 319, der die Trauer als „wirkliche innere Arbeit" bezeichnet.

[775] *Rita Lüdicke,* Trauerseminar. In: Lebendige Seelsorge, 1995, J. 46, Nr. 6, S. 331. Vgl. hierzu auch *Scheler*, ²1963(a), S. 48, der hervorhebt, dass der Mensch im Laufe der Menschheitsgeschichte immer nach Wegen der *Leidbegegnung* gesucht hat, die sich in sieben Haupttypen klassifizieren lassen: 1. der Weg der Leidensvergegenständlichung und Resignation; 2. der Weg der hedonistischen Leidensflucht; 3. der Weg der Leidensabstumpfung bis zur Apathie; 4. der Weg des heroischen Kampfes und der Leidensüberwindung; 5. der Weg der Leidensverdrängung und der illusionistischen Leidensleugnung; 6. der Weg der Justifizierung durch Auffassung allen Leidens als Strafleidens; 7. der Weg der christlichen Leidenslehre.

[776] Vgl. hierzu *Parkes*, 1974, S. 109f., der darauf aufmerksam macht, dass sich der Trauerprozess in einer Art Stufensequenz vollzieht, dessen Ziel es ist, „neue Lösungen zu erlernen und neue Wege zu finden, mit denen Geschehnisse innerhalb des Lebensraums vorhergesehen und kontrolliert werden können". Die Reversibilität der Stufen ist jedoch auch bei *Parkes* als Gedanke enthalten.

[777] *Smeding*, 1998, S. 22. Vgl. *Lohner*, 1994, S. 69f: „Immer wieder fällt man in diese dunklen Löcher aus überwältigender Sehnsucht, Angst und Verlassenheit. Was solche Einbrüche auslöst, ist gar nicht vorherzusehen. (…) es gibt hundert Anlässe am Tag, wodurch alles wieder aufbrechen kann." Vgl. auch *Lewis*, ⁵1998, S. 6: „Dann kommt ein plötzlicher Stich rotglühender Erinnerung – und die ganze <gesunde Überlegung> verschwindet wie eine Ameise in der Mündung eines Schmelzofens. Der Rückfall wirft einen in Tränen und Pathos."

[778] Wenn in dieser Studie von „Trauer-Phasen" gesprochen wird, so geschieht dies jeweils unter größter „Vorsicht". Phasen des Trauerns können immer nur unter dem Blickwinkel der Annäherung an das, was der trauernde Mensch erlebt, betrachtet werden. Es gibt eine Vielzahl von Phasenmodelle, die unterschiedliche Schwerpunktsetzungen haben, aber allen ist eines gemeinsam: „Der Wunsch, die aufgebrachten und widersprüchlichen Erfahrungen nach dem Tod eines vertrauten Menschen zu ordnen." Dieses Anliegen kann von Phasenmodellen nur ansatzweise erfüllt werden. Vgl. hierzu *Paul,* 2001, S. 24.

chen Verlust hinwegzukommen, gibt es keinen Weg an der Trauer vorbei, es gibt nur einen Weg durch die Trauer hindurch"[779]. Mit *Jaspers* kann formuliert werden: „Die Härte des Wirklichen zu erfahren, ist der einzige Weg, um zu sich zu kommen."[780] Sich mit der schmerzhaften Realität auseinanderzusetzen, ruft dazu auf, das Geschehene wahrzunehmen, es zu realisieren, den erlittenen Verlust und die daraus hervorquellende Trauer zu erkennen und schließlich anzunehmen, denn „Trauer findet immer einen Ausdruck, auch wenn wir sie daran hindern. Dann zeigt sie sich im Schweigen als falscher Ausdruck, und die echte Trauer bleibt im Körper und wirkt sich im Untergrund und ohne unser Wissen zerstörerisch aus"[781].

3.2.1 Der Weg der Selbst-Wahrnehmung

„In der Trauer ist ein Stück Liebe zurückgeblieben. Deshalb will ich sie nicht preisgeben. Aber sie engt mich ein und versperrt mir den Weg in die Zukunft. Sie hindert mich weiter zu reifen und versucht mich, meinen Aufgaben auszuweichen. Anna hat ihren Weg vollendet. Sie hat ihr diesseitiges Leben erfüllt. Ich muss weitergehen."[782]

Anhand der Trauer des *Augustinus* nach dem Tod seines Jugendfreundes wurde deutlich, wie sehr der erlittene Verlust das Ich des Hinterbliebenen verwundet, seine Weltorientierung ins Schwanken gebracht und seine Zukunftsperspektive versperrt hat. Zurückgeblieben in tiefer Einsamkeit, wie gelähmt und erstarrt, will – und kann – er das Geschehene zunächst nicht wahrhaben.[783] Mit dem eingetretenen Tod ist das Vertraute und Bekannte, das Sagbare und Anschaubare der eigenen Wahrnehmung und Bewusstheit entzogen, mit der Konsequenz, dass die Realität des Geschehens kaum akzeptiert und angenommen werden kann.[784] Wie in einem Vakuum, abgeschlossen von der Mitwelt sowie von sich selbst, gefangen in einer Art „Schockzustand", scheint es dem

---

[779] *Christoph Zimmermann-Wolf,* „Viel Weinen und Wehklagen – Rachel trauert um ihre Kinder ...", S. 324. In: Lebendige Seelsorge. Würzburg 1995, J. 46, Nr. 6, S. 324-327. Die mannigfachen Trauerphasenmodelle, die in der „Trauerliteratur" unter unterschiedlichen Gesichtspunkten dargestellt werden, haben versucht, diesen Weg in seiner Facettenhaftigkeit zu fassen und sollen – unter Berücksichtigung der Anmerkung in FN 778 dieser Studie – im weiteren Verlauf zur Darstellung des Prozesses herangezogen werden.
[780] *Jaspers,* [5]1979, S. 167.
[781] *Canacakis,* [3]1989, S. 24.
[782] *Rey,* 1998, S. 125.
[783] Vgl. *Kast,* [20]1999, S. 71f. Die Psychotherapeutin und Lehranalytikerin *Verena Kast* hat ein vierphasiges Modell des Trauerns entwickelt, dessen erste Phase die „Phase des Nicht-wahrhabenwollens" ist. Gehen wir mit ihr davon aus, dass der betroffene Mensch in dieser Zeit durch Empfindungslosigkeit und Starre gekennzeichnet ist, dann können wir ebenfalls sagen, dass diese Periode gleichzeitig auf ein „Nicht-wahrhaben-können" verweist: Der Trauernde kann den Verlust nicht „wahr-haben", er hält ihn für „un-wahr".
[784] Vgl. *Parkes,* 1974, S. 90. Vgl. hierzu auch *Simone de Beauvoir,* Die Zeremonie des Abschieds und Gespräche mit Jean Paul Sartre. August-September 1974. Reinbek bei Hamburg 1983, S. 163, nach dem Tod *Sartres:* „Ich nahm nichts wahr. Ich war mehr oder weniger betäubt vom Valium und gestrafft in dem Willen, nicht zusammenzubrechen."

Zurückbleibenden unmöglich, das Unsagbare als Realität wahrzunehmen.[785] Das Ich des Trauernden befindet sich in einem nahezu unlösbaren Zwiespalt: Einerseits soll es in Aufmerksamkeit und Bewusstheit Integrationsarbeit leisten und dabei sein „Selbst" entfalten. Es soll sich selbst erkennen, wozu es der „möglichst unmittelbaren Wahrnehmung [der eigenen, S.B.] Bedürfnisse, Wünsche, Sehnsüchte, die körperlicher, sozialer und geistiger Natur sind"[786] bedarf. Andererseits ist es durch den erlittenen Verlust in seiner Aufnahmebereitschaft und Integrationsfähigkeit entkräftet, erschöpft und nicht imstande, diese geforderte Selbst-Wahrnehmungsarbeit zu leisten.

Der Wahrnehmungsprozess eines trauernden Menschen ist – wie prinzipiell bei jedem Menschen – durch einen gewissen Selektionsmechanismus geregelt, weil nicht alles, was wahrgenommen wird, der geistigen Verarbeitung unterliegt. Das heißt, der Wahrnehmung liegt immer die Tätigkeit des „Auswählens" zugrunde[787], die mit einer Reduktion von Komplexität einhergeht. Wenn wir mit *Parkes* „die Entwicklung eines Wahrnehmungsmechanismus, der darauf eingestellt ist, das eine zu sehen und das andere zu ignorieren"[788] als eine für jedes Verhalten notwendige Aktivität betrachten, dann gilt dies entsprechend für den Trauernden. Gerade in der Situation der Trauer kann der Vorgang des selektierenden Ausblendens zunächst im Sinne einer schützenden Funktion verstanden werden, als „eine Art eingebauter Schutzmechanismus, der sicherstellt, daß wir das tun können, was in den ersten Tagen getan werden muß"[789]. Kraft der Fähigkeit zur Selektion „fängt" der Trauernde die Wucht des Schmerzes gewissermaßen ab und kann sich auf diese Weise eine kleine „Schonfrist" einräumen.[790] Und nicht zuletzt können wir sagen, dass der Schutzmechanismus auch bezogen werden kann auf den in Kapitel 2.2.10 dargestellten Wunsch, dem geliebten Menschen nachzusterben. Dort wurde gezeigt, dass das Verhalten des Menschen zum Leben grundsätzlich einen zwiespältigen Charakter aufweist. Es enthält nicht nur den Willen zum Bestehen, sondern auch den zum Sterben. Aufgrund des Schutzmechanismus kann der Trauernde sozusagen davon abgehalten werden, dem Drang des „Nachsterbens" zu erliegen.[791]

Trauernde Menschen sind nach dem erlittenen Verlust vielfach nicht in der Lage, die Komplexität des Verlustes in ihrer ganzen Konsequenz und Härte wahrzunehmen, einzuordnen, einzugrenzen, zu verstehen und sich in (selbst)verantwortlicher Weise damit auseinanderzusetzen. Um dieser Anforderung gerecht zu werden, benötigt der Zurückbleibende Zeit, Zeit um in der veränderten Situation anzukommen. Diese Forderung bedeutet nicht, „auf die alle Wunden heilende Zeit zu verweisen, die alles

---

[785] Vgl. *Artzi-Pelossof*, 1996, S. 31: „Wir waren wie erstarrt. Der Schock hatte uns in einen Zustand versetzt, in dem wir nicht wußten, was wir mit uns anfangen sollten."
[786] *Müller*, 1986, S. 121.
[787] Vgl. *Parkes*, 1974, S. 61.
[788] Ebenda, S. 62.
[789] *Lynn Caine*, Und plötzlich stehst du allein. Rat und Hilfen für Witwen. Hamburg 1990, S. 12.
[790] Vgl. *Palmen*, 2001, S. 361, unmittelbar nach dem Tod ihres Partners: „Da brodeln Bilder, die sich aufdrängen wollen, die Bilder vom Morgen, von vor wenigen Stunden, doch sie kommen mit soviel Schmerz daher, daß sie nicht eingelassen werden können und auf dem Absatz kehrtmachen müssen."
[791] Es ist zu bedenken, dass dieser Schutz, der den Trauernden wie eine Glasglocke von allem abschirmt, bei anhaltender Dauer auch eine Art Gefängnis sein kann, da er den Trauernden am „Weitergehen" hindert. Vgl. hierzu *Paul*, 2000, S. 55.

Schwere wieder vergessen macht"[792]. Es ist ein Trugschluss darauf zu warten, dass der Schmerz weicht, weil das Gedächtnis allmählich matt wird.[793] Sie ist vielmehr ein Mahnruf, der darauf verweist, dass der Trauernde, um mit Bewusst- und Entschiedenheit in die veränderte Situation eintreten zu können, des rechten Augenblickes, des so genannten „Kairos"[794] bedarf. Er muss „den Kairos erkennen, [um zu] sehen, wann etwas an der Zeit ist"[795]. Dieser Moment kann immer nur vom betroffenen Menschen selbst, also individuell erfasst werden, denn „sobald man Lebendiges zwingen will, verkümmert es. Es muß Zeit haben"[796].

Der hier aufgezeigte Gedankengang bietet auch einen Erklärungsansatz dafür, dass der Trauernde in seinem „namenlosen Schmerz"[797] zunächst nur den Verlust als solchen und nicht die ganze Verlustdimensionalität auf sich selbst bezogen wahrnimmt.[798] Dies bedeutet, dass der Wahrnehmungsvorgang als Teil des Prozesses verstanden werden kann, in dem der Trauernde seinen Verlust schrittweise realisiert, denn „niemand kann auf einen Schlag die Realität eines derart massiven seelischen Ereignisses, wie es ein großer Verlust ist, <in sich aufnehmen>"[799].

Der stattfindende „Realisierungsprozeß"[800], der bei *Parkes* als einer der Hauptaspekte einer Verlustreaktion gilt, wird charakterisiert als „die Art und Weise, in der eine Person nach einem Verlust von der Leugnung oder Vermeidung der Anerkenntnis des Verlusts dazu übergeht, den Verlust zu akzeptieren"[801]. In diesem Prozess, der den gesamten Trauerweg begleitet[802], leistet der Hinterbliebene Trauerarbeit, die von *Parkes*

---

[792] *Bollnow*, 1966, S. 66. Vgl. hierzu auch *Rilke*, 1970, S. 16, der in einem Brief vom 6. Januar 1923 an die Gräfin Sizzo darauf hinweist, dass die Zeit nicht tröstet, sondern höchstens einräumt und ordnet. Vgl. hierzu auch *Tom Crider*, Der Trauer Worte geben. Der Weg eines Vaters durch Trauer und Schmerz. Bern, München, Wien 1999, S. 74: „Er hat gedacht, die Zeit würde ihn heilen, die Qual würde allmählich nachlassen, doch er lernt, daß die Trauer eine Flut ist, die für eine Weile zurückweicht und dann wieder heranbraust, um ihn zu ertränken."

[793] Vgl. *Spranger*, ³1965, S. 217.

[794] Vgl. hierzu *Johannes Hoffmeister*, Wörterbuch der philosophischen Begriffe. Hamburg ²1955, S. 340: Kairos ist „der Augenblick, in dem Entscheidungen zu treffen oder sichtbar sind, und allein getroffen oder sichtbar werden können."

[795] *Spaemann*, ²1998, S. 122.

[796] *Guardini*, ⁶2001, S. 128.

[797] *Bollnow*, 1966, S. 61.

[798] Vgl. hierzu *Illhardt*, 1982, S. 217, der deutlich macht, dass in aller Selektivität der Wahrnehmung immer auch schon ein Verweis liegt „auf das Andere, das dem Subjekt fremd und unzugänglich bleibt".

[799] *Parkes*, 1974, S. 156. Vgl. hierzu auch *Freud*, ⁸1991(c), S. 431: „Das Normale ist, daß der Respekt vor der Realität den Sieg behält. Doch kann ihr Auftrag nicht sofort erfüllt werden."

[800] Vgl. *Parkes*, 1974, S. 203.

[801] Ebenda.

[802] Das in dieser Studie intendierte Verständnis des „Realisierungsprozesses" geht damit über eine bestimmt abgegrenzte Phase hinaus, wie dies zum Beispiel bei *Worden*, 1986, dargestellt wird. Bei *Worden* besteht die erste Aufgabe der Trauerarbeit darin, zu realisieren, dass der geliebte Mensch tot ist und nicht mehr zurückkehren wird. Auch in den Ausführungen von *Lammer*, ³2004, S. 260f., wird die Realisation als eine von mehreren Aufgaben dargestellt, die sich auf die Realisierung des eingetretenen Todes beschränkt. Es gibt jedoch im Verlaufe des Trauerprozesses eine Vielzahl von Verlusten und Vermissungen, die es zu realisieren gilt, sodass der Aspekt der „Realisierung" zwar in der „perimortalen Phase" initiiert wird, jedoch als begleitender Aspekt des gesamten Trauerwegs erscheint. Bei *Parkes*, 1974, S. 78, lassen sich Hinweise darauf finden, dass der Prozess der Realisierung der Reversibilität unterliegt. Er zitiert Witwen, die ein Jahr nach dem

definiert wird als „jener Lernprozeß, bei dem jede Veränderung, die von dem Verlust herrührt, schrittweise realisiert (wirklich gemacht) und ein frischer Satz von Weltvoraussetzungen aufgestellt wird"[803]. Der Wahrnehmungsprozess eines trauernden Menschen, also der Prozess, in dem sich der Hinterbliebene seines erlittenen Verlustes schrittweise „gewahr-wird" drückt sich in seinem Verhalten[804] aus und vollzieht sich stufenweise: Einerseits ist die Wahrnehmung objektgerichtet (extrinsisch) und andererseits ist sie nach innen gerichtet (intrinsisch).

Zunächst nimmt der Trauernde nur den Schmerz wahr, der ausgelöst wird durch das „Nicht", das „Nicht-Mehr", das „Nie-Wieder". Es ist ein nach außen gerichtetes Wahrnehmen, das auf das Verlorene blickt.[805] In diesem Wahrnehmungsmodus steht das „Nichts" als eine Art objektiver Nihilismus im Vordergrund. Der Trauernde denkt nicht direkt also unmittelbar an sich, sondern er sieht nur das ihm Entzogene, das, was ihm durch den Tod verloren gegangen ist.[806] Diese Reaktion tritt nahezu automatisch ein. Er erlebt den Verlust seiner Wirklichkeit, seiner Realität als größte Bedrängnis, die ihm keinen Raum zur Verarbeitung und geistigen Einordnung des Verlustes gewährt.[807] Der Mensch, der getrieben ist von einer Sehnsucht nach Raum, Behaustheit, Geborgenheit, empfindet sich angesichts dieser Bedrängnis und Raumlosigkeit „schutz- und haltlos einer ihm fremdartigen, drohenden und unsicheren Welt ausgeliefert"[808]. Die hier empfundene Machtlosigkeit erzeugt eine Entfremdung des Trauernden von sich selbst. In dieser Stufe der Trauer, in der gewissermaßen alle Wirklichkeitsbezüge des Menschen berührt werden, in der „vitale Aktivitäten erlahmen, rationales Handeln gestört ist, personale Beziehungen zerbrechen [und] religiöse Bindungen, wie die an einen lieben Gott pervertiert werden"[809], kann die zuvor beschriebene Phase der Betäubung eingeordnet werden. Bleibt die Trauer in solchem Augenblick stecken, dann lässt sie „dem Menschen keinen Spielraum, keine Entfaltungsmöglichkeit und keine Geschichte mehr"[810] offen. Die Trauer kann sich in ihrer Tendenz zur Eindimensiona-

---

Verlust immer noch angaben „manchmal einfach nicht glauben zu können, was geschehen war." Vgl. hierzu auch *Spiegel,* ⁴1981, S. 100, der ausführt, dass im Verlaufe des Trauerprozesses „immer weitere Dinge entdeckt [werden], die mit dem Tod des Nächsten verloren gegangen sind."

[803] *Parkes,* 1974, S. 156. Vgl. ebenda, S. 111: „Einen neuen Anfang machen, das bedeutet neue Lösungen zu erlernen und neue Wege zu finden, mit denen Geschehnisse innerhalb des Lebensraums vorhergesehen und kontrolliert werden können."

[804] Vgl. hierzu *Illhardt,* 1982, S. 120, der Verhalten definiert als „jede bewußte oder unbewußte Einstellung des Menschen auf seine Situation".

[805] Vgl. *Bollnow,* 1966, S. 67.

[806] Für diesen objektiven Nihilismus gibt es eine Reihe von Beispielen, die der Veranschaulichung dienen können: Der Trauernde ist beispielsweise konfrontiert mit dem leeren Platz am Tisch, dem leeren Bett, das Auto, das nicht mehr gefahren werden kann, das angelesene Buch, das der Verstorbene nicht mehr zu Ende lesen kann, aber auch mit der Zukunft, die arm und leer erscheint. In der Literatur finden sich auch immer wieder Hinweise auf die „heimliche Gegenwart" des Verstorbenen, die sich in Träumen, Berührungen oder Stimmungen äußert. Dieses Phänomen kann von Trauernden als beruhigend oder unheimlich, aber auch als anstrengend erfahren werden, da der Widerspruch zwischen der realen und totalen Abwesenheit des geliebten Menschen im alltäglichen Leben und seiner Anwesenheit in der Vorstellung „das Bewußtsein von ihrem Fehlen in der alltäglichen Außenwelt" vertieft und auf Leere verweist. Vgl. *Paul,* 2000, S. 87f.

[807] Vgl. *Illhardt,* 1982, S. 121.

[808] *Bollnow,* ²1955, S. 161.

[809] *Illhardt,* 1982, S. 121.

[810] Ebenda, S. 287.

lität immer weiter verfestigen. Der Trauernde wird nur den erlittenen Verlust beklagen, ohne realiter offen zu sein für eine neue Geschichte. Er wird den Deutungs- und Gestaltungsauftrag der Trauer leugnen.[811] Das heißt der Zustand der Betäubung, der unter dem funktionellen Blickwinkel der punktuellen Stabilisierung betrachtet werden konnte, droht nun einem „Vertotungsprozeß"[812] ausgesetzt zu werden.

Drängt sich dem Trauernden jedoch mit fortschreitender Zeit die Frage auf: „Bist du es wirklich, [dem] dies zugestoßen ist?"[813], dann kann die Eindimensionalität und die Objektgerichtetheit, die nur auf das verloren Gegangene gerichtet ist, aufweichen. Erst wenn der Mensch sich dies (oder ähnliches[814]) fragt, kann „Wirklichkeit zum Anspruch werden."[815] Erst dann kann der Trauernde seinen Weg der Realisierung weitergehen und, indem er sich selbst wahrnimmt, die darin aufscheinenden Aufgaben aufgreifen, denn Wahrnehmung ist nie beziehungslos, sondern impliziert immer auch Sinn- und damit (Selbst-) Verantwortungsbeziehungen.[816]

Im Vorhergehenden wurde herausgestellt, dass das Selbst eine Größe ist, die nicht verobjektiviert und somit auch nicht in ihrer ganzen Fülle wahrgenommen werden kann. Das, was der Trauernde nun wahrnimmt, ist – so haben wir gesagt – die Transformation der selbsthaften Teile, nie ist es das Selbst an sich. Immer bleibt ein Rest von Intransparenz zurück. Aber durch die Frage: „Bist du es wirklich, [dem] dies zugestoßen ist?" wird ein Selbstbezug herstellt, wird die nach innen gerichtete Wahrnehmung[817] eingeleitet, das heißt der Blick auf das „Selbst" gerichtet. Der Trauernde beginnt wahrzunehmen, dass er selbst es ist, der diesen Verlust erlitten hat. In dieser Selbst-Wahrnehmung richtet er den Blick nach innen und nimmt sich in seiner ganzen Leere und Einsamkeit war.[818] Der Hinterbliebene hat einen geliebten Menschen verloren. Anerkennen wir die Liebe als „eine geradezu existenzsetzende Kraft"[819], die auf Erhaltung des Geliebten im Sein, auf Zuerteilung des Lebensrechtes, auf Daseinsermächtigung bis hin zur Negation des Todesschicksals und der Sterblichkeit drängt[820], dann

---

[811] Vgl. ebenda.
[812] *Zwierlein*, 2001, S. 201.
[813] *Schenk*, 1998, S. 156.
[814] Ähnliche Fragen wären: „Wie konnte mir das zustoßen?", „Was für einer bin ich denn, dass mir das zustoßen konnte?"
[815] *Illhardt*, 1982, S. 117.
[816] Vgl. *Böckmann*, 1989, S. 170.
[817] Wenn hier von „nach innen gerichteter Wahrnehmung" gesprochen wird, dann ist diese nicht gleichzusetzen mit „innerer Wahrnehmung", sondern es geht darum, dass der Mensch mittels seiner Wahrnehmensmöglichkeiten auf sein „Selbst" blickt, dass er sich selbst wahrnimmt als den Menschen, dem dieser schreckliche Verlust zugestoßen ist. Vgl. hierzu *Scheler*, [6]1955, S. 227: „Häufig finden wir Selbstwahrnehmung (…) mit innerer Wahrnehmung gleichbedeutend gebraucht. Offenbar ohne jedes Recht. Denn soll das „Selbst" hier den individuellen Gegenstand der Wahrnehmung bedeuten, so dürfte man nur dann sagen, daß eine innere Wahrnehmung stets mit einer Selbstwahrnehmung zusammenfiele, wenn es gar keine seelischen Tatbestände gäbe, ohne eine unmittelbar anschauliche Beziehung auf das individuelle Ich des Wahrnehmenden gegeben wären."
[818] Vgl. hierzu *Buber*, [6]2000, S. 22: „Im Eis der Einsamkeit wird sich der Mensch am unerbittlichsten zur Frage, und eben daher, da die Frage grausam sein Heimlichstes aufruft und ins Spiel zieht, wird er sich zu Erfahrung."
[819] *Pieper*, 1972, S. 46. Vgl. ders., ebenda, S. 42-45, der auf eine Reihe von Autoren verweist, die der Liebe diese Kraft zuerkennen.
[820] Vgl. ebenda, S. 46.

wird auch hier das „Nichts" spürbar. Liebe zielt in gewisser Weise auf Einswerdung ab, sie konstituiert ein „Wir"[821] und sie bejaht den Anderen: „Wie gut, dass es dich gibt". Mit dem Tod zerreißt das „Wir", und die dem anderen zugewendete Bejahung läuft ins Leere, ins „Nichts". Der Trauernde fängt an zu sehen, auf welch „brüchigen Fundamenten sein Dasein bisher aufgeruht hat, ohne daß es ihm zum Bewußtsein gekommen war"[822]. Haben wir in Bezug auf die nach außen gerichtete Wahrnehmung von einer Art objektivem Nihilismus gesprochen, so können wir hier eine Art subjektiven Nihilismus postulieren.

Äußere und innere Leere. „Nichts", wohin der Trauernde schaut.[823] Äußere und innere Realität werden nicht mehr als von einander Geschiedene betrachtet, sondern werden zueinander in Beziehung gesetzt. Der Trauernde befindet sich in dieser nihilistischen Phase sozusagen in einer Art „pathologischem Zwischenzustand"[824], der den Aufbruch zu einem nächsten Schritt überhaupt erst möglich macht. Angesichts des „Nichts", das der Trauernde im Erlebnis der Grenzsituation „Tod" erfährt, empfindet er in existentieller Weise Angst. Er sieht sich in eine abgründige Leere und Verlassenheit hineingestellt, die ihn dazu „zwingt, zu sich selbst zu kommen und die Freiheit der Existenz zu entdecken"[825].

Zu sich selbst kommen setzt voraus, den Blick nach innen zu wenden und sich selbst in seiner Trauer, in seinem ganzen Schmerz wahrzunehmen. Hierzu bedarf es sowohl der Bereitschaft als auch der Fähigkeit, sich zu öffnen und aufmerksam zu sein für das was ist.[826] Es fordert den Trauernden auf „sehen zu lernen"[827], das heißt hinzuschauen, das Ganze zu sehen: „Sehenlernen umgreift zugleich den Betrachter, der sieht,

---

[821] Vgl. *Philipe*, ²2001, S. 46: „Wir klangen zusammen wie zwei Stimmen einer Fuge, und nichts konnte das beeinträchtigen. Es gab dich, mich und jenes ‹wir›, das nicht nur du *und* ich war, das im Entstehen war, das über uns hinauswachsen und uns beide enthalten würde."

[822] *Wust*, 2002, S. 64.

[823] Der Trauernden ist einem Nihilismus ausgesetzt, der alles umfasst, nicht nur die äußere und innere Leere, sondern auch die Frage, wie das plötzliche Entschwinden der geistigen Person des geliebten Menschen gedeutet werden kann. Was geschieht mit dem geliebten Menschen nach seinem Tod? Nach *Landsberg*, 1973, S. 33, zielen die jeweiligen Deutungsversuche nicht auf Vernichtung, sondern sie gleichen dem „Aufgehen einer Beunruhigung, die einer offenen Frage gleicht." Vgl. ders., ebenda, S. 51: „Der Tod als *absolutes Ende* des Menschen dagegen ist eine inhaltlose, nur worthafte Idee, der selbst in der äußeren Beängstigung vor dem Tode keine Erfahrung entspricht. Es gibt keine Erfahrung vom <Nichts>."

[824] *Friederich Nietzsche*, Nachgelassene Fragmente, 1885-1887, S. 351. In: *Georgio Colli* und *Mazzino Montinari* (Hrsg.), Kritische Studienausgabe, Band VII. München 1999.

[825] *Ernst Behler*, Nachwort. Die drei Stadien in der Entwicklungsgeschichte des Existenzialismus, S. 272. In: *Marcel*, 1954, S. 259-302.

[826] Vgl. hierzu *Jaspers*, ⁵1979, S. 189: „Die Bewußtheit dessen, was ist, gewinnt der Mensch erst durch sein Selbstsein in einer Welt, in die er engagiert ist." Vgl. hierzu *Siegfried Kettling*, Zwischen Trauer und Trost. Vom Umgang mit dem Leid. Gießen 1995, S. 9: „Grenzerfahrungen machen sehend, mahnen an das, was wirklich ist. Damit sind sie nicht das Abseitige, das schlechthin Exzeptionelle, die Ausnahme, die nur wenige <an-geht>, sondern sie haben Paradigmatisches an sich, besitzen hermeneutische Kraft: Sie dienen der Wirklichkeitserschließung, denn sie lassen erfahren, daß menschliche Existenz wesenhaft an der Grenze geschieht."

[827] *Rainer Maria Rilke*, Die Aufzeichnungen des Malte Laurids Brigge. In: Ders., Gedichte und Prosa. Köln 2002, S. 92: „Ich lerne sehen. Ich weiß nicht, woran es liegt, es geht alles tiefer in mich ein und bleibt nicht an der Stelle stehen, wo es sonst immer zu Ende war. Ich habe ein Inneres, von dem ich nichts wußte. Alles geht jetzt dort hin. Ich weiß nicht, was dort geschieht."

den Betrachteten, der gesehen wird, und die Betrachtung, die Art des Sehens."[828] Transkribieren wir diese Aussage in Hinblick auf die Trauersituation, so zeigt sich folgende Ordnung: der Betrachter, der sieht, ist der Trauernde. Der Betrachtete, der gesehen wird, ist ebenfalls der Trauernde (hier genauer das Ich des Trauernden), der sich auf sich selbst zurückbeugt, und die Art des Sehens ist hier die Fähigkeit, „aufmerksam und sensibel zu werden"[829] für das Gegebene. Ergänzen wir dies noch mit den Worten *Zwierleins*, „daß das <Sehen von etwas> einem Menschen *Intimität*, ein größeres Realitätsgefühl und eine höhere Erlebnisnähe vermittelt"[830], so zeigt sich, dass in diesem Schritt ein langsames „Zu-sich-selbst-Kommen" stattfindet, das wir in Bezug auf vorher Gesagtes auch als „überraschendes Erwachen" bezeichnen können.[831] Das hier dargestellte „Sehen" erzwingt demnach keine Sichtbarkeit, will nicht zwanghaft aufdecken oder aufklären, sondern es ermöglicht dem „Sehenden", sich auf den Weg in eine Einvernehmlichkeit mit seiner Situation und sich selbst zu machen. Mittels des „Sehens" gelingt es dem Hinterbliebenen, sich selbst als einen Vermissenden zu empfinden. Er nimmt wahr, dass er selbst es ist, dem dieser Verlust widerfahren ist: „Nicht nur der Verlust an Objekten kommt in den Blick, sondern auch der Mensch [sieht sich, S.B.] selber in seinem gebrochenen Stehen zur Wirklichkeit."[832] In den nun einsetzenden Prozess der Selbst-Wahrnehmung drängt sich eine Art Reflexion hinein, eine Spur von Reflexivität, die den Weg des Selbsterkennens vorbereitet und einleitet.

Sich selbst und das, was verloren wurde, wahrzunehmen[833], erfordert vom Hinterbliebenen ein hohes Maß an innerer Arbeit, die immer auch mit einem hohen Grad an Anstrengung verbunden ist.[834] Haben wir vorangehend hervorgehoben, dass wir dasje-

---

[828] *Zwierlein*, 1989/1990, S. 162f. Vgl. hierzu auch die Ausführungen von *Edith Stein*, Wahrheit und Klarheit im Unterricht und in der Erziehung, S. 2. In: *Edith Stein*, Bildung und Entfaltung der Individualität. Beiträge zum christlichen Erziehungsauftrag. Gesamtausgabe, 16: Schriften zur Anthropologie und Pädagogik 4. *Beate Beckmann* (Einl.). *Maria Amata Neyer* und *Beate Beckmann* (Bearb. und Anm.). Freiburg im Breisgau 2001(a), S. 1-8: „Zu jeder Erkenntnis gehört *dreierlei*: ein Objekt oder *Gegenstand*, der erkannt wird, ein *Subjekt* oder ein *geistiges Wesen*, das erkennt, und die *Tätigkeit* oder der *Akt des Erkennens*." Hier wird deutlich, dass „Sehen" und „Erkennen" in einem unmittelbaren Zusammenhang stehen. Das Sehen soll hier im Sinne der schlichten „Anschauung" als erste Stufe des Erkennens gelten, und das Erkennen selbst wird als geistige Tätigkeit, als „*zergliederndes und zusammenfassendes* Denken" verstanden. Vgl. *Stein*, 2001(a), S. 3.

[829] *Zwierlein*, 1989/1990, S. 164.

[830] *Eduard Zwierlein*, Die Lust des Auges. Über die Wirkungen der massenmedialen Scheinwelten. Berneck/Schweiz 1990, S. 37.

[831] Vgl. *Zwierlein*, 1998/90, S. 163: „Und dieses Sehenlernen ist zugleich eine entscheidende Veränderung und Verwesentlichung der Gesamtperson."

[832] *Illhardt*, 1982, S. 121.

[833] An dieser Stelle soll noch auf einen bisher unerwähnt gebliebenen Aspekt der Wahrnehmung aufmerksam gemacht werden. *Paul*, 2001, S. 86f., stellt dar, dass die „Wirklichkeit des Todes" durch immer weitere Wahrnehmungen und Empfindungen zunimmt. Hierzu gehöre auch das Wahrnehmen von Entfernungen. Eine Vielzahl der Trauernden gehe davon aus, dass der Verstorbene nur vorübergehend weg sei. Es würden Assoziationen zu Weltreisen, Dienstreisen etc. gesponnen, die nicht im Sinne von Wahrnehmungsirrungen zu verstehen seien, sondern „als Versuche, die Abwesenheit zu begreifen, indem sie mit Abwesenheiten verglichen wird, die wir kennen".

[834] Vgl. *Zwierlein*, 1989, S. 59. Vgl. hierzu auch *Friederich Nietzsche*, Menschliches, Allzumenschliches. Der Wanderer und sein Schatten, S. 667 (266). In: *Georgio Colli* und *Mazzino Montinari* (Hrsg.), Kritische Studienausgabe, Band II. München 1999, der diese innere Anstrengung bildhaft darstellt: „Ach, es ist viel Langeweile zu überwinden, viel Schweiß nöthig, bis man seine Farben, seinen

nige an uns selbst eher wahrnehmen können, was auch in unserer Umwelt Beachtung findet, so macht *Scheler* hier noch auf einen weiteren Strukturierungsaspekt aufmerksam: die Sprache.[835] In unsere Selbst-Wahrnehmung geht das, was uns als Ausdruckseinheit in der Sprache gegeben ist, sehr viel eher ein, als das „Wortlose", das „Unsagbare".[836] Vergegenwärtigen wir uns hierzu noch einmal die Worte *Mischkes*: „Die menschliche Sprache bezieht sich hauptsächlich auf gemachte Erfahrungen. Da der Tod die totale Verhältnis– und Beziehungslosigkeit ist, liegt er außerhalb der menschlichen Erfahrung, die weitergegeben werden kann"[837], dann wird deutlich, dass der Mensch hier an das Ende seiner Ausdrucksfähigkeit gekommen ist.

An dieser Stelle entsteht die Frage, was den Prozess der Selbst-Wahrnehmung erleichtern beziehungsweise ermöglichen und unter anderem dazu beitragen kann, die Schwierigkeiten der Wortlosigkeit zu überwinden, damit der Vorgang der Selbst-Wahrnehmung nicht im Verborgenen, also der Latenz verhaftet bleibt.[838] Schafft es der Trauernde nicht, sich selbst als Thema der Wahrnehmung zu sehen, das heißt wird es ihm nicht gelingen, den Fokus von der nach außen gerichteten Wahrnehmung auf sich selbst zu verlagern, dann wird er (weiter) in einer Distanz zu sich selbst leben, wird sich selbst ein Fremder bleiben (Selbstentfremdung) und sich – um die Leere, die er verspürt, zu überdecken – den Möglichkeiten der Ablenkung, Verdrängung und Zerstreuung hingegeben.[839] Realisiert sich die Selbst-Wahrnehmung jedoch, dann ist der Trauernde wach für die Gegebenheiten außerhalb seiner selbst und in sich. Er nimmt sich selber wahr und kann sich als Vermissenden erkennen. Als solcher kann er Täuschun-

---

Pinsel, seine Leinwand gefunden hat! – Und dann ist man noch lange nicht Meister seiner Lebenskunst, – aber wenigstens Herr in der eigenen Werkstatt."

[835] Vgl. *Scheler*, 1973, S. 246.

[836] An früherer Stelle wurde konstatiert, dass der Trauernde in einer Welt lebt, die hinsichtlich des Todes und des Sterbens von „Wortlosigkeit" geprägt ist. In diesem Punkt ist ein soziologischer Aspekt enthalten, enthält er doch einen Hinweis darauf, wie sehr Sprache eine Barriere für die Selbst-Wahrnehmung darstellen kann.

[837] *Mischke*, 1996, S. 15. Vgl. hierzu auch *Scheler*, 1973, S. 246f., der in diesem Zusammenhang zwar auf die große Bedeutsamkeit der Dichter verweist, die mit ihren Wortschöpfungen nicht nur die Funktion erfüllen, dass andere ihre Erlebnisse darin wieder erkennen, sondern vielmehr dafür Sorge tragen würden, dass „die übrigen auch an deren eigenen Erleben erst *sehen*, was in diese neuen reiferen Formen des Ausdrucks gehören mag, und sie *erweitern* eben hierdurch die *mögliche* Selbstwahrnehmung der übrigen". Obwohl die Dichter uns mit Hilfe ihrer Sprache möglicherweise tiefer in den Erkenntnisprozess hineingehen lassen und uns die gemachten Erkenntnisse so spürbarer werden, gelingt es auch ihnen nicht dem Tod sein Geheimnis zu „entreißen". Er wird das „Unsagbare" bleiben, das immer mit dem Moment des Nichtwissens verknüpft ist.

[838] Wesentliche Faktoren sind hier Begegnung und Begleitung, die im vierten Kapitel der Studie ausführlich erörtert werden. Es muss dann auch der Frage nachgegangen werden, ob und wie ein Begleitender, der ja demselben soziologischen Kontext angehört, diese Wortlosigkeit überwinden kann. Denn hier stellt sich ja die Frage, ob jener nicht genauso „stumm" ist angesichts der Unfassbarkeit des Todes.

[839] Vgl. hierzu *Pascal*, 1997, S. 264: „Zerstreuung. Da die Menschen nicht Tod, Elend und Unwissenheit heilen konnten, sind sie, um sich glücklich zu machen, auf den Einfall gekommen, nicht daran zu denken." Es sei hier darauf verwiesen, dass sich der trauernde Mensch so überwältigt fühlen kann von seiner Trauer, dass er in der damit einhergehenden Überforderung die eigene Verantwortung bezüglich des Umganges mit seinem Verlust an professionelle Helfer delegiert. Vgl. hierzu *Sigrid Klimbingat*, Gedanken und Erfahrungen zur Trauer im Bereich der Medizin, S. 41. In: Kaleidoskop der Trauer. *Renata Bauer-Mehren, Karina Kopp-Breinlinger, Petra Rechenberg-Winter* (Hrsg.). Regensburg 2003, S. 36-62.

gen über das, was ist, vermeiden und seinen Trauerweg weitergehen. Es scheint, als würde der Trauernde sich hier an einer Wegscheidung befinden: (Sich-selbst-) Sehenlernen oder in Täuschungen bleiben sind die beiden Grenzpunkte, zwischen denen der Trauernde seine Wahlmöglichkeiten entfalten kann.[840] Trifft der Trauernde die Entscheidung zugunsten des „(Sich-selbst-) Sehenlernens", so wählt er sich gewissermaßen selbst. Indem er sich auf sich selbst besinnt, offeriert sich ihm die Möglichkeit, sich seiner selbst inne zu werden, sich selbst in seiner zerbrochenen und aufgegebenen Individualität zu erfassen: Sich selbst zu erkennen.

3.2.2 Der Weg der Selbst-Erkenntnis

> „Wirkliches Erkennen ist nur dort möglich, wo mit dem potentiellen Unendlichkeitsgrunde der Seelentiefe auch die potentielle Seinsgeöffnetheit gegeben ist."[841]

Sich auf den Prozess des „Sehenlernens" einzulassen, und damit den Weg des Selbst-Erkennens zu gehen, setzt voraus, dass sich der Trauernde in der Grenzsituation, im Berühren der Grenze, „aufschließt" für das, was ist. Wir haben mehrfach herausgehoben, dass der trauernde Mensch sich gewissermaßen in einem „großen See der Orientierungslosigkeit"[842] befindet. Das Geschehene taucht facettenhaft in unklaren und unscharfen Bildern vor ihm auf, bedrängt ihn, ängstigt ihn und schafft ein hohes Maß an Verwirrung. Die Fähigkeit des „Sehens" eröffnet dem Trauernden jetzt nicht nur die Möglichkeit, das Geschehene zur „Klarheit"[843] zu bringen, sondern lässt ihn in – wenn auch noch – unbestimmter Weise seine Potentialität und Möglichkeiten wahrnehmen.[844] Das „Ganze", das „was ist", zu sehen, ist einerseits verbunden mit aufbrechenden Gefühlen[845], wie Schmerzen, Unsicherheit und vor allem Angst.[846] Andererseits

---

[840] Zwar wird hier von einer Wahl zwischen den Grenzpunkten gesprochen, es muss jedoch klar sein, dass beide Möglichkeiten in ihrer Reinheit nicht anzutreffen sind: Immer wird dem Trauernden in seinem „Sehen" etwas dunkel und verborgen bleiben, nie kann er sich komplett dem Sehen verschließen.
[841] *Wust*, 2002, S. 42.
[842] *Jülicher*, [4]2003, S. 76.
[843] Vgl. zum Begriff der „Klarheit" die Ausführungen von Edith Stein, 2001(a), S. 4: Um den Begriff der „Klarheit" zu erörtern, so Edith Stein, muss auf die „erste Stufe der Erkenntnis, der schlichten Anschauung, die dem zergliederten Denken zugrunde liegt", zurückgegangen werden: „Stellen wir uns vor, daß wir bei einer Gebirgswanderung in dichten Nebel geraten. Plötzlich taucht vor uns etwas in unbestimmten Umrissen auf, ein großes unheimliches Gebilde, von dem wir noch nicht erkennen können, was es ist. Wir kommen näher. Der Nebel zerteilt sich, und wir sehen in scharfen Umrissen klar und deutlich das (…) Haus vor uns, das das Ziel unserer Wanderung war."
[844] Vgl. *Paul*, 2000, S. 79f., die darauf verweist, dass im Prozess der Trauer der Blick fast ausschließlich auf das verloren Gegangene gerichtet ist und das Wahrnehmen von eigenen Potentialen und Ressourcen darüber in gewisser Weise ausgeblendet wird: „Dabei sind sie die notwendige lebenszugewandte Seite, ohne die wir schwere Krisen und Verluste nicht überleben können."
[845] Vgl. hierzu *Kast*, [20]1999, S. 73-78. Sie beschreibt, wie der Phase der Empfindungslosigkeit die Phase der aufbrechenden Emotionen folgt. Wut, Zorn, Niedergeschlagenheit, Ohnmacht, Angst und Schuldgefühle wechseln sich ab. Die Intensität der aufbrechenden Gefühle stellt *Kast* in Zusammenhang mit Kriterien wie „frühzeitiger Tod", „plötzlicher Tod" oder „unbereinigten Prob-

erfüllt das „Sehen" eine so genannte Brückenfunktion, indem es dem Zurückbleibenden die Möglichkeit eröffnet, mittels des „Gesehenen" ein reflexives Verhalten zur eigenen Trauer zu entwickeln und so der Frage „Wer bin ich?", nachgehen zu können. Die in ihm aufgebrochene Frage: „Wer bin ich?", wird sich dann nicht nur auf seine einmalige und unverwechselbare Individualität beziehen, sondern auf dem Weg der Selbstreflexion wird er auch die Chance erfahren, sich in der Krise „mit seiner eigenartigen, <exzentrischen Personalität>"[847] auseinander zu setzen.[848] Selbstreflexion im hier intendierten Sinne bedeutet deshalb immer einen Weg zu gehen. Dabei kommt es darauf an, „daß und *wie* ich jeweils aus ihr *hervorgehe*, der ich ohne sie nur ein Dasein unmittelbar geistlos und selbstlos führen könnte"[849]. In der Selbstreflexion entzieht sich der Trauernde der Verhaftetheit an seine Situation[850] und kann sich dabei als Mensch begreifen, der eingespannt ist in die Antinomien des Lebens, der zwischen „Gesichertheit und Ungesichertheit"[851], zwischen „Geborgenheit und Ungeborgenheit"[852], in jedem Lebensmoment der hartnäckigen, launischen „Natur der Unberechenbarkeit"[853] ausgesetzt ist. In dieser fundamentalen Erschütterung seines bisherigen Sicherheitsgehäuses erlebt er sich zwar als „Wesen der Kontingenz"[854], erfährt dabei (jedoch) gleichzeitig die Chance, zu erkennen, dass er seine Existenz nur in diesem „unschlichtbare[n] Wi-

---

lemen", da diese das Geschehene noch unbegreiflicher machen. Vgl. auch *Kübler-Ross,* [10]1969, S. 26-53, die der zweiten Phase die Überschrift „Zorn" gibt. Vgl. *Bowlby,* [2]2001, S. 107, der die aufbrechenden Gefühle in der dritten Phase – Phase der Desorganisation und Verzweiflung – ansiedelt. Vgl. *Lindemann,* 1985, S. 111, für den das Akzeptieren der schmerzlichen Gefühle die erste Aufgabe im Prozess der Trauerarbeit darstellt.

[846] Vgl. *Parkes,* 1974, S. 110.
[847] *Illhardt,* 1982, S. 287.
[848] Eine solche Auseinandersetzung berührt neben der Frage „Wer bin ich?" auch die Fragen „Woher komme ich?", „Wohin gehe ich?" bis hin zu der Frage „Wozu das Ganze?" Vgl. hierzu auch *Pascal,* 1997, S. 410 (198/693). Diese Fragen sind letztlich universell. Sie sind Menschen in allen Kulturen, zu allen Zeiten aus einem Moment des „Erwachens" entsprungen und haben ihren gemeinsamen Ursprung in der Suche nach Sinn, den Menschen sich jeher auf der Seele brennt. Die Antworten, die der Mensch – hier der Trauernde – findet, werden maßgeblich die Richtung bestimmen, die sein künftiges Dasein prägt: Uneigentlichkeit oder Eigentlichkeit, Immanenz oder Transzendenz, Dasein oder Existenz. Indem die Antworten, die sich der Zurückbleibende auf seine Fragen gibt, seiner Ver-Antwortung unterliegen, kommt eine ethische, eine selbstregulierende Komponente in die Auseinandersetzung hinein. Allerdings sei schon hier angemerkt, dass monologisches Fragen nur wenig berühren beziehungsweise bewegen kann und der fragende Mensch sein „Erwachen" erst in der dialogischen Situation weitertreiben kann. Dieser Gedanke wird in Kapitel 4 fortgeführt. Die hier angeführten Fragen begegnen uns in einem – als mittelalterlichen „Spruch" klassifizierten – Text, der ohne nachweislichen Autorenbezug in unterschiedlichen Variationen aufgefunden wird und gewissermaßen als anthropologischer Urtext gelesen werden kann: „Ich bin, ich weiß nicht wer, ich komm', ich weiß nicht woher, ich geh', ich weiß nicht wohin, mich wundert, daß ich so fröhlich bin."
[849] *Jaspers,* II, [2]1948, S. 328.
[850] Vgl. *Illhardt,* 1982, S. 287.
[851] *Wust,* 2002, S. 30.
[852] Ebenda, S. 31.
[853] Vgl. ebenda, S. 33.
[854] *Eduard Zwierlein*, Existenz und Vernunft. Studien zu Pascal, Descartes und Nietzsche. Würzburg 2001, S. 102.

derstreit (...) von Augenblick zu Augenblick im Kampfe mit sich selbst"[855] erringen kann.

Sich selbst zu erkennen, ist eine Forderung, die dem Menschen nach dem *Delphischen* Spruch – „erkenne dich selbst" – aufgegeben ist und dem Trauernden sowohl eine innere als eine äußere Ordnung und Strukturierung ermöglicht.[856] „Erkenne dich selbst"[857] heißt in gewisser Weise auch „benenne dich", „gib dir einen Namen"[858] und fordert den Menschen dazu auf, der „Verhüllung des Schweigens"[859] entgegenzutreten. In diesem „Erkenne dich selbst" ergeht der Ruf an den Zurückbleibenden, nicht bei den Äußerlichkeiten zu verharren, sondern den Blick nach innen zu richten. Er wird gewissermaßen auf die *Augustinische* Aufforderung verwiesen: „Geh nicht nach draußen; kehr wieder ein bei dir selbst! Im inneren Menschen wohnt die Wahrheit."[860]

Der Mensch ist in dieser Phase getrieben von dem Bedürfnis, das „Gesehene" zu verstehen, „die Sache richtig zu begreifen"[861]. Das richtige Begreifen, das Richtige begreifen, bedeutet ein Verständnis von dem Geschehen zu gewinnen. Es „umfaßt das Bedürfnis, <einen Sinn> in dem Geschehen zu sehen, es zu erklären, es neben andere vergleichbare Ereignisse einzuordnen, es in die eigene Welterwartung einzufügen"[862],

---

[855] *Wust*, 2002, S. 46.
[856] Vgl. *Pascal*, 1997, S. 221: „Man muß sich selbst erkennen. Wenn das nicht helfen sollte, das Wahre zu finden, so hilft es wenigstens dabei, sein Leben einzurichten, und es gibt nichts Richtigeres." Natürlich ist hier erstens zu bedenken, dass Ordnen und Strukturieren nur eine der vielen Reaktionsformen sind, die aus dem Akt der Selbst-Erkenntnis hervorgehen können, und zweitens können Ordnung und Struktur dem einen Wege öffnen und dem anderen Wege verschließen. Das heißt auch der Vorgang des Ordnens und Strukturierens bedeutet Wagnis und birgt Riskanzen in sich.
[857] Selbstverständlich ist – wie an anderer Stelle bereits erwähnt – bei dieser Aufforderung immer zu bedenken, dass das Selbst mehr ist, als wir von ihm erkennen können. Insofern können wir durchaus mit *Landsberg*, 1934, S. 40f. fragen, ob „der Mensch überhaupt ein Wesen [ist], das zu einer prinzipiellen Selbsterkenntnis fähig ist". Vgl. hierzu auch *Landsberg*, 1939, S. 365: „Der Glaube an eine Vollkommenheit der Selbsterkenntnis ist voreiliger Selbstbetrug." Vgl. hierzu auch *Camus*, ⁵2003, S. 30, der darauf hinweist, dass sich der Mensch immer fremd bleiben wird und die Aufforderung „erkenne dich selbst" immer nur unter dem Blickwinkel der Annäherung gerechtfertigt ist.
[858] Der Gedanke „Benenne dich selbst" verweist auf einen Realisierungsaspekt, denn er enthält u.a. die Aufforderung an den Zurückbleibenden, sich selbst als „Trauernder, als Witwe, als Hinterbliebener" benennen zu können. Aber gerade dies kostet viele Menschen ungeheure Überwindung. Vgl. hierzu, *Giudice*, 1970, S. 61: „Personenstand: <Witwe>. Wieder ein Peitschenhieb. Es dauerte lang, bis ich nicht mehr dagegen revoltierte. Ich sprach das Wort *Witwe* nicht aus, umschrieb es und wollte es auf Briefumschlägen nicht lesen." Vgl. hierzu auch *Goshen-Gottstein*, 1997, 40: „Das <W> für Witwe ist ein harter und grausamer Buchstabe, mit dem ich in keiner Weise verbunden sein wollte. Es war, als würde ich einen Stempel unter meine neue, für mich noch unerträgliche Realität setzen und ihr so Endgültigkeit verleihen."
[859] *Guardini*, ⁷2003, S. 63.
[860] *Augustinus*, Über die wahre Religion, [XXXIX], S. 143. In: Augustinus. Philosophie jetzt! Ausgewählt und vorgestellt von *Kurt Flasch, Peter Sloterdijk* (Hrsg.). München 2000. Mit dem *Augustinischen* Begriff der Wahrheit wird auf den Aspekt der religiösen Transzendenz verwiesen, der hier nicht weiter verfolgt werden kann. Vgl. hierzu u.a. *Edith Stein*, Der Aufbau der menschlichen Person. Freiburg im Breisgau 1994, S. 33f.
[861] *Parkes*, 1974, S. 90.
[862] Ebenda, S. 91.

dabei „sich selbst zu sehen"[863] und in seiner ganzen Brüchigkeit als sinnvoll zu erkennen und zu verstehen. Erkennen reicht somit weit über ein bloßes Wiedererinnern des traumatischen Ereignisses hinaus. Es zielt ab auf das Erlangen von Gewissheit und Sicherheit.[864] Der Trauernde beginnt zu deuten, er stellt Fragen nach Zusammenhängen, will Muster erkennen, Sinnthemen herausschälen, um daraus letztlich die Frage abzuleiten: „Was bedeutet das Erkannte für mich?" In der Auseinandersetzung mit dem Verlorenen erkennt der Zurückbleibende in gewisser Weise, dass seine bisherigen Lebensumstände ihre Gültigkeit verloren haben und sein bis dato geltendes Welt- und Selbstverständnis einer neuen Ordnung bedarf. Das Erkennen ist wie das Wahrnehmen von einem individuellen Selektionsmechanismus geleitet. Es „gründet sich in seinen Anfängen auf ein Fühlen, das ihm die Welt und darin seine möglichen Gegenstandsbereiche erschließt. Es muß sich durch das Wollen führen lassen bei der Wahl der Aspekte und Perspektiven, die Interesse und Aufmerksamkeit finden"[865]. Somit ist in der Aufgabe „erkenne dich selbst" die Aufforderung zur Aktivität enthalten. Das heißt Selbst-Erkenntnis geht über das bloß Betrachtende hinaus, als solche würde sie „passiv bleiben und unfruchtbar, weil verloren in der Endlosigkeit"[866]. Selbst-Erkenntnis ist Aktivität und enthält die Forderung, „auf mich zu wirken, daß ich werde, wer ich bin"[867]. Der Trauernde erkennt einerseits, dass er nicht (mehr) der ist, der er einst in der lebendigen und gelebten Verbindung mit dem Verstorbenen war, gleichzeitig weiß er, dass er in gewisser Weise (noch) nicht der ist, der er sein kann (und will). In diesem Erkenntnismodus probiert der Hinterbliebene sich aus, er versucht sich, er experimentiert mit sich. Er geht sozusagen „in der Verwandlung aus und ein"[868], um (wieder) einen Weg zu finden, der ihn trägt und den er leben kann.[869] Indem der Trauernde sich wandelt, indem also Transformation stattfindet, geht das hier intendierte Erkennen über das rationale hinaus. Ein solch transformatives Erkennen ist mehr als ein objektivierendes Wissen, das immer ein „Wissen über" etwas ist. Es ist ein erfahrendes Wis-

---

[863] Der Vorgang des „Sich-Selber-Sehens" verweist bereits auf eine ethische Komponente. Vgl. *Kierkegaard*, 1955, S. 377f: „Wer ethisch lebt, hat sich selber gesehen, kennt sich selbst, durchdringt seine ganze Konkretion mit seinem Bewußtsein, läßt nicht unbestimmte Gedanken in ihm ihr Spiel treiben, läßt sich nicht von dem Gaukelwerk lockender Möglichkeiten zerstreuen (…). Er erkennt sich selbst."

[864] Vgl. *Zwierlein*, 2001, S. 107. Der Mensch ist grundsätzlich von dem Verlangen getrieben „einen festen Halt und eine letzte beständige Grundlage zu finden" (*Pascal*, 1997, S. 229), aber im Prozess der Trauer, in dem der Mensch völlig halt- und orientierungslos ist, steigert sich dieses Verlangen um ein Vielfaches.

[865] *Zwierlein*, 2001, S. 109. Vgl. hierzu auch *Edith Stein*, Der Intellekt und die Intellektuellen (1930), S. 146. In: *Edith Stein*, Bildung und Entfaltung der Individualität. Beiträge zum christlichen Erziehungsauftrag. Gesamtausgabe, 16: Schriften zur Anthropologie und Pädagogik 4. *Beate Beckmann* (Einl.). *Maria Amata Neyer* und *Beate Beckmann* (Bearb. und Anm.). Freiburg im Breisgau 2001(c), S. 143-156: „Die Erkenntnisbewegung ist *Aktivität* und als solche *Willensleistung*."

[866] *Jaspers*, II, ²1948, S. 326. Vgl. hierzu ebenfalls *Karl Jaspers*, Psychologie der Weltanschauungen. Berlin ³1925, S. 90: „Unsere Selbsterkenntnis ist vielmehr eine unendliche Aufgabe, die zudem am wenigsten in bloß zusehender Kontemplation klar wird, sondern in bewegter, lebendiger Erfahrung."

[867] Ebenda.

[868] *Rainer Maria Rilke*, Die Sonette an Orpheus, zweiter Teil XXIX, S. 995. In: Ders., 2002. Die Aufforderung lautet: „Geh in der Verwandlung aus und ein."

[869] In dieser Phase lässt sich meines Erachtens die Phase des „Suchens und Sich-Trennens" ansiedeln, wie sie bei *Kast* formuliert wird. Vgl. *Kast*, ²⁰1999, S. 78-83.

sen, das im Hinterbliebenen als ein „Wissen von und um"[870] aktiv ist, das den Blick auf die eigene Wandelbarkeit richtet und so die Fähigkeit zur Wandlung „offenbarschafft".[871] Indem dieses Erkennen auf die Realisierung der möglichen Existenz des Menschen abzielt, ist es ein existentielles Erkennen und als solches gehört es „der Person nicht bloß äußerlich zu, als eine Art Akzidenz, sondern es gehört zu ihrer Substanz. (…) Es formt, es gestaltet, es bildet den Menschen in seiner Totalität"[872].

Dass im Prozess der Selbst-Erkenntnis jedoch auch eine nicht zu unterschätzende Problematik liegt, machen die Worte *Schelers* deutlich. Er verweist eindringlich darauf, „daß gerade die <Selbsterkenntnis> seit alters als die <schwerste> bezeichnet worden ist, und daß z.B. Nietzsche das tiefsinnige Wort prägen konnte: <jeder ist sich selbst der Fernste> (sc. für die Erkenntnis und – setze ich hinzu – gerade darum, *weil* er sich *praktisch* <selbst der Nächste> ist)"[873]. Auch *Guardini* verweist auf diese Problematik der Selbst-Erkenntnis, wenn er hervorhebt, dass die tägliche Nähe eine Hülle darstellt, welche das Eigentümliche verbirgt. Hiermit wird ausgesagt, dass die Nähe zu sich selbst eine größere Entfernung darstellen kann, als wenn man lange Strecken bewältigen müsste.[874] Im Prozess der Selbst-Erkenntnis muss der Zurückbleibende, um aus dem bisherigen Lebenskonstrukt, das auch Illusionen und Selbsttäuschungen in sich birgt, heraustreten zu können,[875] die Bereitschaft zur Veränderung seiner Blickrichtung aufbringen. Indem der Zurückbleibende seinen Blick von außen nach innen richtet, sich gewissermaßen „umblickt", betritt er den „leeren Raum"[876] der Einsamkeit[877] und wird in das „Vokabularium des Existentiellen" verwickelt, das ihn provoziert, sich mit aufbrechenden Themen, wie Fragilität und Sterblichkeit, Wagnis und Entscheidung, auseinanderzusetzen.[878]

Ein Aspekt der Wendung nach Innen – so wurde gesagt – ist, dass der Zurückbleibende sich selbst als den Vermissenden erfährt. Er nimmt wahr und erkennt, dass das Geschehene nicht irgendjemand zugestoßen ist, sondern dass er selbst derjenige ist, den der Verlust dieses einen geliebten Menschen in aller Härte und Unwiderruflichkeit

---

[870] *Landsberg*, 1939, S. 372.
[871] Vgl. hierzu *Edith Stein*, Endliches und ewiges Sein. Versuch eines Aufstiegs zum Sinn des Seins. Freiburg, Basel, Wien ²1962, S. 396f., wo deutlich wird, dass die hier intendierte Selbst-Erkenntnis hinausgeht über eine „verstandesmäßige Aneignung, die feststellt, *was* das Erkannte ist, und es begrifflich faßt und einordnet; die ferner seinen Zusammenhängen, seinem Woher und Wozu, seinen Bedingungen und Folgen nachgeht", sondern dass es um ein Erkennen geht, das den Blick in die zuvor verborgene Tiefe lenkt, „die in dem Erlebnis aufgeleuchtet ist".
[872] *Wust*, 2002, S. 181.
[873] *Scheler*, 1973, S. 245.
[874] Vgl. *Guardini*, ⁷2003, S. 29f.
[875] Vgl. auch *Edith Stein*, Theoretische Grundlagen der sozialen Bildungsarbeit, S. 25. In: *Edith Stein*, Bildung und Entfaltung der Individualität. Beiträge zum christlichen Erziehungsauftrag. Gesamtausgabe, 16: Schriften zur Anthropologie und Pädagogik 4. *Beate Beckmann* (Einl.). *Maria Amata Neyer* und *Beate Beckmann* (Bearb. und Anm.). Freiburg im Breisgau 2001(b), S. 15-34: „Und selbst, wo Einsicht vorhanden ist oder doch den persönlichen Fähigkeiten nach vorhanden sein könnte, richtet sich das Handeln nicht danach. Der Mensch flüchtet sich in Illusionen und Selbsttäuschungen, weil er die Wahrheit, die seinen Wünschen widerspricht, nicht sehen *will*."
[876] *Wust*, 2002, S. 55.
[877] Vgl. hierzu die Ausführungen in Kapitel 2.3.4 dieser Studie.
[878] Vgl. hierzu *Jaspers*, ⁵1979, S. 164: „Um den Menschen nicht im bloßen Fortbestand des Daseins versinken zu lassen, kann es wie notwendig erscheinen, daß er in seinem Bewußtsein vor das Nichts gestellt wird: Er soll sich seines Ursprungs erinnern."

getroffen hat. Es „entsteht eine hochgradige Aufmerksamkeit des Zurückgebliebenen auf sich selbst"[879]. Diese ist mehr als ein „Zu-sich-Kommen", in dem sich der Trauernde selbst als Vermissender erkennt. Kraft dieser hochgradigen Aufmerksamkeit wird er sich über diesen Aspekt hinaus seiner eigenen mortalen Existenz inne, er entdeckt sich selbst als einen Sterblichen, dem ein anderer Sterblicher entrissen wurde.[880] Sein eigenes Schicksal steht ihm in diesem Erkenntnisakt, gleich einer unabweisbaren Analogie, unvermittelt und unverhüllt vor Augen: „Ich bin ja genau, wie der Andere. Ich erkenne mich in ihm wieder. Ich bin sterblich."[881] Alle Begrifflichkeiten, die das Thema Sterblichkeit berühren, leuchten nun am innerweltlichen Kosmos auf: „Ich bin sterblich", „ich bin vergänglich", „ich werde sterben", „auch ich werde einmal nicht mehr sein". Der Tod des nahe stehenden Menschen und die damit einhergehende Blickrichtung nach innen haben eine entscheidende Veränderung mit sich gebracht. Der trauernde Mensch denkt nun nicht mehr „über" seine Sterblichkeit nach, im Sinne eines „Denkwissens", sondern er erkennt sich selbst als Sterblichen in diesen seinsmäßigen Vokabeln und sucht in diesem Erkennen, „sein eigenes Menschsein zu begreifen und zu gewinnen"[882].

Hierbei gilt es jedoch stets zu bedenken, dass sich das Erkennen ebenso zwischen den zwei Gegensätzlichkeiten „Werden und Vergehen" konstituieren und positionieren muss, wie der Mensch selbst. Alles Erkennen ist, indem es „an der widersprüchlich-zerrissenen Doppelgestalt"[883] des Menschen partizipiert, somit eine Art „Provisorium" und immer gekennzeichnet durch das Merkmal der „Vorläufigkeit": „Kein Erkennen vermag, in einer zwingenden und entscheidenden Ordnung aufzutreten und vollkommen zu überzeugen."[884] Insofern birgt alles (Selbst-)Erkennen immer auch die Gefahr der (Selbst-)Verblendung und (Selbst-)Täuschung.[885]

Das eigene Menschsein zu begreifen und zu gewinnen, beinhaltet einen Auftrag an die Lebensführung. Der Trauernde muss sich in irgendeiner Form zu der gewonnenen Erkenntnis verhalten, denn „die persönliche Existenz ist nicht Fatalität; sie hat zur Aufgabe, die Fatalität, und insbesondere auch die des Todes, frei zu beantworten und in gewissem Sinn und Maß zu überwinden"[886]. Mit *Nietzsche* können wir hier sagen: „Erkennen: das heißt: Alle Dinge zu unserem Besten verstehen!"[887] Der trauernde Mensch versucht, das zu erkennen, was ihn gesünder und stärker macht, was ihm hilft, in seiner

---

[879] *Zwierlein*, 1989, S. 84.
[880] Vgl. *Landsberg*, 1934, S. 58. Vgl. ders., 1973, S. 26ff.
[881] Vgl. hierzu die Ausführungen des *Augustinus* in Kapitel 2.2.
[882] *Landsberg*, 1973, S. 46.
[883] *Zwierlein*, 2001, S. 109: Das Erkennen „partizipiert an der widersprüchlich-zerrissenen Doppelgestalt des Menschen zwischen Größe und Elend, indem es selbst, zerbrochen in Fragmenten mit bereichsautonomen Domänen, unterschiedliche Wissensarten und Wissensformen ausbildet, die stets zwischen Kompetenzüberschreitung und Kompetenzunterschreitung schwanken".
[884] *Zwierlein*, 2001, S. 115. Vgl. hierzu auch *Camus*, ⁵2003, S. 30: „Von wem und wovon kann ich tatsächlich behaupten: <Das kenne ich!> Das Herz in mir kann ich fühlen, und ich schließe daraus, daß es existiert. Die Welt kann ich berühren, und auch daraus schließe ich, daß sie existiert. Damit aber hört mein ganzes Wissen auf; alles andere ist Konstruktion."
[885] Vgl. *Landsberg*, 1939, S. 373: „Wahrscheinlich ist die Schwierigkeit keiner anderen Erkenntnis mit der Selbsterkenntnis zu vergleichen."
[886] *Landsberg*, 1973, S. 37.
[887] *Friederich Nietzsche*, Nachgelassene Fragmente, 1882-1884, S. 345. In: *Georgio Colli* und *Mazzino Montinari* (Hrsg.), Kritische Studienausgabe, Band X. München 1999.

Realität wieder Fuß zu fassen. Aber das Erkennen, in dem der Zurückbleibende Festigkeit und Klarheiten sucht, birgt immer auch Risiken in sich. Es „kommt so wenig wie das Leben je ohne Wagnis aus"[888], immer ist es gekoppelt an die existentiellen Vokabeln „Wagnis und Entscheidung"[889].

Natürlich ist jedweder Akt der Erkenntnis, jeder Erkenntnisprozess immer gekoppelt an Wagnis und Entscheidung und beinhaltet damit ebenso die Möglichkeit des Scheiterns und Verfehlens. Aber im Prozess der Trauer wird sich der Hinterbliebene dessen bewusst, und nicht nur das: er erkennt darüber hinaus, dass er in seiner dialektischen Doppelgestalt – positioniert „zwischen zwei ihn umgreifenden Unendlichkeiten"[890], „einem unvordenklichen Anfang und einem unbegreiflichen Ende"[891] – letztlich selbst ein Wagnis ist, und dies, unabhängig jeglicher Entscheidung, auch bleiben wird. Indem der Trauernde diese Unsicherheit seines Daseins, dieses Eingespanntsein als Sucherwesen zwischen zwei Fragezeichen erkennt, nimmt er „das größte und entscheidendste Wagnis des Lebens überhaupt auf sich"[892].

Zuvor wurde gesagt, dass das Erkennen einen Auftrag in der Lebensführung mit sich bringt. Dem Trauernden stellt sich die Frage, wie er sich zu dem Erkannten verhalten soll. Die Stellungnahme, die der je einzelne trifft, ist einerseits höchst individuell[893], andererseits jedoch auch immer in Verbindung mit den äußeren Umständen zu sehen. Folgen wir dem Gedankengang des bisher Erörterten, können wir sagen, dass der Trauernde im Augenblick des „Erwachens" – das durch das Berühren der Grenze angestoßen wird – ein „Sehender" wird. Der Schmerz jedoch, der dieses „Sehen" begleitet, kann so heftig sein, dass der Trauernde ihn nicht aushalten kann. In diesem „massiv angstauslösende[n] *Trauerchaos*"[894] fühlt er die Unsicherheit seiner Bestimmung. Er wird versuchen, den Schmerz zu verdrängen, zu unterdrücken, ihm mit Aktionismus zu begegnen oder ihn zu betäuben[895]. Das „Sehen" wird dann einem langsamen, aber fortschreitenden Vergessen, einem „Erblinden" weichen.[896] In Hinblick auf die äußeren

---

[888] *Landsberg*, 1934, S. 14.
[889] *Wust*, 2002, S. 52. Das Verständnis von „Wagnis" soll hier nicht im Sinne eines fatalistischen Lebensbegriffes verstanden werden, wenngleich das Leben in gewissen Situationen wirklich so geartet ist, „daß man es unter dem Bilde der dunklen Schicksalsurne sehen darf, in die der Mensch wie in ein blindes Ungefähr hineingreift" (*Wust*, 2002, S. 55), sondern der Mensch selbst soll sich als Wagnis verstehen. Der Begriff der „Entscheidung" verweist auf die freie Selbstbestimmung des Trauernden, die immer nur im Rahmen seiner Dialektik zu verstehen ist. So sind beide Begriffe Existentialien des Menschen, die nicht unabhängig voneinander gedacht werden können.
[890] *Zwierlein*, 2001, S. 102.
[891] Ebenda, S. 111.
[892] *Wust*, 2002, S. 62.
[893] Anzumerken ist, dass die hier angesprochene Individualität, der Unikatscharakter, wiederum als etwas Allgemeines, als eine anthropologische Konstante gelten kann. Jeder trauert auf seine Weise, aber darin besteht eine Übereinstimmung für alle.
[894] *Klimbingat*, 2003, S. 43.
[895] Vgl. u.a. *Parkes*, 1974, S. 210. Vgl. auch *Landsberg*, 1934, S. 30, der die Geschäftigkeit des Menschen als eine Überkompensation auf die „erstorbene Gelähmtheit des Innenlebens" versteht.
[896] Die hier einsetzenden Verdrängungs- und Betäubungsversuche sind nicht gleich zu setzen mit der „Phase der Betäubung", wie sie unmittelbar nach dem Tod des nahe stehenden Menschen eintreten kann, sondern repräsentieren eher die „Lage des Menschen", wie sie *Pascal*, 1997, S. 264 (133/168) beschreibt: „Da die Menschen nicht Tod, Elend und Unwissenheit heilen konnten, sind sie um sich glücklich zu machen, auf den Einfall gekommen, nicht daran zu denken."

Umstände kann das sich dem Trauernden „verschließende Erwachen" auch unter dem Gesichtspunkt der „fehlenden Räume für die Trauer"[897] betrachtet werden. Denn neben der eigenen Bereitschaft, sich in die Grenzsituation hineinzustellen, bedarf es sowohl der „Räumlichkeiten im physischen Sinn (…), wie auch [der] Räume im übertragenen Sinne"[898]. Sind diese „Räume" nicht gegeben, wird dem Trauernden der Weg in die Eigentlichkeit, der sich ihm eröffnete und ihm die Möglichkeit bot, seine Existenz zu verwirklichen, wieder verschlossen. Der Hinterbliebene entfernt sich dabei zunehmend von der Chance, das heißt, er entzieht sich der Herausforderung, sich selbst wahrzunehmen, zu entdecken, sein Menschsein zu begreifen, zu gewinnen und seinen Weg der Selbst-Werdung weiter zu gehen. Er kann sich dabei in der „Nacht [seines] eigenen Zweifels verlieren, in der alles Licht des Objektiven von der Finsterheit [seiner] eigenen Chaotik verschlungen wird"[899]. Zurück bleibt, so können wir mit *Landsberg* sprechen, „ein innerlich gelähmter Mensch (…), [der] nicht mehr im Stande ist, sich selbst so aufzufassen, daß sich ihm ein einheitlicher, umfassender Sinn und eine Gesamtbestimmung, auf die [er] es wagen kann und muß, daraus ergeben würde"[900].

Sind dem Trauernden die oben genannten „Räume" jedoch gegeben, stellt er sich dem „Gesehenen"[901], spürt er sich selbst als Suche, als Frage, als Weg, als Vermissung und reflektiert sich darin selbst, dann kann es ihm gelingen, aus dem bisherigen Konstrukt seiner Lebensperspektiven herauszutreten und abständig von diesen zu werden.[902] Aber auch hierin ist eine Gefahr verborgen, wenngleich in einer anderen Art, als die bisher beschriebene. Kämpft der Trauernde nämlich den „klärenden Kampf"[903] in seinem Inneren, weicht er diesem weder aus noch betäubt er das damit einhergehende „Erwachen", geht er also seinen schmerzhaften Trauerweg weiter, dann offenbaren sich ihm auch in einer bisher nicht gekannten Klarheit die Scheinwahrheiten und Dunstbilder seines bisherigen Daseins.[904] Im Lichte dieser Erkenntnis wird er dazu aufgefordert,

---

[897] *Klimbingat*, 2003, S. 43.
[898] Ebenda. Räumlichkeiten im physischen Sinne wären zum Beispiel Abschiedszimmer, Aufbahrungsraum, Friedhof. Mit Räumen im psychischen Sinne können beispielsweise mitmenschliche Zuwendung oder Zeit für Gespräche gemeint sein. Vgl. hierzu auch *Brathuhn*, 2004, S. 134. Beispielsweise können Trauergruppen solche Räume eröffnen. Sie können den Trauernden einladen, sich im gemeinsamen Kontext der Trauererfahrung auf den Weg zu machen, um das Geschehene zu „be-greifen".
[899] *Wust*, 2002, S. 56.
[900] *Landsberg*, 1934, S. 30. In dieser Phase kann die Trauer „pathologische" Züge annehmen beziehungsweise sich zur pathologischen Trauer" entwickeln, der Trauernde läuft Gefahr, zum „ewig Trauernden" zu werden. Vgl. hierzu u.a. *Bowlby*, ²2001, S. 73-75 und *Vamik Volkan, Elisabeth Zintl,* Wege der Trauer. Leben mit Tod und Verlust. Gießen 2000, S. 78.
[901] Hier könnte man fast mit *Camus,* ⁵2003, S. 50, sagen, dass der Trauernde jetzt dem Absurden ins Gesicht sieht, das heißt, er erkennt, dass „sein eigentliches Wesen (…) Gegensatz, Zerrissenheit und Entzweiung ist".
[902] Der Ausbruch, der dem Erkennen folgt, kann nie ein auf Dauer gestellter sein, sondern der Mensch lebt immer in der Gefahr, wieder in Verdunklungen und Verhüllungen zurückzufallen. Insofern ist Selbst-Erkenntnis immer wieder aufs Neue ein aktives Schaffen und tiefste Produktivität.
[903] *Zwierlein*, 1989, S. 59.
[904] Vgl. hierzu *Friederich Nietzsche*, Morgenröthe, zweites Buch (114), S. 105. In: *Georgio Colli* und *Mazzino Montinari* (Hrsg.), Kritische Studienausgabe, Band III. München 1999, S. 9-331: „Der Schwerleidende sieht (…) h i n a u s auf die Dinge: alle jenen kleinen lügnerischen Zaubereien, in denen für gewöhnlich die Dinge schwimmen, wenn das Auge des Gesunden auf sie blickt, sind

den „Erinnerungen" einen gebührenden Platz einzuräumen. Sie ermöglichen dem Trauernden das „Durchgehen und Rekapitulieren"[905] des Gewesenen und können ihm helfen, seine Beziehung zu dem verstorbenen Menschen zu deuten und zu werten. Selbst-Erkenntnis kann so auch dem in Kapitel 2.3.4 beschriebenen Vorgang der Glorifizierung und Idealisierung sowohl des Verstorbenen als auch der gewesenen Beziehung entgegenwirken: „Erinnerungen sind eine Hilfe beim Verstehen und Annehmen der *Wirklichkeit*, und sie kommen solange in erstaunlicher Intensität wieder, bis sie verarbeitet sind."[906]

Zusammenfassend bleibt zu sagen, dass sich dem Trauernden im Prozess der Selbst-Erkenntnis zwei Möglichkeitspole anbieten: Gefahr und Chance. Zwischen diesen beiden wird er in einer Art „Selbstwiderstreit"[907] hin und her gerissen.[908] Die Gefahr liegt darin, dass sich der Hinterbliebene aus den unterschiedlichsten Gründen dem „existentiellen Erkennen" verschließt und sein Dasein (weiter) im Modus der Uneigentlichkeit verbringt.[909] Die Chance hingegen besteht darin, dass er sich in seiner Trauer gewissermaßen wie in einem Spiegel[910] sieht, auf diese Weise eine Einsicht in seine wahre Ontologie erhält, sein eigentliches Sein in allen Dimensionen erlebt und erleidet[911] sowie aus dem Erkenntnisprozess heraus einen Auftrag für die Gestaltung seines Lebens ableitet. Der Trauernde entwickelt im Prozess der Selbst-Erkenntnis bereits ein praktisches Verhältnis zu sich selbst und leitet so die ersten Schritte ein, sowohl sich selbst in seiner Selbstzerrissenheit als auch seine veränderte Situation mit

---

ihm verschwunden: ja, er selber liegt vor sich da ohne Flaum und Farbe. Gesetzt, dass er bisher in irgendeiner gefährlichen Phantasterei lebte: diese höchste Ernüchterung durch Schmerzen ist das Mittel ihn herauszureissen: und vielleicht das einzige Mittel." Vgl. hierzu auch *Romano Guardini*, Die Lebensalter. Ihre ethische und pädagogische Bedeutung. Mainz [11]2004, S. 86: „Die Illusionen werden weggeätzt, und das Gültige hebt sich heraus."

[905] *Volkan*, 2000, S. 33. Vgl. hierzu auch *Paul*, 2000, S. 110, die in diesem Zusammenhang von „Sortieren und Katalogisieren" spricht.

[906] Ebenda. Verarbeiten ist hier nicht im Sinne von Ablegen und Vergessen zu verstehen, sondern Verarbeiten bedeutet, aus den Erinnerungen heraus „eine tragfähige, *wahrheitsnahe Geschichte*, von dem Menschen, um den getrauert wird", zu gestalten.

[907] *Wust*, 2002, S. 160.

[908] Vgl. hierzu *Friederich Nietzsche*, Die fröhliche Wissenschaft, S. 416. In: *Georgio Colli* und *Mazzino Montinari* (Hrsg.), Kritische Studienausgabe, Band III. München 1999, S. 343-651, der die Zwiespältigkeit hinsichtlich des Erkannten zum Ausdruck bringt: „Wie wundervoll und neu und zugleich wie schauerlich und ironisch fühle ich mich mit meiner Erkenntnis zum gesamten Dasein gestellt."

[909] Vgl. hierzu *Wolfgang Müller-Commichau, Roland Schaefer,* Wenn Männer trauern. Über den Umgang mit Abschied und Verlust. Mainz 2000, S. 116: Hier wird anhand eines Beispiels berichtet, dass manche Trauernde nach dem erlittenen Verlust ohne sichtbare äußere Zeichen von Emotionen zur Tagesordnung übergehen und dabei auf ihre Mitmenschen besonders standfest wirken. In ihrem Inneren jedoch wirkt die Trauer unbewusst weiter und versperrt den Weg in die Eigentlichkeit.

[910] Natürlich liegt auch im Bild des Spiegels ein Hinweis auf Indirektheit, Nichtobjektivierbarkeit, Entzug. Wir können uns im Spiegel betrachten, aber dieser wird anders als im Märchen stumm bleiben, wir können uns nicht darin erreichen: Das Selbst des Trauernden unterliegt letztlich immer dem Phänomen der „Selbstverborgenheit".

[911] Vgl. hierzu *Pascal*, 1997, S. 228, der ausführt, dass alles, was dem Menschen in einer Extremform begegnet, weder von ihm wahrgenommen noch empfunden, sondern nur „erlitten" kann werden.

all ihren Unsicherheiten besser zu verstehen⁹¹² und anzunehmen. Solches Erkennen verbleibt nicht im Kognitiven, sondern ist darüber hinaus existentiell transformativ, das heißt es ist praktisch und lebensorientiert und damit mit der Dimension der Verantwortung verknüpft. Während also der Modus Selbst-Wahrnehmung eher im Sinne einer theoretischen Aufgabe zu begreifen ist, zeigt sich die Selbst-Erkenntnis bereits als ein praktisches Tun, dem eine ethische Dimension – die der Verantwortung – innewohnt. Beide Modi können und dürfen nicht als voneinander getrennte gesehen werden, sondern sind immer schon als ineinander verwobene zu betrachten.

3.2.3 Der Weg der Selbst-Annahme

> „Wirklich um sich wissen kann man nur, wenn man sich wirklich annimmt – und wirklich sich annehmen kann man nur, wenn man rein um sich weiß. Eines setzt das andere voraus."⁹¹³

Der Tod des geliebten Menschen ist in das bisher als selbstverständlich genommene und nach vorne gerichtete Leben des Hinterbliebenen eingebrochen. Er hat seinen Fluss gehemmt, hat die Kontinuität der Zeit zerschnitten „in ein Davor und Danach"⁹¹⁴, hat ihn in die innere und äußere Leere hineingestellt, „und dieser leere Raum ist der schicksalhafte metaphysische Spielraum für seine eigentliche Aufgabe und Bestimmung"⁹¹⁵. Im Angesicht des wahrgenommenen und erfahrenen „Nichts" ist sich der trauernde Mensch selbst zur großen Frage geworden. Indem er sich dieser Frage stellt, sich in sie vertieft, immer weiter in sie hinein geht, stößt er an Grenzen und lernt sich dabei, auf eine schmerzhafte und bisher nicht gekannte Art und Weise zu sehen: „So habe ich mich selbst noch nie erlebt. Ich bin nicht mehr ich. Ich kenne mich bei mir selbst nicht mehr aus."⁹¹⁶ Dieser Sehensprozess ermöglicht es ihm, in der zunehmenden Nähe zu dem Erlebten, den an ihn gerichteten Ruf wahrzunehmen: den Schein des bisher Selbstverständlichen und nicht Hinterfragten zu durchdringen, und sich selbst in seiner Fremd- und Andersheit zu erkennen.⁹¹⁷ Das heißt, er erkennt, dass er „[s]terblich, nicht unsterblich [ist]. Gebrechlich, nicht unverletzlich. Fehlerhaft, nicht vollkommen. Ohnmächtig, nicht allmächtig. Unwissend, nicht allwissend"⁹¹⁸. Indem

---

⁹¹² Vgl. hierzu *Stein*, ²1962, S. 403: Im Erkennen liegt ein Aufruf an den Zurückbleibenden, „zu *verstehen*, was ihm widerfährt. Und so ist ein Aufruf zur *Besinnung*, d.h. zum Suchen nach dem *Sinn* dessen, was an [ihn, S.B.] herantritt".
⁹¹³ *Guardini*, ⁷2003, S. 32.
⁹¹⁴ *Schmid*, 2004, S. 293.
⁹¹⁵ *Wust*, 2002, S. 53f. Natürlich ist auch hier darauf hinzuweisen, dass die Leere zwei Seiten haben kann. Eine Seite zeigt die „abgründige Leere" – ein „horror vacui", in der sich uns eine schwere bilderlose Welt zeigt, die alles in den Verdacht der Sinnlosigkeit geraten lässt. Und die andere Seite zeigt sich als „tiefe Leere", die einer „bergenden Tiefe" gleicht. Die „tiefe Leere" ist es, in der sich dem Trauernden das ihn durchdringende Vakuum der Sinnlosigkeit mit Grund und Weite füllen kann.
⁹¹⁶ *Petrus Ceelen*, Verwundet – Vernarbt – Verheilt. Mit Verletzungen leben. Ostfildern 2004, S. 47.
⁹¹⁷ Vgl. hierzu *Aurelius Augustinus*, Wahrheit und Liebe. Mainz ³1954, S. 109 (160): „Es gibt nur wenige, die eine richtige Selbsterkenntnis besitzen. Viele sind davon weit entfernt, sich selbst zu kennen, wie man eigentlich sollte."
⁹¹⁸ *Schmid*, 2004, S. 79.

der Trauernde erkennt, was er nicht ist, offenbaren sich ihm nicht nur die Grenzen, Bedingungen, Beschränktheiten und Möglichkeiten, innerhalb deren er sein Leben gestalten kann, sondern auch die Fehler und Unzulänglichkeiten seines Seins.[919] Mit *Jaspers* können wir nun aussagen: „Das Scheitern des Verstandes wird Erweckung der Existenz."[920] Dieser Erkennensprozess, der im Erleben der Trauer erwacht, verbleibt als Erfahrungswissen, als existentielles Wissen, nicht der Sphäre des Rationalen verhaftet, kann nicht mit dem Verstande durchdrungen werden,[921] sondern fordert den Menschen geradezu auf, sich in seinem Werdensprozess immer wieder neu zu versuchen,[922] denn „jedes Erkannte treibt rational zugleich neue Möglichkeiten hervor. Wirklichkeit besteht nicht als so-seiende, sondern muß ergriffen werden durch ein Erkennen, das zugleich Eingreifen und Handeln ist"[923]. Diese Forderung wird dem Trauernden nicht auf geheimnisvolle Weise von außen zugesprochen oder eingeflüstert, sondern dem Erkenntnisprozess selbst ist die Aufforderung inhärent: „Ich soll wollen, der ich bin; wirklich ich sein wollen und nur ich. Ich soll mich in mein Selbst stellen, wie es ist."[924] Der hier beschriebenen Forderung nachzukommen, und sich in sein Selbst „wie es ist" hineinzustellen – also „ohne Verschleierung zu denken"[925] –, bedeutet für den Trauernden, dem Erkannten nicht auszuweichen, nicht vor ihm wegzulaufen, sondern es verlangt den „gewagten" Versuch des Hinterbliebenen, sich so zu sehen, „wie er wirklich ist".[926] Der Trauernde stellt sich der Wirklichkeit, (seiner Wirklichkeit) und „nimmt die Schwere eines Lebens auf sich, das von Tod, Scheitern und Trauer bedroht ist"[927]. Er geht gewissermaßen hinein in die „äußerste Ungeborgenheit"[928], die Veränderung und Wandlung überhaupt erst möglich macht.[929] Der Trauernde geht mit diesem

---

[919] Vgl. *Guardini*, [7]2003, S. 18. Vgl. hierzu auch *Jaspers*, [5]1979, S. 41, der hervorhebt, dass sich dem Menschen seine Grenzen immer da offenbaren, „wo der Mensch als er selbst sich fühlbar macht".

[920] *Jaspers*, III, [2]1948, S. 723.

[921] Obgleich sich natürlich in diesem Wissensprozess immerzu etwas Einzelnes ergreifen lässt, „aber es rundet sich kein Bild des Ganzen, das unausweichlich wäre". Vgl. *Jaspers*, [5]1979, S. 187.

[922] Vgl. *Guardini*, [11]2004, S. 51: „Er [der Mensch, S.B.] setzt mit seinen Versuchen, zu ordnen und zu helfen, immer aufs neue an, weil er weiß, daraus, daß Menschen immer wieder das scheinbar Vergebliche tun, kommen die einzelnen nicht kontrollierbaren Impulse, welche das so tief gefährdete Menschsein erhalten."

[923] *Jaspers*, [5]1979, S. 19. Vgl. ders., [19]1971, S. 96. Das Thema „Versuchen" und „Experimentieren" erhält eine besondere Bedeutung vor dem Hintergrund, dass wir uns in einer Verweigerungs- und Abschaffungsphase der Trauer befinden. Indem der Trauernde „sich versucht", mit „sich experimentiert", um sich mit den neuen Lebensbedingungen auseinanderzusetzen, neue Möglichkeiten auszuprobieren, andere Verhaltensweisen an den Tag zu legen, wird er seine Umwelt aufs Heftigste irritieren und sieht sich damit zusätzlichen Erschwernissen gegenübergestellt. Vgl. hierzu *Jülicher*, [4]2003, S. 19f.

[924] *Guardini*, [7]2003, S. 15.

[925] *Jaspers*, [11]1988, S. 66.

[926] Dass der trauernde Mensch beständig der Gefahr unterliegt vor dem Erkannten wegzulaufen, ihm auszuweichen, es zu verdrängen und dadurch keine existentielle Betroffenheit zu erfahren, wurde wiederholt ausgeführt und soll deshalb im Weiteren Verlauf stets als implizites Risiko auf dem Trauerweg mitgedacht werden, ohne dass hierauf immer wieder hingewiesen wird.

[927] *Illhardt*, 1982, S. 321.

[928] *Bollnow*, [6]1955, S. 102.

[929] Vgl. hierzu *Jaspers*, III, [2]1948, S. 752: „Ich stehe da, ungeborgen, in der Hand – wovon? Ich weiß es nicht und sehe mich zurückgeworfen auf mich selbst: nur aus meinem Entschluß, dort wo ich

Schritt ein großes Wagnis ein: er soll es wagen, der Mensch zu sein, der er ist, das heißt, ein Mensch, der sowohl um seine Beschränkungen als auch um seine Möglichkeiten weiß.

Festgehalten wurde, dass das „Selbst" nicht durch vollständige Transparenz gekennzeichnet ist, sondern dass jenseits aller Erkenntnisfähigkeit immer ein Rest von „Dunkelheit" und Selbst-Verborgenheit[930] bleibt, der weder erklärt noch verstanden werden kann: „Als Erkennende haben wir uns damit zu bescheiden. Denn ich bin nicht, was ich erkenne, und erkenne nicht, was ich bin."[931] Das menschliche Dasein ist geprägt von dem Bestreben sich selbst zu bestimmen, und muss doch damit leben, dass jeder Versuch der Selbst-Bestimmung auf die Schranken der „Selbst-Entzogenheit"[932] stößt und damit immer provisorisch und fragmentarisch ist.[933] Angesichts des Vergänglichen im Leben, tritt dem Zurückbleibenden in seinem Trauerschmerz um den geliebten Menschen nun noch ein umfassendes Moment des Nichtverstehens entgegen, das in der Frage nach Sinn zum Ausdruck kommt und in einem aufbegehrenden „Warum" gipfelt: „Warum ist das alles? (…) Warum bin ich, wie ich bin? Warum bin ich, statt nicht zu sein?"[934] In diesen Fragen erschließt sich dem Hinterbliebenen in existentieller Eindringlichkeit, dass ihn zu keinem Zeitpunkt das Charakteristikum der „Notwendigkeit" kennzeichnet.[935] Der Sinn des Lebens, der Sinn des eigenen Lebens, der bisher „wie von selbst" zur Verfügung stand, hat sich aufgelöst, hält und trägt nicht mehr: „Wenn Sinn nicht mehr von selbst zur Verfügung steht, dann beginnt die Arbeit des Selbst an den Zusammenhängen des eigenen Lebens, soll es trotz allem sinnvoll gelebt werden."[936] Worin aber besteht die Arbeit des Selbst? Wie kann das Selbst auf das „Er-

---

am entschiedensten ich selbst und dann doch nicht nur ich selbst bin, sehe ich die Möglichkeit meines Aufschwungs oder meiner Verlorenheit."

[930] Vgl. *Zwierlein*, 1995, S. 23: „Niemand ist in der Lage, weder sich selbst noch irgendeinen anderen vollständig zu erkennen." Vgl. ders., 2004(c), S. 72.

[931] *Jaspers*, ⁵1979, S. 151. Selbstverständlich ist mit diesen Worten nicht der Aspekt der Resignation angesprochen, sondern die Tatsache, dass der Mensch aus dieser verbleibenden Grundunsicherheit nicht heraustreten kann. Vgl. hierzu *Palmen*, 2001, S. 382: „Ich konstatiere, wie tierisch mein Hirn sich anstrengt, um mir Gründe zu verschaffen, mir zu helfen, mich mit Einsichten zu versorgen, mich zu beschwichtigen, doch es ist machtlos und scheitert jämmerlich. Gegen seinen Tod läßt sich nicht andenken."

[932] Vgl. hierzu *Eduard Zwierlein*, Alle Menschen müssen sterben, S. 13. In: *Ulrich Lilie, Eduard Zwierlein* (Hrsg.), Handbuch integrierte Sterbebegleitung. Gütersloh 2004(a), S. 9-15. Vgl. hierzu auch *Landsberg*, 1939, S. 365, der ebenfalls darauf hinweist, dass der „Glaube an eine Vollkommenheit der Selbsterkenntnis (…) voreiliger Selbstbetrug" sei.

[933] Vgl. hierzu *Zwierlein*, 2004(c), S. 72. Vgl. ders., 1989, S. 91.

[934] *Guardini*, ⁷2003, S. 18f. Vgl. ebenda, S. 30f: „Die Fragen, in denen das Wort <warum> vorkommt und das Wort <ich> (…), sind vom Menschen her nicht zu beantworten. (…) Alle jene Fragen, die das <Warum> enthalten und das <Ich>, sind ja Ausdruck einer tiefen inneren Entzweiung. Ich bin mit mir selbst uneins; deshalb weiß ich nicht um mich."

[935] Vgl. hierzu auch *Pascal,* 1997, S. 263 (280), dessen Gedanken deutlich machen, dass das Phänomen „Kontingenz" den Menschen wesenhaft zeichnet: „Wenn ich die kurze Dauer meines Lebens betrachte, das von der vorhergehenden und der darauffolgenden Ewigkeit aufgesogen wird (…) und den kleinen Raum, den ich ausfülle und den ich noch dazu von der unendlichen Unermeßlichkeit der Räume verschlungen sehe, die ich nicht kenne und die mich nicht kennen, so gerate ich in Schrecken und erstaune, mich eher hier als dort zu sehen, denn es gibt keinen Grund, warum es eher hier als dort ist, warum jetzt und nicht vielmehr früher. Wer hat mich dorthin gebracht. Durch wessen Gebot und Führung sind dieser Ort und diese Zeit mir bestimmt worden?"

[936] *Schmid,* 2004, S. 369.

kannte" – ich bin verletzlich, ich bin sterblich, auch ich werde einmal nicht mehr sein –, das ja in sich die Merkmale der Unerforschbarkeit und Unergründbarkeit trägt, reagieren?

Herausgearbeitet wurde, dass das, was der Trauernde erkennt, von existenzieller Qualität ist. Somit reicht es keinesfalls aus, das Erkannte nur „an-zu-erkennen". Anerkennung, so notwendig sie auch ist,[937] bleibt dem Menschen in gewisser Weise immer äußerlich, bleibt der Sphäre des Objektiven verhaftet.[938] Existenziell „Erkanntes" jedoch ist für den Verstand – weil nicht objektivierbar – unerforschbar und unergründbar. *Augustinus* formuliert dies folgendermaßen: „Wenn du Unerforschliches erforschen und Unergründliches ergründen willst, glaube mir, schon bist du verloren. Du unternimmst dasselbe, als wolltest du Unsichtbares sehen und Unaussprechliches sprechen."[939] Der Trauernde sieht sich in dieser dunklen Situation der Selbstverlorenheit und Selbstentzogenheit in die entscheidende existenzielle Frage – „Was soll ich tun?" – hineingestellt.[940] Er kann sich weder selbst erklären, noch selbst beweisen.[941] Er muss auf das, was ihn „anschaut", muss auf das, was er erkennt, eine existenzielle Antwort finden.

Eine solche Antwort kann der Hinterbliebene im Prozess der Selbst-Annahme finden. Er muss einen Weg finden, sich „so wie er ist" anzunehmen, und – so formuliert es *Guardini* –, „die Klarheit und Tapferkeit dieser Annahme bildet die Grundlage allen Existierens"[942]. Annahme in diesem Sinne bedeutet: „Ich soll damit einverstanden sein, der zu sein, der ich bin. Einverstanden, die Eigenschaften zu haben, die ich habe. Einverstanden, in den Grenzen zu stehen, die mir gezogen sind."[943] Innerhalb dieser Grenzen steht der Mensch und an ihnen kann er seine Existenz „offenbarschaffen". Der Tod des geliebten Menschen wird für den Hinterbliebenen nicht nur ein Aufruf, seine eigene Endlichkeit zu bedenken, sondern fordert ihn zugleich dazu auf, sich der Bedrohung bewusst zu sein, dass er jederzeit wieder von einem geliebten Menschen Abschied nehmen muss.[944] Er erkennt in dessen Tod, dass nicht nur er, sondern dass

---

[937] Beispielsweise ist es von Bedeutung, den Tod des geliebten Menschen rein faktisch, also objektiv anzuerkennen, um entsprechende Handlungen (Beerdigung, Benachrichtigung offizieller Stellen etc.) einleiten zu können.

[938] Vgl. *Scherer*, 1985, S. 129.

[939] *Augustinus*, ³1954, S. 111 (168).

[940] Vgl. *Jaspers*, ¹⁹1971, S. 92.

[941] Dennoch suchen Trauernde immer wieder Wege, um Ungewissheiten zu klären und Ungeklärtes wissbar und durchsichtig zu machen. Vgl. hierzu *Rey*, 1998, S. 117, der in der Lebensgeschichte von *Edith Stein* hofft, Antworten zu finden.

[942] *Guardini*, ⁷2003, S. 20. Anzumerken sei an dieser Stelle, dass für *Guardini*, die Forderung nach Selbst-Annahme nicht nur auf ethischem Wege erfüllt werden kann, sondern der Mensch hierzu des Glaubens bedarf. Aber es muss deutlich sein, dass auch der Glaube im Letzten keine Erklärung und kein Verstehen bietet. Auch in der Sphäre des Glaubens ist und bleibt der Mensch mit Intransparenz konfrontiert.

[943] *Guardini*, ⁷2003, S. 18. Rekapitulierend soll hier auf die von *Jaspers* formulierten „Grundsituationen" des Menschen verwiesen werden: „ich muß sterben, ich muß leiden, ich muß kämpfen, ich bin dem Zufall unterworfen, ich verstricke mich unausweichlich in Schuld", die immer dann zu Grenzsituationen werden, wenn sie den Menschen erschüttern. Vgl. *Jaspers*, ¹⁹1971, S. 18.

[944] Die Grenzsituation: „Ich muss sterben" muss immer auch im Zusammenhang gesehen werden mit der Erkenntnis: „auch der Mensch, den ich liebe, muss sterben."

jeder Mensch „im Schatten des Todes, *in umbra mortis*"[945] lebt. Assoziativ drängt sich hier das bekannte „mors certa – hora incerta" auf: Der Tod wird kommen, er ist gewiss, nur nicht die Stunde des Todes –[946] und auch nicht die Umstände.[947] So muss der Zurückbleibende zu einer abschiedlichen Lebensweise, sowohl bezogen auf seinen eigenen Tod, als auch auf den des geliebten Anderen,[948] finden und diese als eine Grundweise seines Daseins annehmen.[949] Voraussetzung hierzu sind die Fähigkeit und der Wille des Trauernden, sich selbst als einen Leidenden, der sein „Leiden" als ein unabwendbar Gewordenes in sein Lebenskonzept integriert hat, anzunehmen. Er erfährt seinen Schmerz als etwas, das ihm nicht äußerlich bleibt, als etwas, mit dem er nicht rational umgehen kann, sondern er „eignet" sein Leid an, „ergreift" es als ein „zu ihm Gewordenes"[950]: „Um leben zu können, brauchen wir Affirmation."[951]

Der Mensch – und so auch der Trauernde – nimmt, durch sein bloßes Eintreten in die Welt, unvermeidlich Schuld auf sich.[952] Er ist durch sein bloßes Dasein ein fehlerhaftes Wesen. Zu dieser ontologischen Ebene der Schuld kommt eine ethische Komponente hinzu, die gekennzeichnet ist durch das „Tun und Lassen" des Menschen. Der Tod eines Nahestehenden stürzt den Zurückbleibenden vielfach in tiefe Schuldgefühle, die sich in Aussagen äußern, wie „<Hätte ich doch…>, <Hätte ich doch nicht (…)>, <Hätte ich ihn früher (…)>"[953]. Implizit schwingt in diesen Schuldgefühlen immer das Bestreben mit, einen „vernünftigen" Grund für das Geschehene zu finden. Verharrt der Trauernde in der Zerrissenheit von Selbstvorwürfen und Schuldzuweisungen, so entzieht er sich – wenn auch vielleicht nicht mit Bewusstheit – seiner Verantwortung und lädt auf diese Weise auch in existentieller Sicht Schuld auf sich. „Verantwortung heißt

---

[945] *Dietrich von Hildebrand*, Über den Tod. St. Ottilien ²1989, S. 14.
[946] Vgl. hierzu u.a. die Ausführungen von *Bollnow*, ⁶1955, S. 97-100.
[947] Vgl. hierzu *Nassehi, Weber,* 1989, S. 19, die aufgrund der Tatsache, dass der Mensch auch die Umstände seines Todes nicht kennt, beziehungsweise nicht weiß, was ihn in der Todesstunde erwartet, dem „mors certa – hora incerta" noch einen „modus incertus" hinzufügen.
[948] Vgl. hierzu *Lindbergh*, ²1992, S. 243, die in ihren Tagebuchaufzeichnungen ein Gespräch mit ihrem Mann, nach dem Tod ihres Babys hervorhebt: „C. und ich sprachen über das Gefühl der Unsicherheit im Leben. Nie, nie mehr im Leben werde ich wagen, vor ihm zu sagen, *du gehörst mir* oder *ich habe dich*. Während wir sprechen, verändern sich die Dinge und entgleiten uns. (…) Vielleicht kann man sich immer nur auf den jeweiligen Augenblick verlassen oder auf die Ewigkeit – dazwischen ist nichts."
[949] Vgl. hierzu *Freud*, ⁸1991(a), S. 354f., der hervorhebt, dass eine solche Haltung der Wahrhaftigkeit zu ihrem Recht verhilft und dazu beiträgt, das Leben wieder erträglicher zu machen: „Wenn du das Leben aushalten willst, richte dich auf den Tod ein." Auch hier ist nicht der resignative Charakter der Lebensverweigerung intendiert, sondern es ist eine Aufforderung, sich aus exklusiven Bindungen an Menschen und Dingen zu lösen und sich in die Wechsel- und Schicksalhaftigkeit des eigenen Lebens hineinzubegeben. *Illhardt*, 1982, S. 319, bezeichnet die Trauerarbeit in diesem Sinne als „Exerzitienkurs ins Leben".
[950] Vgl. *Jaspers*, II, ²1948, S. 493.
[951] *Sölle*, 1993, S. 135.
[952] Vgl. *Jaspers*, II, ²1948, S. 506-508.
[953] *Doris Wolf*, Einen geliebten Menschen verlieren. Vom schmerzlichen Umgang mit der Trauer. Mannheim ¹¹2004, S. 105. Vgl. hierzu auch *Hermann*, 1988, S. 52f., die darauf hinweist, dass diese Gefühle auch aus einem unbewussten Bestreben resultieren können, sich selbst Schmerz zuzufügen: „wenn der geliebte Mensch schon die ganze Qual des Todes erlitten hat, dann ist es nur gerecht, wenn ich jetzt auch Schmerz fühle und leiden muß." Vgl. hierzu auch *Kast*, ²2000, S. 77.

die Bereitschaft, die Schuld auf sich zu nehmen"[954], jedoch ohne sich von seinen Schuld– und Versagensgefühlen überwältigen zu lassen.[955] Im Prozess der Selbst-Annahme bejaht der Trauernde sich als „fehlerhaften Mensch", fühlt sich nicht länger schuldig, dass er dies und jenes getan beziehungsweise nicht getan hat – er verzeiht sich.[956] Das Gefühl des Trauernden, das lange Zeit beherrscht wurde von dem Empfinden der Schuld – sei diese begründet oder nicht –, weicht im Prozess der Selbst-Annahme der „Reue": „Die Reue ist eine der mächtigsten Ausdrucksformen unserer Freiheit. In ihr beurteilen wir uns selbst und treten wieder auf die Seite des Guten."[957] Das heißt, im Bereuen wird nichts ungeschehen gemacht, aber im Akt des Bereuens begegnet dem Hinterbliebenen seine eigene Wahrheit. Er erhält Einsicht in das, was er getan oder nicht getan hat, kann neu dazu Stellung nehmen und daraus mögliche Konsequenzen ziehen.[958]

Im Prozess der Selbst-Annahme „wählt" der Trauernde seine Situation, er entscheidet, sich selbst in seinem gebrochenen und aufgegebenen Menschsein radikal und unbedingt zu bejahen, und erkennt darin doch, dass er nie endgültig und auf Dauer gestellt Ja-Sagen kann: er lebt als „stetes Zwischen"[959] in der „Spannung des Jasagenwollens und des nie endgültig Jasagenkönnens"[960]. Die positive Bewältigung der Krise besteht also darin, dass der Trauernde „angesichts des Geschehen, das keine Wahl mehr lässt"[961], eine Entscheidung trifft, dass er wählt. Er muss eine Haltung einnehmen, die ihm ein „Affirmieren, ein Bejahen, ein Einverstandensein, wenn auch unter Tränen"[962] möglich macht. Annahme kann im Unterschied zur bloßen Anerkennung als „reine Akzeptation"[963] verstanden werden: Ich kann und darf der sein, der ich bin, mit meinem erlittenen Verlust und meinem Schmerz, mit all dem, was ich an Fremdem wahrgenommen und erkannt habe, mit der Schuld, die ich auf mich geladen habe, mit dem Wissen um meine, um unsere Fragilität, Sterblichkeit, Endlichkeit und Kontingenzverhaftetheit. Der Hinterbliebene nimmt sich nicht nur in seinem momentanen Befinden an, sondern indem er sich auf der Suche nach Sinn immer tiefer in die große Frage, die er sich selbst und die die Welt ihm ist, vertieft, bestätigt er sich gewisserma-

---

[954] Vgl. *Jaspers*, II, ²1948, S. 507.
[955] Vgl. hierzu *Lindemann*, 1985, S. 45, der die Schuldgefühle als symptomatisch im Prozess der Trauer ermittelt hat. Vgl. auch *Parkes*, 1974, S. 130, der darauf verweist, dass Schuldgefühle bei zwei Drittel der befragten Trauernden vorzufinden waren.
[956] Vgl. *Wolf*, ¹¹2004, S. 106f.
[957] *Guardini*, ⁷2003, S. 25.
[958] Vgl. ebenda.
[959] *Jaspers*, ⁵1979, S. 163.
[960] *Jaspers*, II, ²1948, S. 493. Auch hier ist wieder die Doppelgesichtigkeit der Grenze enthalten, in der das Ja gleichzeitig ein Nein enthält. Vgl. hierzu auch *Guardini*, ⁷2003, S. 60, der auf den Kampf aufmerksam macht, der mit dem Prozess der Bejahung einhergeht und sich im Innersten des Menschen, gewissermaßen als ein Kampf zwischen dem „neuen und dem alten Mensch" ereignet: „Zwischen beiden geht ein unaufhörlicher Kampf; und das Dasein wird als Vollzug dieses Kampfes verstanden. Gewiß gibt es Augenblicke, in denen der <neue> Mensch durchdringt und seiner selbst inne wird; immer wieder tritt der <alte> davor und verhüllt ihn."
[961] *Schmid*, 2004, S. 297.
[962] Ebenda.
[963] *Scherer*, 1985, S. 129. Vgl. hierzu auch *Kast*, ²⁰1999, S. 88, die die Akzeptation als ein Merkmal der „Phase des neuen Selbst- und Weltbezugs" postuliert.

ßen in seiner Existenz.⁹⁶⁴ Es ist ein Prozess des „Sichanvertrauens"⁹⁶⁵ an sich selbst und an die Kontingenz des Seins.⁹⁶⁶ Aus dieser existentiellen Haltung heraus kann er sein eigenes Ja entwickeln.⁹⁶⁷

Doch wie vollzieht sich eine solche Bejahung des Lebens und des Selbst, aus der heraus der Hinterbliebene ein neues Gefühl für den Wert seines Daseins erlangen kann? Bei *Jaspers* finden wir das Wort: „Ich werde, wie ich werte."⁹⁶⁸ Der Prozess der Selbst-Annahme ist ein existentieller, in dem der Trauernde in Anforderungen hineingestellt ist, „als ob er ein Titan wäre"⁹⁶⁹. Antworten suchend, muss sich der Zurückbleibende immer wieder aufs Neue „versuchen", muss sich verändern und mit sich experimentieren. Er muss ertragen und aushalten, dass „Gewonnenes" ihm immer und immer wieder entgleitet.⁹⁷⁰ Immer wieder ist er als Existenz dazu aufgerufen, sein Tun, seine innere Haltung und alles, was ihm entgegenkommt, zu beurteilen und zu werten. Das heißt in jeder bewusst gemachten Situation⁹⁷¹ ergeht wieder und wieder der Ruf an ihn, sich mit ihr auseinanderzusetzen, ihr sittlich genüge zu tun, sich „in ihr in Verantwortung zu übernehmen, zu entscheiden, zu handeln"⁹⁷². Der Prozess der Annahme ist demnach davon getragen, dass der Mensch sich im gewissen Sinne als Schöpfer und Gestalter seines Selbst und seiner Welt begreift. Hierzu ist es notwendig zu verstehen, dass die Frage: „Was soll ich tun?" letztlich gleichbedeutend ist mit der Frage: „Was verlangt die jeweilige Situation von mir?" Der Hinterbliebene selbst, muss sich in der Frage – „Was soll ich tun?" – als befragt erfahren, als jemand, der gewissermaßen von seinem eigenen Leben, von seinem Selbst befragt wird. Dabei muss er in sich die Gewissheit spüren: „mit meinem Dasein lebe ich die Antwort, gebe unbedingt und immer Antwort auf eine Frage."⁹⁷³ Annahme in diesem Sinne bedeutet, dass der Hinterbliebene sich als einen von sich selbst „Befragten" erfährt und sich dabei gleichzeitig als

---

⁹⁶⁴ Vgl. hierzu *Dorothee Sölle*, Url: http://home.rhein-zeitung.de/~rdober/relkrit/soelle2.html (01.06. 2003): „Es gibt keine Existenz ohne die Suche nach Sinn. Gerade weil ich den Sinn und das Ganz-Sein nicht finde, sondern mich immer wieder am Sinnlosen, am Absurden, am Nicht-Deutbaren verletze, darum kann es mir nicht genügen, mich als ein Objekt zu verstehen, das in deterministische Ketten gelegt ist."
⁹⁶⁵ Vgl. *Jaspers*, I, ²1948, S. 181.
⁹⁶⁶ Vgl. hierzu *Buber*, ⁶2000, S. 99: „ich [bin] vor die Gegenwärtigkeit eines Seins gestellt (…), mit dem ich keine Spielregeln vereinbart habe und mit dem sich keine vereinbaren lassen."
⁹⁶⁷ Vgl. *Beatrix Gerstberger*, Keine Zeit zum Abschiednehmen. Weiterleben nach seinem Tod. München ²2003, S. 49f: „Ich akzeptiere die Welt, die dich nicht mehr kennt, und den Riss, den ich stets in mir tragen werde. Ich erwarte nichts mehr – eine seltsame Form von Freiheit." Vgl. auch *Ceelen,* 2004, S. 54: „Die Wunde der Trauer wird nur durch das Trauern geheilt. Durch das Ja zur Trauer: Ja, ich habe eine Wunde. Ich bin zutiefst verletzt. Ich bin nicht nur traurig, sondern auch wütend, weil ich jetzt allein dastehe und nicht weiß, wie es weitergeht." Das Moment der Annahme, aus dem ein Ja hervorgeht, weist einen engen Bezug zu *Bubers* „Ja des Seindürfens" auf, das im vierten Kapitel näher ausgeführt werden wird. Vgl. *Martin Buber*, Urdistanz und Beziehung. Heidelberg ⁴1978, S. 37.
⁹⁶⁸ *Jaspers*, III, ²1948, S. 747.
⁹⁶⁹ *Jaspers*, ⁵1979, S. 166.
⁹⁷⁰ Vgl. hierzu *Pascal*, 1997, S. 261 (273): „Das Dahinschwinden. Es ist etwas Schreckliches, wenn man wahrnimmt, wie alles dahinschwindet, was man besitzt."
⁹⁷¹ Vgl. hierzu *Jaspers*, ⁵1979, S. 23: „Die Situation als bewußt gemachte ruft auf zu einem Verhalten."
⁹⁷² *Guardini,* 2000, S. 55.
⁹⁷³ *Alfred Längle*, Existenzanalyse, S. 117. In: Ders., (Hrsg.), Entscheidung zum Sein. Viktor Frankls Logotherapie in der Praxis. München 1988, S. 97-123.

„Antwortenden" erlebt. Es bedeutet, dass er sich als einen Menschen empfindet, der mit Fähigkeiten wie Kreativität und Spontaneität ausgestattet ist und damit über die Fähigkeit verfügt, auf die zahlreichen Anforderungen zu reagieren und sein Dasein aktiv zu gestalten.[974] Angesichts der Tatsache, dass der Hinterbliebene sich zunächst als „Opfer" des Schicksals fühlt, dem etwas „angetan" wurde, gegen das er sich nicht wehren konnte, kommt diesem Aspekt eine besondere Gewichtung zu.[975]

Stellt sich der Trauernde immer wieder den „Bewährungssituationen" seines Trauerweges, kann es ihm gelingen, das eigene Ja zum Prozess der Trauer und zu sich selbst zu finden. Dies erfordert vom Zurückbleibenden ein hohes Maß an Geduld, um sich selbst „vor dem Abgleiten in Resignation oder Ersatzhandlungen"[976] zu schützen. Wenn *Illhardt* die „Tugend der Geduld (…) [als] die Grundlage für die Arbeit am eigenen Ich-selbst"[977] postuliert, dann wird deutlich, dass ein Drängen und Beschleunigenwollen dem Realisierungs- und Verselbstungsprozess des Trauernden in kontraproduktiver Weise entgegentritt: „Alles ist austragen und dann gebären. Jeden Eindruck und jeden Keim eines Gefühls in sich, im Dunkel, im Unsagbaren, Unbewußten, dem eigenen Verstande Unerreichbaren sich vollenden lassen und mit tiefer Demut und Geduld die Stunde einer neuen Klarheit abwarten"[978], so formuliert es *Rilke*. Der Trauernde findet nur mit Hilfe der Geduld[979] und der Demut[980] die Stärke, die schmerzhaften Abschnitte seines Trauerweges immer wieder neu auf sich zu nehmen, sie nur als vorläufige und niemals als endgültig abgeschlossene anzusehen: „Ich lerne es täglich, lerne es unter Schmerzen, denen ich dankbar bin. *Geduld* ist alles."[981]

---

[974] Vgl. hierzu *Carin Diodà, Tina Gomez*, Warum konnten wir dich nicht halten? Stuttgart, Zürich 1999, S. 145, wo eine Hinterbliebene nach dem Tod ihres Mannes formuliert: „Dieses Schicksal habe ich nicht selbst gewählt, aber ich kann es gestalten."

[975] Vgl. hierzu *Spranger*, ³1965, S. 208: „das Leiden, das in dem Zurückbleibenden entsteht, wenn in Liebe verbundene Menschen durch den Tod des einen voneinander getrennt werden, (…) ist etwas, das dem Menschen widerfährt, ein Schicksal, das über ihn hereinbricht; nicht etwas, das er sich antut." Vgl. hierzu auch *Palmen*, 2001, S. 380f., nach dem Tod ihres Mannes: „Es ist das Schicksal, das dumme, unumkehrbare Schicksal, das auf mein Leben eindrischt und mich zum blödsinnigsten Zustand verurteilt, den ich kenne, den Zustand des Reagierens, Abwimmelns, Abblockens, Dagegenhaltens."

[976] *Illhardt*, 1982, S. 322.

[977] Ebenda, S. 32.

[978] *Rainer Maria Rilke*, Briefe an einen jungen Dichter, Leipzig 1929, S. 17.

[979] Vgl. hierzu *Bollnow*, 1955, S. 79, der darauf verweist, dass dieses Verständnis von Geduld nicht getragen ist von dem Gedanken, des Hinnehmens und „Sich-damit-Abfindens", sondern dass Geduld hier ein „Abwarten-Können" bedeutet und somit auch ein Vertrauen zur Zukunft voraussetzt. Dieser Punkt zeigt deutlich, dass der Trauernde in dieser Situation einen großen Teil seines Trauerweges gegangen ist, den er doch anfangs – in seinem Schmerz um den Verstorbenen – zunächst als „zukunftslos" empfand. Natürlich ist ein solches Verständnis von Geduld auch mit dem Prinzip „Hoffnung" verknüpft und verweist somit auf den Gedanken der Transzendenz.

[980] Vgl. hierzu *Zwierlein*, 1989, S. 60f: „Das demütige Denken ist das existentielle Pendant zur wissenschaftlichen <Vorurteilslosigkeit>. Es nimmt das, was ist, unverfälscht wahr. Insbesondere ergibt es sich nicht der stolzen, verwandlungsscheuen Illusion einer abgeschlossenen, gesicherten und zu Ende erkannten Inventarisierung der Innenwelt. (…) Das demütige Denken weiß um die (…) geradezu abgründige innere Unendlichkeit und das Labyrinth der Innenwelt, die das sich wagende und kämpfende Weitergehen fordert."

[981] Rilke, ²1993, S. 22f. Vgl. hierzu auch *Guardini*, ⁶2001, S. 137: „Erst die Geduld gibt uns uns selber in die Hand."

Es ist deutlich geworden, dass der Leidende den eigenen Zustand gewissermaßen als einen „nicht-sein-sollenden", das heißt als einen entfremdeten, „uneigentlichen" Zustand erfährt. So ist er immer wieder bestrebt, seiner Trauer, seinem Schmerz, seiner Verzweiflung – seinem Leid – intervenierend entgegenzutreten: er will das, was sein „Los" werden soll „loswerden". Er will sich ihm entledigen. Zweifelsohne gibt es Facetten des Trauerschmerzes, denen auch mit dem Vorgang der Intervention entgegengetreten werden kann. Hierbei besteht jedoch immer die Gefahr, dass der Trauernde – als Angehöriger der modernen Kultur –, „die tragische[n] Phänomene wie Leid und Schmerz endgültig zu besiegen hofft, um Freude und Lust allein übrig zu behalten"[982]. Das Streben, dem Trauerleid intervenierend entgegenzutreten, verhindert das Erfahren der Grenzsituation und versperrt den Weg in die Eigentlichkeit, den Aufschwung in die Existenz. Erst wenn der Zurückbleibende „offenen Auges"[983] in die Grenzsituation eintritt, den Schmerz zulässt, kann er seinen Weg der *„existentiellen Verwirklichung"*[984] weitergehen. Dem Leiden selbst wohnt der dringende Aufruf zur Selbstaufhebung inne: „Weh spricht: <vergeh! Weg, du Wehe>."[985] Diesen Aufruf kann der Trauernde aber erst vernehmen, wenn er sein Leiden bejaht, wenn er es annimmt. Annehmen in diesem Sinne heißt zum einen, dass der Trauernde zu einem Ja findet, das ihn auf eigentümliche Weise mit seiner Vergangenheit versöhnt und ihm einen weiteren Weg in die Zukunft eröffnet: „Nur von der Annahme seiner Selbst führt der Weg in die wirkliche Zukunft – für jeden in seine eigene."[986] In der Bejahung seines veränderten Lebensvollzugs kann der Hinterbliebene den erlittenen Schmerz, das durchlebte Leiden als sinnvolle Momente seines Lebens begreifen, an denen er gewachsen und gereift ist, aus denen er „besiegt und zugleich stärker"[987] hervorgegangen ist. Insofern verweist die tätige Bereitschaft, sich selbst und die veränderte Wirklichkeit anzunehmen, immer auf den Gedanken der Integration. Integration in diesem Verständnis bedeutet, die Willigkeit aufzubringen, den Schmerz, das Erlittene und das noch zu Erleidende als *„Orientierung des Lebens"*[988] zu begreifen und in sich selbst die Fragen zu hören, die der Schmerz dem Denken stellt: „Was hast du aus deinem Leben gemacht? Was gedenkst du noch zu tun? Bist du dir dessen bewusst, dass dein Leben begrenzt ist? Ist dir klar, dass ich dieses Leben zerstören kann? Ahnst du, dass ich ein Vorbote des Todes bin?"[989] Beantwortet der Hinterbliebene diese Fragen im Modus der Annahme, gliedert er das Schmerzliche in sein Leben, in sein Selbst ein und grenzt es nicht aus, kann er zur Integrität, zur Heilung seines Selbst beitragen. Die Annahme des Schmerzhaften und Leidvollen, die bedingungslose Akzeptation der andauernden Abwesenheit des geliebten Menschen, der Blick in die Abgründigkeit des Lebens hat „das Selbst reifen lassen, wie kaum etwas zuvor"[990] und ermöglicht es dem Trauernden, sich selbst sowie sein bisheriges und zukünftiges Leben als ein Sinnganzes zu bejahen.

---

[982] *Schmid*, 2004, S. 259.
[983] *Jaspers*, II, ²1948, S. 469.
[984] Ebenda, S. 471.
[985] *Friedrich Nietzsche*, Also sprach Zarathustra, Teil IV, Das Nachtwandler-Lied, 9. In: *Georgio Colli* und *Mazzino Montinari* (Hrsg.), Kritische Studienausgabe, Band X. München 1999.
[986] *Guardini*, ⁷2003, S. 24.
[987] *Sölle*, 1993, S. 137.
[988] *Schmid*, 2004, S. 259.
[989] Ebenda, S. 259f.
[990] Ebenda, S. 295.

Eine Zusammenfassung wesentlicher Aspekte der vorausgegangenen Erörterungen zeigt, dass der Weg der Selbst-Annahme, den der Trauernde durchläuft, seinen Ausgang und Verlauf in der existentiellen Erkenntnis um die Beschaffenheit seiner menschlichen Existenz nimmt: Er nimmt an, was er ist und auch wieder nicht ist. Er akzeptiert auf umfassende und erfüllende Weise, dass er nie alles von sich weiß. Er versteht sich als Interim, als ein „Wesen des Übergangs", das in jedem Augenblick seiner Trauer ein Suchender, Ankommender und Weitergehender ist. Er begreift sich als einen Leidenden, der Schuld auf sich genommen hat, und als Wesen der Kontingenz, das niemals in der Lage ist, das eigene Dasein und die darin verwobenen Handlungen zu überschauen. Er erfasst sich als einen Menschen, der immer wieder aufs Neue eine Wahl trifft, (treffen muss) und darin das Wagnis der Entscheidung einzugehen hat: Selbst-Verweigerung oder Selbst-Annahme, im „Nein" zu sich selbst und der Welt – im Zustand der Uneigentlichkeit – verharren oder Ja-Sagen zu sich selbst, zu seinem momentanen So-sein, zu diesem So-sein in der Welt.[991] Im Ja-sagen begreift und ergreift sich der Trauernde als Schöpfer und Gestalter seines Selbst. Ob und wie der einzelne diesen Prozess besteht, hängt davon ab, wie weit er das Gesehene und Erkannte „annimmt und den Hinweis befolgt, der aus der Vergänglichkeit und dem Dünnwerden der Dinge kommt"[992]. Betrachtet er die Grenzen, an die er angesichts des Todes des geliebten Menschen gestoßen ist, nicht im Sinne von verneinenden und verhindernden Lebensschranken, sondern sieht er in den Grenzen die Möglichkeit der Bewahrung und Freisetzung des Erkannten, dann gewinnt sein Selbst Kontur und „Eigen-Sinn". Dann ist er unterwegs zu seinem ureigensten und zutiefst menschlichen Auftrag: „Werde, der du bist!" „Werde, der kein anderer zu sein vermag!"

3.2.4 Der Weg der Selbst-Gestaltung

„Eine volle und mächtige Seele wird nicht nur mit schmerzhaften, selbst furchtbaren Verlusten, Entbehrungen, Beraubungen, Verachtungen fertig: sie kommt aus solchen Höllen mit größerer Fülle und Mächtigkeit heraus."[993]

Der Hinterbliebene – durch den Tod des Nächsten in seiner Identität erschüttert – hat auf existentielle Weise erfahren: „Auch ich kann sterben, genau wie der Mensch, den ich glaubte, auf ewig zu haben." Im Durchleben und Erleben dieses Prozesses ist er Trauerarbeit leistend zu (s)einem Ja gelangt, das es ihm ermöglicht, sowohl sich selbst als auch seine veränderte – neue – Lebenssituation anzunehmen.[994] In dieser Annahme

---

[991] Vgl. hierzu *Nietzsche*, 1999, Band XII, S. 308: „Gesetzt wir sagen Ja zu einem einzigen Augenblick, so haben wir damit nicht nur zu uns selbst, sondern zu allem Dasein Ja gesagt. Denn es steht nichts für sich, weder in uns selbst, noch in den Dingen."
[992] *Guardini*, 11 2004, S. 55.
[993] *Nietzsche*, 1999, Band XII, S. 308.
[994] Dieser Abschnitt des Trauerweges kann korrespondierend zu der vierten Phase des Modells von *Kast*, 20 1999, S. 83-90, gesetzt werden, die – so *Kast* – durch einen „neuen Selbst- und Weltbezug" gekennzeichnet ist: Nachdem der Hinterbliebene seinen Schmerz herausschreien konnte, anklagen und Vorwürfe machen durfte, erkennt er allmählich, dass viele der Möglichkeiten, die früher nur innerhalb der Beziehung denkbar waren, nun zu eigenen Möglichkeiten werden können. Der Verstorbene ist zu einer sich verändernden, inneren Begleitfigur geworden. Er lebt als „innerer

gestaltet sich der Hinterbliebene eine „neue" Identität, eine „existentielle Identität", die geprägt ist von dem konstituierenden Wissen: „Wir sind nicht nur in der Liebe verbunden, sondern ebenso im Schicksal: Auch ich muss sterben." Eine solche Erfahrung ist existentieller Art. Sie ist nicht nur von Belang auf den Moment des Erfahrens bezogen, sondern ihre Bedeutung erstreckt sich auf den Gesamtvollzug seines (weiteren) Lebens: „die Lebensverbundenheit dieser Erfahrungsart [tritt] darin besonders [hervor], daß hier dem Leben durch Erfahren jeweils eine fortwirkende Bedeutung neuschöpferisch abgewonnen wird. Das Erleben tritt zu dem, was in ihm erlebt wird, nicht müßig hinzu, sondern tritt jeweils ein in den Gesamtwirkungszusammenhang des Lebens, dem auch sein Inhalt so angehört, daß er sich in und mit der Werdung dieses Zusammenhangs verändert."[995]

Anhand des bisher Erörterten kann gesagt werden, dass in allen drei bisher genannten Modi des Trauerprozesses – Selbst-Wahrnehmung, Selbst-Erkenntnis, Selbst-Annahme –, in einer Art individuellen Experimentierens und Erprobens das Selbst eine gewisse Kontur gewinnt, die sich von dem, was war, unterscheidet.[996] Im wagenden Entwerfen findet sozusagen eine fortwährende (Um-)Gestaltung des Selbst statt,[997] in deren Verlauf das Selbst zunehmend an Gestalt gewinnt, die sich durch wachsende Deutlichkeit sowie innere Festigkeit auszeichnet.[998] Demgemäß kann jetzt formuliert werden, dass der Weg in das eigene Innere, „der Eingang in das Selbst"[999], immer schon Selbst-Gestaltung bedeutet.[1000]

Die Form der Selbst-Gestaltung auf diesem Abschnitt des Trauerweges geht über die bisherige hinaus. Der Trauernde ist sich zu diesem Zeitpunkt bewusst geworden, dass er lebt: „Immer noch und wieder."[1001] In dem Maße, in dem ihm die Fragwürdigkeit des herkömmlich und bisher Gelebten bewusst wird, erwächst ihm die Selbst-Gestaltung zur Aufgabe. Er gestaltet sein Selbst, indem er einerseits bewusst und refle-

---

Begleiter" (S. 83) weiter in den Erinnerungen und im Gedenken. Der Hinterbliebene erkennt, dass das Leben weitergeht, und dass er selbst dafür verantwortlich ist. Es ist die Zeit, in der durch das Schmieden neuer Pläne Linien für seine Zukunft entwerfen kann. Er kann sowohl neue Beziehungen eingehen als auch neue Lebensmuster festigen. Der Trauerprozess hat Spuren hinterlassen, die Einstellung des Trauernden zum Leben hat sich meist völlig verändert, aber dennoch erfährt der Hinterbliebene, dass sein „Leben – auch angesichts des Todes – einen Sinn hat". (S. 87).

[995] *Landsberg*, 1934, S. 190f. Vgl. auch *Landsberg*, 1939, S. 370. Vgl. auch *Jaspers*, ³1925, S. 96.

[996] Vgl. *Kast*, ²⁰1999, S. 84: „Es gehört zu einem gelungenen Trauerprozess, dass der Trauernde sich verändert."

[997] Vgl. *Rando*, 2003, S. 189: „Der Trauernde muss sein Selbstbild entsprechend der veränderten Realität verändern. Eine persönliche Neuorientierung ist erforderlich: Was verändert ist, muss erkannt und betrauert werden, was fortbesteht, muss bekräftigt werden, und was neu ist, muss einbezogen werden. Altes und neues Selbst müssen integriert werden."

[998] Dieser Gedanke ist natürlich unter der Prämisse zu betrachten, dass es immer wieder zu Schwankungen und Rückfällen im Trauerverlauf kommen kann. Vgl. hierzu *Kast*, ²⁰1999, S. 85, die deutlich macht, dass auch in dieser Phase „immer wieder Rückfälle in die schon durchlebten Phasen der Trauer zu erwarten" sind.

[999] *Zwierlein*, 1989, S. 59.

[1000] Vgl. hierzu *Zwierlein*, 1989, S. 46: „Indem der Mensch sich zu erkennen sucht, findet zugleich eine <innere Arbeit> der Selbstgestaltung statt, weil zum Beispiel neue Möglichkeiten und überraschende Motive angetroffen oder verdeckende Motive erkannt und überwunden werden."

[1001] *Smeding*, 2004, S. 147.

xiv Linien auf die Zukunft bezogen entwirft[1002] und andererseits deren Tragfähigkeit in der Beziehung zu anderen Menschen[1003] auslotet.[1004] Dies bedeutet auch, dass der „neu entworfenen Gestalt des Selbst" Forderungen innewohnen, die der Trauernde als ein „Sollen" wahrnimmt, nicht fremdbestimmt, sondern als ein „Werde, der du bist!", das dem Moment der (Gestaltungs-)Freiheit entspringt.[1005] Der Trauernde erfährt sich in seinem Selbst-Sein als ein Wesen, das über sich selbst verfügt[1006], das sich annimmt, das seine Grenzen nicht nur im Sinne von determinierender Einengung begreift, sondern diese als Merkmal seiner Unvollkommenheit bejaht: „So bin ich, so lebe ich in meiner neuen Gestalt unter und mit den anderen. So wie ich bin, werde ich mich frei und willentlich in das situativ Geforderte hineinstellen." Der „Hierbleibende"[1007] erlebt sich auf diesem Abschnitt seines Trauerweges als ein Entscheidender[1008], der nicht länger von den faktischen Bedingungen – dem eingetretenen Tod und dem damit einhergehenden Verlust in all seinen Facetten – dominiert und bestimmt wird. Er ist diesen nicht länger ausgeliefert[1009], sondern im „freien Engagement"[1010] wählt und entscheidet er sich

---

[1002] Vgl. *Lischewski*, 1998, S. 151, der hervorhebt, dass der Mensch immer auf seine Zukunft hin lebt und nur in diesem Werden auch wahrhaft er selbst wird. Die Zukunftsbezogenheit, die jetzt im Modus der Selbst-Gestaltung vom Trauernden gelebt wird, zeichnet sich jedoch durch ein klares und bewusstes Ja zu der selbst zu gestaltenden Zukunft aus.

[1003] Natürlich darf hier keineswegs der Eindruck entstehen, der bisherige Trauerweg sei ein rein solipsistischer gewesen. Selbstverständlich hat sich der Trauernde nicht in einer menschenleeren Welt bewegt, aber hier geht es nun darum, die „Sorgepersonen", die ihn im Prozess der Trauer betreut und begleitet haben, „los-zu-lassen", um im Modus des (Selbst-)Vertrauens in die Zukunft *mit* (einem oder mehreren) Menschen hineinzugehen. Vgl. hierzu auch die Gefahr, auf die *Kast*, [20]1999, S. 84, aufmerksam macht: „In dieser Phase kann er [der Trauernde, S.B.] dann die Menschen, die ihn zuvor betreut haben, entbehren, ja diese Helfer können ihrerseits plötzlich zu Hemmenden werden, wenn sie die neue Selbständigkeit und die Veränderung des Trauernden nicht akzeptieren, diesen vielleicht nur allzu gern in seiner hilflosen Situation stabilisieren wollen, um ihrerseits die großen Helfer zu bleiben."

[1004] Vgl. hierzu *Aliti*, 1991, S. 211: „Der Zeitraum, nach dem jemand die Trauer auflöst und wieder ins Leben zurückkehrt, ist so variabel, wie es Menschen gibt." Dieser Gedanke ist in sofern wichtig, als dass es keinen sogenannten „Nullpunkt" gibt, ab dem der Trauernde sich wieder dem Leben zuwendet.

[1005] Vgl. hierzu *Landsberg*, 1934, S. 77: „Es kann kein Sollen an den Menschen ergehen, dem kein Können des Menschen als Wesensmöglichkeit entspricht, da das Sollen für ihn aus seiner eigenen Idee entspringt."

[1006] Vgl. *Schmid*, 2004, S. 97: „Selbstgestaltung erfordert zuallererst Selbstverfügung, den *Gewinn von Macht über sich selbst*, um den sich das Selbst bemüht." Hiermit ist nicht intendiert, dass das Selbst glaubt „sich in der Hand zu haben", doch es bildet nun eigenverantwortlich – in „selbstmächtiger" Weise – ein Netz von Strukturen aus, in dem es in (und trotz) seiner ganzen Fragilität zu leben vermag.

[1007] *Smeding*, 2004, S. 151. Die Autorin verweist mit dem Begriff „Hierbleibende" auf die Verlagerung von Passivität zur Aktivität.

[1008] Vgl. *Max Scheler*, Philosophische Weltanschauung, S. 150. In: *Manfred S. Frings* (Hrsg.), Späte Schriften, Gesammelte Werke, Band IX. Bern, München 1976, S. 73-182: „Der Mensch ist ein Wesen, dessen Seinsart selbst die noch offene Entscheidung ist."

[1009] Vgl. *Christina Lütgen, Jutta Landwehr*, Wenn nichts mehr geht. Trauer als Weg. Gütersloh 2004, S. 86: „Wenn wir nach dem radikalen Einschnitt wie dem Verlust einen Schritt ins Leben gemacht haben (...), fühlen wir uns dem Leben und seinen Schicksalsschlägen weniger ausgeliefert. Wir erobern uns das Leben zurück und damit uns selbst. Wir fühlen eine innere Kraft, eine innere Bewusstheit: Wir sind nicht nur ausgeliefert, wir bestimmen selbst (...), wie wir unser Leben leben."

selbst: Er zeichnet in diesem Tun sein eigenes Gesicht (*Sartre*), er „besondert"[1011] sich.[1012]

Der Trauernde ist – Trauerarbeit leistend – gewissermaßen zu sich selbst gekommen und bereit, „die unzähligen Selbstverstellungsmöglichkeiten zu demaskieren"[1013]. In selbstverantwortlicher Bewusstheit tariert er sein Selbst aus[1014] und entwickelt eine Auffassung von sich selbst, die es ihm erlaubt, zukünftig auf (s)eine selbst-bestimmte Art und Weise zu leben.[1015] Auf der Grundlage des Zu-sich-selbst-gekommen-Seins geht er wieder „hinaus" ins Leben, hinein in die Begegnung, den Dialog, die Kommunikation.[1016] Der Hierbleibende entwirft sich auf diesem Abschnitt des Trauerweges nicht nur auf die Zukunft hin, sondern im Entwerfen seiner Zukunft zeigt er sich „erneut" bereit, Verbindungen zu knüpfen, in Kommunikation zu treten und Beziehungen zu anderen (zu einem anderen) Menschen einzugehen – jetzt in dem existentiellen Wissen um die Endlichkeit von Beziehungen.[1017] Die Qualität der Beziehungen und der Kommunikation sind zu diesem Zeitpunkt wieder eher symmetrischer Natur und tragen den Charakter der „gleichen Augenhöhe".[1018] *Zwierlein* verweist hier kausal auf eine

---

[1010] *Lischewski*, 1998, S. 474. In Hinblick auf den Prozess der Selbst-Gestaltung bedeutet dies, dass der frei engagierte Mensch sowohl um die Notwendigkeit als auch um die Grenzen seines Engagements weiß.

[1011] *Zwierlein*, 1989, S. 96.

[1012] Vgl. hierzu *Landsberg*, 1939, S. 372: Mit der Frage, ob das Selbst „überhaupt beherrschbar und gestaltbar sein kann, ohne helfendes Eingreifen eines höheren Wesens" stellt *Landsberg* die Wahl des Hinterbliebenen, seine Gestaltungsfreiheit in einen neuen Horizont. Die religiöse Dimension dieses Prozesses, die damit angedeutet wird, müsste Anknüpfungspunkt für weitere Überlegungen sein.

[1013] *Zwierlein*, 1989, S. 61.

[1014] Vgl. *Schmid*, 2004, S. 104.

[1015] Natürlich ist der Gedanke der Selbst-Bestimmung, dies wurde wiederholt ausgeführt, immer unter der Prämisse der grundsätzlichen Unverfügbarkeit des Lebens zu sehen. Selbst-Bestimmung so verstanden öffnet den Weg, über die Grenzen der Immanenz hinauszugehen und der Transzendenzerfahrung teilhaftig zu werden.

[1016] Vgl. hierzu *Landsberg*, 1939, S. 375, dessen Worte auf die Notwendigkeit dieses Schrittes verweisen, denn oft enthalte die „wirkliche Begegnung mit dem Anderen (…) eine Begegnung gerade mit den verborgensten Seiten unseres Selbst". Ders., ebenda, S. 374: „Durch Begegnungen, in denen Andere uns zum Ereignis werden, kommen wir uns selbst auf die Spur." Vgl. hierzu auch die Ausführungen von *Zwierlein*, 2004(c) S. 69, mit Blick auf das Kommunikationsmodell des so genannten „*Johari-Fensters*".

[1017] Vgl. hierzu *Kast*, ²2000, S. 78, die darauf hinweist, dass eine neue Beziehung, die nach dem Verlust eingegangen wird, immer mit widersprüchlichen Gefühlen einhergeht. Es bestehe der Wunsch, sich ganz auf die neue Beziehung einzulassen, andererseits gibt es jetzt auch das existielle Wissen um die Endlichkeit von Beziehungen. Vgl. hierzu die Ausführungen von *Schlegel-Holzmann*, ⁸2004, S. 73: „Und dann ist da auch diese tiefsitzende Angst vor der Pein eines neuerlichen Abschieds. Nicht noch einmal so ein Abschied. Nicht noch einmal alles durchmachen müssen. Vielleicht legt sich das mit der Zeit, aber es dauert doch, bis man wieder zu festeren Beziehungen in der Lage ist. Und möglicherweise nimmt man es dank der zurückgewonnenen Fähigkeit noch einmal auf: ein gemeinsames, vom Tode bedrohtes Leben. Ein schönes Leben, denn weil man jetzt nicht mehr vom Ende überrascht werden kann. Der Tod ist ins Leben eingewoben."

[1018] Im Idealfall gründen Begleitverhältnisse zwar auf dem Boden der wechselseitigen Verbundenheit und werden aus dem „Bewusstsein des wechselseitigen Aufeinander-angewiesen-Seins" (*Gösken*, 2003, S. 148) gelebt, dennoch lässt sich immer wieder beobachten, dass Trauernde von so genannten „klugen Ratgebern" begleitet werden, die sich aufgrund ihres „Mehr-Wissens" sozusagen „über" den Trauernden stellen und so eine „Überlegenheit" demonstrieren, die eine asymmetri-

so genannte „*Proportionalitätsregel*, [die] zwischen der wachsenden Selbstentwicklung und der Begegnungsqualität mit anderen Menschen"[1019] besteht. Das heißt, in dem Maße, in dem der Zurückbleibende sein Selbst gestaltet, gewissermaßen in seinem Durchgang „durch eine <Wüste> der Nichtauthentizität (...), an der <Oase> erweiterter Authentizität angelangt"[1020], wird er sich eine „neue" Kommunikationsfähigkeit[1021] erwerben, die ihn nicht nur in Verbindung mit der Wirklichkeit und den ihm begegnenden Menschen bringt, sondern auch mit sich selbst: „In der Kommunikation werde ich mir mit dem Anderen offenbar."[1022] Offenbarwerden in diesem Sinne bedeutet, den Möglichkeiten und Potentialen des Selbst Gestalt zu geben und dabei im *Jasperschen* Verständnis, „wirklich zu werden". Insofern kann formuliert werden, dass der Hierbleibende sich im Prozess der Selbst-Gestaltung gewissermaßen als empirisches Dasein verliert, um sich als mögliche Existenz zu gewinnen.[1023] Dies geht nur mit dem Anderen. Allein im Rückgang auf sich selbst kann der Weg der Verwirklichung, der Verselbstung, nicht gegangen werden.[1024] Nur in der existentiellen Kommunikation kann „jener einzigartige *Kampf*, der als Kampf zugleich Liebe ist"[1025] geführt werden und zur Gestaltung des Selbst führen.

Dieser Weg der Selbst-Gestaltung, die öffnenden und erweiternden Charakter[1026] hat, geht einher mit dem Eintreten in „ein anderes Leben", das sowohl durch einen neuen Selbst- als auch durch einen als sinnvoll erlebten Weltbezug konstituiert wird.[1027]

---

sche, eine Abhängigkeitssituation entstehen lässt. Vgl. hierzu die Ausführungen von *Ruth Coughlin*, Zeit zu trauern. Eine Liebesgeschichte. München 1995, S. 160-164.

[1019] *Zwierlein*, 2004(c), S. 70.
[1020] Ebenda.
[1021] Der Begriff „Kommunikationsfähigkeit" ist hier strikt zu unterscheiden, von dem des „Kommunikationsinstrumentariums". Es geht hier nicht um Techniken, die erlernt wurden und bei Bedarf eingesetzt werden, sondern es geht darum, dass der Trauernde auf seinem Weg die Fähigkeit erlangt hat, der Sehnsucht nachzugehen und den Versuch zu wagen, „die Frage, die wir sind, als auch die Fragen, die wir haben, durch Ausdruck und Anspruche sichtbar zu machen und zu beantworten". *Zwierlein*, 2004(c), S. 71.
[1022] *Jaspers*, ²1948, S. 350. Es sei an dieser Stelle zurückverwiesen auf die Urphänomene „Ausdruck und Anspruche", die in FN 578 dieser Studie bereits eingeführt wurden. Das Phänomen „Ausdruck" verweist darauf, dass der Mensch sich kommunizierend selbstoffenbart, mit dem Phänomen „Anspruche" kommt der „Andere" in den Blick.
[1023] Vgl. *Jaspers*, II, ²1948, S. 350.
[1024] Beziehungen neu auszuloten und sich auf sie einzulassen, bedeutet auch, dass der Hierbleibende eine neue Ausdrucksweise für seine Beziehung zum Verstorbenen gefunden hat. Vgl. hierzu *Roland Kachler*, Meine Trauer wird dich finden. Ein neuer Ansatz in der Trauerarbeit. Stuttgart 2005, S. 160: „Der Verstorbene ist in ganz verschiedenen Facetten im Hinterbliebenen lebendig. Als personales Gegenüber, als lebendige Erinnerung, als Helfer und Begleiter, als Energie, als Kraftquelle, als innere Stimme, als Vermächtnis und Lebensaufgabe."
[1025] *Jaspers*, II, ²1948, S. 351.
[1026] Vgl. hierzu *Schmidt*, 2004, S. 105, der darauf aufmerksam macht, dass der Modus des „Sich-Öffnens und Sich-Erweiterns" natürlich auch des Gegenpols des „Sich-Verschließens und Sich-Verengens" bedarf, „je nachdem, was dem inneren Zustand und der äußeren Situation am besten zu entsprechen scheint". Ein gefestigtes und konsolidiertes Selbst wird ein Gespür dafür entwickeln, wann was und in welchem Maß angemessen ist.
[1027] Die Phase der Selbst-Gestaltung kann korrespondierend zu der vierten Phase des Modells von *Kast*, ²⁰1999, S. 83-90, gesetzt werden: „Die Phase des neuen Welt- und Selbstbezugs". Ebenso kann die dritte Phase des Trauerphasenmodells – Trauererschließen – von *Smeding*, 1998, S. 21f., die sie als „Regenbogenzeit" bezeichnet, der Phase der Selbst-Gestaltung entsprechen.

Der eigene Lebens-Weg, der mit dem Tod des geliebten Menschen ins „Nirgendwo" zu führen schien, gewinnt nun an Richtung und scheint wieder ein Ziel zu haben: Zukunft. Der Trauernde stellt sich den Herausforderungen, die seine Zukunft – ohne den geliebten Menschen – an ihn stellt.[1028] Indem er das Wagnis eingeht, neue Beziehungen zu leben sowie das Neue und Fremde der „unumkehrbaren Wirklichkeit"[1029] an sich heranzulassen, steigt Angst in ihm auf, macht er sich doch im Öffnen abermals verwundbar und verletzbar, setzt sich aufs Neue – diesmal bewusst in der Bejahung der eigenen Grenzen – einer „prinzipiell unvorhersehbaren Zukunft"[1030] und der darin enthaltenen Möglichkeit neuerlicher Verluste[1031] aus. Um mit dieser Angst[1032] umgehen zu können, sich nicht von ihr beherrschen zu lassen, bedarf es einer veränderten Haltung, die getragen wird von der „Treue"[1033] zu sich selbst, dem „Vertrauen"[1034] darauf, dass wir „mehr" sind, als das, was wir erkennen, und von einer Offenheit sowohl in Bezug auf sich selbst als auch auf das zukünftige Leben. Es ist eine willentlich engagierte Haltung[1035], die es dem Menschen erlaubt, sich als Frage aufzufassen und auf eine Antwort hin zu entwerfen,[1036] sich selbst zu verlassen, ohne sich zu verlieren, sich dem Leben zuzuwenden, ohne in den Modus der Uneigentlichkeit zu flüchten. Der Trauernde entwirft sich in freiem Entschluss auf seine Zukunft hin, er weiß sich dieser nun – trotz aller Unvollkommenheiten, die an ihr haften – gewissermaßen verpflichtet und gibt sich und seinem Leben damit eine bestimmte Sinnrichtung. Erst in der „Treue zu einer

---

[1028] Vgl. hierzu *Marie Luise Kaschnitz*, Wohin denn ich. Aufzeichnungen. Hamburg 1963, S. 25f., die einige Jahre nach dem Tod ihres Mannes ihre ersten zaghaften Versuche schildert, als Trauernde in die Welt der Lebenden zurückzukehren: „Dabei ging ich doch noch immer unsicher wie auf einer nassen und glatten Eisfläche, über die der Wind pfeift und unter der mit Baumkronen, Dächern und Gartenzäunen ein überschwemmter Landstrich schattenhaft zu sehen ist."
[1029] *Smeding*, 2004, S. 155.
[1030] *Landsberg*, 1934, S. 43.
[1031] Vgl. hierzu *Kast*, [20]1999, S. 84, die darauf aufmerksam macht, „dass Menschen, die einen geliebten Menschen verloren haben, auf längere Zeit auf jede Art des Verlusts von Menschen sehr stark reagieren, sozusagen wieder einen Rückfall haben und dann den Trauerprozess nochmals durchmachen müssen." Allerdings – so die Autorin – geschehe das in den meisten Fällen nicht mehr in der ursprünglichen Intensität.
[1032] Die Angst wird jedoch nicht gänzlich verschwinden, gilt sie doch gleichermaßen als Gegenspielerin zum Vertrauen und dient dem Trauernden als Indikator, der auf mögliche Brüchigkeiten in der neu-gestalteten Selbst-Kohärenz aufmerksam macht, und so als „Anzeiger" für eine notwendige „Selbst-Korrektur" aufwartet.
[1033] Vgl. hierzu *Jaspers*, II, [2]1948, S. 413, der darauf aufmerksam macht, dass „Treue" nicht bedeutet, ein „Infragestellen" auszuschließen: „Treue wurzelt in einer Ruhe, aber läßt nicht in Ruhe."
[1034] Vgl. hierzu *Jaspers*, III, [2]1948, S. 745: „Wer nicht wirklich eintritt in das Grauen und die Probe besteht, kennt nicht Vertrauen. Es ist niemandem aufzudrängen. Es geht mit dem Bewußtsein einher, kein Verdienst an sich zu haben." Es ist erst das Vertrauen, das Halt schafft und dem Trauernden die Chance des „Sich-Entfalten-Könnens" ermöglicht. Ohne Vertrauen hingegen bleibt er der Enge des „Sich-nicht-Entfalten-Könnens" verhaftet.
[1035] Vgl. *Lischewski*, 1998, S. 461. Vgl. hierzu auch *Jaspers*, [3]1925, S. 96, der deutlich macht, dass die Selbst-Gestaltung ein Prozess ist, „der sich des Wollens an unendlich vielen einzelnen Punkten, an denen er angreifen kann, bedient, mit der Einstellung auf ein Ganzes hin."
[1036] Vgl. *Zwierlein*, 1989, S. 96: In einer besonderen Treue zu sich selbst, gelingt es dem Menschen „sich in der Geworfenheit einer grundantagonistischen <Verfassung> und einer gegebenen Situation als <Frage> aufzufassen und sich in Richtung auf eine Antwort hin zu entwerfen".

solchen Richtung gewinnt die Person (...) ihre individuelle Gestalt, findet der Mensch wahrhaft zu sich selbst"[1037].

Die Modi, die den Prozess der Selbst-Gestaltung vorherrschend prägen, sind somit Selbst-Bewusstheit, Selbst-Reflexivität und Dialogorientierung. Der Modus der Selbst-Bewusstheit ermöglicht es dem Trauernden, sich in Achtsamkeit und Aufmerksamkeit – in einer Art „neuen Helligkeit" – zu sich selbst zu verhalten, Zusammenhänge wahrzunehmen, die vorher außerhalb seiner Betrachtungsweise lagen, und im eigenverantwortlichen Handeln mit sich umzugehen. Sein Selbst reflektierend gelingt es ihm immer wieder, Divergenzen aufzudecken, sich selbst zu korrigieren und schließlich neu zu orientieren. Der Prozess der Selbst-Gestaltung erweist sich dabei als ein Vorgang, der sowohl aktive als auch passive Strukturen aufweist: Das Selbst ist „zusammengefügt aus Erfahrungen und Begegnungen, Umständen und Zufällen, unter Einbeziehung einer bewussten Konzeption des Selbst von sich (...) in einer Mischung aus aktiver Gestaltung und passivem Gestaltetwerden zu einer mithilfe von Erfahrung und Selbstreflexion organisierten *Gestalt*"[1038] geworden. Dialogorientierung wird verstanden im Sinne existentieller Kommunikation, die sich „von Freiheit zu Freiheit"[1039] vollzieht und zur „echten zwischenmenschlichen Begegnung"[1040] führt. Selbst-Gestaltung, so verstanden, bedeutet nicht, dass der Hierbleibende glauben kann, „sich in der Hand zu haben", denn sowohl er selbst als auch sein Leben ist nach wie vor nicht nur gekennzeichnet durch Kontingenz und Brüchigkeit und Fragilität, sondern auch durch diese gefährdet. Aber der Prozess der Selbst-Gestaltung impliziert nun, dass der Hierbleibende den Forderungen, die an ihn ergehen nicht länger ausweicht und – in einer Art beschränkten Gestaltungsfreiheit[1041] – dazu bereit ist, „sich selbst und sein Leben in die Hand zu nehmen" in der klaren Bewusstheit, dass alles jederzeit ganz anders kommen kann, dass nichts sicher und auf Dauer gestellt ist."[1042] Im bewussten und reflektierten Gestalten seiner Selbst kann der Hierbleibende jetzt wieder sowohl individuelle Selbst- als auch Lebenseinstellungen gewinnen und Habitualisierungen[1043] entwickeln, auf deren Grund sich dann das für ihn Lebenspraktische und Konkrete entwickeln kann. Selbst-Gestaltung ist dabei immer eine Entwicklung in der Zeit. Der Hierbleibende hat „sich von Zeit zu Zeit Rechenschaft abzulegen, über den Weg, der gegangen worden ist, und sich eine Vorstellung zu machen von der Richtung, die eingeschlagen werden soll. Es ist stets aufs Neue ein *Entwerfen*, ein Formulieren von Möglichkeiten und ebenso ein *Verwerfen*, ein Verzicht auf Möglichkeiten, sei dies vom Leben ernötigt oder aus freien Stücken erbracht, da nur die Reduktion von Möglichkeiten zur Wirklichkeit führt"[1044].

[1037] *Lischewski*, 1998, S. 235.
[1038] *Schmid*, 2004, S. 100f.
[1039] *Jaspers*, I, ²1948, S. 108.
[1040] *Lischewski*, 1998, S. 484.
[1041] Vgl. *Zwierlein*, 1989, S. 112.
[1042] Vgl. hierzu auch *Landsberg*, 1934, S. 194, der die Selbst-Gestaltung als Humanisierungsprozess versteht, der als „wirkliches Werdesein (...) in der inneren Erfahrung jedes Menschen aufzusuchen" ist. Selbst-Gestaltung sei „aber kein Prozeß reiner Freiheit, sondern ein Gestaltungsprozeß, der schicksalhafte Begebenheiten voraussetzt".
[1043] Vgl. hierzu *Bollnow*, 1966, S. 40, der darauf hinweist, dass das Herausbilden von „Gewohnheiten (...) eine sinnvolle und notwendige Leistung des Lebens" bedeute, die das Leben an Stetigkeit gewinnen lasse und Fortschritt ermögliche.
[1044] *Schmid*, 2004, S. 106.

Betrachten wir nun rückwärtsblickend den Prozess der Trauer, so erscheint dieser als ein kreativer Umwandlungsprozess, in dessen Verlauf der Trauernde nicht nur die Möglichkeit hatte, „sich den neuen Begebenheiten anzupassen, sondern auch, sich selbst neu zu definieren"[1045]. Im „Ableisten" seiner Trauerarbeit, in der Realisierung dessen, was ist, hat der Trauernde sich gewissermaßen selbst gewählt und ist in diesem Tun auf schmerzhafte und unnachahmliche Weise seinem Selbst-Werdungsauftrag – Werde, der du bist! – nachgekommen.[1046] Der „Ein-Bruch" des Todes in das eigene Dasein und die damit einhergehende – nicht nur lebenspraktische, sondern auch existentielle – Verlustdimension hat im Betroffenen nicht nur viele Fragen aufgeworfen, sondern hat ihn sich selbst zur großen Frage werden lassen, die weder definitiv aufgelöst noch letztgültig beantwortet werden kann: „Der Tod ist das große Fragezeichen, das den Menschen zu einer großen Frage macht."[1047] Im Modus der Bejahung, in der Annahme seiner „unhintergehbaren" Fraglichkeit[1048], kann sich der Trauernde Schritt um Schritt vertiefend in diese Fragen hineinbegeben und sein Selbst gestalten. Auf diesem Weg gewinnt er sein eigenes Selbst-Sein, „d.h. einen festen, gegenüber allen Einflüssen für sich selbst verantwortlichen Stand"[1049]. Einen festen Stand – „Eigen-Ständigkeit" – zu gewinnen, impliziert jedoch nicht, dass der Hierbleibende seinen Verlust abschließend „ver-arbeitet" hat, dass seine „Trauerarbeit" beendet ist. Objektiv betrachtet lässt sich zwar festhalten, dass er gefestigt und mit einer gewissen Zuversichtlichkeit seiner Zukunft entgegen geht, wieder auf Bindungen der Liebe vertraut und ein bewusstes „Ja" zu seinem Leben spricht. Beziehen wir hier aber die vorhergehenden Ausführungen mit ein, nämlich dass „der Mensch (…) mehr ist, als er von sich weiß"[1050], dann ist auch der erlittene Verlust größer und komplexer, als der Hierbleibende zu wissen vermag: „Ein Verlust kann immer wieder lebendig werden und schmerzen."[1051] In der Konsequenz besagt dies für den sich neu orientierenden Menschen, dass er nicht nur Abschied nehmen muss von seiner „Unsterblichkeitsillusion" (*Freud*), sondern auch von seiner „Souveränitätsillusion" (*Zwierlein*). Der „dem Leben Zugewandte" ist einem Verarbeitungsparadox ausgesetzt. In dem Maße, in dem er sich selbst als ein nicht aufzulösendes Geheimnis annimmt, muss er unvermeidlich bejahen, dass es zum Prozess des Verarbeitens gehört, „Etwas" unverarbeitet stehen zu lassen.

[1045] *Jülicher*, ⁴2003, S. 76.

[1046] Mit *Smeding*, 1998, S. 13, kann an dieser Stelle formuliert werden: „Das Loch, in das ich fiel, wurde zur Quelle, aus der ich lebe."

[1047] *Zwierlein*, 2004(a), S. 12.

[1048] Vgl. hierzu *Zwierlein*, 1993, S. 25f., der auf die fundamental-anthropologische Bedeutsamkeit dieser Aussage hinweist: Die Fraglichkeit des Menschen lässt sich nicht auflösen, er ist ein Geheimnis und das bedeutet, „daß die wahre Definition des Menschen seine Nichtdefinierbarkeit ist".

[1049] *Bollnow*, ³1983, S. 66.

[1050] *Jaspers*, III, ²1948, S. 835: „der Mensch [ist] der *Wissende*, der immer noch mehr ist, als er von sich weiß."

[1051] *Volkan, Zintl*, 2000, S. 43. Die beiden Autoren unterscheiden in diesem Zusammenhang zwischen dem „praktischen Ende" der Trauer, wenn der Trauernde nicht mehr routinemäßig an den Verlust erinnert wird, und dem „nochmaligen Trauern", in den Augenblicken, in denen wir wünschen, der Verstorbene könnte sie miterleben. Vgl. auch die Ausführungen von *Rando*, 2003, S. 188f., die ebenfalls darauf hinweist, dass es keinen verbindlichen Zeitpunkt gibt, an dem die Trauer als beendet betrachtet werden kann. Man könne wohl das Ende des akuten Kummers bestimmen, aber sicher nicht das Ende der Trauer identifizieren.

Er ist gewissermaßen etwas Unbegreiflichem begegnet, das sich subjektiv und objektiv als verarbeitungswiderständig, als verarbeitungsresistent erweist und ihn damit gleichsam zum „Wach-bleiben" aufruft. Dieses „Etwas" ist für ihn das Fremde, das Andere, das Geheimnisvolle, das ihn zu jeder Zeit und in jeder Situation „anspringen"[1052] oder „eigenmächtig und eigenartig (...) überfallen"[1053], ihn auf diese Weise wieder in die Krise hineinstellen und „zur erneuten Auseinandersetzung einladen"[1054] kann.[1055]

Abschließend lässt sich sagen, dass es für den Hierbleibenden eine Chance bedeutet, sich selbst und sein weiteres Leben gestaltend zu ergreifen, die ihm jedoch ein hohes Maß an Aufmerksamkeit sowie harte Reflexionsarbeit abverlangt. Der Selbst-Gestaltungsprozess, der durch den Verlust des nahe stehenden Menschen initialisiert wird, ist keine sich stetig aufbauende und sich allmählich vervollkommnende Entwicklung, sondern der Trauernde leistet „innere Arbeit", die „in immer erneuten Anläufen"[1056] verwirklicht wird und dabei unabdingbar auf den Mitmenschen, auf das „Du" verwiesen ist. Auf dem Weg der Selbst-Gestaltung – der so vielgestaltig sein kann, wie es mögliche Arten des Selbst gibt –[1057] fügt sich das Selbst zu einer Kohärenz zusammen, „in der auch befremdliche Erfahrungen und noch das zeitweilige Zerrissensein Platz finden können, statt aufgehoben oder ausgeschlossen zu werden"[1058]. Selbst-Gestaltung muss also immer als ein dynamisches Phänomen begriffen werden, das stets auf ein „Selbst-Werden" hin angelegt ist und sich in und an der sinnvollen Lebensgestaltung bewähren muss.[1059]

[1052] *Camus,* 52003, S. 20.
[1053] *Landsberg,* 1934, S. 192.
[1054] *Smeding,* 1998, S. 22.
[1055] *Jülicher,* 42003, S. 72f., unterteilt den Trauerprozess vereinfacht in zwei Teile. Den ersten Teil sieht er im Dienste der Verarbeitung des erlittenen Verlustes, dem zweiten Teil schreibt er den Neuaufbau des eigenen Lebens zu. Beide Teile sieht er jedoch ineinander verwoben, da „in der Verarbeitung des Verlustes (...) bereits die Fundamente für den Neuaufbau" (S. 73) liegen. Die Verwobenheit müsste jedoch meines Erachtens noch dahingehend ergänzt werden, dass es im „Neuaufbau" immer wieder zu Abschnitten der Verlustverarbeitung kommt.
[1056] Vgl. *Bollnow,* 1966, S. 43.
[1057] Vgl. hierzu *Jaspers,* 31925, S. 97, der hervorhebt, dass die Selbst-Gestaltung „so mannigfaltig [wird] sein können, wie die Arten des denkbaren <Selbst>. Sie ist der harte Prozeß, indem der Mensch zu dem wird, was er ist, indem er die Reflektiertheit zur Hand nimmt".
[1058] Ebenda, S. 101.
[1059] Vgl. *Landsberg,* 1934, S. 105. Der „Werde-Gedanke" bei *Landsberg* umfasst allerdings mehr als die Feststellung, dass sich der werdende Mensch immer in einem Zustand der Veränderung befindet. Vielmehr verweisen die Gedanken von *Landsberg,* 1934, S. 83, darauf, dass der Mensch im ontologischen Sinne „durch und durch geschichtlich in seinem Werden" ist.

3.3 Trauer als Initiationsgeschehen

> „Ein Abschied durch den Tod wirkt für nahe stehende Hinterbliebene wie ein unsichtbares Initiationsritual. Ungewollt und kaum beobachtbar, werden sie mit der Beerdigung als Abschiedsritual in den nächsten Abschnitt ihres Lebens eingeweiht. Den Abschied vom vorhergehenden Leben müssen sie dabei oft in die neue Zeit mit hinüber nehmen. Somit muss der/die Trauernde in eine Lernzeit eintreten, in der er/sie Abschied nimmt vom Vorhergelebten und sich gleichzeitig mit dem neuen Zustand arrangieren muss."[1060]

Deutlich wurde bisher, dass der Tod eines nahe stehenden Menschen den Zurückbleibenden – mehr oder weniger gegen seinen Willen – in eine Wandlung hineinzwingt: „Man wird niemals wieder der Mensch, der man vorher war. (…) der Tod des geliebten Menschen, verwandelt uns"[1061], so wird es beispielsweise von *Giudice* formuliert. Die Trauer löst einen Werde-Prozess aus, der den Menschen – wenn er sich darauf einlässt – näher zu sich selbst führt. Der Trauernde hat mit dem Tod des Menschen, den er so sehr geliebt hat, ein schmerzhaftes Zerbrechen seiner bisherigen (Schein-)Sicherheiten erfahren. Trauer lässt sich vor diesem Hintergrund verstehen als ein desillusionierender Erfahrungs- und Erkenntnisprozess, der dem Trauernden „die Augen öffnet für das, was ist", ihm auf diesem Weg den Zugang in eine „andere Welt" gewährt und damit eine wesentliche Voraussetzung für den Prozess der Selbst-Werdung bildet.

Der hier zusammengefasste und vereinfacht dargestellte Ablauf eines Trauerprozesses lässt es zu, eine Brücke zu dem Vorgang der Initiation zu schlagen, denn auch bei der Initiation lassen sich – in gewisser Weise – die hier geschilderten Abläufe aufzeigen. Initiation – auf eine einfache Formel gebracht – kann verstanden werden als „der (gewöhnlich rituelle) Übergang einer Person in einen neuen Zustand"[1062]. Diese hier exemplarisch angeführte Definition, sowie die Aussage *Smedings*[1063], dass der Abschied durch den Tod für den Hinterbliebenen wie ein Initiationsritual wirke, erlauben es, die Trauer an sich als ein Initiationserlebnis zu fassen, da sie den Menschen auf besondere Weise in das Geheimnis des Todes einweiht[1064], ihm ein existentielles Wissen vermittelt, ihn verwandelt und ihm so den Übergang in einen neuen Zustand ermöglicht.[1065] Initiationen, Übergangsrituale haben von jeher und in nahezu allen Kulturen dazu beigetragen, Krisen, Umbrüche und Veränderungen – also kritische Zeiten des

---

[1060] *Smeding*, 1998, S. 16.
[1061] *Giudice*, 1970, S. 56.
[1062] *John Bowker u.a.* (Hrsg.), Das Oxford-Lexikon der Weltreligionen. Frankfurt am Main 2003, S. 462. Vgl. zu dem Begriff „rituell" die Ausführung von *Arnold van Gennep*, Übergangsriten. Frankfurt, New York 1986, S. 109: „Rituelle Bestandteile der Initiation sind (…) Hypnose, Tod, eine Umwandlungsphase und die Auferstehung."
[1063] Vgl. einleitendes Zitat in dieses Kapitel. Aus den Ausführungen *Smedings* wird deutlich, dass es neben dem bisherigen Fokus auf den Tod und den Verstorbenen auch eine Zentrierung auf den Trauernden gibt, dass also die Ritualfunktion eine doppelte ist.
[1064] Vgl. *Mircea Eliade*, Mythen, Träume und Mysterien. Salzburg 1961, S. 72f.
[1065] Es geht hier nicht darum ein Ritual zu entwickeln, das zusammen mit dem Trauernden in speziellen Situationen angewandt werden kann, sondern es soll aufgezeigt werden, dass der Trauerprozess selbst rituelle Züge aufweist und damit „die immanente Fähigkeit besitzt, in Resonanz mit jener Seelentiefe zu gehen, in der Trauernde sich wieder finden". *Christa Pauls, Uwe Sanneck, Anja Wiese*, Rituale in der Trauer. Hamburg 2003, S. 13.

Übergangs – zu bewältigen und Menschen in eine neue Seinsweise einzuführen.[1066] Berücksichtigen wir ergänzend, dass unsere gegenwärtige Kultur im Wesentlichen durch die Merkmale der „Ort- und Wortlosigkeit" in Bezug auf die Trauer gekennzeichnet ist und gleichzeitig als eine „initiationslose Wirklichkeit"[1067] charakterisiert wird, dann erscheint der Versuch, einen Zusammenhang zwischen Trauer und Initiation herauszuarbeiten, von Bedeutung. In unserer Zeit und Kultur scheinen Initiationen und Initiationsriten nur eine marginale Rolle zu spielen,[1068] was dazu führt, dass „die Menschen vielfach das Fehlen konkreter Initiationsabläufe (…) als Verlust beklagen"[1069], und Trauernde kaum Anhaltspunkte finden, wie sie den durch den eingetretenen Tod forcierten Verwandlungsprozess[1070] bewältigen können. Auch wenn jede Trauer ihr eigenes Gesicht hat, soll im Folgenden dennoch gezeigt werden, dass Trauer an sich Züge eines Rituals aufweist, das stets in mehr oder weniger gleicher Form auftritt, wiederholbar abläuft, dem bestimmte wiederkehrende Elemente[1071] zu eigen sind und das dem Zurückbleibenden dabei hilft, in dieser Zeit der Unsicherheit wieder Orientierung und Halt zu erlangen.

Als Grundlage für die Beziehung von Trauer und Initiation werden im Folgenden die wichtigsten Merkmale des Initiationsgeschehens, wie sie im Werk des französischen Ethnologen *Arnold van Gennep*[1072] aufgezeigt wurden, herausgestellt. *Van Gennep* hat

---

[1066] Bei vielen Naturvölkern – wie auch in vielen alten Kulturen – ist zum Beispiel der Übergang vom Kindesalter zum Erwachsensein von Initiationsriten begleitet, denen die jungen Menschen in der Pubertät unterzogen werden. Vgl. hierzu – neben dem Werk von *van Gennep* – beispielsweise die Anthologie des Völkerkundlers *Volker Popp* (Hrsg.), Initiation. Zeremonien der Statusänderung und des Rollenwechsels. Frankfurt am Main 1969.

[1067] *Freese*, 1998, S. 146. Zweifelsohne gibt es auch in der Gegenwart Initiationsformen, denken wir nur an die christlichen Initiationen, wie beispielsweise Taufe und Kommunion oder Hochzeit und Beerdigung, aber diese sind jedoch – so *Freese*, 1998, S. 131 – „in eine Reihe von Einzelabläufen aufgefächert, die in verschiedenen Altersstufen mit verschiedener Intensität und einem variablen Grad von Verbindlichkeit stattfinden" und eben nicht den ganzen Menschen erfassen.

[1068] Vgl. *Angelika-Benedicta Hirsch*, An den Schwellen des Lebens. Warum wir Übergangsrituale brauchen. München 2004, S. 29. Die Autorin hebt hervor, dass Märchen eine ähnliche Form wie Rituale haben. In beiden Fällen gehe es darum, dem Menschen Hilfen in schwierigen Umbruchzeiten seines Lebens zu geben. Laut der Autorin können Märchen als Ritualersatz verstanden werden, die dem Menschen ebenfalls die Anregung geben können, Formen und Wege zur Krisenbewältigung zu finden. Während die rituelle Hilfe darin besteht, „sich leibhaftig auf diesen jeweils genau strukturierten Prozess einzulassen und darin den schwierigen Übergang zu bewältigen, (…) geschehen diese Prozesse [in der Erzählung] allein in der Phantasie. Aus real erlebter Zeit wird ein komprimierter Vorgang, der nur in der Phantasie abläuft. (…) Es ist der Weg vom Materiellen zum Geistigen, von der sinnlichen Erfahrung in die Phantasie". (S. 30f.)

[1069] *Freese*, 1998, S. 152.

[1070] Es soll hier darauf verwiesen werden, dass in der Literatur unterschieden wird zwischen einer freiwilligen und einer forcierten Initiation. Vgl. hierzu *Freese*, 1998, S. 102. Wenn wir in dieser Studie die Trauer als ein Initiationserleben verstehen, dann ist die Initialisierung dieses Prozesses immer forciert (durch das Erlebnis des Todes), ob und wie der Trauernde den Initiationspfad beschreitet, trägt jedoch den Charakter der Freiwilligkeit. Hierauf wird an späterer Stelle ausführlicher eingegangen.

[1071] Vgl. hierzu die Ausführungen in Kapitel 2.2.1-2.2.10 dieser Studie.

[1072] *Van Gennep*, 1986. Der Autor hat sich bei seinen Untersuchungen hauptsächlich auf die szenische Einheit von Ritual und unterschiedlichen Übergangs-, Konflikt- und Entscheidungssituationen, jene kollektiven Praktiken, die sowohl in „primitiven" wie auch in „entwickelten" Gesellschaften ein „Werden" regeln und möglich machen, konzentriert: „Für Gruppen wie für Individuen be-

bereits 1909 eine grundsätzliche Dreigliedrigkeit in den Initiationsabläufen erfasst und damit das elementare Ablaufschema aller Initiationen erkannt und formuliert. Er vereinigte die von ihm erkannten drei Schritte unter der Hauptkategorie der „Übergangsriten" (<rites de passages>), denen immer die Vorstellung einer Grenzüberschreitung zugrunde liegt und die alle „zeremoniellen Sequenzen [umfassen], die den Übergang von einem Zustand in einen anderen oder von einer kosmischen bzw. sozialen Welt in eine andere begleiten"[1073]. Der Autor fächert die „Übergangsriten" auf in „Trennungsriten (<rites de séparation>), Schwellen- bzw. Umwandlungsriten (<rites de marge>) und Angliederungsriten (<rites d'agrégation>)"[1074]. Diese Riten – oder auch Phasen – weisen nach *van Gennep* keine homogene oder uniforme Strukturen auf, sondern sind in verschiedenen Kulturen unterschiedlich stark ausgebildet, zeigen hinsichtlich ihrer Zeremonialkomplexität differenzierte Ausprägungen, lassen sich jedoch in ihrer grundlegenden Anordnung – wenn auch in nuancierter Intensität – an mehr oder weniger allen Initiationsvorgängen aufzeigen. Die drei genannten Phasen, die in der Literatur auch als „Ausgang, Übergang und Eingang"[1075] bezeichnet werden, sind nicht im Sinne einer fortschreitenden Stufenentwicklung zu verstehen, also „nicht als ein gleitender Wandel oder fließender Übergang"[1076]. Vielmehr gründet die existentielle Veränderung, die sich während dieses Vorganges im Initianten[1077] vollzieht, darauf, dass der „alte Mensch" sinnbildlich stirbt und der „neue Mensch" nach einer Umwandlungsphase, in der sich die Verwandlung vorbereitet und vollzieht, gewissermaßen wiedergeboren wird

---

deutet Leben unaufhörlich sich trennen und wiedervereinigen, Zustand und Form verändern, sterben und wiedergeboren werden. Es bedeutet handeln und innehalten, warten und sich ausruhen, um dann erneut, aber anders zu handeln. Und immer sind neue Schwellen zu überschreiten." *Van Gennep*, 1986, S. 182.

[1073] *Van Gennep*, 1986, S. 21.

[1074] Ebenda. In Anschluss an *Freese*, 1998, S. 104, soll darauf hingewiesen werden, dass dem Initiationsvorgang bestimmte festgelegte und wiederkehrende Elemente zu Eigen sind, die es erlauben, die Initiation als ein rituelles Geschehen zu erfassen. Insofern werden in dieser Studie die Begriffe Initiation und Initiationsritus synonym verwendet, dies auch vor dem Hintergrund, dass hier keine detaillierte Auflistung der einzelnen Riten erfolgen soll.

[1075] So zum Beispiel bei *Freese*, 1999, S. 153. Der Autor hat in seinem Werk „Die Initiationsreise" auf eindrucksvolle Weise das Erlebnis der Initiation von Jugendlichen und Heranwachsenden in der amerikanischen Literatur untersucht und diese als ein Vorgang gedeutet, der den Protagonisten den Übergang und den Eintritt in die Erwachsenenwelt ermöglicht. *Freese* zeigt, dass der Prozess der Initiation immer in drei Teile zerfällt: in Ausgang, Übergang und Eingang und als menschlicher Wandlungs- und Entwicklungsvorgang aufzufassen ist, der sich im innermenschlichen Bereich als Individuationsprozess vollzieht. Das Ergebnis ist eine existentielle Wandlung, die mit dem Tod des alten und der Wiedergeburt des neuen Menschen symbolisiert wird. Im weiteren Verlauf dieser Studie werden die Ergebnisse *Freeses* miteinfließen. Vgl. hierzu auch *Hirsch*, 2004, S. 23. Bei ihr werden die drei Phasen als „Absonderung vom bisherigen Lebensbereich", als „Einweihung in den neuen Lebensabschnitt" und als „Übernahme der neuen Aufgabe" eingeteilt.

[1076] *Freese*, 1998, S. 106.

[1077] Vgl. hierzu die Ausführungen von *Hirsch*, 2004, S. 23, die auf die Problematik der Bezeichnung „Initiant" aufmerksam macht. Nach *Hirsch* würde der Begriff „Passagier" eher der gemeinten Bedeutung gerecht werden. Da dieser Begriff aber mit einem alltäglichen Verständnis besetzt sei, zieht die Autorin es vor, von einem *„Alumne"* zu sprechen, dessen Bedeutung auf die „Elemente des Lernens, des Geführtwerdens und der Bereitschaft, sich auf beides einzulassen" verweise. In dieser Studie soll – unter Berücksichtigung der Überlegungen von *Hirsch* – dennoch von einem „Initiant" gesprochen werden, da dieser Begriff der Mehrzahl der hier zitierten Autoren als Grundlage gilt.

– das heißt gereift, befreit und erwachsen geworden wieder am sozialen Leben teilnehmen kann: „Für den Trauernden geht mit der Beendigung der Trauer die Reintegration ins soziale Leben einher."[1078] Es kann also gesagt werden, dass die Trennungsriten dem „Ableben" des Initianten entsprechen, während die Umwandlungsriten sein „Totsein" symbolisieren und die Angliederungsriten schließlich der „Wieder-Auferstehung zum Leben" entsprechen. Die Phase der Trennung bedeutet immer „Ausgliederung" und initialisiert beziehungsweise erwirkt den Schritt aus der „alten Welt" hinaus. Indem eine „Grenzüberschreitung" stattfindet, wird die Schwellen- beziehungsweise Umwandlungsphase eingeleitet. In diesem Initiationsabschnitt muss die eigentliche „Selbst-Werdungs-Arbeit" erfolgen, die so langwierig und komplex sein kann, dass man diesem Abschnitt eine gewisse Autonomie zugestehen muss. Insofern nimmt diese Phase auch eine prädestinierte Position innerhalb des Initiationsmodells ein und kann sich letztlich selbst immer wieder in einen gesonderten „Dreischritt" auffächern.[1079] In der Umwandlungsphase, die einem „undefinierten Zwischenzustand"[1080] gleicht, gilt der Initiant als Zwischenwesen, das nicht mehr in die „alte Welt" hineingehört und zu der „neuen Welt" noch kein Zutritt hat.[1081] Er lebt während dieser Phase „in einer völlig veränderten, in einer *außer-ordentlichen* Welt"[1082]. Bei einer initiatiös ausgelösten Verwandlung geht es immer um Veränderungen, die nicht nur bestimmte Teilaspekte des Menschen betreffen, sondern der Mensch erfährt während dieses Vorganges eine grundlegende Wandlung auf allen Ebenen seines Menschseins – er durchläuft eine existentielle Wandlung. Existentielle Wandlung wurde im Vorhergehenden als Transformation gedeutet, und als solche betrifft sie auch immer den Mensch im Ganzen.[1083] In der Angliederungsphase schließlich tritt der Mensch als Neu- oder Wiedergeborener in die Gemeinschaft ein und symbolisiert somit den „Tod" des „alten" und die „Wiedergeburt" des „neuen" Menschen.[1084] Initiation kann nun definiert werden als ein „allgemeines Phä-

---

[1078] *Gösken,* 2003, S. 46. Auch an dieser Stelle soll erneut darauf hingewiesen werden, dass ein Rückfall in alte Verblendungsmuster jederzeit möglich ist. Es bedarf der permanenten inneren Arbeit, um den errungenen Wachheitszustand beizubehalten. Zu der Bedeutung des Terminus „Beendigung" im Zusammenhang mit der Trauer wurde bereits in FN 1051 Stellung genommen.
[1079] Vgl. *Van Gennep,* 1986, S. 21.
[1080] *Hirsch,* 2004, S. 24. Vgl. ebenda, S. 25f: „Es gibt immer Zwischenbereiche, die unsichtbar, unbenennbar, das heißt nicht klassifizierbar sind. Trotzdem zeigt die elementare Erfahrung, dass es dieses *Dazwischen* gibt. Es gibt Übergänge zwischen zwei deutlich unterscheidbaren Zuständen und sie sind bei aller Mühe nicht genau zu definieren. (...) Übergangszeiten sind Zeiten, die sich unserer normalen Beurteilung entziehen."
[1081] Vgl. hierzu *Sylvia Schomburg-Scherff,* Nachwort, S. 246. In: *Van Gennep,* 1986, S. 233-253. Diese zweite Phase wird von *Victor Turner,* einem Wissenschaftler, der *van Genneps* Arbeit weitergeführt hat, als „Liminalphase" bezeichnet. Vgl. *Victor Turner,* Das Ritual. Struktur und Antistruktur. Frankfurt, New York 1989, S. 95.
[1082] *Hirsch,* 2004, S. 28.
[1083] Dieser Hinweis scheint mir bedeutsam, da nach *Freese,* 1998, S. 135, auch „der moderne Sozialisationsprozeß (...) als ein individualisierter, differenzierter und verinnerlichter Initiationsvorgang betrachtet werden [kann], der entritualisiert ist und damit an Konkretheit verloren hat, der ent-institutionalisiert wurde und damit seiner leitenden und führenden Funktion verlustig ging, und der entmythologisiert beziehungsweise entheiligt ist und damit seiner transzendenten Bedeutung beraubt wurde". In diesem Verständnis finden zwar stufenweise Lernprozesse statt, die aber immer nur Teilaspekte des Menschen ansprechen, keine existentielle Wandlung auslösen und hier nicht im Fokus der Erörterungen stehen.
[1084] Vgl. *Freese,* 1998, S. 154.

nomen der geistigen Erneuerung und Wiedergeburt des Menschen in seiner individuellen, sozialen und religiösen Existenz"[1085].

Beschreiben wir nun den Vorgang der Trauer mit Hilfe der Initiationsbegrifflichkeiten als Initiationsprozess, dann lässt sich dies vereinfacht folgendermaßen darstellen: Durch den Tod des Nächsten ist etwas Altes, Vertrautes, das bisher fraglos Bestand hatte (wie zum Beispiel die unbewusste Unsterblichkeitsillusion – sowohl in Bezug auf sich selbst als auch auf den geliebten Menschen – oder das scheinbare Gefühl der Omnipotenz in Bezug auf die eigene und gemeinsame Lebensgestaltung) obsolet geworden.[1086] Es „stirbt" mit dem geliebten Menschen und muss aufgegeben werden. Um dieses „Aufgeben", das gleichzeitig eine „Auf-Gabe" darstellt (und somit Aktivität fordert), leisten zu können, muss der Zurückbleibende aufbrechen und Abschied vom Vertrauten nehmen. Um sich von „dem was war" trennen zu können, muss er sozusagen symbolisch aus der Gemeinschaft der geteilten Illusionen heraustreten und sich in die Stille zurückziehen, in die Abgeschiedenheit der Klausur gehen.[1087] Dieses Hineingehen in die Stille, in das Schweigen, ist von großer Bedeutung, denn im Rückzug in das Schweigen steht der Trauernde in gewisser Weise wieder vor dem „Uranfänglichen, alles kann noch einmal von vorne anfangen, alles kann wieder neu geschaffen werden"[1088]. In der Einsamkeit[1089], in der Leere[1090] ist er gewissermaßen ein „Zeitgenosse des <Anfangs>"[1091]. Er „berührt"[1092] beziehungsweise durchschreitet auf symbolische Weise das Reich des Todes, in dem sich aufgrund der zu leistenden Integrationsarbeit ein Verwandlungsprozess vollzieht und an dessen Ende der Mensch als ein Verwandelter in die Gemeinschaft zurückkehrt. Es lassen sich im Trauerprozess deutlich die drei Phasen – Trennung, Verwandlung, Angliederung, die es ermöglichen den Trauernden

---

[1085] Ebenda, S. 112. Der Mensch durchläuft sowohl auf der intrapersonalen, interpersonalen und transpersonalen Ebene eine Wandlung, denn es findet erstens eine existientielle Verwandlung im Menschen selbst statt, zweitens verändert sich sein Verhältnis zu den Mitmenschen auf elementare Weise und drittens erfährt seine Beziehung zu einer wie auch immer gearteten Transzendenz eine Neuorientierung.

[1086] Vgl. *Eliade,* 1961, S. 15: „Jede existentielle Krise stellt aufs neue sowohl die Wirklichkeit der Welt wie die Gegenwart des Menschen in ihr in Frage."

[1087] Vgl. zum Vorgang des Rückzugs *Palmen,* 2001, S. 363f: „Von dem Moment an, da ich aufhörte Laute von mir zu geben, überkommt mich eine eisige Ruhe, werde ich stumm und unberührbar. Jeden, der auf mich zukommt, wehre ich unsanft ab. Keiner darf mich anfassen, keiner." Die Autorin vollzieht hier nicht nur die Trennung von denen, die noch in „die alte Welt" gehören, sondern in diesem Rückzug ist gleichzeitig auf eindrucksvolle Weise ihr eigener Tod symbolisiert. Vgl. hierzu auch *Hirsch,* 2004, S. 139: „Todessymbole sind die Isolation und das Schweigen. Sie sind der Welt der Lebenden getrennt und im Schweigen den Toten gleich."

[1088] *Max Picard.* Die Welt des Schweigens. Frankfurt am Main, Hamburg 1948, S. 13. Vgl. hierzu auch *Eliade,* 1961, S. 313, der diesen Gedanken folgendermaßen ausdrückt: „Auf der menschlichen Ebene heißt dies, das <unbeschriebene Blatt> des Daseins vergegenwärtigen, den absoluten Anfang, da noch nichts beschmutzt, noch nichts verdorben war."

[1089] Vgl. hierzu Kapitel 2.3.4 dieser Studie, wo die Doppelungsthematik der Einsamkeit hervorgehoben wird.

[1090] Vgl. hierzu Kapitel 3.2.1 dieser Studie, wo die äußere und innere Leere herausgestellt wurde, die der Trauernde angesichts des Todes seines Nächsten empfindet.

[1091] *Eliade,* 1961, S. 61.

[1092] *Landsberg,* 1973, S. 26.

„in einen neuen, bisher unzugänglichen Lebens-, Erfahrungs- und Glaubensbereich"[1093] einzuführen, nachvollziehen.

Wurde bis hierhin die Trauer mit Hilfe der Initiationsbegriffe als ein Initiationsgeschehen quasi übersetzt, soll nun fassbar gemacht werden, wozu der Gedanke „Trauer als Initiationsgeschehen" dienlich sein kann beziehungsweise was mit Hilfe dieses Gedankens verdeutlicht werden kann. Hierzu soll der Fokus der Betrachtung auf den Aspekt der Prüfung gerichtet werden. Der Vorgang der Initiation bedeutet immer auch, dass der Initiant eine Prüfung bestehen muss beziehungsweise, dass er in der initiatiösen Phase „mehr oder weniger harten Bewährungsproben unterworfen"[1094] wird, die ihn auf sich selbst zurückwerfen, ihn mit sich selbst konfrontieren und auf diese Weise seinen Prozess der Selbst-Werdung vorantreiben. Die zu bewältigenden (und bewältigte) Prüfungen oder „Härtetests"[1095] gelten als ein Gradmesser für wachsende innere Reife, können sowohl symbolischer, mystischer als auch realer Art sein, bringen den Initianten mit seinen eigenen Grenzen in Berührung und bereiten ihn auf den verantwortungsvollen „Wiedereintritt" ins Leben vor. Von Bedeutung ist hierbei, dass der Initiant selbst begreift, dass er während dieser Prüfungen[1096] nicht nur ein „Niemandsland" bewusst durch- und ausschreiten muss, sondern dass es auch zur Prüfung gehört, sein „Zwischensein"[1097] anzunehmen. Indem er sich den Prüfungen stellt, kann er zu individuellen Sinn-Entscheidungen gelangen, die es ihm ermöglichen, den Einbruch des Numinosen[1098] als etwas Sinnhaftes anzunehmen und sowohl die äußere als auch innere „Leere" – das „Nichts" – zu füllen beziehungsweise zu gestalten. Im Absolvieren der mannigfaltigen Prüfungen, „in denen er Angst, Schmerz und Qual zu ertragen hat"[1099], stirbt der Initiant „der Unwissenheit und Unverantwortlichkeit"[1100] ab, das heißt er nimmt Abschied vom „unwissenden" Leben und wird dadurch gezwungen, „in eine neue Seinsweise einzutreten (…), die ihn zur Erkenntnis, zum Bewußtsein, zur *Weisheit* befähigt"[1101]. Der Tod wird in diesem Verständnis zwar als Ende erfahren, aber als ein Ende, auf welches ein Neubeginn folgen kann. Allerdings sei hier der Hinweis darauf

---

[1093] *Freese*, 1998, S. 109.
[1094] *Waardenburg*, 1986, S. 170.
[1095] *Turner*, 1989, S. 103.
[1096] Wenn hier von Prüfung gesprochen wird, dann umschließt dieser Begriff alle Einzelprüfungen, denen der Trauernde ausgesetzt ist. Jede Situation, die ihm nach dem Tod des geliebten Menschen begegnet, kann sich für ihn als Prüfung entpuppen, in jeder dieser Situationen muss er sich auf symbolische Weise trennen, muss sterben und wieder neu anfangen.
[1097] Dieses „Zwischensein" verweist auf die „conditio humana", wie sie in Kapitel 3.1 dargestellt wurde. Der Mensch ist ein „être intermédiaire" und als solches ist er eingespannt zwischen die Pole „Sein" und „Werden", „Selbsterhaltung" und „Selbststeigerung", „Anfang" und „Ende". Das „Zwischensein" des Menschen deutet darauf hin, dass der Mensch sich nicht selbst gegeben ist, sondern dass er sich als aufgegeben entdecken muss, um sich seine Werdemöglichkeiten erschließen zu können.
[1098] Vgl. hierzu *Hubert Cancik, Burkhard Gladigow, Karl-Heinz Kohl* (Hrsg.), Handbuch religionswissenschaftlicher Grundbegriffe, Band III. Stuttgart, Berlin, Köln 1993, S. 247: „Die dramatischen Erscheinungsformen der Riten drängen gewissermaßen dazu, sie dem Bereich des Numinosen zuzuordnen."
[1099] *Eliade*, 1961, S. 274.
[1100] Ebenda.
[1101] Ebenda, S. 274f. Vgl. hierzu auch *Hirsch*, 2004, S. 126: „Im Todesschatten der Liminalphase wird das Wissen erworben, das für den nächsten Lebensabschnitt notwendig ist."

erlaubt, dass gerade das Erleben von Leid und der damit einhergehende verzweifelte Versuch, wieder einen Sinnhorizont zu erlangen, vielfach erst im Nachhinein als Prüfung erkannt und charakterisiert wird.[1102]

Der Sinnfokus der Initiation ist – so können wir sagen – die Prüfung, und dieser Sinnfokus lässt sich im Prozess der Trauer ebenfalls wieder finden: Auch die Zeit der Trauer löst angesichts des Todesereignisses alle Sinnhaftigkeit auf und verlangt dem Zurückbleibenden schmerzhafte Prüfungen ab. Der Trauernde ist – konfrontiert mit der harten Realität des Todes – einer bedrohlichen Situation ausgesetzt. Diese löst Schmerz, Einsamkeit, Orientierungslosigkeit, Machtlosigkeit, Angst und Ausweglosigkeit in ihm aus, um nur einige charakteristische Trauer-Phänomene zu nennen. Ihm begegnet mit dem Tod eine „über-natürliche Wirklichkeit, deren Macht und Eigengesetzlichkeit und Unerklärbarkeit"[1103] den bisher unhinterfragt angenommenen und scheinbar tragenden Sinnhorizont gewaltsam auflöst. Dieser – durch den Tod des nahe stehenden Menschen initiierte – Sinn-Auflösungsprozess macht es dem Zurückbleibenden nahezu unmöglich, entsprechend seiner bisher für objektiv und gültig anerkannten Kriterien weiterzuleben. Halt- und orientierungslos, bar der bisherigen Fixpunkte, an denen er sowohl sich selbst als auch seine Lebensgestaltung ausrichten kann, lebt der Trauernde als „Bürger zweier Welten"[1104] in einem Zustand der „Zerrissenheit zwischen <Nie mehr!> und <Das Leben geht weiter!>"[1105] beziehungsweise in einer „Spanne zwischen Nicht-mehr und Noch-nicht"[1106]. Als ein solches Zwischenwesen, das durch den Status der Undefiniertheit gekennzeichnet ist,[1107] wird sich der Trauernde nicht nur fragwürdig, sondern er wird sich selbst zur großen Frage. In ihm entsteht ein starkes Bedürfnis nach Sinnfindung, das darauf hinweist, dass eine Entwicklung in Richtung feinerer Bewusstheit und Aufmerksamkeit gesucht wird. Sinn suchend, getrieben von der „Sehnsucht, sich von seinen Begrenzungen zu befreien"[1108], strebt der Trauernde aus seiner bisherigen illusionsvoll geprägten Daseinsangepasstheit,[1109] mit der er sich nicht länger als identisch erfährt, heraus und anerkennt dabei die damit verbundene Verantwortung. Er hat mit dem Tod des nahe stehenden Menschen erfahren, dass er sich in einem Zustand der Uneigentlichkeit aufhält, dessen illusionärer Charakter nicht länger aufrechterhalten werden kann. Dies bedeutet für den Trauern-

---

[1102] Vgl. ebenda, S. 112. Vgl. hierzu auch *Kast*, ²2000, S. 37.
[1103] *Eliade*, 1961, S. 274.
[1104] *Meurer*, 1994, S. 373.
[1105] Ebenda.
[1106] *Gösken*, 2003, S. 40. Dieser Zustand wird durch *Turner* auch als „betwixt and between" bezeichnet. Vgl. hierzu *Victor Turner*, The forest of symbols. New York 1967.
[1107] Vgl. hierzu *Eliade*, 1961, S. 279, dessen Ausführungen zur Namensgebung auf den Zustand der Undefiniertheit verweisen. Die Initianten sind während der Umwandlungsphase in gewisser Weise namenlos beziehungsweise dürfen während des Rituals nicht genannt werden. Erst nach vollendeter Initiation erhalten sie zumeist ihren endgültigen Namen. Dies verweist meines Erachtens auch auf die Benennungsproblematik in der Phase der Trauer, wie sie in FN 858 dieser Studie beschrieben wurde.
[1108] *Eliade*, 1961, S. 154. Ders., ebenda, hebt hervor, dass „die Sehnsucht, die Fesseln, die ihn an die Erde ketten, zu brechen (...) nicht das Ergebnis kosmischen Zwanges oder wirtschaftlicher Unsicherheit" ist, sondern dass diese Sehnsucht mit der Existenz des Menschen gegeben ist, das heißt zu den spezifischen Kennzeichen des Menschseins gerechnet werden muss.
[1109] Vgl. *Lewis*, ⁵1998, S. 45: „Wenn mein Haus mit einem Schlag zusammengebrochen ist, dann darum, weil es ein Kartenhaus war."

den unter anderem, dass er sich nicht länger als Opfer verstehen möchte, sondern sein Schicksal selbst in die Hand nehmen will. In der Verwandlungsphase ist er Trauerarbeit leistend nicht nur gezwungen, den rein faktisch erlittenen Verlust anzunehmen, nämlich den des geliebten Menschen, sondern im Ertragen, Durchleben und Bewältigen der damit einhergehenden Prüfungen[1110] – die ihm u.a. in Gestalt von Unsicherheit, Ratlosigkeit, Orientierungslosigkeit und Ängsten[1111] unterschiedlichster Genese begegnen und begleiten – muss er (s)einen Weg finden. Der Prozess dieser Auseinandersetzung setzt voraus, dass es dem Trauernden gelungen ist, sowohl die äußere als auch die innere Verlustdimensionalität wahrzunehmen und dem anfangs sinnlos Erscheinenden im Laufe des Wandlungsprozesses, einen Sinn zuzuschreiben. Die Arbeit, die der Trauernde während dieser mittleren Phase der Initiation leisten muss, um die Prüfungen „bestehen" zu können, zeichnet sich durch den Charakter der Selbstbezüglichkeit aus. Mit der Fähigkeit zur Selbst-Wahrnehmung kann es ihm gelingen zu realisieren, was geschehen ist. Die Befähigung zur Selbst-Erkenntnis versetzt ihn in die Lage, dem Geschehen eine Sinnantwort zuzuschreiben und so neue Seins- und Lebensqualitäten zu gewinnen. Im Modus der Selbst-Annahme ist er dazu aufgerufen, das Erlittene und Erkannte in sein Selbst und in sein Leben zu integrieren und kann hierdurch sowohl sein bisheriges als auch sein zukünftiges Leben als ein Sinnganzes begreifen: „Im Durchschreiten des Todes [hat] sich der Zugang zur Weisheit eröffnet."[1112] Der Prozess der Selbst-Gestaltung schließlich ist gekennzeichnet durch eine doppelte Blickrichtung: Einerseits ist er der „letzte Akt" der inneren Arbeit und andererseits der erste Akt der Wendung nach außen, die hinein in die Begegnung mit (dem) Anderen führt. Die Selbst-Gestaltung kann somit als eine Art „Scharnierfunktion" zwischen innerer Arbeit und Wendung nach außen gekennzeichnet werden. Im „Zwischenreich", in der Phase der Umwandlung, ist der Vorgang der Selbst-Gestaltung der letzte eigene besondere Vorgang, der das Neue und Fremde integriert. Erst dieser letzte Akt ermöglicht es dem Hierbleibenden, die Wendung von innen nach außen zu vollziehen, und als „neuer Mensch" wieder ins Leben einzutreten. In diesem Sinne können wir sagen, dass im Prozess der Selbst-Gestaltung das „vorläufige Schlusswort" der Trauerarbeit gesprochen wird. Die Trauer – so kann jetzt gesagt werden – zeichnet sich durch ein Transzendieren des bisherigen Lebens- und Ich-Horizonts aus, ist als Einweihung in eine gewandelte und tiefere menschliche Seinsweise[1113] gemeint, führt zur „Geburt eines neuen Menschen" und kann demgemäß als Initiationsgeschehen verstanden werden. Auch hier ist wieder die Einschränkung auszusprechen, dass sich die mit der Initiation gegebene Chance nur dann erfüllen kann, wenn der Zurückbleibende der Aufgabe beziehungsweise dem inneren Ruf – „Werde, der du bist!" – folgt und sich auf seinen

---

[1110] Vgl. hierzu *Hirsch*, 2004, S. 27, deren Charakterisierung der Liminalphase eindeutig auf den Prüfungscharakter dieser Phase verweist. Der Initiant muss das „Ungefähre, Undeutliche, Unscharfe und Unförmige" Schritt für Schritt in eine benennbare und erkennbare Form bringen.

[1111] Vgl. hierzu *Eliade*, 1961, S. 75, der hervorhebt, dass die Angst in den Augen der Primitiven „unerläßliche Voraussetzung für die Geburt eines neuen Menschen ist". Dies kann meines Erachtens unter Berücksichtigung der bisherigen Ausführungen zum Phänomen der Angst auch für den heutigen Trauernden gelten.

[1112] *Eliade*, 1961, S. 288.

[1113] Hier soll auf die Ausführungen in dem Kapitel 2.3 „Dasein, Existenz, Trauer" verwiesen werden, in denen dieser Gedanke ausführlich dargestellt wurde.

Trauerweg begibt.[1114] Nimmt der Trauernde den Tod des nahe stehenden Menschen als Appell auf, dann beginnt die Initiation, dann arbeitet er sich durch die Prüfungen hindurch, bewährt sich an ihnen und kann im Durchschreiten der notwendigen Umwandlungsstufen in einem ständigen Prozess des Sich-Trennens, Sterbens und Sich-Wiedergebärens zum „Homo totus" – zum „ganzen Menschen" werden: dann kann er den „Sprung vom wahrnehmenden *Sehen* zum metaphysischen Schauen"[1115] und damit den „Wechsel von der Verblendetheit zur Unverblendetheit"[1116] vollziehen. Im Bestehen der Prüfungen hat der Trauernde die Fähigkeit zum Perspektivenwechsel erlangt, der ihm die Erschließung eines neuen Sinnhorizonts ermöglicht und ihn dazu befähigt, einerseits das Geheimnis um den Tod und andererseits sich selbst als ein nichtaufzulösendes Geheimnis anzunehmen.

Trauer lässt sich – so wurde es bis hierhin dargestellt – als Initiationsgeschehen verstehen, aber anhand der bisherigen Ausführungen wird ebenfalls deutlich, dass sich die Trauer nicht deckungsgleich zur Initiation abbilden lässt, sondern dass zwischen diesen beiden Vorgängen ein eindeutiger Unterschied besteht, den es im nächsten Schritt näher zu betrachten gilt. Die Nachricht beziehungsweise das Miterleben des Todeseintritts bei einem nahe stehenden Menschen lässt für den Zurückbleibenden eine neue Situation, eine Ausnahmesituation, entstehen, die den bisherigen Alltag aufbricht und außer Kraft setzt. Im unmittelbaren Erfahren der Polarität von Leben und Tod fällt er aus der Wirklichkeit seines bisherigen Lebens heraus, in die „Hauslosigkeit" (*Buber*) – in eine existentielle Krise. Insofern kann der Tod als ein Faktum gedeutet werden, der hinter das, was bisher Gültigkeit und Bestand hatte, einen Endpunkt setzt. Es findet eine Trennung von alledem statt, was bisher in unhinterfragter Weise eine gewisse Tragfähigkeit sowie das Gefühl der „Behaustheit" (*Buber*) „garantierte". So formuliert beispielsweise ein Vater nach dem Tod seiner Tochter: „Mit allem, was es bedeutete Vater zu sein, ist es vorbei, plötzlich und für immer"[1117]; und in den Worten eines anderen Vaters, der seinen Sohn verloren hat, kommt deutlich der Gedanke der definitiven Trennung zum Ausdruck: „ICH BEGRUB mich selbst an jenem warmen Junitag. (…) Ich war es, über den wir jene schwere Steinplatte schoben (…). Ich war es, auf den wir Erde schaufelten. Ich war es, den wir zurückließen, nachdem wir Psalmen verlesen hatten."[1118] In diesen Ausführungen wird deutlich, dass der Zurückbleibende *freiwillig* zu etwas *Forciertem* – nämlich der Faktizität des Todes – Stellung nehmen muss. Es sind hier demgemäß zwei unterschiedliche Blickwinkel zu beachten. Auf der einen Seite steht das Schicksal, – in diesem Falle repräsentiert durch den Tod des nahe stehenden Menschen – als das Unabwendbare, als das Forcierte. Auf der anderen Seite zeigt sich der Aspekt der Freiwilligkeit – in diesem Falle verkörpert durch die Möglich-

---

[1114] Tut er dies nicht, dann bleibt ihm der eingetretene Tod ein bloßes Faktum und die Trauer wird nicht zum Übergang in eine „Neue Seinsweise" führen. An dieser Stelle könnten möglicherweise Diskussionen um unterschiedliche Formen lebenshemmender Trauer einen Anhaltspunkt finden.
[1115] *Gösken*, 2003, S. 41. Vgl. hierzu die Ausführungen ders., ebenda, S. 41ff., zu Platons Höhlengleichnis.
[1116] Ebenda, S. 41.
[1117] *Crider*, 1999, S. 37.
[1118] *Wolterstorff*, 1988, S. 42. Dieser Gedanke verweist schon auf die Todessymbolik, die ein eindeutiger Grundzug von Initiationen ist. Bei *Eliade*, 1961, S. 278, wird beschrieben, dass die Initianten bei manchen Völkern beerdigt beziehungsweise in frisch ausgehobene Gräber gelegt werden. Dort werden sie manchmal mit Zweigen bedeckt und bleiben regungslos wie Tote liegen.

keit der Entscheidung zwischen dem Nach-Sterben oder dem Weiter-Leben, zwischen Verweigerung und Annahme. Annahme kann nur auf der Basis von Freiwilligkeit erfolgen. Freiwillig im hier intendierten Sinne bedeutet, dass der Zurückbleibende es als seine Aufgabe erkennt, sich dem Faktischen – nämlich dem eingetretenen Tod und der damit einhergehenden Verlustdimensionalität – zu stellen. Um sich den Prüfungen überhaupt stellen beziehungsweise in sie hineingehen zu können, muss der Zurückbleibende „aus dem Schmerz heraustreten"[1119], muss er mit Bewusst- und Entschiedenheit die „Gefangenschaft" der Unmittelbarkeit verlassen.[1120] Erst im Modus der Distanz, der mit dem Prozess der Selbst-Wahrnehmung eingeleitet wird, kann er (s)eine Stellung zu dem Geschehenen beziehen. Natürlich ist die hier einzunehmende Distanz nicht so zu verstehen, dass der Trauernde sich selbst zum Objekt macht, denn dann würde er doch nur von sich erfahren „als von einem Ding unter Dingen"[1121]. Sondern es geht darum, dass der Trauernde in einer Art Selbstbesinnung begreift, *dass* ihm etwas geschehen ist und *was* ihm geschehen ist. Dann nimmt er freiwillig zu dem schicksalhaft Forcierten Stellung, dann tritt er aus eigener Entscheidung zu dem Geschehnis in Beziehung. *Buber* drückt dies folgendermaßen aus: „Er muß sich (...) alledem aussetzen, was einem widerfahren kann, wenn man wirklich lebt. Hier erkennt man nicht, wenn man am Strande bleibt und den schäumenden Wogen zusieht, man muß sich dran wagen, sich drein werfen, man muß schwimmen, wach und mit aller Kraft, und mag da sogar ein Augenblick kommen, wo man fast die Besinnung zu verlieren meint."[1122] Erst dann beginnt die „eigentliche Initiation". Mit dem Eintritt des Todes wird zunächst nur die Disposition zur Initiation geschaffen. Erst wenn der Hierbleibende seinen Zwischenzustand, den darin gründenden Sinnfindungsauftrag und die damit verbundene Verantwortlichkeit für das eigene Leben (an)erkennt, kann die „Initiationsreise" beginnen.[1123] Fassen wir die Differenz zwischen einer „regulären" Initiation (also einer, die vorbereitet und angebahnt ist) und der „Trauer als Initiation" zusammen, so lässt sich festhalten, dass das wesentliche Unterscheidungsmerkmal die Tatsache ist, dass bei der Trauer als Initiationsgeschehen der wirkliche, das heißt der real eingetretene Tod der Relevanzfaktor ist, wohingegen es bei anderen Initiationsvorgängen immer um den symbolisch-provisorischen Tod geht. Die Trennung, die im Falle des Todes eines nahe stehenden Menschen vollzogen ist, ist keine symbolisch-provisorische, sondern eine wirklich-definitive. Sie ist kein Teil des Initiationsgeschehens, sondern sie ist unumkehrbar und leitet die Initiation erst ein, besser gesagt macht sie überhaupt erst möglich. Die hier

---

[1119] Vgl. hierzu Kast, ²2000, S. 77, die darauf hinweist, dass gerade dieser Punkt für viele Trauernde sehr schwierig sei. Ein Trauernder fühle sich in gewisser Weise „treulos", wenn er den Schmerz aufgibt. Diese Aufgabe wird vom Zurückbleibenden vielfach damit gleichgesetzt, dass der Verstorbene nun aufgegeben werde. Vgl. hierzu ebenfalls *Lewis*, ⁵1998, S. 62f: „Wir wollen ihnen [den Schmerzen, S.B.] nicht um den Preis von Eheflucht oder Scheidung entgehen. Die Toten kein zweites Mal töten. Wir sind ein Fleisch. Jetzt wo es entzwei geschnitten ist, widerstrebt es uns, so zu tun, als sei es heil und ganz."
[1120] Vgl. hierzu *Buber*, ⁴1978, S. 11, der aussagt, dass „man nur zu distanziertem Seienden, genauer: zu einem einem ein selbständiges Gegenüber gewordenen, in Beziehung treten kann".
[1121] *Buber*, ⁶2000, S. 21.
[1122] Ebenda, S. 20f.
[1123] Anzumerken ist hier, dass Trauernde selbst diese Unterscheidung nicht als solche erkennen, denn im Rückblick gilt selbstverständlich der Tod des geliebten Menschen als der Zeitpunkt, „wo es angefangen hat".

stattgefundene Separation ist weder angebahnt noch vorbereitet, sie ist postfaktum.[1124] Mit anderen Worten: Im Falle des wirklichen Todes wird Initiation nach der Trennung möglich gemacht, aber sie wird dadurch nicht erzwungen. Aus diesem Grunde – wenn der Trauernde die Faktizität des Todes nicht in seiner Sinnhaftigkeit anerkennt – unterliegt er auch der Gefahr, die sich ihm bietende Initiationschance zu verpassen. Anerkennt er dies jedoch, kann er sich den Prüfungen stellen, erlangt er die Fähigkeit seine bisherige Seinsweise zu transzendieren und kann dadurch sein Todesbewusstsein[1125] zu einem Teil seines Selbstbewusstseins werden lassen.

Der Tod des geliebten Nächsten hat den Zurückbleibenden um eine „für ihn gefühlsmäßige (...) und unbezweifelbare Erfahrungsgewißheit bereichert"[1126], die ihn auf eigentümliche Art von den Mit-Menschen unterscheidet. Ziehen wir auch an dieser Stelle die Initiationsbegrifflichkeiten hinzu, so lässt sich eine Analogie zu einer – wenn auch nur auf symbolische Weise vollzogenen – Mutilation herstellen. Der Vorgang der Mutilation dient dazu, „auf eine für alle sichtbare Weise die Persönlichkeit eines Individuums"[1127] zu verändern, den Zurückbleibenden aus der undifferenzierten Menge der Menschen heraus zu lösen und ihn auf diese Weise dazu zu zwingen, die Grenze zum „Niemandsland"[1128] zu überschreiten.[1129] Der Hinterbliebene hat eine Grenze, eine Schwelle überschritten, die ihn in ein „Fremdland"[1130], in eine „terra incognita"[1131] hineinführt. Dieses „Dazwischen", in dem sich der Zurückbleibende nach dem Tod des nahe stehenden Menschen befindet, ist undefinierbar und schwer einzuordnen. Derjenige, der „dazwischen" ist, hat endgültig und irreversibel Vertrautes aufgegeben: „Es gibt keine Rückkehr ins Vergangene mehr. Es wird nichts mehr so, wie es war."[1132] In unserem Kulturraum ist der Hinterbliebene dieser forcierten Trennung ohnmächtig und hilflos[1133], vielfach ohne Unterstützung von Mitmenschen, ausgesetzt.[1134] Um jedoch

---

[1124] Natürlich gibt es schwere Erkrankungen, deren Prognose den Tod vorhersehbar machen, dennoch gibt es keinen Zeitpunkt, den man verbindlich angeben kann. Insofern scheint es gerechtfertigt, dies als eine Differenz herauszustellen.

[1125] Vgl. hierzu *Scheler*, ²1957, S. 47, der mit diesem „Todesbewusstsein" letztlich nichts anderes meint, als dass dem Hierbleibenden „*der Tod selbst gegeben ist*", dass er „nicht nur weiß und urteilt, er werde sterben, sondern <*angesichts*> *des Todes lebt*". Dies sei möglich, da dem Menschen eine Art „metaphysischer Leichtsinn" (S. 28) gegeben sei, der es ihm erlaube, trotz der Schwere und Evidenz dieses Todesbewusstseins sein Leben sinnhaft zu gestalten.

[1126] *Landsberg*, 1934, S. 57.

[1127] *Van Gennep*, 1986, S. 76. Der hier angedeutete Mutilationsvorgang ist nur symbolischer Art und nicht im Sinne einer Mutilation zu verstehen, wie er zum Beispiel bei verschiedenen primitiven Völkern durchgeführt wird. *Van Gennep* unterscheidet zwischen der Mutilation als Mittel dauerhafter oder vorübergehender Differenzierung (vgl. ders., S. 78). Die hier angedeutete Mutilation ist eher im Sinne einer vorübergehenden zu deuten, da sie mit Wiedereintritt in die Welt – wenn die Selbst-Gestaltung sich nach außen wendet – ihre Sichtbarkeit verliert.

[1128] *Hirsch*, 2004, S. 23.

[1129] Vgl. hierzu *Lewis*, ⁵1998, S. 13f., der nach dem Tod seiner Frau beschreibt, wie er spürt, dass er durch seine bloße Anwesenheit die Mitmenschen in Verlegenheit bringt, was ihn zu der Frage verleitet, ob man nicht vielleicht, „Menschen in Trauer wie Aussätzige in besonderen Siedlungen isolieren" solle.

[1130] *Kaschnitz*, 1963, S. 13.

[1131] Ebenda.

[1132] *Rey*, 1998, S. 93.

[1133] Es soll verwiesen werden auf den Gedanken von *Lammer*, ³2004, S. 261, die in ihrem Aufgabenmodell der Trauerbegleitung für die perimortale Praxis den Trauernden in diesem ersten Schritt

den Initiationspfad „Trauer" betreten, durchschreiten und bestehen zu können, bedarf der Trauernde der Hilfe, Unterstützung und Begleitung. Bei *Hirsch* heißt es: „In den traditionellen Übergangsritualen (...) haben die Helden <Initiationsmeister> (...), die sie beim Übergang in eine neue Lebensphase begleiten"[1135]. Hier wird auf die Bedeutsamkeit des Anderen verwiesen. Mehrfach wurde ausgeführt, dass der Mensch einsam werden und diese letzte Verlassenheit aushalten muss, um „eigentlich" zu werden, um seine „Existenz" zu verwirklichen. Aber – und dies ist ein entscheidender Aspekt – wo sich die Einsamkeit „in der Verschlossenheit verfestigt"[1136], kann Existenz nicht bestehen. Der Mensch muss sich – um selbst zu werden – in der Einsamkeit für andere Existenz öffnen: „Ich kann nicht selbst werden, ohne in Kommunikation zu treten, und nicht in Kommunikation treten, ohne einsam zu sein."[1137] Der Hinterbliebene braucht also ein Du, ein anderes Ich, das ihn beim Übergang in die neue Lebensphase begleitet. Die Frage, die sich hier stellt, und die inhaltlich auf das Terrain der Praxis führt, ist, was Begleitung in Bezug auf die „Trauer als Initiationsgeschehen" heißen kann. Ausfächern lässt sich diese Frage folgendermaßen: Wie könnte die Begleitung der Trauernden in unserer gegenwärtigen Kultur aussehen? Wie könnten trauernde Menschen begleitet werden, damit sie auf individuelle und selbstverantwortliche Weise – aber dennoch in dem Gefühl des „Mit-Getragenseins" – einen Übergang von dem, was war, zu neuen Selbst-, Beziehungs- und Lebensmuster finden und diese auch ausgestalten können? Und welche Rolle spielt dabei die universal-anthropologische Kategorie der „Begegnung" für die verschiedenen Formen der Begleitung?

[1134] eine aktive Rolle zuweist. Sie sollen selbst, in einem geschützten Raum, andere Hinterbliebene benachrichtigen. Dadurch soll zum einen der Realisierungsprozess frühzeitig gefördert und zum anderen die Initiation der Angerufenen ausgelöst werden. Der Begriff der „Initiation" findet bei *Lammer*, ³2004, zwar mehrfach Anwendung, wird jedoch inhaltlich nicht ausgeführt. Es scheint, als ob die Autorin den Begriff des „Initiierens", also des „Anstoß-Gebens", synonym mit dem der „Initiation" verwendet. Vgl. auch, *Klaus Müller*, Sterben und Tod in Naturvölkern, S. 68. In: Im Angesicht des Todes. Ein interdisziplinäres Kompendium I. *Hansjakob Becker, Bernhard Einig, Peter-Otto Ullrich* (Hrsg.). St. Ottilien 1987, S. 49-90: „Sobald feststand, daß der Tod eingetreten war, (...) [wurden] Boten (...) ausgesandt, um die entfernter wohnenden Verwandten zu verständigen, während im Sterbehaus die Totenklage, verstärkt durch Hinzukommende, anhielt."
Es sei hier der Hinweis erlaubt, dass es nicht immer der „aus heiterem Himmel und unerwartete Tod" ist, der den geliebten Menschen weg nimmt, oftmals geht eine lange Krankheit voraus und der Zurückbleibende könnte sich – rein theoretisch – in antizipatorischer Weise auf dessen Tod vorbereiten. Jedoch heben Trauernde immer wieder hervor, dass die Vorstellung vom Tod und der tatsächlich eingetretene Tod des geliebten Menschen nicht gleichzusetzen ist. In der vorauseilenden Auseinandersetzung spielt immer noch die innerweltliche Hoffnung eine große Rolle, die mit dem eingetretenen Tod endgültig zunichte gemacht wird. Vgl. hierzu exemplarisch die Ausführungen von *Coughlin*, 1995, S. 34: „Ich lernte den Ausdruck <antizipatorische Trauer> kennen, mit dem ich mich gründlich beschäftigte. Mich interessierte, was die Experten einem Menschen raten, der eines Tages der Hinterbliebene eines Krebskranken sein wird. Wie man sich geistig, seelisch und praktisch darauf einstellen soll. Sich geistig und seelisch darauf vorzubereiten, ist unmöglich, das wurde mir rasch klar. (...) Es überstieg meine Kräfte, mir die ganze Tragweite der Tragödie klarzumachen und mir auch nur einen Augenblick lang vorzustellen, wie die Realität aussehen würde." Dieser Aspekt wird im nächsten Teil der Studie – unter dem Stichwort „eisagoisch-hinführende Begleitung" – Berücksichtigung finden.

[1135] *Hirsch*, 2004, S. 146f.
[1136] *Bollnow*, ⁶1955, S. 54.
[1137] *Jaspers*, II, ²1948, S. 348.

4. Begegnung und Begleitung im Prozess der Trauer

„Betrachtest du den Einzelnen an sich, dann siehst du vom Menschen gleichsam nur soviel wie wir vom Mond sehen; erst der Mensch mit dem Menschen ist ein rundes Bild."[1138]

Der Verlust eines geliebten Menschen ruft den Zurückbleibenden dazu auf, sich seiner Trauer zu stellen, sich Trauerarbeit leistend auf den „Weg zu machen" und dabei sowohl sein Selbst als auch seine Welt zu gestalten. Der Aufruf an den Trauernden ist dabei von einer bedeutungsvollen Doppelgesichtigkeit[1139] gekennzeichnet: Einerseits fordert er vom Hierbleibenden, sich seinem Schmerz zu stellen, ihn zu durchstehen und zu erleiden, andererseits gewährt er ihm dadurch die Chance, sich zu besinnen[1140], zu verwirklichen, und zu entdecken, denn „Gestaltung ist Entdeckung. Indem ich verwirkliche, decke ich auf"[1141]. Wenngleich der Hierbleibende sich alleine und selbstverantwortlich dazu entschließen kann (und muss), Trauerarbeit zu leisten, das heißt aus eigenem Entschluss heraus die Entscheidung zu treffen hat, „den Fuß zu heben und den Schritt zu tun, der ihn vom Abgrund entfernt"[1142], bedeutet dies nicht, dass er den Weg der Verwirklichung, der Verselbstung, alleine, das heißt nur im Rückgang auf sich selbst, bewältigen muss oder kann.[1143] Vielmehr ist er in der aktiven Gestaltung seines Trauerweges auf den Mit-Menschen oder wie *Buber* sagt auf das „Du"[1144] angewiesen: „Der Mensch wird am Du zum Ich."[1145] Hiermit wird zum Ausdruck gebracht, dass der Mensch zuerst zum Du hin lebt, bevor er zum Ich gelangen kann. In einer anderen Formulierung *Bubers* heißt es, dass „die fundamentale Tatsache der menschlichen Existenz (…) der Mensch mit dem Menschen"[1146] ist. Der Mensch ist auf den Menschen

---

[1138] *Buber*, ⁶2000, S. 168.
[1139] Buber, ⁹2002, S. 58: „Wo aber Gefahr ist, wächst das Rettende auch."
[1140] Vgl. *Stein*, ²1962, S. 403: „Was in das Innere eindringt, ist immer ein Aufruf an die *Person*. (…) es [ist] ein Aufruf zur *Besinnung*, d.h. zum Suchen nach dem *Sinn* dessen, was an sie herantritt."
[1141] Vgl. *Buber*, ⁹2002, S. 14.
[1142] *Buber*, ⁶2000, S. 57.
[1143] Vgl. hierzu *Jaspers*, 1958, S. 371: „Versuche ich mich zu isolieren, als ob ich selbst allein und mir genug sein könnte, so verliere ich mich."
[1144] Vgl. *Buber*, ⁹2002, S. 15.
[1145] Ebenda, S. 32. Vgl. ders., ebenda, S. 301ff., wo er darauf hinweist, dass „zu allen Zeiten wohl (…) geahnt worden [ist], daß die gegenseitige Wechselbeziehung zwischen zwei Wesen die Urchance des Seins bedeutet, und zwar eine, die dadurch in die Erscheinung trat, daß es den Menschen gibt". *Buber* knüpft mit seinen Gedanken an bei *Friedrich Heinrich Jacobi*, der schon 1785 schreibt: „Ohne Du ist das Ich unmöglich". Des Weiteren bei *Fichte*, der diesen Gedanken aufnimmt: „Das Bewußtsein des Individuums ist notwendig von einem anderen, dem eines Du, begleitet, und nur unter dieser Bedingung möglich", und schließlich bei *Feuerbach* für den das wirkliche Ich „nur das Ich [ist], das einem Du gegenübersteht, und das selbst einem anderen Ich gegenüber Du ist" (zitiert nach ders., ebenda).
[1146] *Buber*, ⁶2000, S. 164. Vgl. auch ders., ⁹2002, S. 31: „Im Anfang ist die Beziehung: als Kategorie des Wesens, als Bereitschaft, fassende Form, Seelenmodell; das Apriori der Beziehung; *das eingeborene Du*." Hier wird deutlich, dass das Bezogensein auf das Du ein apriorisches ist. Das Du ist ein Konstitutivum für den Menschen, ohne das Menschsein undenkbar wäre. Indem *Buber* postuliert, dass Menschsein ohne die Bezogenheit auf das Du nicht denkbar ist, zielt er auf die Seinsstruktur des Menschen ab, trifft also keine psychologische oder soziologische, sondern eine anthropologische Aussage.

hingeordnet und erst in der Ich-Du-Beziehung lässt sich die volle menschliche Wirklichkeit abbilden und erschließen. Indem der Trauernde einem anderen Menschen „begegnet"[1147], eine Beziehung aufbaut und ein Stück seines Trauer-Weges in dessen Begleitung geht, kann er seine eigene Gestalt ausbilden, kann er im tieferen Sinne er selbst sein, kann er sein Menschsein gewinnen und darin seinem ureigensten Selbst-Werdungsauftrag: „Werde, der du bist!" nachkommen. Mit anderen Worten bedeutet dies, dass der Mensch sein Selbstsein in der Aneignung von Grenzsituationen *und* im Mitsein erfahren kann.

Bei *Buber* heißt „Menschsein (…), das gegenüber seiende Wesen sein. (…) Wo dieses dem Gegenüber zugewandte Selbstsein nicht gelebt wird, ist der Mensch als Sphäre noch unverwirklicht"[1148]. Für *Jaspers* ist „Selbstsein (…) in der Daseinssituation nur in Kommunikation, von den leisesten Berührungen, die ein einziges Mal zur Wirklichkeit erglühen, bis zur Gemeinschaft, in welcher Selbst nur durch das andere Selbst in Gegenseitigkeit eines Lebens wird"[1149]. *Bollnow* hebt die entscheidende Bedeutung von Begegnung für den Prozess der Selbst-Werdung hervor, indem er formuliert, dass das eigentliche Selbst des Menschen „sich nie in der ruhigen, stetigen Entwicklung der einsamen Seele [bildet], sondern grundsätzlich nur in der Begegnung mit einem andern, und am unmittelbarsten wohl immer mit einem Du, mit einem konkreten anderen Menschen"[1150]. *Guardini* formuliert, dass „der Mensch (…) über sich hinaus auf das Andere, das Wesenhafte [zugeht], und (…) ebendarin erst wirklich zu sich selbst"[1151] kommt.

Was aber bedeuten diese Kernaussagen zum Phänomen Begegnung mit Blick auf den trauernden Menschen und den zu entfaltenden Begleitungsgedanken? Um diese Fragen zufrieden stellend zu beantworten, sollen zunächst die Wesenszüge von Begegnung herausgearbeitet werden, die dann die Grundlage für eine normative, also eine richtunggebende und zielorientierte Bestimmung des Begegnungsbegriffes bilden. Hieraus lässt sich eine spezifische innere Haltung[1152] der Begegnenden ableiten, auf deren Grundlage – korrespondierend zum wandelbaren Verlauf des Trauerprozesses – spezifische Formen von Begleitung Gestalt gewinnen können, die ihrerseits – grundgetragen von einer „beraterischen Absicht" – auf eine „Frage-Antwort-Situation" ausgerichtet sind. Dabei soll es weder darum gehen, eine bestimmte Berufsgruppe zur Begleitung trauernder Menschen zu favorisieren, noch ist es intendiert, ein Set von methodischen und didaktischen Leitlinien zur begleiterischen Handlungsorientierung aufzustellen.

[1147] Der Begriff der Begegnung wird im weiteren Verlauf genauer ausgearbeitet.
[1148] *Martin Buber*, Begegnung. Autobiographische Fragmente. Heidelberg ⁴1986, S. 83f.
[1149] *Jaspers*, I, ²1948, S. 231. *Jaspers* geht in seiner Philosophie nicht vom „Du" sondern vom „anderen Selbst" aus. Insofern können seine Ausführungen zur „existentiellen Kommunikation" – streng genommen – nicht mit dem Begegnungsgedanken gleichgesetzt werden. Da seine gedanklichen Auseinandersetzungen jedoch weit in die Problematik des dialogischen Denkens hineinreichen, sollen seine Gedanken ergänzend hinzugezogen werden.
[1150] *Bollnow*, ³1983, S. 62.
[1151] *Romano Guardini*, Die Begegnung, S. 23. In: *Romano Guardini, Otto Friedrich Bollnow*, Begegnung und Bildung. Würzburg 1956, S. 9-24.
[1152] Vgl. hierzu *Jaspers*, ⁵1979, S. 148, der darauf aufmerksam macht, dass die trefflichste Sachkunde nichts nutze, wenn nicht der Mensch sie sich zur gehaltvollen Wirklichkeit erfüllen würde. Erst „seine innere Haltung, die Weise, wie er sich seiner Welt bewußt ist", ermögliche es ihm, seine Wirklichkeit mit Sinn zu füllen.

Vielmehr sollen die folgenden Ausführungen sowohl ein Verständnis für das dialogische Prinzip als Grundform des menschlichen Miteinanders schaffen als auch ein Fundament bilden, auf dessen Boden sich die unterschiedlichen (privaten, ehrenamtlichen, professionellen) Formen des „begleiterischen Mit-Gehens" schöpferisch ausgestalten können.

4.1 Wesenszüge von Begegnung

> „Menschentum und Menschheit werden in echten Begegnungen. (...) Es ist den Menschen not und ist ihnen gewährt, in echten Begegnungen einander in ihrem individualen Sein zu bestätigen."[1153]

Trauernde haben vielfach das Gefühl einer umfassenden Beziehungsunfähigkeit, das gespeist wird durch die Angst vor der Möglichkeit einer erneuten „Ent-Täuschung" und dem damit einhergehenden Trauer-Schmerz. Dies führt nicht selten dazu, dass der trauernde Mensch sich zurückzieht, dass er verstummt und schweigt, einen Panzer um sich herum aufbaut und jedem Kontakt mit anderen Menschen ausweicht.[1154] Eine häufige Folge dieser „Kontaktsperre" ist, dass auch das Gegenüber, also der Mensch, der dem Trauernden begegnet, eine wachsende Sprach- und Hilflosigkeit in sich verspürt, die ihn ebenfalls verstummen lässt. Es entsteht eine zunehmende Distanz und der trauernde Mensch wird immer weiter in die isolierende Einsamkeit hineingedrängt.[1155] Aber es gibt auch stumme Momente, die den Trauernden seine eigenen schmerzhaften Empfindungen in der Sprachlosigkeit seines Gegenübers spüren lassen. Dies sind „Augenblicke (...), die ihn [den Trauernden, S.B.] durchdringen und die Seele zur Empfänglichkeit anrühren"[1156]. In solchen „Brücken-Augenblicken" findet Begegnung statt, kann Begegnung gelingen. Es sind solche Momente, in denen sich zwischen dem Trauernden und dem, der ihm begegnet, eine „Wirheit", eine „Communio" herausbilden kann, die den Trauernden über die Begrenztheit seines Ichs hinaustreibt, hinein in die Dimension des „Wir sind". Der Mensch, der mit dem Tod des geliebten Nächsten sein „Du" – das ihm Halt, Resonanz und Korrektiv in seinem Prozess der Selbst-Werdung war – verloren hat, geht nun das Wagnis ein sich erneut auf ein „Ich-Du-Gefüge" einzulassen und gewinnt (im besten Fall) Vertrauen in neue „Ver-bindungen". Im wieder erlebten „Wir", wird er in die Möglichkeit gestellt, „den Zirkel von

---

[1153] *Buber*, ⁴1978, S. 31f.
[1154] Vgl. *Palmen*, 1999, S. 363f: „Von dem Moment an, da ich aufhöre Laute von mir zu geben, überkommt mich eine eisige Ruhe, werde ich stumm und unberührbar. Jeden, der auf mich zukommt, wehre ich unsanft ab. Keiner darf mich anfassen, keiner." Vgl. hierzu ergänzend *Bollnow*, ⁷1988, S. 111: „es ist nicht nur so, daß der vom großen Schmerz Befallene sich von sich aus verschließt und gegen die Zudringlichkeit seiner Mitmenschen abweisend wird, sondern es liegt zugleich in jedem großen Schmerz etwas, was auch die anderen zurückweist."
[1155] Vgl. hierzu *Caine*, 1990, S. 255: „Die meisten wußten nicht, was sie tun konnten, um mir zu helfen. Sie wußten nicht, was sie sagen, wie sich mich trösten, wie sie die Situation bessern konnten, und ich war damals nicht in der Lager, es ihnen zu sagen." Vgl. hierzu auch *Zwierlein*, 2004(c), S. 67. Vgl. hierzu auch *Lammer*, ³2004, S. 83. Vgl. auch *Müller, Schnegg*, 1997, S. 145.
[1156] *Buber*, ⁹2002, S. 153.

Isolation, Angst, Entfremdung und Einsamkeit wirkungsvoll zu durchbrechen"[1157] und dabei sich „selber auf die Spur"[1158] zu kommen. Solche Momente „gelungener" Begegnung werden dem Hinterbliebenen – auf symbolische Weise – zum „Schlüssel" oder zu „Trittsteinen im Fluss der Trauer"[1159] und sind sowohl Voraussetzung als auch Zeichen einer den Trauerprozess positiv beeinflussenden Begleitung.[1160]

Um Begegnung als praxisrelevanten Schlüsselbegriff verstehen zu können, stellt sich die Frage, *wie* Begegnung gelingen kann und *was* genau sie gelingen lässt? Sind wesentliche Voraussetzungen zu benennen, ohne die sich Begegnung nicht ereignen kann? Auch wenn einschränkend mit *Guardini* zu formulieren ist: „Niemand kann all das berücksichtigen, was für ihr [der Begegnung, S.B.] Gelingen nötig ist"[1161], oder mit *Böckenhoff* hervorzuheben ist, dass Begegnung immer auch Geheimnis bleibt[1162], müssen in einem ersten Schritt die Grundmodalitäten beziehungsweise die Charakteristika von Begegnung – so wie sie hier als Grundlage für die weiteren Reflexionen gelten sollen – möglichst klar umrissen werden. Dies erscheint notwendig, da der Begegnungsbegriff „oft recht unpräzise gebraucht, und das Sprechen darüber (...) zu einem reinen Wortgeklingel [wird], so daß wohl *zwei* das Gleiche sagen, aber Unterschiedliches *meinen*"[1163]. Bei der Frage nach dem Phänomen Begegnung in Bezug auf die Begleitung eines trauernden Menschen soll es hierbei immer um das Ereignis der „gelingenden Begegnung" und nicht um eine rein faktische Auseinandersetzung mit dem Begegnungsbegriff gehen.

Setzen wir den *Buberschen* Gedanken – „Alles wirkliche Leben ist Begegnung"[1164] – als Grundlage der folgenden Überlegungen, dann muss Begegnung als eine „existentiel-

---

[1157] *Stappen*, 1996, S. 103.
[1158] Vgl. hierzu *Landsberg*, 1939, S. 374: „Durch Begegnungen, in denen Andere uns zum Ereignis werden, kommen wir uns selber auf die Spur."
[1159] *Ida Lamp* (Hrsg.), Hospizarbeit Konkret. Grundlagen, Praxis, Erfahrungen. Gütersloh 2001, S. 142.
[1160] Dass eine gelungene Begegnung immer auch bei dem, der dem Trauernden begegnet Veränderung beziehungsweise Wandlung bewirkt, sei hier selbstverständlich fortlaufend mitgedacht. Vgl. hierzu *Landsberg*, 1939, S. 373: „Die wirkliche Begegnung mit dem Anderen enthält oft eine Begegnung gerade mit den verborgensten Seiten unseres Selbst."
[1161] *Guardini*, 1956, S. 17.
[1162] Vgl. *Josef Böckenhoff*, Die Begegnungsphilosophie. Ihre Geschichte – Ihre Aspekte. München 1970, S. 122: „Begegnung bleibt Geheimnis und kann nur erlebt werden im Anspruch des Du."
[1163] *Bruno Reifenrath*, Grundlegung einer Erwachsenenbildung. Frankfurt am Main 1983, S. 118. Vgl. hierzu auch *Bollnow*, ⁴1968, S. 87, der darauf hinweist, dass der Begriff der „Begegnung" inflationär gebraucht wird und zu einem Modewort zu werden droht. Die folgenden Ausführungen zum Begegnungsbegriff knüpfen in erster Linie an die Ausführungen *Martin Bubers* an, der als der „Philosoph der Begegnung" (*Böckenhoff*, 1970, S. 132) gilt und – nach *Reifenrath*, 1983, S. 119 – „das Substantiellste zum Problem des Dialogs zu sagen hat". Des Weiteren werden schwerpunktmäßig existenzphilosophische Denker, wie zum Beispiel *Karl Jaspers*, mit seinen Ausführungen zur existentiellen Kommunikation, *Romano Guardini* und *Otto Friedrich Bollnow*, die den Begegnungsbegriff für die Pädagogik fruchtbar gemacht haben, hinzugezogen. Der Verfasserin der Studie ist bewusst, dass mit dieser Auswahl zwar nur ein minimaler Ausschnitt der Begegnungs-Thematik eingefangen wird, sie schafft jedoch so eine hinreichende Verdeutlichungsgrundlage, mittels der dargestellt werden kann, dass das Begegnungsereignis unabdingbar für den Selbst-Werdungsprozess des trauernden Menschen ist.
[1164] *Buber*, ⁹2002, S. 15.

le Kategorie"[1165], als ein Urphänomen des menschlichen Lebens begriffen werden, das für alle kommunikativen Beziehungen die Wurzel bildet, zumindest immer dann, wenn wir von der anvisierten normativen Zielbestimmung – nämlich der gelingenden Begegnung – ausgehen. Selbst-Sein, Menschsein, versteht sich vor diesem Gedanken immer aus dem Beziehungsgedanken heraus, und „Beziehung ist Gegenseitigkeit"[1166], ist Dialog, ist Verbindung zum Anderen und zur Welt. Was aber bedeutet Gegenseitigkeit in diesem Zusammenhang? *Buber* selbst wirft die Frage auf, ob die Beziehung zwischen zwei Menschen „immer in voller Gegenseitigkeit"[1167] steht, und antwortet darauf, dass Wechselseitigkeit nicht erworben werden kann, sondern sich als eine „Gnade" erweist, „für die man stets bereit sein muß"[1168]. Für die sich Begegnenden bedeutet dies, dass es im „Wirken am Gegenüber"[1169] durchaus zu einem Ungleichgewicht kommen kann, ohne dass dadurch zwingend die Ebenbürtigkeit der Beziehungspartner aufgehoben wird.[1170] „Wirkliches Leben" (*Buber*) oder „Existenz" (*Jaspers*) kann sich nur von der Angewiesenheit auf Andere her offenbaren und bedeutet somit ein Aus- und In-Beziehung-Sein,[1171] denn „das innerste Wachstum des Selbst vollzieht sich nicht, wie man heute gern meint, aus dem Verhältnis des Menschen zu sich selber, sondern aus dem zwischen dem Einen und dem Andern, unter Menschen also vornehmlich aus der Gegenseitigkeit der Vergegenwärtigung – aus dem Vergegenwärtigen anderen Selbst und dem sich in seinem Selbst vom anderen Vergegenwärtigtwissen – in einem mit der Gegenseitigkeit der Akzeptation, der Bejahung und Bestätigung"[1172]. Im Prozess der Beziehung vergegenwärtigt sich einerseits der Schmerz des Trauernden in der Vergegenwärtigung des erlittenen Verlustes in all seinen Facetten. Andererseits versetzt gelin-

---

[1165] *Bollnow*, 1956, S. 35. Vgl. ders., ebenda, S. 37: „Begegnung ist eine eigentümlich existenzphilosophische Kategorie und nur im allgemeineren existenzphilosophischen Zusammenhang richtig zu begreifen. Begegnung im strengen Sinn heißt immer: existentielle Begegnung."

[1166] *Buber*, ^{9}2002, S. 19.

[1167] Ebenda, S. 130.

[1168] Ebenda.

[1169] Ebenda, S. 18.

[1170] Vgl. hierzu *Werner Faber*, Das dialogische Prinzip Martin Bubers und das erzieherische Verhältnis. Ratingen 1962, S. 86. Vgl. hierzu ders., ebenda, S. 125, wo er darauf verweist, dass der Aspekt der „Ebenbürtigkeit" immer dann gegeben ist, wenn einer dem anderen Wirklichkeit gibt. Auch der, der dem Trauernden begegnet ist ein Ich, das am Du wird.

[1171] Vgl. hierzu *Buber*, ^{4}1986, S. 84: „jedes Einzelne ist auf das Andere hin- und angewiesen; aber erst im Menschen gerät dies, sich wandelnd zur Wirklichkeit der Begegnung, in der das Eine dem Anderen als seinem Anderen gegenüber existiert, vermögend in gemeinsamer Gegenwart zugleich ihn standzuhalten und es zu bestätigen." Vgl. ders., 1978, S. 11, wo er das „In-Beziehungtreten" als zweites Prinzip des Menschseins charakterisiert. Um nämlich in Beziehung treten zu können, bedarf der Mensch der Fähigkeit zur Distanz. Das heißt, er muss in der Lage sein, den Anderen als selbständig wahrzunehmen. Insofern setzt *Buber* zwar die Urdistanzierung als Bedingung der Möglichkeit von Beziehung, aber nur *in* Beziehung kann der Mensch sich verwirklichen. Hieraus geht hervor, dass der Mensch nicht zwingend in Beziehung treten muss. Auch wenn ihn Begegnungen „überfallen", kann er „sich gegen sie wehren, wenigstens Gegenwehr versuchen (…) und ihnen aus dem Weg gehen". *Guardini*, 1956, S. 13. Gerade dieser Aspekt ist von großer Bedeutung für die Begleitung trauernder Menschen. Der Trauernde selbst muss sich entscheiden, die Beziehung anzunehmen oder abzulehnen, sich begleitet auf seinen Weg zu machen oder nicht.

[1172] *Buber*, 1978, S. 36. Vgl. hierzu ebenda, S. 34: Vergegenwärtigung ist ein Vorgang, „in dem ich etwa den spezifischen Schmerz eines anderen so erfahre, daß mir das Spezifische an ihm, also nicht ein allgemeines Unbehagen oder Leidwesen, sondern dieser besondere Schmerz, und doch eben als der des anderen, fühlbar wird".

gende Begegnung das Gegenüber in die Lage, diesen Schmerz des Anderen auf eine besondere Weise – teilhabend und bejahend – in sich selbst zu spüren. Die Hinwendung zum Trauernden (Du) ist durch die Vergegenwärtigung dieses Trauernden (Dus) gekennzeichnet und ermöglicht dem Gegenüber, dessen Wesen zu erschließen. Erschließung jedoch zielt nicht auf Erkenntnisgewinn ab, ist „kein Aufschließen, um zu erkennen und zu durchdringen, sondern [ist] Freilegen der Seinskräfte durch personale Berührung, damit das Du sich ergreift und verwirklicht"[1173]. Insofern meint Begegnung weder allein einen einmaligen, außergewöhnlichen Moment noch einen dauernden, unveränderten Zustand, sondern ist als ein Beziehungs-Prozess[1174] zu verstehen, dessen Ziel die wechselseitige „An-Erkennung" von Ich und Du ist.[1175] Der Vorgang der „An-Erkennung" verweist auf den des Erkennens. Erkennen ist doppelgesichtig: Einerseits findet ein objektives Erkennen statt, das einen Erkenntnisgewinn *über* den Anderen vermittelt, und andererseits geschieht ein erschließendes Erkennen, das sich aus einem Wissen *von und um* den Anderen speist.[1176] Erschließung bedeutet auch, dass der Andere in Stand gesetzt wird, sich selbst zu erkennen, sich auszudrücken und zu offenbaren. Das „An-Erkennen" in der Begegnung ist ein erschließendes Erkennen, das den Trauernden in und mit seinem ganzen Verlusthorizont bestätigt, ihn vorbehaltlos bejaht.

[1173] *Faber*, 1962, S. 92. Es sei hier auf *Buber*, ⁷1986, S. 37f. verwiesen, der den Vorgang der „Vergegenwärtigung" streng von dem der „Einfühlung" unterscheidet. Meines Erachtens wird *Buber* damit nicht *Edith Steins* Gedanken „Zum Problem der Einfühlung", gerecht, die sie 1917 in ihrer Dissertation entfaltet hat. Für *Edith Stein* ist „Einfühlung eine Art erfahrender Akte sui generis (…), ist Erfahrung von fremden Subjekten überhaupt". *Edith Stein*, Zum Problem der Einfühlung. München 1980 (Reprint der Originalausgabe von 1917), S. 10f. Damit fasst *Edith Stein* „Einfühlung" als einen Zugang sowohl zum eigenen als auch zum fremden Seelenleben. Die Einfühlung erlaubt einen Erkenntnisgewinn, denn es werden nicht allein irrationale Komponente gefühlt, die zufällig und deshalb zu vernachlässigen sind. „Sondern es gibt in jedem Erlebnis rationale Anteile, die es zu untersuchen gilt. Es wird ein <etwas> gefühlt und eingefühlt, nämlich die seelischen Vorgänge im fremden Erleben." *Betae Beckmann*, Symposium Internationale Edith Stein. Rom-Teresianum 1998.Url: http://www.ocd.pcn.net/edsi_db.htm (14.07.2005)

[1174] Die bisher zur Sprache gebrachten Begriffe – Beziehung und Begegnung – gehören zwar beide dem Bereich des Dialogischen an, dennoch besteht ein deutlicher Unterschied zwischen ihnen, der hier – zur Wahrung der Transparenz – kurz dargestellt werden soll: „Begegnung bedeutet etwas nur Aktuelles; wer mit einem anderen, dem er begegnet ist, länger zusammen verweilt, der ist ihm eben vor allem begegnet, aber dieser Vorgang ist vergangen, jetzt begegnet er ihm nicht mehr. Der Begriff der Beziehung dagegen eröffnet die Möglichkeit (…) der Latenz." *Martin Buber*, Antwort, S. 603. In: Martin Buber, *Paul Arthur Schilpp, Maurice Friedemann* (Hrsg.). Stuttgart 1963, S. 589-639. Das In-Beziehung-Treten im hier intendierten Sinne ist somit nicht als ein emphatischer, sondern als ein formaler Aspekt zu betrachten. Es verweist auf Relation, auf Resonanz, ist also im Sinne von Wechselseitigkeit, Reziprozität oder Interaktion zu verstehen und eröffnet die Möglichkeit eines Fortbestehens des Dialogischen in einer anderen Verwirklichungsform als der der Aktualität. Für *Buber* zählt der Begriff der Begegnung zwar zu den „konkretere[n] und eingeschränktere[n] Termini", kann jedoch den der Beziehung nicht ersetzen. Vgl. ders., ebenda, S. 604. Begegnung und Beziehung – so kann jetzt gesagt werden – ist das Wechselspiel zwischen Aktualität und Latenz.

[1175] Vgl. hierzu *Thomas Reichert*, S. 62. In: Ders., (Hrsg. und Kommentator), Buber für Atheisten. Ausgewählte Texte. Gerlingen 1996: „Den anderen Menschen anzuerkennen, in seinem ganzen Anderssein, ist ein entscheidender Grundsatz des dialogischen Denkens. Allerdings ist es ungenau, von einem <Grundsatz> zu sprechen, denn es handelt sich nicht um eine Norm oder eine Maxime, sondern die dialogische Haltung bringt dieses Anerkennen schlicht mit sich."

[1176] Vgl. hierzu *Buber*, ⁹2002, S. 42f.

Das objektiv orientierte Ziel, eine Erkenntnis *über* den jeweils Anderen zu erlangen, ist so ausgeschlossen, denn Erkenntnis über etwas oder jemand zu erlangen, setzt immer den Vorgang der Verobjektivierung[1177] voraus, und dies würde dem Prinzip der Freiheit, das als Konstitutivum für Begegnung gilt beziehungsweise „den Wesenskern der Begegnung bildet"[1178], zutiefst widersprechen.[1179] An-Erkenntnis ist ein wechselseitiges Geschehen, insofern der Trauernde seine bleibende Verwiesenheit auf den Anderen (und Anderes) auch nach oder gerade wegen seines einschneidenden Du-Verlustes anerkennt, insofern der Begleiter die Freiheit, das Ich-Selbst-Sein, die Unverfügbarkeit des Anderen (Trauernden) – sein Subjekt-Sein, akzeptiert. Sich so wechselseitig „an-zu-erkennen" heißt also, sich als Gleichberechtigte zu bejahen und dabei den Anderen als Wesen der Freiheit ernst zu nehmen.[1180] Findet Begegnung statt, so geschieht ein existentielles Berührtwerden in der Unmittelbarkeit der Beziehung. Dies beinhaltet gleichwohl, dass Begegnung nicht gesucht werden kann, sondern dass sie geschieht, dass sie sich „von Gnaden"[1181] ereignet. Sie ist weder planbar noch verfügbar – „Ja die Weisheit sagt, echte Begegnung werde durch Wollen und Planen sogar gestört"[1182] –, sondern sie ist unzuverlässig, ohne Dauer und unübersehbar.[1183] Begegnung ist demzufolge ein unverfügbares Ereignis, was aber keinesfalls bedeutet, dass sie als ein rein passives Geschehen, das sich auf geheimnisvolle Weise am Menschen vollzieht, verstanden werden darf. Es obliegt vielmehr dem je Einzelnen, sich dem Anspruch des Dialogischen zu öffnen und Begegnung stattfinden zu lassen. Begegnung als unmittelbares In-Beziehung-Treten ist damit „Erwähltwerden und Erwählen, Passion und Aktion"[1184] in einem. Unmittelbar-in-Beziehung-Treten bedeutet, dass das begegnende Du ein konkretes, leibhaftes Gegenüber ist, dem ein Ich nur begegnen kann, wenn der Zweckgedanke nicht dominiert.[1185] Nichts Mittelbares – weder Absicht, noch Zweck, noch Ursache – steht idealiter zwischen den Begegnenden, und so kann *Buber* sagen: „Nur

---

[1177] Vgl. hierzu ders., S. 274: „Dies ist das Entscheidende: das Nicht-Objekt-sein."
[1178] Vgl. hierzu *Guardini*, 1956, S. 18.
[1179] Selbstverständlich ist für den späteren Vorgang der Begleitung auch ein objektives Wissen *über* den Trauernden notwendig. Beispielsweise ist es bedeutsam, etwas über die Umstände des Todes, über die familiäre Situation, über frühere Krisenerfahrungen etc. zu wissen. Doch im Vorgang der „An-Erkennung" spielen diese Faktoren keine Rolle.
[1180] Das Gegenteil der wechselseitigen „An-Erkennung" wäre, wenn das „stärkere" Gegenüber sich als „Macht-Haber" betrachtet, der dem trauernden Menschen seine Vorstellung von Form und Gestalt des Trauerweges aufoktroyieren will. Vgl. hierzu *Hanna-Barbara Gerl-Falkovitz*, Eros – Glück – Tod. Gräfelfing 2001, S. 98f.
[1181] *Buber*, ^{9}2002, S. 15. Vgl. ders., ebenda, S. 11: Über eine Begegnung lässt sich nicht verfügen, sie geschieht „aus Willen und Gnaden in einem". Vgl. hierzu auch *Bollnow*, 1956, S. 34: „Alle Begegnung ist schicksalhaft, daher ergreift sie ihn [den Menschen, S.B.] auch sogleich im Ganzen."
[1182] Vgl. *Buber*, ^{9}2002, S. 17.
[1183] Vgl. ebenda, S. 36.
[1184] Ebenda, S. 15. Vgl. hierzu auch *Jaspers*, II, ^{2}1948, S. 346, der ebenfalls auf diesen Aspekt hinweist: „jedoch das *Finden* des Freundes, kein nur passiver Vorgang, ist selbst in der möglichen Existenz begründet; es bereitet sich in der Erscheinung gleicherweise vor durch Wagen der Kommunikation wie durch die Scheu, zu antizipieren, durch die Redlichkeit, eine bloß gesellige Berührung in der Solidarität gemeinsamer Vergnügungen und Interessen nicht zu verwechseln mit Kommunikation."
[1185] Vgl. hierzu *Buber*, ^{9}2002, S. 65: „Der Zweck der Beziehung ist ihr eigenes Wesen, das ist: die Berührung des Du. Denn durch die Berührung jedes Du rührt ein Hauch des ewigen Lebens uns an."

wo alles Mittel zerfallen ist, geschieht Begegnung."[1186] Da wo sich Begegnung ereignet, sich „Antlitz auf Antlitz"[1187] öffnet, da tritt ein Mensch in seiner ganzen Einzigartig- und Unverwechselbarkeit für den Anderen aus der Menge heraus, hinein in den Modus der Ausschließlichkeit.[1188] Begegnung geschieht immer nur zwischen Zweien: „Jede wirkliche Beziehung zu einem Wesen (…) ist ausschließlich."[1189] Sie kann sich deshalb auch nicht zwischen Vielen ereignen, ist also „wesensmäßig nicht auf einen Kreis von Menschen übertragbar"[1190]. Hiermit ist allerdings nicht ausgesagt, dass in der Begegnung die Verbindung zu anderen Mit-Menschen, die im Beziehungsgefüge des Trauernden eine Rolle spielen, abgeschnitten ist. Sie bleiben als (oder im) Hintergrund, nehmen jedoch nicht aktiv an dieser Begegnung teil. Sie leben im „Licht"[1191] dieser Begegnung, was letztlich besagt, dass in der Begegnung, im Du, alle anderen und alles andere mit aufleuchtet.[1192] Das Moment der Ausschließlichkeit verweist auch darauf, dass die sich in der Begegnung ereignenden „Du-Momente" – geprägt durch das Merkmal der Aktualität – nur von kurzer Dauer sind, und dass es deshalb „[j]edem Du in der Welt (…) seinem Wesen nach verhängt [ist], Ding zu werden oder doch immer wieder in die Dinghaftigkeit einzugehen"[1193]. Der Mensch kann in der Welt letztlich nur deshalb bestehen, weil er das, was ihm begegnet, immer wieder zum Gegenstand – oder wie *Buber* es formuliert zum „Es" – seiner begreifenden und schaffenden Aktivität macht. Hiermit wird nicht ausgesagt, dass der Mensch auch notwendigerweise aus der Beziehung heraustreten muss, sondern dieser Aspekt verweist darauf, dass in der Beziehung „die Aktualität ihrer Unmittelbarkeit"[1194] nicht dauerhaft gegeben ist. Im Prozess der wechselseitigen Anerkennung verharren die Beziehungspartner also nicht im Zustand der „Unmittelbarkeit" (können nicht darin verharren), sondern die Beziehung dauert „im Wechsel von Aktualität und Latenz"[1195] an, das heißt sie „wirkt untergründig fort und läßt die dialogische Wirklichkeit andauern"[1196]. Vor diesem Verständnis kann die Phase der Latenz als eine „ruhende Kraft" gedeutet und als ein differenzierter Verwirklichungsgrad der Dialogik zur dialogischen Beziehung hinzugehörend betrachtet werden.

Zuvor wurde ausgeführt, dass Begegnung immer „Erkennen des Du" und damit eine „Hilfe zum Werden des Menschen als Selbst"[1197] bedeutet. Einem Anderen, einem Du, in seinem Prozess der Selbst-Werdung beizustehen, bedeutet in der Verantwortung

---

[1186] Ebenda, S. 16.
[1187] *Guardini*, 1956, S. 15.
[1188] Vgl. *Buber*, 9,2002, S. 79.
[1189] Ebenda, S. 79. Vgl. hierzu ders., ebenda, S. 8: „Wo aber Du gesprochen wird, ist kein Etwas. Du grenzt nicht. Wer Du spricht, hat kein Etwas, hat nichts. Aber er steht in der Beziehung." Vgl. ders., 6,2000, S. 102: „im Miteinander wird Unbegrenztes und Unbedingtes erfahren."
[1190] *Bollnow*, 6,1964, S. 56.
[1191] *Buber*, 9,2002, S. 79.
[1192] Dieser Punkt ist wichtig hinsichtlich der Begleitung eines trauernden Menschen im Rahmen einer Trauergruppe. Auch hier findet die Begegnung zwischen Zweien statt, ohne dass die Beziehung zu den jeweils anderen aufgehoben wird.
[1193] *Buber*, 9,2002, S. 21 und S. 100. Vgl. ders., ebenda S. 20: „Das aber ist die erhabene Schwermut unseres Loses, daß jedes Du in unserer Welt zum Es werden muß."
[1194] Ebenda, S. 100.
[1195] Ebenda.
[1196] *Faber*, 2,1967, S. 98.
[1197] *Buber*, 9,2002, S. 291.

zu stehen. Das Phänomen der Verantwortung hat in *Bubers* Gedankenwelt einen zentralen Stellenwert, denn für ihn ist menschliches Sein ein Sein in Verantwortung: „Ich kenne keine Fülle mehr, als die jeder sterblichen Stunde an Anspruch und Verantwortung."[1198] Der Grundgedanke der Verantwortung ist die Antwort. Immer dann, wenn ein Ich sich vorbehaltlos und unmittelbar einem Du zuwendet, ruft es zur Antwort auf. Etwas verantworten heißt, Antwort auf eine Anrede zu geben. In der Begegnung ereignet sich immer Anfrage, und diese verlangt eine Antwort: Der Angeredete muss sich mit dem Anruf, der an ihn ergeht, auseinandersetzen, und dies immer wieder aufs Neue, weil auch die Wirklichkeit und der darin vernommene Anspruch sich fortwährend ändern. Dialogische Verantwortung beziehungsweise die Verantwortung, die der Ich-Du-Beziehung innewohnt, bedeutet demnach „der Wirklichkeit standhalten und auf das Wort des anderen eine angemessene Antwort zurücksprechen"[1199].

Deutlich geworden ist bisher, dass sich Begegnung immer als ein ursprüngliches Moment des „In-Beziehung-Tretens"[1200] ereignet, das den Menschen „wachrüttelt" und damit die Existenz des Menschen betrifft. Zusammenfassend lassen sich folgende Wesenszüge von Begegnung, in denen jeweils die ganze Wirklichkeit des Dialogischen präsent ist und die einem gelingenden Dialog „die Tür öffnen", festhalten: Das Phänomen der *Gegenseitigkeit* wird verstanden im Sinne eines (möglicherweise auch ungleichmäßigen) Wirkens am Gegenüber. Mit dem Vorgang der *Vergegenwärtigung* wird das Innewerden der Gegenwart des Gegenübers erfasst. Hierdurch kann die *Erschließung* des Du gelingen und ihm als Hilfe zur Selbst-Werdung erwachsen. Die *Unverfügbarkeit* verweist darauf, dass der Andere nicht verobjektiviert werden darf. *Anerkennung* und *Bestätigung der Andersheit* bedeutet, dass das Du in seiner ganzen Einzigartigkeit, in seinem Da-Sein und in seinem So-Sein, bestätigt wird. Die *Unmittelbarkeit* kann als direkter Zugang vom Ich zum Du postuliert werden und die *Konkretheit* zwischen Ich und Du als die Bezogenheit auf diesen einen konkreten, leibhaften Menschen. Das Charakteristikum *Aktualität und Latenz der Dialogik* ist das unregelmäßige Wechselspiel zwischen Momenten augenblicklichen Hinbewegens zum Anderen und einer schlummernden Gerichtetheit auf ihn. Das *Prinzip der dialogischen Verantwortung* verweist schließlich darauf, dass jede mitmenschliche Begegnung Wirklichkeit erzeugt, die eine Anfrage stellt

---

[1198] *Buber*, ⁴1986, S. 60.
[1199] *Faber*, 1962, S. 93. Vgl. hierzu auch *Martin* Buber, Das Judentum und die neue Weltfrage (1930), S. 231. In: Der Jude und sein Judentum. Gesammelte Aufsätze und Reden. Gerlingen ²1993, S. 229-231, der auch darauf verweist, dass der Mensch nicht nur in der Begegnung mit einem Du angeredet wird, sondern dass auch sein Schicksal ihn zu einer Antwort auffordert: „Der Mensch wird durch das, was ihm widerfährt, was ihm geschickt wird, durch sein Schicksal *angeredet*; durch sein eigenes Tun und Lassen vermag er auf diese Anrede zu *antworten*, er vermag sein Schicksal zu *verantworten*. Diese Antwort mag stammelnd erfolgen – wenn nur eine *unbedingte* Entscheidung des Menschen in ihr rückhaltlos zum Ausdruck kommt." Vgl. *Bollnow*, 1956, S. 34, der deutlich macht, dass eine solche „Antwort" nicht im Sinne einer seelischen Bereicherung zu verstehen ist, sondern dass „es eine Prüfung der letzten seelischen Echtheit" ist.
[1200] Nach *Buber* gibt es drei Sphären, in denen sich Beziehung ereignen kann: Es gibt die Beziehung zwischen Mensch und Natur, die Beziehung zwischen Mensch und Menschen und schließlich die Beziehung zwischen Mensch und den geistigen Wesenheiten, die unser Leben bestimmen. Wir stehen immer in Beziehung – von Anfang an – und noch ohne unser Zutun. Beziehung ist die Grundlage unseres eigentlichen Seins als Mensch. Vgl. *Buber*, ⁹2002, S. 10.

und eine Antwort fordert.[1201] Der hier erfolgte Blick auf die Wesenszüge der Begegnung macht es notwendig, darauf hinzuweisen, dass der Mensch in der Begegnung immer – egal was er tut – hinter dem Vorbild, hinter dem Ideal, zurückbleibt. Der Idealzustand (das „noch nicht") und der Realzustand (das, „was jetzt ist") sind immer different und können nicht zur Deckung gebracht werden. Begegnung im hier zugrunde gelegten Verständnis ist demnach immer als Annäherung an ein Ideal zu verstehen. Immer besteht im Menschen eine Sehnsucht nach Unmittelbarkeit, nach unmittelbarer Kontaktaufnahme mit dem Anderen. Da es jedoch kein zeichenloses Miteinander gibt – „Der Mensch ist nur vermittelt und indirekt gegenwärtig als anwesende Abwesenheit. Er drückt sich aus in den beiden zentralen Medien Leib und Sprache"[1202] –, kann Begegnung letztlich nur im graduellen Sinne – als gelungen oder nicht gelungen – gefasst werden.[1203]

4.2 Gelingende Begegnung

> „Begegnung ist nur dort möglich, wo beide Seiten ganz echt sind, der Verstehende und der Verstandene. (…) Beide Seiten (…) gewinnen ihre eigentliche Wirklichkeit in demselben unteilbaren Vorgang, und es gibt für den Menschen keine andere Möglichkeit zu seinem Selbstsein zu gelangen, als auf dem Wege einer solchen Begegnung."[1204]

Übertragen wir nun die herausgestellten Wesenszüge des Dialogischen auf die realiter stattfindende Begegnung zwischen dem Trauernden und dem, der ihm auf einem bestimmten Abschnitt seines Trauerweges gegenübertritt,[1205] dann lässt sich zuerst festhalten, dass die Momente der Begegnung immer die Existenz des Menschen berühren. Insofern kann mit *Buber* formuliert werden, dass sie „gefährlich ins Äußerste reißend, den erprobten Zusammenhang lockernd, mehr Frage als Zufriedenheit hinterlassend, die Sicherheit erschütternd, eben unheimlich, und eben unentbehrlich"[1206] für die menschliche Selbst-Werdung sind. Gelingt Begegnung, dann wird sie dem Trauernden zur Erschütterung. Sie rüttelt ihn auf, stößt ihn gewissermaßen an und ermöglicht es

---

[1201] Vgl. *Faber*, 1962, S. 76, der diese Charakteristika als „notwendige Bestandteile" der Begegnung postuliert.
[1202] *Eduard Zwierlein*, Menschenwürdig sterben, S. 21. In: *Ulrich Lilie, Eduard Zwierlein* (Hrsg.), Handbuch integrierte Sterbebegleitung. Gütersloh 2004(b), S. 16-22.
[1203] Die ausführliche Darstellung der „Wesenszüge der Begegnung" ist darin begründet, dass Begegnung zwar nicht herbeigeführt werden kann, aber derjenige der einen trauernden Menschen begleitet wird, „muß wissen, was in ihr geschieht, und kann sich in seinem Handeln auf sie hin orientieren. Er kann (…) versuchen die Voraussetzungen einer solchen Begegnung zu schaffen". *Bollnow*, 41968, S. 125.
[1204] *Bollnow*, 41959, S. 111.
[1205] Eine gelingende perimortale Begegnung ist wegweisend für die Trauerfähigkeit oder –unfähigkeit im weiteren Verlauf der Auseinandersetzung mit dem erlittenen Verlust. Vgl. hierzu u.a. *Klimbingat*, 2003, S. 49; *Lammer*, 32004, S. 14; *Olaf Schaper*, Zwischen Normalität und Pathologisierung. Neue Wege und Formen der Trauerbegleitung, S. 245. In: Dokumentation Fachtagung: Neue Kultur im Umgang mit Tod und Trauer. Ministerium für Frauen, Jugend, Familie und Gesundheit des Landes Nordrhein-Westfalen. Wuppertal 1988, S. 245-249.
[1206] *Buber*, 92002, S. 37.

ihm, aus seiner (selbst)isolierenden Einsamkeit[1207] herauszutreten, um im Verlauf der Beziehung, die von wechselseitiger Anerkennung grundgetragen ist, sein innerstes Selbst zu „ent-decken". Die hier angesprochene Erschütterung ist nicht im „rührseligen Sinn"[1208] einer großen Dramatik gemeint, sondern es ist eine Erschütterung, die den Trauernden in seinem tiefsten Inneren berührt, die ihn trifft und „wach-rüttelt", ihn sozusagen aus seinem „Dornröschenschlaf" aufweckt und ihn mit der Forderung konfrontiert: „Du mußt dein Leben ändern"[1209]. Der Trauernde wird – symbolisch gesprochen – mit der Aufgabe „Werde, der du bist!" auf den Weg geschickt und so kann durchaus mit *Lévinas* gesagt werden: „Einem Menschen begegnen heißt, von einem Rätsel wachgehalten werden."[1210] In diesem Sinne kann das Begegnungsereignis nicht nur als eine Art „Eintritt" in die Sphäre des Selbst bezeichnet werden, die dem Trauernden bisher verborgen und unbekannt war, sondern die gelungene Begegnung kann jetzt auch als Wendepunkt bezeichnet werden. Sie gilt dem Trauernden als Wendepunkt, weil sie ihm nicht nur eine Einsicht in das eigene Selbst gewährt und ihm damit das Sehen dessen, was wirklich ist, ermöglich, sondern weil sie auch (s)eine Bereitschaft zur Veränderung entbirgt.[1211] Indem der Hinterbliebene die „Anrede", die er in der Begegnung erfährt, zulässt, wird er in die Möglichkeit gestellt, Verantwortung für das ihm „Zugefügte" – für das „was, einem widerfährt, was man zu sehen, zu hören, zu spüren bekommt"[1212] – zu übernehmen. Für den, der dem Trauernden gegenübertritt, bedeutet der Aspekt der Verantwortung einerseits, dass er dessen Fragen – auch die ungestellten[1213] – „ver-antworten" muss und andererseits wird auch er in der Begegnung mit sich selbst konfrontiert. Auch er wird sich selbst zur Frage, auch seine bisher gültigen Antworten werden in Frage gestellt, auch seine Antworten kommen auf den Prüfstand. Da im Phänomen der dialogischen Verantwortung Selbstverantwortung und soziale Verantwortung zusammenfallen, ist der Aspekt der Verantwortung auch auf der Seite des Trauernden zu beachten. Er muss beispielsweise der in ihm aufbrechenden Kern-Frage „Wer bist Du?" nicht nur Gehör schenken, sondern sie auch „ver-antworten". Dies heißt letztlich, dass auch der Trauernde seine „ungestellten Fragen" hören und „ver-antworten" muss. „Ver-antwortung" bedeutet aber auch, dass der Zurückbleibende und sein Gegenüber den Mut aufbringen müssen, Fragen offen zu lassen, es also als gegeben annehmen müssen, dass sich nicht auf alles eine Antwort finden

---

[1207] Vgl. hierzu *Mischke*, 1996, S. 116.
[1208] *Bollnow*, 1956, S. 37.
[1209] *Rilke*, 2002, S. 797, „Archaïscher Torso Apollos". Die Erschütterung, die *Rilke* angesichts des „Archaïschen Torso Apollos" ergreift und „anredet", wird beispielsweise von *Bollnow* in vielen seiner Schriften als Modellfall einer existentiellen Begegnung zitiert.
[1210] *Emmanuell Lévinas*, Die Spur des Anderen. Untersuchungen zur Phänomenologie und Sozialphilosophie. Freiburg, München 1983, S. 120.
[1211] Vgl. hierzu *Buber*, ⁹2002, S. 161, der ausführt, „daß der Mensch aus dem Moment der (...) Begegnung nicht als der Gleiche hervorgeht, als der er in ihn eingetreten ist. Der Moment der Begegnung ist nicht ein <Erlebnis>, das sich in der empfänglichen Seele erregt und selig rundet: es geschieht da etwas am Menschen".
[1212] *Buber*, ⁹2002, S. 161.
[1213] Vgl. hierzu die Ausführungen *Bubers*, ⁴1986, S. 59ff., wo er davon berichtet, wie er in einem persönlichen Zusammentreffen mit einem jungen Menschen die ungestellten Fragen nicht vernahm und dem dialogischen Prinzip der Verantwortung nicht gerecht wurde. Dies ist ein Beispiel dafür, dass Begegnung auch misslingen kann. Eine misslungene, also verfehlte Begegnung, wird von *Buber*, ⁴1986, S. 10, als „Vergegnung" bezeichnet.

lässt.[1214] Begegnung ist damit gleichzeitig Wagnis und Risiko, denn es wird ein Prozess der Veränderung, der Verwandlung angestoßen, der es dem Hinterbliebenen erlaubt, sein eigenes Ja – sowohl zum Geschehen als auch zum Zukünftigen – zu „entwickeln"[1215]. *Bollnow* fasst dies folgendermaßen zusammen: „als Begegnung in einem strengen Sinne bezeichnen wir nur die verhältnismäßig seltenen, dann aber entscheidenden Vorgänge, wo der andre Mensch den Menschen so in seinem Kern berührt, daß sein ganzes bisheriges Leben mit all seinen Plänen und Erwartungen umgeworfen wird und etwas völlig Neues für ihn anfängt. Nur wo dies schicksalhaft über den Menschen kommt, da sprechen wir im eigentlichen Sinne von Begegnung."[1216]

Im Vorangehenden wurde mit der „wechselseitigen Anerkennung" der Begegnenden eine Voraussetzung für das Gelingen der Begegnung postuliert, die zugleich auf die Idee der Symmetrie verweist. Begegnung im hier erläuterten Sinne ist immer ein symmetrisches Geschehen, das auf der lebendigen Verbundenheit von Menschen als Ich und Du beruht und bei den Begegnenden eine spezifische innere Haltung voraussetzt. Gemeint ist eine Grundhaltung, die in aufgeschlossener und respektvoll-wertschätzender Weise, nicht nur grundsätzlich „die Bruchstückhaftigkeit menschlichen Lebens ernst- und annimmt"[1217], sondern auch – als „entscheidende[s] Faktum"[1218] – die Bereitschaft in sich trägt, den Mit-Menschen (den Trauernden) so zu sehen und anzunehmen, wie er ist, ihn also in seinem Da-Sein und So-Sein „frei-zu-lassen". In eine Kurzformel gebracht, wird hiermit ausgesagt, dass „Haltung vor Technik"[1219] geht. Dem Menschen, der dem Trauernden begegnet, darf es immer nur um ein Mit-Sein gehen, das – im Idealfall – frei von Zweckgedanken ist und – zumindest zunächst – jegliche „beraterische Absicht" ausschließt.[1220] Zur Verdeutlichung ein Beispiel: Trifft ein Hinterbliebener – vielleicht am Bett des geliebten Verstorbenen – auf einen Mit-

---

[1214] Vgl. hierzu *Rilke*, 1929, S. 39, der diesen Aspekt der Verantwortung folgendermaßen erfasst: „ich möchte Sie, so gut ich es kann, bitten (…), Geduld zu haben gegen alles Ungelöste in Ihrem Herzen und zu versuchen, *die Fragen selbst* liebzuhaben wie verschlossene Stuben und wie Bücher, die in einer sehr fremden Sprache geschrieben sind. Forschen Sie jetzt nicht nach den Antworten, die Ihnen nicht gegeben werden können, weil Sie sie nicht leben können. Und es handelt sich darum alles zu *leben*. *Leben* Sie jetzt die Fragen. Vielleicht leben Sie dann allmählich, ohne es zu merken, eines fernen Tages in die Antwort hinein."

[1215] Natürlich geht dieser fordernde Prozess mit heftigen Trauer-Gefühlen einher, die im Abschnitt „Begleitung" noch näher beleuchtet werden. Gleichzeitig ist auch hier wieder der Hinweis wichtig, dass der Trauernde sich durchaus der Begegnung verschließen und im Modus der Uneigentlichkeit sein Leben weiterfristen kann.

[1216] *Bollnow*, ⁴1959, S. 101.

[1217] *Ulrich Lilie*, Zur Seelsorge an Sterbenden, S. 82. In: *Ulrich Lilie, Eduard Zwierlein* (Hrsg.), Handbuch integrierte Sterbebegleitung. Gütersloh 2004, S. 82-87. Obwohl der Autor in seinem Aufsatz die Begleitung des sterbenden Menschen thematisiert, lassen sich seine Gedanken – zumindest in breiten Zügen – auf die Begegnung mit und die Begleitung von trauernden Menschen übertragen.

[1218] *Martin Buber*, Reden über Erziehung. Heidelberg 1986, S. 33.

[1219] *Müller, Schnegg*, 1997, S. 165. Vgl. ebenda: „Mit Haltung ist der Bewußtseinszustand gemeint, mit dem man eine Sache, eine Person oder ein Erlebnis herantritt und von dem die Auffassung der Sache, der Person und der Verlauf dieses Erlebnisses mitbestimmt werden. Diese Einstellung ist entscheidend für den Umgang mit (…) Trauernden und prägt die Begleitung."

[1220] Eine Haltung, die von Symmetrie geprägt ist schließt selbstverständlich jegliche Macht-, Überlegenheits- oder Unterwerfungsbestrebungen aus und ist frei von Instrumentalisierungs- oder Manipulationsabsichten. Die „beraterische Absicht" wird im Kapitel 4.3 näher erläutert werden.

Menschen[1221], so kann dieses Zusammentreffen nur dann zu einer gelingenden Begegnung werden, wenn die Haltung dieses Menschen ihre Entsprechung in den Wesenszügen der Begegnung findet. Das heißt, er muss seine volle Aufmerksamkeit auf diesen einen konkreten Trauernden richten, muss für den Moment der Begegnung aufgeschlossen sowie im ganzheitlichen Sinne präsent sein, und den Trauernden als gleichberechtigtes beziehungsweise ebenbürtiges Gegenüber anerkennen. Dabei darf er sich nicht von „Verzweckungsgedanken" leiten lassen, sondern muss sich das Innenleben des Trauernden vergegenwärtigen, um dessen Schmerz und Leid auf eine ganz spezifische Weise erfahren zu können. Manchmal bedeutet dies auch, dass dem Gegenüber – angesichts dessen, was der Trauernde ertragen muss – „alle Worte zerbrechen"[1222] und er in eine Art von „Kommunikationsdunkelheit"[1223] fällt. Wichtig ist dabei, dass er versteht, dass es Grenzen für Kommunikation und Verstehen gibt, und dass er den trauernden Menschen „lassen" muss. Das „Lassen" ist hier durchaus als ein aktives Tun einzuordnen. Der Begegnende muss einerseits vertrauend geschehen lassen, was geschieht und was geschehen soll, andererseits muss er den Trauernden in seiner „Gebrochenheit" anerkennen, muss ihn bejahen und sich der Verantwortung, die hieraus an ihn erwächst, bewusst sein. Gelingt ihm dies, dann kann dieser Moment der Begegnung der Ausgangspunkt für das Freiwerden der Kräfte werden, die den Hinterbliebenen auf seinem begleiteten Trauerweg in die Selbst-Werdung führen können.[1224]

In psychologischer Terminologie gesprochen muss die Haltung des Anderen (des Begleitenden) geprägt sein von Aufmerksamkeit, Offenheit, Akzeptanz, Empathie, Kongruenz und Wertschätzung.[1225] In einer solchen Haltung eröffnet sich gewissermaßen ein „empfangsbereiter Raum" für Begegnung, in dem sich der Mit-Mensch den inneren Bezugsrahmen des Zurückbleibenden erschließen und auch verstehen kann. Verstehen impliziert in diesem Verständnis nicht, dass das Gegenüber die Situation des Trauernden durchschaut und anhand psychologischer Koordinatensysteme analysiert oder im Raster der unterschiedlichen Trauer-Phasenmodelle deutet, sondern Verstehen ist hier dialogisches Denken und soll als eine Haltung aufgefasst werden, die dem Hinterbliebenen dabei behilflich ist, seine Gefühle und seine Erfahrungen, die er in der Zeit der Trauer erlebt und macht, einzuordnen in seine Werdensstruktur. Es geht also um ein Verstehen, das „sich nicht begnügt, in mehr oder minder geistreicher Weise Zustände des Andern zu analysieren, sondern das den Lebenszusammenhang des Andern hülfreich weiter entwirft in der Richtung auf dessen wahres Selbst"[1226]. Je klarer derje-

---

[1221] Dieser Andere kann zum Beispiel eine Krankenschwester, eine Ärztin, eine Seelsorgerin oder jede andere in den Sterbeprozess involviert gewesene Person sein. Vgl. hierzu *Erhard Weiher*, Die Religion, die Trauer und der Trost. Seelsorge an den Grenzen des Lebens. Mainz 1999, S. 147. *Weiher* spricht hier von „Wächtern am Übergang" beziehungsweise von „Schleusenwächtern" (S. 158).
[1222] *Zwierlein*, 2004(c), S. 71.
[1223] Ebenda.
[1224] Wenn eine solch „zufällige" Begegnung „gelingt", dann reduziert sich beim Trauernden die Schwellenangst, und er kann die Möglichkeit einer auf Zeit angelegten Begleitung in Betracht ziehen.
[1225] Vgl. hierzu *Zwierlein*, 2004(c), S. 68. Vgl. hierzu auch *Carl Rogers*, Therapeut und Klient. Grundlagen der Gesprächspsychotherapie. Frankfurt am Main 1992, S. 212: „Ich glaube, daß die Beschaffenheit meiner Begegnungen auf lange Sicht wichtiger ist als mein sachliches Wissen, meine berufliche Ausbildung, meine therapeutische Orientierung oder die im Gespräch angewandte Technik."
[1226] *Landsberg*, 1939, S. 374.

nige, der dem Trauernden zur Seite steht, diese Begegnungsqualitäten in seiner Person verwirklicht, je deutlicher er dem Trauernden das Gefühl des „Ich bin für dich da. Nur du und deine Trauer sind hier und jetzt wichtig" vermittelt, umso mehr (beziehungsweise um so eher) wird es dem Zurückbleibenden ermöglicht, den Verlust zu realisieren, sich dem eigenen inneren Geschehen akzeptierend zuzuwenden, die damit einhergehenden Veränderungen zuzulassen und das „Wagnis" eines Perspektiven-Tausches einzugehen. In der Fähigkeit zum Perspektiven-Tausch erfährt der Trauernde, dass es mehr als die verlustorientierte und rückwärtsgerichtete Sichtweise für ihn gibt, wodurch sowohl sein Blick auf sich selbst und die Welt als auch sein Handlungsspielraum erweitert werden. Im Schutze einer solchen Haltung kann sich der Trauernde öffnen und das Experiment wagen, seine eigene Wahrheit zu sehen und zu erkennen, sie auszusprechen und anzunehmen.[1227] Er kann ein Grundgefühl dafür entwickeln, dass das, was da ist, was sich ihm offenbart, auch sein darf, und zwar ohne Zensur und Selbst-Täuschung. Somit bildet die gelungene Begegnung eine grundsätzliche Voraussetzung für die weitere Entwicklung einer vertrauensvollen Beziehung, die dann in einem – wie auch immer gearteten[1228] – individuell ausgestalteten Begleitungsprozess münden kann.

4.3 Begleitung als mit-menschliches Geschehen

> „Begleitverhältnisse sind Verhältnisse wechselseitiger Verbundenheit. Auch dort, wo die Beteiligten in hierarchischer Beziehung zueinander stehen (…), geschieht es [das Begleiten, S.B.] offenbar aus dem Geist der Solidarität oder des Wohlwollens heraus, ebenso wie aus einem Bewusstsein wechselseitigen Aufeinander-angewiesen-Seins."[1229]

Der Trauerprozess ist ein dynamisches Geschehen, das weder in einer linearen Eindeutigkeit noch in einem absehbaren und konkret festgelegten Zeitplan verläuft. Er verweist auf eine (vielfach rekursive) Auseinandersetzung mit dem erlittenen Verlust und den damit verbundenen Erfahrungen. Um sich in die eigene „Trauerlandschaft" zu vertiefen, und sich der verwandelten Wirklichkeit stellen zu können, bedarf der Zurückbleibende eines Gegenübers, eines Mit-Menschen, dem er *begegnet*. Begegnung – so wurde herausgearbeitet – ist zweckfrei und absichtslos, kann nicht willentlich geplant und herbeigeführt werden. In ihr ereignet sich nichts Inhaltliches,[1230] weder wird etwas von außen vermittelt, noch werden dem Menschen in ihr verschiedene Wahl-Möglichkeiten aufgezeigt. Es wird nichts gefordert und es wird keine Richtung vorgegeben, die Veränderung verspricht: „es ist das bloße <daß> dieser Begegnung, das den Menschen auf sich selbst zurückwirft."[1231] Begegnung ereignet sich zwischen Zweien.

[1227] Vgl. hierzu *Jaspers*, 1958, S. 961: „das eigentliche Leben wagt. Es ist ein Leben in der Höhe, mit dem unbedingten Anspruch und der größeren Gefahr."
[1228] In dem hier intendierten Kontext ist es nicht von Bedeutung, ob die Begleitung eines trauernden Menschen auf familiärer, freundschaftlicher, seelsorglicher, ehrenamtlicher oder professioneller Basis erfolgt, sondern es ist bedeutsam, dass die Haltung des Begleitenden in den Wesenszügen der Begegnung ihre Entsprechung findet.
[1229] *Gösken*, 2003, S. 148.
[1230] Vgl. *Bollnow*, 1956, S. 37.
[1231] *Bollnow*, 1968, S. 100.

Sie geschieht, sie ist Erschütterung und als solche zwingt sie den Trauernden zur Antwort[1232] und „drängt" auf Entscheidung. Sie „er-öffnet" dem Zurückbleibenden die Möglichkeit, seine Einsamkeit zu durchbrechen, von sich selbst wegzugehen, und sich doch gerade in diesem Weggehen selbst zu finden: „der Mensch wird er-selbst, indem er <selbst-los> wird."[1233] Mit anderen Worten heißt dies, dass der Zurückbleibende sich in der Erschütterung bewähren muss: Er „kann bestehen oder nicht bestehen"[1234]. Besteht er die Erschütterung, nimmt er also die Herausforderung, die ihm in der Begegnung entgegentritt, an, dann kann er die Entscheidung treffen, „sich selbst zu finden". Die Begegnung kann somit als eine grundsätzliche Voraussetzung gefasst werden, die dem Trauernden den Eingang in den Prozess der Trauerarbeit „öffnet". Das heißt, in der Erschütterung der Begegnung betritt der Trauernde einen „Raum", der ihm fremd und unvertraut ist.[1235] Er fühlt sich unsicher und ratlos, weiß sich nicht zu orientieren und braucht auf eine individuelle und angemessene Weise „Weg-Geleit", um seinem Ziel, nämlich einer Antwort auf den in der Begegnung erfahrenen inhaltlich unbestimmten Appell – „Werde, der du bist!" –, näher zu kommen. Dies darf nicht so verstanden werden, als stünde das Ziel – in Form einer verharrenden und fertigen Selbst-Gestalt – schon fest und warte nur darauf, dass der trauernde Mensch es erreiche. Eine solche Auffassung würde den Selbst-Werdungsauftrag verkennen, denn „wer einen Weg einschlägt, der nicht schon in seiner Art die Art des Zieles darstellt, wird es verfehlen, so starr er es im Auge behielt; das Ziel, das er erreicht, wird nicht anders aussehen, als der Weg, auf dem er es erreichte"[1236]. Für den Trauernden bedeutet dies, dass er beim Begehen seines Weges immer wieder innehalten muss. Immer wieder muss er sich den Fragen, die sich ihm aufdrängen, stellen: „Wer bist du denn jetzt?", „Wo stehst du denn jetzt?", „Wozu ist das gut?", „Wie soll es weitergehen?". Dem Selbst-Werdungsauftrag nachzukommen, heißt, einen mühsamen, schmerzhaften und langwierigen Erschließungsprozess zu durchlaufen, in dessen Verlauf der trauernde Mensch die begleitende und kontinuierliche Unterstützung eines „Du" – eines „aufrichtigen Wegbegleiters"[1237] – benötigt. Begleitende und kontinuierliche Unterstützung bedeuten, dass es immer um eine auf Zeit[1238] ausgerichtete Beziehung zwischen zwei Menschen geht,

---

[1232] Auch hier soll erneut darauf hingewiesen werden, dass Antworten nicht im Sinne von durchdachten Verbalisierungen zu verstehen sind. Eine „Antwort" wäre schon die Tatsache, dass der Trauernde den Schmerz aushält, ihm nicht davon läuft oder ihn verdrängt. Keine „Lösungen" für die in der Erschütterung aufgeworfenen Fragen zu haben, ist keinesfalls gleichbedeutend mit der Hypothese, dass es keine „Antworten" gibt.

[1233] *Guardini*, 1956, S. 20. Vgl. ders., ebenda: „Wer sein lebendiges Selbst festhält, der wird es verlieren; wer es aber weggibt, wird finden."

[1234] *Bollnow*, 1956, S. 34.

[1235] Vgl. hierzu *Bollnow*, ⁴1968, S. 127: „Begegnung (...) setzt aber immer die Fremdheit des mir Gegenübertretenden im Unterschied zu dem mir Vertrauten und Gewohnten voraus."

[1236] *Buber*, ⁵1995, S. 62. Vgl. hiezu auch *Kaschnitz*, 1963, S. 74: „Ich durfte mich nicht in Erinnerungen und Traumvorstellungen verlieren. Ich mußte auf der Spur bleiben, weiterlernen, wenn ich auch nicht wußte, auf welcher Spur und zu welchem Ende."

[1237] *Monika Specht-Tomann, Doris Tropper,* Zeit des Abschieds. Sterbe- und Trauerbegleitung. Krummwisch bei Kiel 2001, S. 239.

[1238] Der Faktor Zeit ist hier nicht in einer standardisierten Vorgabe zu formulieren. Manchmal kann die Begleitung nur für den Zeitraum unmittelbar nach dem Tod gefasst werden, manchmal sind es mehrere Gespräche, die in unregelmäßigen oder festgelegt regelmäßigen Zeitabständen statt-

„die nicht durch Über- und Unterordnung bestimmt"[1239] ist. Das Miteinander der Beziehungspartner ist dabei von zwei aufeinander bezogenen, aber verschiedenen Aufgaben der beiden einander Begegnenden geprägt: „Der eine hat die Entscheidung über Richtung, Geschwindigkeit, Pausen der Beziehung, der andere sorgt durch seinen Beistand mit dafür, dass all dies auch geleistet werden kann."[1240] Der hierin enthaltene Gedanke des individuellen Geschehens schließt somit jeglichen Versuch, Trauerbegleitung als ein vorformuliertes, vereinheitlichtes, idealtypisches Handeln zu formulieren, aus. Der Frage, ob nun der begleitende Beziehungspartner ein Professioneller ist, der in seiner beruflichen Rolle, mit einem Auftrag und innerhalb der festgelegten gesetzlichen Rahmenbedingungen, handelt oder ein Nichtprofessioneller, der dem Trauernden als Mit-Mensch entgegentritt (auch dort wo er von einer Institution – etwa einem Hospizverein – beauftragt ist und deren Rahmenbedingungen übernimmt), kommt dabei keine gravierende Bedeutung zu. Maßgebend ist es, dass sich erstens der Begleitende auf wahre Begegnung einlässt, und er zweitens den Trauernden nicht zu einem passiven Part des Miteinanders „verkümmern" lässt. Der Trauernde, der sich auf Begegnung einlässt, „öffnet" sich für das „Hineingehen" in die Grenzsituation und damit für das „ver-antwortungs-bewusste" Durchlaufen des Trauerprozesses. Er zeigt die Bereitschaft, sich während dieses Prozesses immer aufs Neue einem anderen Menschen anzuvertrauen. Sich einem anderen Menschen anzuvertrauen, sich mit ihm auf den Weg zu machen, um das Geschehene (den Tod, den damit verbundenen Verlust, das „Nie-Wieder") zu realisieren – wahrzunehmen, zu erkennen, anzunehmen und ihm Gestalt zu verleihen – ist entschieden aktives Tun. Es braucht den Mut des Trauernden und verlangt ihm viel Kraft ab. Hat Begegnung stattgefunden, ist sie also gelungen, spürt der Trauernde, dass er dem Begleitenden vertrauen darf, „daß dieser Mensch nicht ein Geschäft an ihm betreibt, sondern an seinem Leben teilnimmt; daß dieser Mensch ihn bestätigt, ehe er ihn beeinflussen will. Und so lernt er *fragen*"[1241]. Vertrauen kann in diesem Kontext als „Durchbruch aus der Verschlossenheit, Sprengung der Klammer, die um ein unruhiges Herz gelegt ist"[1242] verstanden werden und ist damit Folge einer gelungenen Begegnung. In dem Maße, in dem die Begegnung als echt erlebt wird, wächst auch das Vertrauen, das dann wiederum als wesentliche Voraussetzung für das begleitete Gehen des schweren Trauerweges gilt, auf dem sich der Hierbleibende Schritt um Schritt (s)einen neuen Selbst- und Weltbezug erschließt und gestaltet.[1243]

---

finden. Immer ist Begleitung jedoch etwas Prozesshaftes, das auf Weg- und Werde-Geleit ausgerichtet ist und somit Zeit braucht.

[1239] *Christoph Drolshagen*, Lexikon Hospiz. Gütersloh 2003, S. 24. Vgl. hierzu auch *Jaspers*, II, ²1948, S. 351f., der in diesem Zusammenhang von einer „Niveaugleichheit" spricht, bei der es nie um „Überlegenheit und Sieg" geht; „treten diese ein, so werden sie als Störung und Schuld empfunden und ihrerseits bekämpft. Es werden alle Karten aufgedeckt und gar keine berechnende Zurückhaltung wird geübt. Die gegenseitige Durchsichtigkeit wird nicht nur in den jeweiligen sachlichen Inhalten, sondern auch in den Mitteln des Fragens und Kämpfens gesucht."

[1240] *Drolshagen*, 2003, S. 24.

[1241] *Buber*, ⁵1995, S. 70. Vgl. hierzu ders., ebenda, S. 20: „Nur wenn ihn [den Trauernden, S.B.] jemand an der Hand faßt, nicht als einen <Schöpfer>, sondern als eine in der Welt verlorene Mitkreatur, um ihm (…) Gefährte, Freund, Liebender zu sein, wird er der Gegenseitigkeit inne und teilhaftig."

[1242] *Buber*, ⁵1995, S. 71f.

[1243] Indem der Zurückbleibende wieder Vertrauen in ein „Du" gewinnt, kann er – als notwendige Voraussetzung für sein Leben – wieder Vertrauen zur Welt und zum Leben überhaupt herausbil-

Das Begleitungsgeschehen soll hier nicht per se auf den Vorgang der professionellen Begleitung eingeengt werden, denn „Trauerbegleitung ist nicht etwas, was ausschließlich professionellen Helfern vorbehalten bleibt – Trauerbegleitung wird für jeden Menschen in seinem Leben zu einer speziellen Beziehungsaufgabe und betrifft somit alle!"[1244]. Auch *Müller* und *Schnegg* verstehen unter Trauerbegleitung „zunächst und in erster Linie die Einbettung der Trauer in das Gemeinwesen, in den Familien- und Freundeskreis, in Nachbarschaften, Kollegengruppen, Kirchengemeinden und anderen Gemeinschaften"[1245]. Diese Aussagen scheinen bedeutsam, nimmt man zur Kenntnis, dass die Professionalisierung im Bereich der Begleitung trauernder Menschen immer mehr zunimmt, und Trauer und Trauernde verstärkt in die „Zuständigkeitsecke"[1246] der Professionalität verbannt werden. Die Begleitung von trauernden Menschen in unserer Gesellschaft wird bevorzugt als Angelegenheit von Fachleuten betrachtet und somit souverän, also scheinbar selbstverständlich, aus dem alltäglichen Leben ausgegrenzt. Die Notwendigkeit einer mit-menschlich begleitenden Unterstützung, die dem Trauernden auch in seinem „*ver*-rückten" Alltag „Hilfe und Möglichkeiten bieten [kann], seiner Trauer Worte zu verleihen und ihr einen angemessenen Platz im Leben einzuräumen"[1247], gerät hierdurch zunehmend in den Hintergrund. Die Trauer wird immer mehr pathologisiert, der Trauernde gerät verstärkt in einen Zustand der Isolation und droht zu vereinsamen. In der Konsequenz leistet ein solcher Professionalisierungs-Mechanismus, der – in der Einleitung erwähnten – „Ort- und Wortlosigkeit der Trauer" Vorschub und weist damit eine gewisse Ambivalenz auf: „Eine routinemäßige Zuweisung von Personen mit einem akuten Verlusterlebnis zu einer Trauerberatung wäre (…) nicht nur mit Blick auf den Nutzeffekt fragwürdig, sondern sogar kontraproduktiv, wenn sich Familienangehörige und Freunde als überflüssig erleben und sich vom Trauernden zurückziehen."[1248] Ein weiterer Grund dafür, dass fundamental-orientierende Gedanken zur Begleitung Trauernder nicht nur für den professionellen Bereich gelten dürfen, ist die Beobachtung, dass sich – „laut jüngerer Umfrage"[1249] – nur ein Teil der

---

den. Vgl. hierzu *Bollnow*, ³1983, S. 74: „Menschliches Leben ist nur möglich, wenn es von einem (…) Vertrauen zur Welt getragen ist."

[1244] *Specht-Tomann, Tropper*, 1997, S. 239.

[1245] *Müller, Schnegg*, 1997, S. 144f. Vgl. hierzu die Aussagen von *Palmen*, 1999, S. 396: „Im November feiere ich meinen vierzigsten Geburtstag (…). Ich tue das, weil ich meine Freunde um mich haben möchte, und ihnen ein Fest geben möchte, aus Dankbarkeit. Diese Dankbarkeit ist begründet. Ich bin weinend bei ihnen von Tür zu Tür gegangen. Ich bin mir darüber bewußt, daß ich mich mehr schlecht als recht durch die vergangenen neun Monate geschleppt habe, daß sie mein mit seinem Tod schwangeres Leben auf ihre Schultern genommen und mich so lange getragen haben, bis ich wieder eigenständig laufen konnte."

[1246] *Müller, Schnegg*, 1997, S. 144f.

[1247] *Brathuhn*, 2004, S. 133.

[1248] *Joachim Wittkowski*, Epilog: Thanatologie heute und morgen, S. 279. In: *Joachim Wittkowski* (Hrsg.), Sterben, Tod und Trauer. Stuttgart 2003, S. 269-286. Vgl. hierzu auch *Paul*, 2001, S. 174.

[1249] Vgl. hierzu *Monika Müller*, Die Trauerbegleitung. Ein wesentlicher Bestandteil der Hospizarbeit, S.5. In: Die Hospiz-Zeitschrift. Fachforum für Hospizarbeit. Trauerbegleitung: Ein Trauerspiel? Nr. 3/ 2000, S. 3-6. Die Autorin bezieht sich in ihrem Artikel auf einen unveröffentlichten Vortrag der niederländischen Trauerforscherin *Ruthmarijke Smeding*, den diese 1998 anlässlich einer überregionalen Trauerkonferenz in Wesel gehalten hat. In ihrem Vortrag zitiere *Smeding* eine jüngere Umfrage, nach der „über sechzig Prozent der trauernden Hinterbliebenen keiner besonderen Begleitung oder Betreuung bedürfen, sondern ihren durchaus nicht leichten Trauerweg alleine bestehen. Ungefähr dreißig Prozent bemühen sich um Begleitung oder fragen um Hilfe nach, nur

trauernden Menschen an professionelle Trauerbegleiter wendet.[1250] Die Mehrzahl versucht ihre Trauer im alltäglichen Umfeld „irgendwie" zu durchstehen und ist dabei auf die begleitende Unterstützung aus dem nahen und persönlichen Umfeld angewiesen.[1251] Eine mögliche Ursache für dieses Verhalten kann in dem Umstand gesehen werden, dass Trauernde in unserer Gesellschaft vielfach stigmatisiert, ausgegrenzt, und pathologisiert werden,[1252] mit der Konsequenz, dass sie alles versuchen, um für ihr Umfeld „normal" zu erscheinen: „Trauernde drücken nicht selten die Furcht aus, <verrückt> zu werden, und sind stolz darauf, wenn sie sich zumindest in der Öffentlichkeit kontrolliert und wie <normale Menschen> verhalten können."[1253] Vor diesem Hintergrund muss es immer ein zahlenmäßiges Ungleichgewicht zwischen professionellen Trauerbegleitern und Trauernden geben und gleichzeitig eine Beförderung der Alltagskompetenzen von Menschen, die potentiell jederzeit zu Trauerbegleitern für andere werden können (sollten). Es erscheint deshalb angemessen ein Verständnis von „mit-menschlicher Begleitung"[1254] als „Kultur der Begleitung"[1255] zu entwickeln. Eine Kultur, die dann sowohl im alltäglichen als auch im professionellen Bereich als Fundament gilt und

---

zehn Prozent weisen Anzeichen eines sehr schweren Trauererlebens auf und brauchen medizinische und / oder psychotherapeutische Betreuung und Behandlung." Vgl. hierzu auch *Ruthmarijke Smeding*, Die Spirale. Einführung, S. 280. In: *Ruthmarijke Smeding, Margarete Heitkönig-Wilp* (Hrsg.), Trauer erschließen. Eine Tafel der Gezeiten. Wuppertal 2005: „Man schätzt, dass über die Hälfte der Betroffenen ohne professionelle Hilfe zurechtkommt. Neuere Forschungen gehen davon aus, dass ca. jeder Fünfte pathologische Reaktionen zeigt."

[1250] Diese Gegebenheit versuchen sowohl die kirchliche Gemeindearbeit als auch zahlreiche Hospizvereine mit der Gründung von „Trauercafés" zu berücksichtigen. „Trauercafés" werden durch Ehrenamtliche betreut, haben einen eher informellen Charakter und versuchen mit ihrem niedrigschwelligen und offenen Begleitungsangebot, den Trauernden sowohl einen inneren als auch einen äußeren Raum für ihre Trauerarbeit anzubieten. Vgl. hierzu beispielsweise den Beitrag von *Karina Kopp-Breinlinger*, Das Angebot „Trauercafé" – Ein Projekt offener (gemeindlicher) Trauerarbeit, S. 281-298. In: Kaleidoskop der Trauer. *Renata Bauer-Mehren, Karina Kopp-Breinlinger, Petra Rechenberg-Winter* (Hrsg.). Regensburg 2003.

[1251] Um eine etwaige Vorstellung von der hohen Zahl der Trauernden zu geben, soll auf ein Rechenbeispiel verwiesen werden. Vgl. hierzu *Brathuhn*, 2004, S. 134: „Jährlich sterben beispielsweise in Nordrhein-Westfalen ca. 190.000 Menschen, davon etwa 100.000, also mehr als jeder Zweite, im Krankenhaus. Gehen wir davon aus, dass jedem Verstorbenen mindestens ein oder zwei Menschen als Vertraute zur Seite standen, für die der eingetretene Tod dieses Menschen ein großer Verlust bedeutet, (…) dann erhalten wir eine hohe Zahl an trauernden Menschen, die des Beistands, der Begleitung, der Unterstützung und des Mit-Fühlens bedürfen." Ergänzend soll hierbei auf *Jülicher*, 42003, S. 66, verwiesen werden, der darauf hinweist, dass Trauernde „keine <Komm-her-Menschen>, sondern <Geh-hin-Menschen!>" sind.

[1252] Vgl. hierzu exemplarisch *Jerneizig u.a.*, 21994, S. 11.

[1253] *Spiegel*, 41981, S. 55. Vgl. hierzu auch *Jerneizig u.a.*, 21994, S. 43: „Trauernde leiden oft unter dem Eindruck einer eingebildeten oder oft auch wirklichen Stigmatisierung. Sie haben Angst, als nicht normal oder gar verrückt zu gelten." Vgl. hierzu auch *Parkes*, 1974, S. 183.

[1254] Vgl. hierzu *Brathuhn*, 2004, S. 133: „Wie sehr der Mensch in seinem Trauerschmerz verhaftet ist, hängt von vielen Faktoren ab. Ein wesentlicher Faktor jedoch, aus dem <Trauertal> herauszufinden, ist die mitmenschliche und unterstützende Begleitung. (…) Hierzu bedarf es vor jedem Professionalisierungsansatz und vor jeder theoretischen Konzeptionalisierung eines Begleithandelns, das die Komponente der <Mit-Menschlichkeit> in den Vordergrund stellt. Sie ist die <existentielle Dimension>, die eine Trauerbegleitung zum Raum werden lässt, in dem die durch den Tod entstandene existentielle Leerstelle miteinander ausgehalten werden kann."

[1255] Vgl. hierzu die Aussage von *Ziegler*, 1989, S. 118: „In einer kulturellen Wüste ist beschwerlich trauern, und sie macht vieles schwerer als es eigentlich ist."

damit grundlegend handlungsweisend sein kann: „Kultur bedeutet in diesem Zusammenhang ein gewachsenes System von Werten und Symbolen, die sich im Verhalten der Handelnden niederschlägt."[1256]

Jeder Professionelle ist gleichzeitig ein Mitmensch[1257], und auf dieser Folie sollen die folgenden Gedanken gelesen werden, wenn die Frage gestellt wird, in welcher Form die Begleitung trauernder Menschen Ausdruck und Gestalt gewinnen kann, um eine Begleitungskultur der Mitmenschlichkeit zu etablieren.[1258] Im Vorhergehenden wurde herausgestellt, dass das Ereignis der Begegnung frei ist von Absicht und Zweckgedanken, was idealiter bedeutet, dass der, der dem Trauernden begegnet, „rollenfrei" auftritt: Er ist ein Ich, das einem Du begegnet und in eine Ich-Du-Beziehung eintritt. Diese Ich-Du-Beziehung bleibt im Prozess der Begleitung „grund-legend" bestehen, enthält jedoch als zusätzliche Komponente die „beraterische Intention"[1259]. Begleitung will etwas, sie verfolgt eine Absicht, nämlich dem Trauernden Weg-Geleit zu geben, ihn bei seinen Bemühungen, aus seiner existentiellen Krise heraus, hinein in die Selbst-Werdung zu finden, zu unterstützen. Wichtig ist dabei, dass Absichten bewusste Absichten werden. Der Begleitende muss sich seiner Absichten bewusst sein, um sie immer wieder aufs Neue dem Grundsatz der Symmetrie unterzuordnen. Während in der Begegnung quasi absichtslos und implizit Selbst-Werdung stattfindet, soll in der Begleitung diese (in sich) absichtslose Selbst-Werdung in bewusster Absicht, das heißt explizit, gefördert werden. Dies bedeutet, dass der Begegnende im Prozess der Begleitung immer mehr in eine Rolle hinein geht. Der Begleitende begegnet dem Trauernden in der Rolle eines „Beraters". Das aber schließt – das ist deutlich geworden – nicht aus, dass die innere Haltung des Begleiters nicht auch ihre Entsprechung in den Wesenszügen der Begegnung finden muss. Wesensmerkmale wie Aufmerksamkeit, Offenheit, Akzeptanz, Empathie, Kongruenz und Wertschätzung – als gelebte innere Haltungen, in der Trauernde und Begleitende einander begegnen und miteinander unterwegs sind –

[1256] *Claudia Abramowski*, ... wenn ein Leben zu Ende geht ..., S. 364. In: *Ulrich Lilie, Eduard Zwierlein* (Hrsg.), Handbuch integrierte Sterbebegleitung. Gütersloh 2004, S. 359-366. Die bundesweit verbreiteten Hospizinitiativen versuchen an der Etablierung einer solchen Begleitungskultur mitzuwirken, indem sie in verstärktem Maße spezielle Reflexions- und Vorbereitungsangebote für Ehrenamtliche anbieten und konkrete Angebote für Trauernde realisieren. Vgl. hierzu *Ida Lamp, Catrina Elisa Schneider*, Trauerbegleitung als hospizlicher Auftrag, S. 141-143. In: *Ida Lamp* (Hrsg.), Hospizarbeit konkret. Grundlagen, Praxis, Erfahrungen. Gütersloh 2001.

[1257] Vgl. hierzu *Specht-Thomann, Tropper*, 2001, S. 242: „Für professionelle Helfer heißt das, daß sie in der Begleitung Trauernder in erster Linie auf der Ebene der Mitmenschlichkeit, der menschlichen Verbundenheit angesprochen werden und weniger auf der Ebene der Fachkompetenz."

[1258] Der Prozess der Trauer wird von zahlreichen persönlichen Faktoren (Umstände des Todes, Person des Verstorbenen, Person des Trauernden, frühere Verlusterlebnisse etc.) hinsichtlich seiner Intensität und Dauer beeinflusst. Dies alles angemessen zu erarbeiten, würde den Rahmen dieser Studie sprengen. Hier soll es in erster Linie darum gehen, die Begleitungsaspekte herauszukristallisieren, die dem Trauernden seinen „Wiedereintritt in die veränderte Welt" ermöglichen und ihm bei seinem Selbst-Werdungsauftrag Hilfe, Unterstützung und Weggeleit sein können.

[1259] Zwischen den Termini Trauerberatung, Trauertherapie und Trauerbegleitung bestehen in der Literatur kaum klare Abgrenzungen. Wenn in dieser Studie von Trauerbegleitung mit „beraterischer Intention" oder „beraterischer Absicht" gesprochen wird, dann erfolgt dies immer unter dem impliziten Vorbehalt, dass es kein „standardisiertes Ziel" gibt, das dieser „Absicht" richtungsweisend ist. Die „beraterische Absicht" im Rahmen der Begleitung besteht darin, dass sie sozusagen auf ein Repertoire zurückgreift, das dem Trauernden auf seiner „Initiationsreise" auf vielfältige Weise Resonanz bieten kann.

bleiben nach wie vor eine Forderung oder – strenger noch – eine konstitutive Voraussetzung. Konstitutiv bedeutet hier: Die Wesensmerkmale stehen vor allem Machen und Tun, da sonst die Begleitung in ein asymmetrisches und damit instrumentelles Geschehen abzugleiten droht, was den Selbst-Werdungsprozess des Trauernden eher verhindern als fördern wird.

Aus den bis hierhin gewonnenen Einsichten hinsichtlich des Verlaufes von Trauer, von Trauerarbeit und vom Innenleben des Trauernden lässt sich die besondere Verantwortung des Menschen ableiten, der mit einem Hinterbliebenen – sei es professionell oder nichtprofessionell – in Beziehung tritt, um ihn zu unterstützen und dabei herauszufinden, was für ihn persönlich hilfreich und orientierend sein kann. Ob sich die jeweilige Trauerbegleitung spontan dort entwickelt, wo ein trauernder Mensch mehr oder weniger zufällig und unvermittelt auf einen Menschen trifft, der in die Umstände des Todes involviert ist und dem er sich „öffnet"[1260], oder ob Trauerbegleitung dort Gestalt gewinnt, wo ein trauernder Mensch gezielt nach Hilfe und Unterstützung sucht, ist letztlich zweitrangig.[1261] Beide Male geht es darum, dass der Begleitende die Verwiesenheit des (trauernden) Menschen auf ein Du hin „verwirklicht": dass er ihm begegnet – und zwar mit Haltungen wie Offenheit, Behutsamkeit, Verständnis, Phantasie, Kreativität, mit kommunikativer – verbaler, para- und nonverbaler – Kompetenz, mit eigener Lebenserfahrung, mit Schweigen und spiritueller Kraft (und im professionellen Bereich nicht zuletzt auch mit fachlichem Sachverstand, methodisch-didaktischem Know-how und entwickelter (Selbst-)Reflexivität). Alles, was der Begleitende einbringt in den Prozess, dient dem Trauernden bei der „Lösung" der vor ihm liegenden Aufgaben und bietet ihm Raum und Möglichkeiten, seiner individuellen Trauer Ausdruck zu verleihen. Nicht zuletzt ist es von Bedeutung darauf hinzuweisen, dass Trauerbegleitung möglichst – „dann und dort beginnen [sollte], wo der Tod wirklich eintritt und wo ich ihn sehen, hören, riechen und be-greifen kann: *in der Todesstunde, am Sterbe- und Todesbett.*"[1262]

4.4 Haltung und Atmosphäre der Begleitung

„[Trauerbegleiter, S.B.] sind mit ihrer Kompetenz da und begleiten den Menschen, der sich ganz konkret in einer Übergangssituation befindet, auf eine neue Lebensstufe. Sie helfen, das Chaos zum Kosmos zu ordnen."[1263]

Wurden bisher die Voraussetzungen und die äußere Gestalt von Begleitung ausgeführt, wird es nun in einem weiteren Schritt notwendig, wesenhafte Begleitaspekte herauszukristallisieren, die dem Begleitungsgeschehen inhaltliche Gestalt verleihen. Denn auch wenn die Begleitung Trauernder im Letzten als mit-menschlicher Auftrag verstanden werden soll, so muss sie doch (auf eine spezielle Art und Weise) „erlernt" sein, will sie

---

[1260] Solche Begegnungen können beispielsweise zwischen dem Zurückbleibenden und dem diensthabenden Klinikarzt, dem Pflegepersonal, dem Seelsorger, Kollegen, Freunden oder Nachbarn stattfinden.
[1261] Vgl. hierzu *Caine*, 1990, S. 256.
[1262] Vgl. *Lammer*, 2004, S. 14.
[1263] *Hirsch*, 2004, S. 167.

ihren Auftrag nicht verfehlen. Dieses „Lernen" bedeutet nicht, dass dem Begleitenden ein Instrumentarium oder ein technisches Know-how zur Verfügung gestellt werden kann, das ihn aufgrund eines positivistischen-pragmatischen Wissenserwerbs in die Lage versetzt, das Begleiten nach Art eines beherrschbaren Handwerks zu gestalten; Es bedeutet „bildendes Wissen" vermitteln und erlangen: „Nicht der Besitz von Kenntnissen ist Bildung, sondern die Aneignung geistiger Gehalte. (...) Bloße Kenntnisse sind Mittel zu einem Zweck, man kann sie anwenden, aber sie bleiben dem Menschen ein äußeres Gut. Bildendes Wissen jedoch verändert den Menschen, wird zu seinem Wesen."[1264] Zwar ist ein theoretisches Wissen über die Vorgänge im Trauerprozess wichtig und sollte auch erlernt werden, aber zu allererst ist „Erlernen" in diesem Zusammenhang zu verstehen als ein Selbsterhellen und Aneignen[1265]. Hierzu gehört auch und zunächst die Beschäftigung des Begleitenden mit seiner „Begleitungsmotivation": „Wenn wir uns über die Motive unseres Handelns täuschen, so nehmen wir wiederum nicht reflektierend ein Motiv wahr, das nicht vorhanden ist, sondern wir haben entweder gar kein klar bewußtes Motiv, aus dem unser Handeln erlebnismäßig hervorgeht, oder es sind neben dem Motiv, das uns vor Augen steht, noch andere wirksam, die wir uns nicht klar zur Gegebenheit bringen können, weil sie nicht aktuelle, sondern <Hintergrunderlebnisse> sind."[1266] Der Begleitende muss sich seiner Motivation bewusst sein, denn nicht reflektierte „Hintergrundserlebnisse" können eine verdeckte Spannung zwischen Inaktualität und Aktualität bewirken, die sich möglicherweise negativ auf den Begleitprozess auswirken kann. So ist es unabdingbar, dass sich der Begleitende selbst mit seinem eigenen Leben, seinen eigenen Verlusterlebnissen sowie seinem eigenen Sterben auseinander setzt und dabei auf existentielle Weise erspürt, dass auch er „den Keim des Seitenwechsels"[1267] in sich trägt: Nur die „echte Annahme des eigenen Lebens und Sterbens, die erst im Laufe der persönlichen Reifung entwickelt wird, baut Verteidigungshaltungen und Kommunikationsvorbehalte ab, sie macht auch offen und tolerant für die Art, wie andere mit ihrem Leben umgehen und ihrem Tod ins Auge sehen"[1268]. In der Konsequenz bedeutet dies, dass der Begleitende – will er kein hilfloser Helfer sein – nicht nur um seine biographischen, sozialen und kulturellen Wurzel-Gründe wissen muss, sondern um die Brüchigkeit des Menschseins überhaupt und

---

[1264] Vgl. hierzu *Jaspers*, 1958, S. 353.
[1265] Um dies zu erreichen, braucht selbstverständlich auch der Begleiter den Anderen. Vgl. hierzu den Aneignungsbegriff bei *Josef Derbolav*, Erkenntnis und Entscheidung. Philosophie der geistigen Aneignung in ihrem Ursprung bei Platon. Wien, Stuttgart 1954, S. 404: *Derbolav* versteht unter Aneignung „die Entfaltung des substantiellen Geistes, [den, S.B.] Fortschritt zur Wahrheit und Freiheit und Liebe, <den Logos> also, der sich im Gemeingespräch <ständig mehrt>". Vgl. zum Vorgang der Aneignung auch die Ausführungen in FN 491 dieser Studie.
[1266] *Stein*, 1980, S. 36f.
[1267] *Monika Müller*, Dem Sterben Leben geben. Die Begleitung sterbender und trauernder Menschen als spiritueller Weg. Gütersloh 2004, S. 17.
[1268] *Hans Goldbrunner*, Trauer und Beziehung. Systemische und gesellschaftliche Dimensionen der Verarbeitung von Verlusterlebnissen. Mainz 1996, S. 162. Der Begleitende muss sich auch deshalb mit eigenen Verlust- und Trauererfahrungen auseinandersetzen, um in der Lage zu sein, die eigene Trauer, die im Begleitungsprozess ausgelöst werden kann (Resonanztrauer), zu erkennen und damit umzugehen. Vgl. hierzu *Ida Lamp, Sabine Smith*, Trauer als Beratungsinhalt oder Trauerberatung als eigenes Beratungsfeld? S. 1146. In: *Frank Nestmann, Frank Engel, Ursel Sickendiek* (Hrsg.). Das Handbuch der Beratung. Ansätze, Methoden und Felder, Band II. Tübingen 2004, S. 1139-1149.

damit um sein eigenes Ungenügen, um seine eigene Rätselhaftigkeit und um seine eigene Sterblichkeit.[1269] Er stößt in diesem Prozess der Selbstreflexion an seine eigenen Grenzen, die er akzeptieren und aushalten muss: Er weiß, „dass wir nicht Herren und Benutzer der Zeit sind, sondern dass wir in der Zeit unterwegs sind – für eine gewisse Zeit, die wir nicht kennen. Und er weiß, dass alles seine Zeit hat"[1270]. Die Auseinandersetzung mit diesem Wissen und seine Annahme verhindern einerseits „die Gefahr eines ruinösen Überlegenheitsgefühls"[1271] gegenüber dem Trauernden und gestatten es andererseits, dem Zurückbleibenden eine gewisse „Transparenz auf das hin [zu] ermöglichen, was [dieser, S.B.] Mensch an sich selbst entfalten kann"[1272].

Der Begleitende kann seiner Aufgabe nur dann in umfassender Weise nachkommen, wenn er – neben den bisher genannten Voraussetzungen und Haltungen – wesentliche Kernaspekte der Begleitung internalisiert hat: Zuhören, Spiegeln und Fragen. Diese Aspekte sollen als „Kunst", als Fertigkeiten des Begleitenden, den Begleitungsprozess fundieren und müssen in tragender Beständigkeit den Begleitungsprozess durchtönen. Das *Zuhören*[1273] soll hier als ein Konstitutivum der Begleitung verstanden werden, das im *Spiegeln*[1274] auf seine Richtigkeit hin überprüft wird. Der Vorgang des *Spiegelns* kann somit als eine besondere Form des *Zuhörens* verstanden werden, mit dessen Hilfe der Begleitende dem Trauernden aufzeigt, wie er etwas verstanden hat, um dann wieder zuhören und erneut Fragen stellen zu können. Das wechselhaft stattfindende Zuhören und Spiegeln verhindert, dass der Begleitende nach seinen eigenen Vorstellungen, Bewertungen und Absichten begleitet, und es ermöglicht ihm, das zu „hören" und zu „verstehen", was der Trauernde tatsächlich zum Ausdruck bringen will. Das begleitende *Fragen* schließlich soll im Sinne der geistig-mäeutischen Fragekunst des *Sokrates* geschehen: Nichts wird mitgeteilt oder vorgegeben, sondern das Fragen selbst soll im Anderen das zur „Geburt" bringen, was bereits in ihm liegt. Es soll dem Trau-

---

[1269] Vgl. hierzu *Hirsch*, 2004, S. 175f: „Die Art des Wissens, aus dem die Fähigkeit kommen kann, andere durch Übergangskrisen zu begleiten, ist ein Wissen um die Geheimnisse von Leben und Tod."

[1270] *Zwierlein*, 2004(a), S. 13.

[1271] *Karl Jaspers*, Der Arzt im technischen Zeitalter. München ²1999, S. 17. Vgl. hierzu auch *Jaspers*, I, ²1948, S. 245: „Da Aneignung ein Besserwissen ausschließt, so verschmäht sie ein intellektuelles Modifizieren und Korrigieren."

[1272] *Illhardt*, 1982, S. 323.

[1273] Natürlich unterliegt auch das „Zuhören" der Gefahr, dass der Begleitende „mit einer inneren Tagesordnung" (Müller, 2004, S. 55) zuhört. Wenn jedoch das „Zuhören" auf dem Boden der zuvor beschriebenen inneren Haltung geschieht, dann wird es der Not des Trauernden gerecht werden können.

[1274] In Anlehnung an *Rogers*, 1992, S. 218, Anmerkung 18, soll hier darauf hingewiesen werden, dass das „Spiegeln" keine „hölzerne Technik des Pseudoverstehens" darstellt, wie sie teilweise von Beratern der „nicht-direktiven-Psychotherapie" (*Rogers*) verstanden wurde, sondern eine innere Haltung des Beraters repräsentiert, die ein „einfühlendes Verstehen" ermöglicht. Weil viele seiner Schüler jedoch die nicht-lenkende Grundhaltung in *Rogers*' Sinne missverstanden haben, nannte *Rogers* sein Verfahren in „klientenzentrierte Psychotherapie" um. Mit der neuen Bezeichnung wollte *Rogers* unterstreichen, dass der Therapeut sich nach den Möglichkeiten des Klienten zu richten habe, und viele Klienten brauchen offenbar etwas ganz anderes als einen „spiegelnden" Therapeuten, um in einen Wandlungs-Prozess eintreten zu können. Vgl. hierzu auch *Jochen Eckert*, Url: http://www.psychiatrie.de/therapien/gespraechstherapie/ (24.09.2005).

ernden dabei helfen, zu erkennen, wer er ist und ihn dabei stetig auf seinen ureigenen Werde-Auftrag hin orientieren.[1275]

Bezogen auf die Begleitung soll hier der Aspekt des Fragens – die Kunst des Fragens – in den Mittelpunkt der Überlegungen gestellt werden, denn der Trauernde ist seinem Wesen nach ein Fragender: „Ich selber war mir zu einer großen Frage geworden"[1276]. Er ist eine Frage, er stellt Fragen und er wirft Fragen auf. Er ringt mit Fragen, und er sucht nach Antworten. Der Begleitende kann ihn in seinem fragenden „Vorwärtsgehen"[1277] unterstützen, indem er selbst immer wieder Fragen anbietet und den Trauernden dadurch in die Möglichkeit stellt, eigene Antworten zu finden und seinen individuellen Fragen Sprache zu verleihen.[1278] Natürlich kann der Begleitende dem Trauernden auch hier und da Antworten aufzeigen, aber diese dürfen nicht im Sinne einer fertigen Problemlösung angeboten werden. Antworten müssen so offen und „begehbar" formuliert sein, dass sie dem Trauernden ein Fortschreiten auf seinem Trauerweg ermöglichen: „Begleiter sind nicht die, die Sinn suchen, Sinn erschließen, erklären oder deuten."[1279] Die Antworten des Begleitenden können im *Buberschen* Verständnis des „echten Gesprächs"[1280] gefasst werden, was beinhaltet, dass der Begleitende sich selber einbringen muss: „Und das bedeutet, daß er willens sein muß, jeweils zu sagen, was er zu dem besprochenen Gegenstand im Sinn hat. Und das wieder bedeutet, daß er jeweils den Beitrag seines Geistes ohne Verkürzung und Verschiebung hergebe."[1281] Im Grundsatz jedoch soll die „beraterische Absicht" des Begleitenden im Wesentlichen auf eine Frage-Antwort-Frage-Situation ausgerichtet sein.[1282] Dies bedeutet freilich nicht, dass eine Frage gestellt und dann eine abschließende Antwort gegeben wird, sondern die Fragen, die seitens des Begleitenden gestellt werden, sollen zunächst eher grundlegender, also elementarer Natur sein, und je nach Antwort des trauernden Menschen zunehmend spezifischer, präziser, konkreter und damit individueller wer-

---

[1275] Vgl. hierzu *Derbolav*, 1970, S. 47: „Die pädagogische Valenz der Frage ist freilich längst entdeckt worden, man braucht nur an Sokrates (...) zu erinnern, aber als Letztprinzip ist sie, wie uns scheint, noch nie für die Fundierung der Pädagogik reklamiert worden."

[1276] Vgl. Kapitel 2.2 dieser Studie.

[1277] Wenn hier von „Vorwärtsgehen" gesprochen wird, dann schließt dies selbstverständlich nicht aus, dass es auch immer wieder gewaltige „Rückschläge" auf dem Weg der Trauer geben kann. Es kann sein, dass der Trauernde das, was er sich bereits „erarbeitet" hat, für einen Moment aus den Augen verliert, dass es vielleicht nur für diesen einen Augenblick seinem Blick entzogen und verdeckt ist. In keinem Fall wird er jedoch – zumindest absolut gesehen – hinter das „Erarbeitete" zurückfallen. Es bedarf nur eines weiteren Anstoßes, damit es wieder „ent-deckt" werden kann. Insofern ist Begleitung auch „Erweckung" und wirkt dem immer drohenden Zurücksinken in die „Schläfrigkeit" entgegen.

[1278] Vgl. hierzu *Derbolav*, 1970, S. 58: „Im Gelingen der Antwort aber verwandelt sich die Aufgabe in ein Gegebenes, das mir nunmehr zu eigen und verfügbar ist, und darin wieder zum Vorgegebenen einer höheren Fragemotivation werden kann."

[1279] *Müller*, 2004, S. 52.

[1280] *Buber*, ^{9}2002, S. 293-297.

[1281] Ebenda, S. 293f.

[1282] Die Antworten, die der Trauernde gibt, sind häufig stockend und von längeren Gesprächspausen begleitet. Hier ist es Aufgabe des Begleitenden, die Stockungen und Pausen „auszuhalten" und dem Trauernden zu vermitteln, dass dies eine durchaus „natürliche" Reaktion auf die fremde Situation ist. Vgl. hierzu *Spiegel*, ^{4}1981, S. 156.

den.[1283] Eine Frage kann beispielsweise konsolatorisch-verstehend sein und aufgrund der Antwort, die der Trauernde gibt, eine stimulierend-provokative Frage nach sich ziehen. Hieraus kann sich eine Aufgabe für den Trauernden entwickeln, die der Begleitende dann im Sinne der evaluierend-nachgehenden Begleitung auf ihr Ergebnis hin befragen muss.[1284] Der Begleitende fragt dort tiefer und tiefer hinein, wo er sowohl Hemmnisse und Verdrängungen erkennt, die den Trauernden in seinem Werdeprozess behindern, als auch dort, wo er Potentiale und Möglichkeiten vermutet, die dem Trauernden helfen, seinem Selbst näher zu kommen. Der Begleitende kann mit seinen individuell ausgerichteten Fragen eine Brücke zwischen den jeweiligen „Selbst-Werdungs-Stationen" schlagen und so den Trauernden sowohl bestätigen als auch herausfordern seinen ureigenen Weg zu wagen und dabei immer mehr sein Selbst zu entdecken.[1285]

Ein weiterer wesentlicher Punkt ist, dass die begleitenden Fragen immer auf den aktuellen Zustand des Trauernden ausgerichtet und dabei nicht nur ziel-orientiert (Werde, der du bist!), sondern auch „zeit-gerichtet" sein müssen. Zeitgerichtet bedeutet in diesem Zusammenhang, dass der Begleitende erfassen muss, in welchem zeitlichen Modus der Trauernden sich befindet, denn es kommt – wie *Bollnow* formuliert – „nicht nur darauf an, die Gegenwart richtig zu erfüllen; auch die Bezüge zur Zukunft und zur Vergangenheit gehören mit zur vollen Struktur der menschlichen Zeitlichkeit"[1286]. Für den Begleitenden bedeutet dies, dass er sehr aufmerksam wahrnehmen und erkennen muss, ob sich beispielsweise das Nichtverstehen des Trauernden aus dem speist, was geschehen, was ihm widerfahren ist (das heißt aus der *Vergangenheit*), aus dem, was ihm aktuell entgegentritt und ihn ergreift (das heißt aus der *Gegenwart*) oder aus dem, was kommen wird oder kommen könnte (das heißt aus der *Zukunft*). Diese Differenzierung ist deshalb bedeutsam, weil sie einseitige Fokussierungen auf gedankliche Zeitabschnitte erkennen lässt (beispielsweise eine Bevorzugung der Vergangenheit) und ein gezieltes Fragen des Begleitenden ermöglicht. Die Zeitperspektive zu ändern bedeutet eine wesentliche Umgestaltung der bisherigen Denkfilter: Beispielsweise können dem Trauernden aus der Beschäftigung mit der Vergangenheit tragende Kräfte erwachsen, die ihm eine Neugestaltung seines gegenwärtigen Lebens ermöglichen und ihn dazu befähigen, seine Zukunft in selbstverantwortlicher Weise aufzubauen.[1287]

Zusammenfassend kann gesagt werden, dass die Haltung des Begleitenden einer fortlaufenden Selbsterhellung bedarf und das „Klima der Begleitung" – unabhängig davon, welcher Begleitungsaspekt gerade vorherrschend ist – immer ein „Klima des Fragens" sein soll: ausgerichtet auf den (emotionalen, kognitiven und spirituellen) Zustand des Trauernden, bezogen auf eine zeitliche Form, und dabei das Ziel beziehungsweise die Absicht der Selbst-Werdung verfolgend. „Der Geist des Fragens geht

---

[1283] Vgl. hierzu *Müller*, 2004, S. 79: „Eine Frage ist eine Straße irgendwohin, eine Antwort ist ein umschließendes Haus. Mit jeder Frage setzen wir unsere Reise durch die Welt der Begriffe fort. An dem Punkt, wo wir über das Fragen fast den Verstand verlieren, fängt die Heimkehr zu uns selber an."
[1284] Die hier exemplarisch angeführten Begleitungsformen erhalten ihre inhaltliche Ausgestaltung in Kapitel 4.5.
[1285] Im professionellen Bereich sollten die Begleitenden sowohl über ein umfassendes Wissen hinsichtlich der Komplexität von Trauerprozessen als auch über Kommunikationsgrundlagen verfügen.
[1286] *Bollnow*, ³1983, S. 94.
[1287] Vgl. hierzu ebenda, S. 94-97.

davon aus, dass im anderen die für ihn selbst verfügbaren Antworten angelegt und vorhanden sind. In sich hineinzulauschen ist der schöpferische Akt des (sich) Fragens. Begleitung (...) [dient] dazu, sich diesem inneren Wissen zu öffnen."[1288] Insofern sollen alle Begleitungsformen von einer „Kultur des Fragens" geprägt werden, die grundsätzlich davon ausgeht, dass die erforderlichen Antworten im Trauernden selbst liegen.

4.5 Formen der Begleitung im Dienste der Selbst-Werdung

„Begleitung heißt: ich gehe auf dem Weg des oder der anderen mit, wenn und soweit der oder die andere mich dabei haben will. Dazu mache ich mich jetzt auf."[1289]

Sich aufmachen, um einen Trauernden zu begleiten, setzt voraus, dass – entlang der Dynamik des Trauerprozesses – spezifische Begleitungsformen herauskristallisiert werden, die ihre inhaltliche Bestimmung aus dem gewinnen, was dem Trauernden beim Durchleben seiner Trauer, beim Übergang in den neuen Lebensabschnitt – bei seinem Prozess der Selbst-Werdung – behilflich sein kann. Die Formen der Begleitung stehen immer „im Dienste" der Selbst-Werdung des Trauernden. Sie können weder als abgeschlossenes und statisches Instrumentarium dienen, noch sind sie als Stufenlehre zu denken, die kraft einer geheimnisvollen immanenten Struktur den Prozess der Selbst-Werdung gezielt steuern kann. Vielmehr sind sie als ein zwar grundlegendes, aber dennoch grundsätzlich hypothetisch-provisorisches Konstrukt zu verstehen, dessen Ausgestaltung im Verlauf des Begleitungsprozesses zunehmend spezifischer und individueller werden muss: „ein echtes Gespräch kann man nicht vordisponieren. Es hat zwar seine Grundordnung von Anbeginn in sich, aber nichts kann angeordnet werden."[1290] Wenngleich die Begleitungsformen ihre Entsprechung in der Dynamik des Trauerprozesses finden, dürfen sie nicht – genauso wenig wie der Trauerprozess selbst – als eine rein zeitliche Abfolge verstanden werden. Jeder Trauerprozess ist einzigartig und hat sein eigenes Gesicht. Für den Begleitenden bedeutet dies, dass er den Trauernden – im Sinne einer allgemein-pädagogischen Regel – immer wieder aufs Neue „dort abholen muss, wo er steht". Hierin kündigt sich schon an, dass im Verlauf eines einzigen Begleitungs-Gespräches möglicherweise verschiedene Begleitungsformen „angefragt" und „eingesetzt" werden können, die korrespondierend zum jeweiligen Zustand des Trauernden immer wieder zu einem stimmigen Ganzen geeint werden müssen. Aus dem bisher Erarbeiteten lassen sich folgende Begleitungsformen ableiten: *konsolatorisch-verstehende, stimulierend-provokative, reflektierend-verstehende, evaluierend-nachgehende und eisagogisch-hinführende Begleitung.*[1291]

[1288] *Müller*, 2004, S. 79.
[1289] *Ida Lamp,* Spirituelle Begleitung, S. 126. In: *Ida Lamp* (Hrsg.), Hospizarbeit Konkret. Grundlagen, Praxis, Erfahrungen. Gütersloh 2001.
[1290] *Buber,* ⁹2002, S. 296.
[1291] Die grundlegenden Gedanken zu diesen Begleitungsaspekten wurden im Philosophieseminar „Existenz und Selbst-Werdung" an der Universität Koblenz-Landau im WS 2004/2005 von den Dozenten Dr. Eduard Zwierlein und Sylvia Brathuhn entwickelt und werden hier zugrunde gelegt und weitergedacht.

Die *konsolatorisch-verstehende Begleitung* ist angefragt, wenn der Zustand des Trauernden durch emotionale Instabilität gekennzeichnet ist. Der Zurückbleibende hat das Gefühl, ins Bodenlose zu stürzen, und sieht sich selbst sowie sein Leben oder Aspekte seines Lebens von Vernichtung bedroht beziehungsweise vernichtet. Symptomatisch für diesen Zustand ist ein emotionales Chaos: Fassungslosigkeit geht einher mit einem Gefühl des Ausgeliefertseins, umfassende Unsicherheit und tiefe Erschöpfung sind gepaart mit dem Gefühl der Ausweglosigkeit. Aussagen wie „Das kann doch nicht wahr sein", „Ich kann das nicht mehr aushalten", „Es ist zu schrecklich, was ich ertragen muss" kennzeichnen die Verfassung des trauernden Menschen. Der Trauernde hat das Gefühl, sich in Form und Gestalt aufzulösen: Er verliert die Fassung, „zerfließt" gewissermaßen, „verflüchtigt" sich, „löst sich auf".[1292] Die emotionale Dysbalance des Zurückbleibenden drückt sich dabei auf vielfache Weise aus. Während der eine angesichts des Unfassbaren in stumme Fassungs- und Sprachlosigkeit versinkt, der nächste seine unterschiedlichen Emotionen herausschreit, formuliert ein anderer, dass er glaubt, nicht mehr weiter leben zu können. Solche Gemütsverfassungen, Dysbalancen, – die sich am Anfang des Trauerweges nahezu immer zeigen – können den Trauernden auf dem gesamten Trauerweg immer wieder aufs Neue „ergreifen" und aus seinem „hart erarbeiteten Gleichgewicht" werfen. Ein ums andere Mal wird er bisher nicht wahrgenommene Aspekte des erlittenen Verlustes erfahren, die ihn wieder (und wiederkehrend) ins „Nichts" stürzen und den schmerzhaften Prozess der Realisierung aufs Neue in Gang setzen. In solchen Zeiten des emotionalen Chaos, der emotionalen Unsicherheit braucht der Trauernde jemanden, der es ihm ermöglicht, sich in dieser „un-wirklichen" Situation zu orientieren, er bedarf eines Menschen, der ihn und seinen Schmerz aushält, der ihn annimmt, versteht und tröstet.

Aushalten in diesem Sinn ist mehr als passives Dasein. Es ist entschiedenes Tun, eine aktive Haltung, zu der sich der Begleitende bewusst entscheidet, indem er sich ganz und gar auf die Situation und den Zurückbleibenden einlässt – gewissermaßen „auf Empfang"[1293] geht. Der Begleitende signalisiert dem trauernden Menschen in diesem Moment sein uneingeschränktes Einverständnis mit ihm und seiner Situation. Aushalten verweist auch auf die Phänomene „Halt" und „Halten". Halten bedeutet das Anhalten des Karussells „Chaos" für einen kleinen Moment, nämlich den der Begleitung. Der Trauernde benötigt in solch schmerzhafter Situation einen Menschen, der ihn hält – zumindest für eine bestimmte Zeitspanne. Er braucht einen Menschen, der ihm Halt gibt, der ihm – symbolisch gesprochen – vorübergehend der Boden ist, den der Tod entrissen hat.[1294] „Halten" verweist aber auch auf sein Gegenteil: das „Lassen". Der Begleitende muss den Trauernden auch wieder „lassen" können, muss alle Versuche ihn zu verstehen sein lassen können: Es mag das größte Geschenk sein, das ich

---

[1292] Vgl. hierzu die Ausführungen in Kapitel 2.2.9 dieser Studie.
[1293] *Silvia Beckmann*, Zwischen Himmel und Erde – Die Aufgabe der Seelsorge in Verabschiedungssituationen, S. 176. In: *Ruthmarijke Smeding, Margarete Heitkönig-Wilp* (Hrsg.), Trauer erschließen. Eine Tafel der Gezeiten. Wuppertal 2005, S. 173-180.
[1294] Vgl. hierzu Palmen, 1999, S. 396, die beschreibt, wie ihre Freunde ihr während der tiefsten Verzweiflung diesen Halt gaben.

einem anderen Menschen zu machen in der Lage bin, ihn auch von meinem ihn Verstehen zu entbinden."[1295]

So ist also das Verstehen in diesem Begleitungsmodus nicht als ein ausschließlich kognitiver Vorgang zu begreifen, sondern es ist ein Weg von Subjekt zu Subjekt, von einem Ich zu einem Du, von einem, der begleitet, zu einem, der trauert. Einen Trauernden verstehen zu wollen, ist zielgerichtet. Indem das „Verstehen-Wollen" im Dienste der Selbst-Werdung steht, verfolgt es ein „Interesse", und dies wiederum verlangt vom Begleitenden keine distanzierte, sondern eine engagierte Haltung, will er „wirklich" verstehen, was der Trauernde durchlebt, empfindet und denkt.[1296] Mit anderen Worten heißt dies, dass der Begleitende im Verstehen versucht, seine eigene Innenperspektive mit der des Trauernden in Kontakt, in Korrespondenz, in Resonanz und Austausch zu bringen, um sich auf diese ganz spezifische Art in ihn hineinversetzen zu können.[1297] Verstehen zielt also ab auf Einfühlen und Mitfühlen, welches dem Trauernden signalisiert, dass da jemand ist, bei dem er sich, so chaotisch wie er ist, mit dem, was er fühlt und denkt, zeigen kann und sich nicht in seinem Schmerz verstecken muss. In solchen Momenten kommt es darauf an, den Trauernden erfahren zu lassen, dass seinem Leid grundsätzlich Anerkennung gebührt, dass es nicht weggeredet, beschönigt oder gar ignoriert, sondern ernst- und angenommen wird.

Neben der Vermittlung dieses Verständnisses und Verstehens des „Ich fühle mit dir mit", „Ich halte dich aus und bin hier und jetzt für dich da", „Ich nehme dein Leiden wahr – und verstehe es", spielt in dieser Begleitungsform auch der Trostaspekt eine essentielle Rolle. Trauernde, die eine emotionale Dysbalancierung durchleben, bedürfen neben Verständnis und Einfühlung ebenso der Zuwendung und des Trostes. Einem Trauernden Trost geben, bedeutet in erster Linie, anzuerkennen, dass dieser Mensch sich in einer „trostlosen Lage"[1298] befindet. Trost oder Trösten ist in strenger Abgrenzung zum Vertrösten zu begreifen. Vertrösten ist oft durch ein Tun gekennzeichnet, das nichts anderes will, als die Wucht des Trauerschmerzes zu leugnen oder ihn sogar verschwinden zu lassen. Der „Vertröster" kann den Schmerz des Trauernden nicht aushalten, er will, dass dieser möglichst schnell über den Verlust hinwegkommt und wieder sein „normales" Leben lebt. Vertröstungen äußern sich oft in Aussagen wie: „Es wird schon wieder", „Du bist doch noch so jung, du findest sicher wieder einen Mann", „Du hast doch noch dein anderes Kind", „Dort, wo er jetzt ist, hat er es besser". Mit derartigen Sätzen, die „entmündigenden Charakter"[1299] haben, werden zusätzliche Sta-

---

[1295] *Zwierlein*, 1995, S. 31. Begleitung muss – will sie gelingen – immer das Ziel der Selbst-Werdung vor Augen haben. Hierzu ist es nötig, den Trauernden immer wieder aus dem „Halten" zu lösen, will sie ihn nicht in seinem „Schwach-Sein" halten.

[1296] Selbstredend bleibt hier der Vorbehalt bestehen, dass diese Art von Verstehen immer nur annähernd erfolgen kann. Ebenso wie bei der Selbst-Erkenntnis bleibt auch hier der Andere in seiner grundsätzlichen Rätselhaftigkeit intransparent einem Fremd-Verstehen entzogen. Darüber hinaus haben Trauernde häufig das Gefühl, dass sie von keinem verstanden werden. Vgl. hierzu *Rey*, 1998, S. 94: „Niemand kann die Trauer anderer verstehen. Am ehesten ahnungsweise jemand, der selber trauert."

[1297] Hier wird deutlich, dass diese Art des Verstehens nur dann möglich sein wird, wenn vorher „Begegnung" stattgefunden hat.

[1298] *Peter Neysters, Karl Heinz Schmitt*, Denn sie werden getröstet werden. Das Hausbuch zu Leid und Trauer, Sterben und Tod. München 2004, S. 303.

[1299] *Neysters, Schmitt*, 2004, S. 307.

cheln und Spitzen in das Herz des Trauernden, in seine Trauerwunden gestoßen, mit der Folge, dass sich der Trauernde in einem Gefühl der Untröstlichkeit verärgert, verletzt und unverstanden zurückzieht.[1300] Solche Äußerungen, die von Abstand, nicht von Nähe zeugen – die Abstand erzeugen und nicht Nähe –,[1301] schränken den Trauernden in seinen Entfaltungsmöglichkeiten ein und lassen ihn hinter seinen Möglichkeiten zurückbleiben: Seine Trauer verläuft eindimensional[1302], sein Werde-Prozess gerät ins Stocken. Beim Trost ist das anders: Trost anerkennt den tiefen, alles umfassenden Trauerschmerz. Es kann zwischen „passivem" und „aktivem" Trost unterschieden werden und zwar aus der Perspektive des Handelnden. Die passive Trostform wurde vorangehend bereits beschrieben. Im Aushalten und Verstehen zeigt der Begleitende seine Bereitschaft, sich mit dem Trauernden dessen neuer Wirklichkeit zu stellen. Er zeigt ihm, dass er ihm zuhören und für ihn da sein kann, dass er seinen Schmerz mit ihm aushält und teilt, ohne sich dabei als omnipotenten Macher zu präsentieren, der den Trauernden in der falschen Hoffnung wiegt, seine Not „wirklich" aufheben beziehungsweise sein Leiden beseitigen zu können. Der „aktive Trost" hingegen ist ein zugehendes und öffnendes Tun des Trauerbegleiters dem Trauernden gegenüber. Er zeigt sich in sensiblen und einfühlenden Fragen, die dem Trauernden helfen sollen, aus seiner lähmenden Fassungslosigkeit herauszufinden: „Was brauchst du jetzt?", „Was würde dir jetzt gut tun?". Die Antworten des Trauernden, die hier und da klar und präzise, manchmal jedoch verschlüsselt oder angedeutet sind, auf verbaler und nonverbaler Ebene geäußert werden, müssen vom Begleitenden feinfühlig, aufmerksam, intensiv und geduldig wahrgenommen werden. Durch sie erhält der Begleitende Auskunft darüber, ob der Trauernde zu diesem Zeitpunkt eventuell eines anderen Begleitungsaspektes als den des Trostes bedarf und bekommt einen Anhalt für notwendige, weiterführende – oder in eine andere Richtung führende – Fragen.[1303]

[1300] Vgl. hierzu *Ida Lamp, Thomas Meurer*, Abschied, Trauer, Neubeginn. Erfahrungen mit Tod und Trauer. Begleitung auf dem Trauerweg. Kevelaer ³2002, S. 43.
[1301] Vgl. *Jülicher*, ⁴2003, S. 64. Es sei hier ergänzend aufmerksam gemacht, dass auch gut gemeinte Äußerungen dem Trauernden oft wie eine Botschaft oder ein Appell vorkommen, je nachdem er wie er sie „hört". Vgl. hierzu das Kommunikationsmodell von *Friedemann Schulz von Thun*, das als „Vier-Ohren-Modell" bezeichnet wird. In: *Friedemann Schulz von Thun*, Miteinander reden. Störungen und Klärungen. Allgemeine Psychologie der Kommunikation. Reinbek bei Hamburg 1981, S. 44-68.
[1302] Vgl. Kapitel 3.2.1 dieser Studie.
[1303] Die Mehrdimensionalität der Äußerungen eines trauernden Menschen soll hier anhand eines Beispiels aufgezeigt werden: Ein Trauernder äußert auf die Frage, was ihm nun gut tun würde, sehr häufig, dass er sich nur den Verstorbenen zurückwünsche, dass nur er ihm gut tun könne. Der geäußerte Wunsch ruft den Begleitenden dazu auf, gemeinsam mit dem Trauernden zu erarbeiten, „warum" er sich das „Unmögliche" erhofft, also herauszufinden, was für eine Funktion dieser Wunsch hat. Für den Begleitenden ist es bedeutsam zu wissen, dass dem Verlangen des Trauernden unterschiedliche Motivationen zugrunde liegen können, und er deshalb in der Lage sein muss, mit verschiedenartigen „Frage-Welten" zu antworten. Verweist der verbalisierte Wunsch beispielsweise auf die dem Menschen kennzeichnende implizite und unbewusste Unsterblichkeitsillusion (*Freud*), dann verlangt dies nach einer analytischen oder kognitiven Auflösung. Es ist jedoch auch möglich, dass der Trauernde mit einem solchen Gedanken seine unstillbare Sehnsucht zum Ausdruck bringt. Aus existenzphilosophischer Sicht würde dies bedeuten, dass der Trauernde mit diesem Verlangen letztlich die Endgültigkeit des „Nie-Wieder" aufheben möchte, beziehungsweise getrieben ist von der Sehnsucht, „das gemeinsame Glück auf ewig zu halten". Als weitere mögliche Funktion wäre die Expressivität zu nennen. Der formulierte Wunsch ist

Einen Trauernden konsolatorisch-verstehend begleiten, bedeutet, ihm einen „Schutzraum" aus Wertschätzung, Halt, Verständnis und Trost zu gestalten, in dem er seine Gefühle – auch die extremen und ambivalenten – zulassen und ausdrücken darf, in dem er sich auf- und angenommen fühlt: in dem er sich öffnen kann und darf. Diese Begleitungsform hat einen den Trauerprozess unterstützenden Charakter. Sie hilft dem Menschen quasi in die Trauer hinein, indem sie ihm ermöglicht, aus der ihn lähmenden Fassungslosigkeit herauszutreten und sich zu öffnen. Der Terminus „öffnen" verweist auf das Moment der Aktivität des Trauernden. Der Trauernde macht „sich empfangsbereit"[1304], er ist offen und bereit für das, was jetzt auf ihn zukommt. Öffnung für den Anderen, Öffnung für das, was jetzt kommt, „ist in gewisser Weise ein kleiner Tod für den bis dahin gesicherten Bezirk des Eigenen. Sie [die Öffnung, S.B.] fügt sich damit in die Weise ein, wie Leben lebt, nämlich als stetes Wagnis, mehr zu sein, anders zu werden, sich zu verwandeln, zu sterben und Frucht zu bringen"[1305].

Die *Stimulierend-provokative Begleitung* kommt als Begleitungsform dann in Frage, wenn sich der Trauernde in einem Zustand „ratloser Verzweiflung"[1306] befindet, gequält von der Frage nach Sinn. Der Mensch ist zwar von Natur aus ein Wesen, das nach Sinn fragt,[1307] doch stellt er sich die Sinnfrage nicht unaufhörlich, sondern er kann sie jederzeit auf unterschiedlichste Art und Weise „beiseite schieben oder wenigstens zeitweise in einem Modus der Sinnerfülltheit leben"[1308]. Ist jedoch ein geliebter Mensch gestorben, dann bricht dem Zurückbleibenden die bislang unhinterfragte alltägliche Sinnhaftigkeit weg. Nicht nur der Sinn des schrecklichen Geschehens wird ihm jetzt fragwürdig, sondern auch der Sinn des eigenen Daseins (der Sinn der Vergangenheit und Zukunft ebenso wie der der Gegenwart), ja der Sinn des ganzen Daseins überhaupt wird ihm zur (be-)drängenden Frage. Der Trauernde erlebt sich und die Welt als sinnlos und sinn-leer: als ein Sinnvakuum. Die aufbrechenden und (be-)drängenden Fragen können sowohl innerweltlicher als auch transzendenter Natur sein und sind innerviert von dem Wunsch, dem schrecklichen Geschehen Sinn und Bedeutung beizumessen: „Warum konnte ich nicht an seiner Stelle sterben?", „Warum wird gerade mir mein geliebter Mensch genommen?", „Warum hat Gott das zugelassen?", „Warum soll ich noch weiterleben, und wie soll ich das schaffen?". Hier wird deutlich, dass das Verlorene, das noch Bestehende sowie das bereits Neue und Fremde in einen scharfen Konflikt – beziehungsweise in eine Art Konkurrenz – zueinander geraten. Der Trauernde wird in diesem Konflikt aufgerufen, sich bewusst „auf den Weg zu machen", um diese

---

Ausdruck der Bedeutung, die der Verstorbene für den Zurückbleibenden hatte. Er will damit die Liebe bejahen, die beide zu Lebzeiten verbunden hat. Gelingt es dem Begleitenden, diese unterschiedlichen Funktionen einfühlsam und sensibel mit dem Trauernden herauszuarbeiten, erfährt der Trauernde die Chance, sich mit dem Gedanken der Kontingenz und der eigenen Endlichkeit auseinanderzusetzen, kann er auf sanfte Weise einen Weg finden, der ihm die Art von „Wiederhaben-können" aufzeigt, die möglich ist, und mit dem Kompliment an die Liebe schließlich ermöglicht sich der Trauernde einen heilsamen Blick auf das Gewesene. Alle drei Betrachtungsweisen können dem Trauernden – voraus gesetzt sie erfahren eine richtige Deutung – ein Movens seines Selbst-Werdungsprozesses sein.

[1304] *Walter Hoeres*, Offenheit und Distanz. Grundzüge einer phänomenologischen Anthropologie. Berlin 1993, S. 70.
[1305] *Zwierlein*, 1995, S. 31.
[1306] *Jaspers*, II, ²1948, S. 486.
[1307] Vgl. hierzu die Ausführungen in Kapitel 2.2.7 dieser Studie.
[1308] *Brathuhn*, 2004, S. 141.

Fragmente miteinander in ein Bild zu bringen, sie zu einem Ganzen zu fügen, und so wieder stützende Sinnstrukturen zu finden: „Sinnfindung ist nicht an Sinnsuche gekoppelt. Sinnfindung entsteht, wenn sich etwas Neues mit dem Vorhandenen verbindet. Man kann nach einer neuen Ordnung suchen, nicht aber nach Sinn. Sinn ergibt sich erst unterwegs, auf dem Weg".[1309] Allerdings muss hier hinzugefügt werden, dass das, was sich „ergibt", vom Trauernden selbst gedeutet werden sowie in das eigene Lebenskonzept eingeordnet werden muss, und dies ist entscheidendes, aktives und bewusstes Tun, für das der je Einzelne die Verantwortung trägt.

Ist der Begleitende dem Trauernden in der Phase der emotionalen Dysbalance eher ein Resonanzkörper für seine Trauer sowie haltendes und stützendes Gegenüber, ist er ihm nun das andere, das fremde Gegenüber. Er ist jemand, der nicht nur spiegelt, was ist, der das Blickfeld – die Perspektive – des Trauernden nicht nur anregt, stimuliert und weitet, sondern ihn – wenn nötig – auch provoziert und mit neuen Horizonten konfrontiert.[1310] Die Aufgabe des Begleitenden ist hier unter zwei Gesichtspunkten zu betrachten. Zuerst muss er sich selbst „objektiv" darüber bewusst sein, dass der Tod dem Menschen in einer Art „dialektischen Bosheit"[1311] gegeben ist. Indem der Tod Sinn zunichte macht, ist er Sinnzerstörer. Indem er den Menschen nach Sinn fragen lässt, ist er Sinngewährer. Neben oder besser mit diesem Wissen um die Janusköpfigkeit[1312] des Todes ist es dann Ziel dieser Begleitungsform, dem Zurückbleibenden Sinnstimuli zu setzen, ihn behutsam zu provozieren, damit dieser sich selbst Schritt für Schritt – mit Blick auf seinen Selbst-Werdungsgedanken – prüfen kann. Stimulieren und provozieren bedeutet auf keinen Fall, dem Trauernden vorgegebene Antworten anzubieten: „Eine von außen gegebene Antwort auf eine Warum-Frage kann diese nicht nur nicht lösen, sondern sie um ein Vielfaches vergrößern."[1313] Vielmehr wird es mit dieser Begleitungsform möglich, den Trauernden – fragenderweise – mit seinen eigenen – jetzt anstehenden – Aufgaben in Kontakt zu bringen: „Was glaubst du, könnte die hierin enthaltene Aufgabe für dich sein?", „Erkennst du hierin eine Anfrage oder einen Auftrag an dich?", „Wozu fordert dich das heraus?". Der Trauernde soll mit Hilfe dieser Begleitungsform dabei unterstützt werden, herauszufinden, welche Aufgaben in den gefundenen Sinnhorizonten für ihn enthalten sein können, welche Aufgaben ihm jetzt entgegentreten. Die Aufgaben, die sich im Dialog zwischen Begleitenden und

---

[1309] Vgl. hierzu *Ruthmarijke Smeding*, Begleitung in Januszeit und Labyrinthzeit. Eine Einführung, S. 207. In: *Ruthmarijke Smeding, Margarete Heitkönig-Wilp* (Hrsg.), Trauer erschließen. Eine Tafel der Gezeiten. Wuppertal 2005, S. 205-210.

[1310] Vgl. *Lammer*, ³2004, S. 240. Vgl. hierzu auch die Ausführungen zum Kommunikationsmodell des „Johari-Fensters" bei *Zwierlein*, 2004(b), S. 69.

[1311] *Zwierlein,* November 1993, S. 43.

[1312] Vgl. hierzu die Ausführungen in Kapitel 2.2.6 dieser Studie. Vgl. hierzu *Ruthmarijke Smeding*, Das Modell: „Die Gezeiten der Trauer", S. 140-144. In: *Ruthmarijke Smeding, Margarete Heitkönig-Wilp* (Hrsg.), Trauer erschließen. Eine Tafel der Gezeiten. Wuppertal 2005. Die Autorin unterscheidet in ihrem Modell „Trauer erschließen" vier verschiedene Phasen: Schleusenzeit, Januszeit, Labyrinthzeit, Regenbogenzeit. Die Januszeit ist angelehnt an den römischen Gott Janus, der ein vorwärts und ein rückwärts gewandtes Gesicht zeigt. Das rückwärts schauende Gesicht symbolisiert das Gewesene, den Verlust, das Vorher. Das vorwärts schauende Gesicht symbolisiert das, was nachher kommt, die Zukunft, die dem Trauernden zu diesem Zeitpunkt versperrt scheint.

[1313] *Müller*, 2004, S. 78.

Trauernden herauskristallisieren, können sowohl großer als auch kleiner Natur sein, immer jedoch müssen sie dem Trauernden klar und transparent sein.[1314]

Der Begleitende kann den Trauernden mit seinen Fragen provozieren, ihn anrufen. Das „Anrufen" impliziert „Verantwortung" – so wurde es ausgeführt: Der Trauernde wird in der Provokation herausgefordert, zu antworten – Verantwortung zu übernehmen.[1315] Im Modus der Provokation können Fragen gestellt werden, die dem Trauernden dabei helfen, Unvollständiges, Unerledigtes, Verletztes oder Brüchiges nicht nur in Bezug auf seine aktuelle Situation, sondern auch hinsichtlich seines bisherigen Lebens (und seiner Beziehung zu dem Verstorbenen) aufzudecken. Dies ist deshalb bedeutsam, da der Trauernde gerade im Zustand der ratlosen Verzweiflung zu einer defizitär orientierten Sichtweise neigt und sich weder als Einheit noch als Ganzheit erkennt oder erkennen kann. Stimulierende und provokative Fragen können den Trauernden zu einer positiven Konnotation seiner Perspektive befähigen. Fragmente, Verletzungen und Brüche können ihm dann – möglicherweise – als Zeichen fehlender Einheit und Kohärenz aufscheinen, die er auf individuelle Art und Weise „heilen" kann. Heilung bedeutet in diesem Sinne nicht Reparatur[1316], weil bisher defizitär Gedeutetes jetzt im Sinne eines konstruktiven Deutungsmusters „erschlossen" wird. Heilung beseitigt keine Wunden, lässt keine Verletzungen verschwinden, sondern im Prozess der Heilung wird das Erlittene integriert.[1317] Heilung unternimmt damit einen Schritt in Richtung der notwendigen Identitätsumgestaltung beziehungsweise Identitätsfindung. Das heißt, der Begleitende provoziert den Zurückbleibenden durch den Gedanken des „Werde, der du bist!". Er stimuliert ihn mit seinen Fragen, nicht wegzuschauen, nicht zu verdrängen, nicht stehen zu bleiben, sondern sich stets aufs Neue der Erschütterung – und damit seinem Selbst-Werdungsauftrag – zu stellen: Also sich je und je von neuem in die hierfür notwendigen Schritte der Selbst-Wahrnehmung, Selbst-Erkenntnis, Selbst-Annahme und Selbst-Gestaltung hineinzubegeben.

Reflektierend-verstehende Begleitung ist immer dann angefragt, wenn das Verstehen des Trauernden an seine Grenzen gerät. Mehrfach wurde erwähnt, dass der Trauernde

---

1314 Als Aufgaben großer Natur sei hier auf die diversen Aufgabenmodelle verwiesen, die im Bereich der Trauerforschung beispielsweise von *Spiegel*, *Worden* und *Schibilsky* favorisiert werden und an anderen Stellen dieser Studie bereits erwähnt wurden. Als Aufträge von „kleiner" Natur sollen hier diejenigen verstanden werden, die dem Trauernden ganz konkret helfen, Dinge in seinem Alltag zu bewältigen und dadurch neue Perspektiven zu entwickeln (Selbst Kochen, Autofahren, ein Hemd bügeln, Steuererklärung machen etc.).

1315 Vgl. zu dem Begriff „Provokation" die Ausführungen im Duden, Band VII, ³2001, S. 635f. Das Wort „Provokation" entstammt dem lateinischen „provocatio", was soviel bedeutet wie „Herausforderung". Die Vorsilbe „pro" verweist auf ein „Vorwärts". „Vocare" bedeutet „rufen". Der Trauernde wird in der „Provokation" gewissermaßen zu einem Vorwärtsgehen aufgerufen und so in seinem Selbst-Werdeprozess unterstützt.

1316 Vgl. hierzu die Ausführungen von *Müller*, 2004, S. 28.

1317 Vgl. zu dem Integrationsgedanken der Heilung den Leittext des „Hospice of Palm Beach County, Horizons Bereavement Center", der von der Autorin mit freundlicher Genehmigung der genannten Institution übersetzt wurde: „Wenn ein Seestern einen seiner Arme verliert, so wächst ihm dieser Arm wieder neu. Diese Tatsache mag uns ein Symbol dafür sein, dass am Ende des schmerzhaften Trauerweges Heilung möglich ist. Unser Seestern wird jedoch zeitlebens eine Narbe tragen. Seine Narbe ist beides: Zeichen für den Schmerz, den wir durch den Verlust eines geliebten Menschen tragen mussten, aber auch ein Zeichen dafür, dass dieser Mensch auf immer ein Teil unseres Lebens bleiben wird."

durch den Tod eines geliebten Menschen in einen Abgrund des Nichts fällt. Er wird durch den eingetretenen Tod gezwungen, eine „terra incognita", ein Fremdland, zu betreten, in dem und von dem er nichts versteht. Das Ungeheuerliche, Ungeahnte und nie für möglich Gehaltene ist eingetreten. Er sieht sich einer Wirklichkeit gegenüber beziehungsweise sieht sich in eine Wirklichkeit hineingestellt, die ihm im höchsten Maße fraglich ist. Nichtverstehen und Fassungslosigkeit sind die beiden Momente, die in dieser Situation den Zustand des trauernden Menschen kennzeichnen. Diese Fassungslosigkeit, die der Trauernde angesichts des Geschehenen empfindet, ist nicht allein durch Emotionalität gekennzeichnet, sondern sie ist auch kognitiver Art. Er erlebt seine Verzweiflung nicht nur als emotionalen Zusammenbruch, sondern der Trauernde sieht sich in ein umfassendes Nichtwissen und Nichtverstehen hineingestellt, das ein fassungsloses Staunen hervorruft beziehungsweise in ihm zum Ausdruck kommt. In diesem kognitiven Nichtverstehen, in dem die fraglose Orientierung aufgelöst ist, das Denken des Trauernden keinen Halt mehr findet und sein Wissen, das auf Bewältigung ausgerichtet ist, nicht mehr weiter weiß, wird der Trauernde zum Staunenden und damit zum Fragenden: „Wie kann das nur sein?", „Ich verstehe das nicht, wir hatten doch noch soviel vor!", „Wie kann er trotz meiner Liebe tot sein?", „Er war doch gerade noch da? Warum kommt er nicht wieder?", „Wie ist das bloß möglich?". Die Fragen, die sich dem Trauernden jetzt aufdrängen, sind zweckfrei, sie haben keine „rational-logische" Antwort-Erwartung, sie verfolgen keine Absicht, sondern sind existentieller Art. Sie sind Ausdruck des Erwachens und damit Movens seiner Selbst-Werdung.[1318] Als Repräsentanten des „metaphysischen Kummers"[1319] eröffnen sie dem Trauernden einen Zugang zu neuen Erkenntnissen und vertiefenden Einblicken sowohl in die Welt als auch in sich selbst: „Aus dem Staunen folgt die Frage und die Erkenntnis (...). Sich wundern drängt zur Erkenntnis. Im Wundern werde ich mir des Nichtwissens bewußt. Ich suche das Wissen, aber um des Wissens selber willen, nicht <zu irgendeinem gemeinen Bedarf>"[1320]. Im Staunen erfährt der Trauernde zum einen, dass nicht nur alles, was er bisher für selbstverständlich und richtig erachtete, doch ganz anders ist, und zum anderen erkennt er, dass auch dieses – „als das ganz andersartig Erfahrene" – wiederum die Möglichkeit in sich trägt, vollkommen anders sein zu können: „Erstaunen [ist] entdecken. (...) Staunend erfahren wir also nicht einfach, daß wir noch nichts über die Dinge wissen, sondern daß im Hinblick auf sie alles offen und möglich ist."[1321] Indem im Staunen sowohl das Thema der Kontingenz als auch das der eigenen Sterblichkeit aufscheint, erfährt der Trauernde darin sowohl sich selbst als auch die Welt als Rätsel – als nicht aufzulösendes Geheimnis. Das Staunen ist dabei dialektischer Natur und für den Selbstwerdeprozess des Trauernden von konstituierender Bedeutung: Im fassungslosen Staunen tritt der Trauernde aus sich heraus, entfremdet sich von sich selbst – er gerät außer sich – und findet doch gerade so zu sich selbst.

[1318] Vgl. hierzu *Jaspers*, 1962, S. 30: „Mit solchen fragenden Anschauungen ist der Mensch erst eigentlich erwacht. Vorher lebte er in der Welt, wie in einem Schleier, der nur verbirgt, was eigentlich ist. Das Unenthüllbare ahnt er noch nicht, während er sich in den Verhüllungen als unbefragten Selbstverständlichkeiten bewegt."
[1319] *Landsberg*, 1934, S. 57.
[1320] *Jaspers*, [19]1971, S. 16.
[1321] *Hoeres*, 1993, S. 84: Aus diesen Worten geht hervor, dass im Staunen ein Zugang zur Transzendenz liegt und sich dem Trauernden hierin ein Ausweg aus dem Modus der Uneigentlichkeit in die Eigentlichkeit offenbart.

Reflektierend-verstehende Begleitung hat folglich die Aufgabe, den Erwachensprozess des Trauernden, der im fassungslosen Staunen (s)einen Ursprung hat, zu unterstützen. Dies vermag sie zu leisten, indem sie dem Trauernden zwei „Frage-Welten" offeriert: Die erste ist existentiell ausgerichtet und ermöglicht es dem Trauernden, Einsichten in die existentielle Natur des Menschen zu gewinnen und darüber sein eigenes Menschsein zu begreifen. Die zweite ist individueller Natur und berührt den Trauernden in seiner Einzigartigkeit, betrifft ihn also als diesen einzigartigen, unersetzlichen und besonderen Menschen, der er ist.[1322] Einen Trauernden reflektierend-verstehend zu begleiten, heißt aus Sicht der ersten „Frage-Welt", ihn dabei zu unterstützen, „seine Frage[n] über das empirische Leben hinaus"[1323] zu erweitern, ihn in seinem Fragen behutsam weiterzuführen, bis er erkennt, dass es weder endgültige noch auf Dauer gestellte noch geltende Antworten gibt, sondern dass der Kern der menschlichen Natur (und so auch seiner) die unaufhebbare und unbeseitigbare Fraglichkeit ist: Er erfährt, dass er als Mensch die Frage, die er ist, und die Fragen, die er hat, nur leben und vertiefen kann, dass seine „Fragen (...) nie, mag man noch so viele Voraussetzungen, Bedingungen, Motive des Erscheinens in der Welt angeben, beantwortbar [sind]. Jede Antwort macht [ihm, dem Trauernden, S.B.] die radikale Unbeantwortbarkeit bewußt"[1324]. Fragen, die auf das Existentielle abzielen, und den Trauernden dabei unterstützen sollen, Einsichten in das Menschsein überhaupt zu gewinnen, könnten beispielsweise heißen: „Was erschließt sich dir in Hinblick auf diese (deine) Fraglichkeit?", „Was lehrt es dich, eine Frage zu sein?", „Welche Lebenshaltung erscheint dir dieser Fraglichkeit entsprechend angemessen?", „Was könnte eine korrespondierende Lebensform sein, die dieser (deiner) Fraglichkeit gerecht wird?". Indem sich der Trauernde tiefer und tiefer in die Fragen hineindenkt, gefundene und gegebene Antworten gemeinsam mit dem Begleitenden reflektiert und prüft, bringt er sich in eine neue „innere Verfassung"[1325], stellt sich in die Möglichkeit, den Zwiespalt ihrer Ungelöstheit zu ertragen und ergreift auf diese Weise die Chance, ein „Lebens-Klima"[1326] zu entwickeln, das es ihm gestattet „sich auch mit seiner eigenen Selbstverborgenheit und Selbstentzogenheit anzufreunden, sich selbst und auch den anderen als Provisorium und Fragment anzunehmen"[1327]. Dieser Begleitungsmodus bietet dem Trauernden „Trittsteine"[1328], die ihn

---

[1322] Hier wird der *Landsbergsche* Gedanke zugrunde gelegt, dass der Zurückbleibende im Tod des Nächsten „untrennbar entdeckt [seine, S.B.] eigene Sterblichkeit und die Zugehörigkeit der Sterblichkeit zur Idee des Menschen. (...) So bringt es die Struktur dieses Grunderlebnisses mit sich, daß ich und du und Mensch überhaupt, im Sinne der Idee, gleichzeitig gegeben sind und daß wir eine Auffassung nicht nur von uns selber im Einzelnen oder vom Mitmenschen im Einzelnen gewinnen, sondern von einer Idee des Menschen, die gleichsam noch hinter mir selbst und den Mitmenschen steht und an der ich und der Mitmensch teilhaben können." *Landsberg*, 1934, S. 70.
[1323] Ebenda, S. 65.
[1324] *Jaspers*, 1962, S. 121.
[1325] Ebenda, S. 29. Vgl. hierzu auch die Ausführungen in Kapitel 3.2.2, wo deutlich wird, dass die gefundenen Antworten – als Erkenntnisse – transformierende Wirkung haben. Im fragenden Vorwärtsgehen verwandelt sich der Trauernde Schritt um Schritt, gibt sich und seiner Welt Form und Gestalt.
[1326] Begrifflichkeiten, die ein solches „Lebensklima" charakterisieren wären beispielsweise: Provisorium, Vorläufigkeit, Fragment, Experiment, Offenheit und Sich-Anvertrauen.
[1327] *Zwierlein*, 2004(c), S. 72. Vgl. hierzu auch *Zwierlein*, 2001, S. 113: „Der Mensch entdeckt sich gewissermaßen als beschädigten Text, in dem einige Passagen ausgefallen und andere unleserlich

in seinem eigenen Tempo vom Wahrnehmen zur Erkenntnis, zur Annahme führen und zwar nicht nur zur Annahme und Bejahung dessen, was geschehen ist, sondern auch zur bejahenden Bereitschaft, sein „Nicht-Verstehen [zu] dulden, im Nichtwissen und das heißt auch im Geheimniszustand bleiben [zu] können"[1329], und sich dabei dennoch als Eingebetteter in ein sinnvolles Ganzes zu begreifen, das er jedoch nie als Ganzes erhellen kann.

Mit Hilfe der ersten „Frage-Welt" der reflektierend-verstehenden Begleitung hat der Trauernde eine Einsicht in die dramatische Natur, in die Unbegreiflichkeit der Grundsituation des Menschseins gewonnen. Im Vordergrund steht dabei die Verbundenheit der Menschen im Menschen. Die zweite Facette dieses Begleitungsmodus zielt nun auf diesen einen besonderen Menschen ab, der, indem er einen ganz individuellen Verlust erlitten hat, die „individuelle Unersetzlichkeit und eins damit die eigentliche metaphysische Bedrohlichkeit des Todes erfahren hat"[1330]. Sie ist geleitet von der Absicht, dem Trauernden Unterstützung und Geleit bei der Auseinandersetzung mit der individuellen Kernfrage „Wer bin ich eigentlich (angesichts des Todes und der Sterblichkeit)?" zu gewähren. Indem es hier darum geht, den Zurückbleibenden etwas von sich selbst – als diesem einen besonderen Menschen – erfahren zu lassen, tritt der existentielle Menschheitsgedanke zurück. Der Zurückbleibende – so haben wir mehrfach ausgeführt – erfährt sich ohne den Verstorbenen alleine und auf sich selbst zurückgeworfen. Die gemeinsame Vergangenheit scheint fixiert und auf Dauer gestellt,[1331] die Zukunft nicht mehr (be)lebbar. Weder weiß der Trauernde, wer er ohne den geliebten Menschen ist, noch wie er sein weiteres Leben ohne diesen bewältigen soll. Die Präposition „ohne" verweist auf den Einbruch des Negativen und repräsentiert in diesem Zusammenhang das „Nichts" vor das – und in das – sich der Trauernde gestellt sieht. Auch hier prägen Nichtverstehen und Fassungslosigkeit den Zustand des Trauernden. Mögliche Fragen, die sich ihm aufdrängen sind: „Wer bin ich denn eigentlich ohne diesen Menschen?", „Was soll ich denn jetzt ohne den geliebten Anderen tun?", „Wer bin ich denn jetzt (als einer, der alleine ist und das <Wir> nur noch als erinnertes beziehungsweise als aufgehobenes hat)?", „Wo bin ich geblieben, als er starb?". Diese Fragen sind, indem sie nur den Verlust fokussieren beziehungsweise sich nur auf das richten, was nicht mehr möglich ist, von einer defizitären Sichtweise geleitet. Der Trauernde zeigt über die Sprache an, dass er sich im Blick auf seine Identität, wie auch im Blick auf seine Lebensgestaltung in einer Konfusion, in einer Unklarheit befindet und in einem „Sprachgefängnis gefangen" ist.[1332] Er verschließt sich in einer solch einseitig

---

geworden sind, dem vor allem aber der Anfang verlorengegangen ist und dessen Ende noch zu schreiben aussteht."

[1328] *Smeding*, 2005, S. 207.
[1329] *Zwierlein*, 2004(c), S. 72.
[1330] *Landsberg*, 1934, S. 58.
[1331] Vgl. hierzu *Palmen*, 1999, S. 361f: „Zum erstenmal in meinem Leben habe ich eine Vergangenheit, weiß ich, was dieses Wort tatsächlich bedeutet, was vergangene Zeit ist. (…) ich leide an wirklicher Vergangenheit. Ich bin von meinem Leben mit ihm abgeschnitten, dieses Leben ist vorbei."
[1332] Vgl. hierzu die Ausführungen von *Paul Watzlawick*, Wie wirklich ist die Wirklichkeit? Wahn, Täuschung, Verstehen. München, Zürich 2002, S. 39, der ausführt, dass der Mensch in einem Zustand der Konfusion, dazu neigt, sich an die erste Erklärung zu klammern, die er durch den Nebel der Konfusion zu erkennen glaubt. Der trauernde Mensch sieht zunächst nur den Verlust, das „Nie mehr", und so ist es Aufgabe des Begleitenden, ihm eine andere Sichtweise anzubieten. Vgl.

orientierten (Selbst-)Kommunikation der Offenheit und verhindert dadurch eine mögliche Klärung – ein Klar-Werden. Das im Zentrum des Denkens stehende „Ohne" ist jedoch nur *ein* Aspekt des Trauererlebens, weshalb der Trauernde dabei unterstützt werden muss, auch die Frage nach dem „mit" stellen zu können: „Wer bin ich mit der Erfahrung, die ich gemacht habe?", „Wer bin ich mit dem Verlust, den ich erlitten habe?", „Wer bin ich mit diesem Wissen um das <Nie-Wieder>?". Mit Hilfe dieser Fragen kann der Blick auf das gerichtet werden, was dem Trauernden weitere Erkenntnisse vermitteln, neue Lebens-Perspektive eröffnen und auf diese Weise sein Leben bereichern – im existenz-philosophischen Sinne „eigentlich" machen – kann.[1333] Die Fragen, die den Trauernden bedrängen und die er artikuliert, sind vielfach konkrete Ausformungen der dahinterstehenden Kernfrage „Wer bin ich (eigentlich)?". Dass „konkret gestellte Fragen" als Repräsentanten für die Frage nach der eigenen Identität dienen können, soll hier anhand der Schuldvorwürfe, die der Trauernde sich selbst und seiner Umwelt macht, aufgezeigt werden. Schuldgefühle können als „Reaktion auf erlebte Ohnmacht"[1334] interpretiert werden, die eine scheinbar logische Erklärung für das „Nicht-Erklärbare" geben können: „Wäre mir meine Karriere nicht so wichtig gewesen, hätte ich mehr Zeit für ihn gehabt, dann könnten wir vielleicht jetzt zusammen in Urlaub fahren.", „Es gibt doch so viele andere therapeutische Möglichkeiten. Warum habe ich meinen Mann nicht bedrängt, diese auszuprobieren, dann hätte er überleben können.". Bei genauer Betrachtung der verbalisierten Schuldgefühle zeigt sich in ihnen jedoch auch die implizite Frage nach dem „Wer bin ich?", nämlich „Wer bin ich, der jetzt weiterlebt und noch vieles von dem verwirklichen kann, was wir planten?", „Was bin ich für eine, die es nicht geschafft hat, dich am Leben zu halten?". Die reflektierend-verstehende Begleitung hat damit die Aufgabe, diese konkreten Fragen als „rückgekoppelte Metaphern"[1335] – also als Fragen, die im übertragenen Sinne auf die Kernfrage verweisen –, zu entschlüsseln. Hierzu bedarf es eines einfühlsamen Interpretationsvermögens seitens des Begleitenden, um im Dialog das Bewusstsein des Trauernden für das, was ist, zu schärfen und ihn so in seinem Erkenntnis- und Realisierungsprozess zu unterstützen. Alles, was der Trauernde in Bewusstheit denkt und was er im lebendigen Dasein erfährt, wird von der Reflexion aufgegriffen und in Worte gefasst – also versprachlicht. Die Versprachlichung dient dem Zurückbleibenden dazu, Ordnung und Struktur in sein „Trauer-Chaos" zu bringen. Es ist Aufgabe des Begleitenden, den Trauernden bei dieser Strukturierungsarbeit zu unterstützen, diese Fragen wahrzunehmen, zu erkennen, aufzugreifen und sie dem Trauernden in einer nach vorne

---

hierzu auch *Eduard Zwierlein*, Coaching – Selbstmanagement – Psychohygiene, S. 600-609. In: *Eduard Zwierlein* (Hrsg.), Klinikmanagement. Erfolgsstrategien für die Zukunft. München, Wien, Baltimore 1997, S. 606. Der Autor spricht mit Blick auf die defizitär orientierte Selbstkommunikation von „destruktiven Drehbüchern" oder „schwarzen Tonbändern", die häufig „quasiautomatisch ablaufende selbstzerstörerische Phänomene darstellen".

[1333] Es muss hier jedoch angemerkt werden, dass zunächst immer der Verlust – also der Aspekt des „ohne" – im Vordergrund steht. Der Aspekt des „mit", der auch die Gesichtspunkte anerkennen lässt, die das eigene Leben trotz des Verlustes „bereichern", wird vielfach erst sehr viel später wahr- und angenommen.

[1334] *Paul*, 2000, S. 90.

[1335] Vgl. hierzu Duden, Band VII, ³2001, S. 523. Der Terminus „metapher" leitet sich aus dem griechisch-lateinischen „metaphora" her, und bedeutet soviel wie „Übertragung (der Bedeutung); bildlicher Ausdruck".

weisenden Richtung zurückzugeben:[1336] „Welche Aufgabe oder Berufung könnte in diesem Weiterleben an dich gestellt sein?", „Was bist du für eine, die es trotz dieses Verlustes geschafft hat am Leben zu bleiben?". Mit dieser Frage wird die Aufmerksamkeit des Trauernden auf seine lebenszugewandte Seite gerichtet, wird die Aufmerksamkeit seiner eigenen Stärke, seinen Potentialen und Möglichkeiten zugewandt. Schuldgefühle sind dem Trauerprozess immanent und so können (und dürfen) sie weder bloß rationalisiert, noch wegdiskutiert werden. Sie müssen ihren Raum in der Auseinandersetzung mit der eigenen Trauer haben, aber im rückbezüglichen Fragen kann der Trauernde darüber hinaus in die Lage versetzt werden, seine bisherige Interpretationsweise durch ein anderes Prisma zu betrachten. Indem der Trauernde in die Lage versetzt wird, seiner Vorstellung von dem „was ist", ergänzende, erweiternde oder neue Interpretationsmöglichkeiten anzubieten, kann es ihm gelingen, Einblicke in die große Frage des „Wer bin ich?" zu gewinnen und so Schritt um Schritt (s)eine Eigenidentität neu aufzubauen. Die konkreten, die Situation betreffenden, Fragen sind letztlich Ausdruck der Fragen: „Wer bin ich heute (und in Kontinuität zu gestern und im Hinblick auf ein Morgen ohne den anderen)?", „Was kann und darf ich jetzt und zukünftig sein?".

Die *Evaluierend-nachgehende Begleitung* findet dann ihren Einsatz, wenn der Trauernde Neues wagt und erprobt. In diesem Tun initiiert der Trauernde einen Umwandlungsprozess, in dem er auf individuelle Weise eine initiatorische Veränderung durchläuft, also eine existentielle Wandlung vollzieht, die mit dem Tod des alten und der Wiedergeburt des neuen Menschen symbolisiert wird.[1337] Im Durchlaufen seines Trauerweges wird der Zurückbleibende immer wieder vor Probleme und Aufgaben gestellt, die er auf irgendeine Art und Weise angehen und bewältigen muss. Im Bearbeiten und Bewältigen dieser Aufgaben wird er ungewohnte Erfahrungen machen, wird darüber zu neuen Erkenntnissen gelangen und Antworten finden, die häufig von den bisherigen abweichen und die er im Schutze der Begleitung hinterfragen – sowie wenn nötig – neu beantworten muss und darf. Evaluierend-nachgehende Begleitung ist ein Begleitmodus, bei dem ausgesprochene und unausgesprochene „Verabredungen" zwischen Begleitendem und Trauerndem im Mittelpunkt stehen. Es geht darum, Schritte, die ein Trauernder innerlich andenkt und zum ersten Mal in Worte kleidet, in einem nachgehenden Prozess im Blick zu behalten. Dabei müssen diese Schritte mit Blick auf ihre Umsetzung oder Nicht-Umsetzung sowie mit Blick auf ihre Bedeutung für den Trauernden gemeinsam bedacht werden. Die evaluierend-nachgehende Begleitung ist hier jedoch weder im Sinne eines methodisch-technischen Controllings zu verstehen, das wie im Qualitätsmanagement als Steuerungs- und Gestaltungsinstrument gilt und eine Planungs- und Führungsfunktion zu erfüllen hat,[1338] noch ist sie im Sinne einer wissen-

---

[1336] Gerade aus Sicht des reflektierend-verstehenden Begleitungsmodus ist es von Bedeutung, dem Trauernden aufzuzeigen, dass es einen engen Zusammenhang zwischen Wirklichkeit und Kommunikation gibt, und dass er mit jeder einzelnen seiner Fragen und Antworten – die ja Ausdruck seiner (Selbst-)Kommunikation sind – letztlich seine eigene Wirklichkeit konstruiert. Darum muss der Begleiter die Fragen des Trauernden zwar hinsichtlich der darin aufscheinenden Problematik aufgreifen, ihnen jedoch darüber hinaus eine positive – zukunftsweisende – Konnotation verleihen.

[1337] Vgl. hierzu Kapitel 3.3 dieser Studie.

[1338] Vgl. hierzu die Ausführungen von *Winfried Zapp*, Controlling als Instrument für die Gestaltung von Unternehmensprozessen, S. 481-494. In: *Eduard Zwierlein* (Hrsg.), Klinikmanagement. Erfolgsstrategien für die Zukunft. München, Wien, Baltimore 1997. Es sei dieser Hinweis erlaubt, da

schaftlichen Analyse zu sehen, die gewisse Untersuchungsmerkmale in den Blick bekommen will.[1339] Sondern dieser Begleitungsmodus steht – ebenso wie die vorangehenden Begleitungsmodi – im Dienste der Selbst-Werdung und ist eher getragen von dem Gedanken der „Nach-Pflege" oder „Nach-Sorge" des gemeinsam Verabredeten, für das sich der Begleitende verantwortlich weiß. Nach-Pflege oder Nach-Sorge ist hier so zu verstehen, dass der Begleitende den Werde-Prozess des Trauernden durch Nachhaken und Nachfragen quasi aktiv „im Blick behält". Das „gemeinsame Verabreden" von Aufgaben, die (stillschweigend) getroffenen „Agreements" oder das „Contracting"[1340], sind gerade im nichtprofessionellen Bereich häufig eher impliziter Natur. Selten werden hier Aufgaben und Ziele explizit formuliert, wenngleich diese dem Trauernden – möglicherweise – einen „Leitfaden" an die Hand geben könnten, der ihm in dieser Phase der Unsicherheit und Orientierungslosigkeit Transparenz vermitteln sowie Stütze und Halt sein kann. Ein implizites „Contracting" ist beispielsweise dann gegeben, wenn der Trauernde im gemeinsamen Dialog zu der Erkenntnis kommt, dass der Zeitpunkt gekommen sei, „wieder auszugehen". Der Begleitende könnte durch positive Bilder diese Aussage bestärken, möglicherweise auch nur einfach zustimmen oder ihn durch entsprechende Fragen auf das angedachte Ereignis vorbereiten. Es wird aber – im nichtprofessionellen Setting – keine explizite Absprache getroffen, aus der hervorgeht, wann der Trauernde das Ausgehen „wagen" wird, beziehungsweise es wird nicht ausdrücklich besprochen, dass er bis zum nächsten Treffen ausgegangen sein solle. Dennoch besteht zwischen den Begegnenden ein Agreement: Der Trauernde verpflichtet sich stillschweigend selbst (Commitment) dazu, diese Absicht zu realisieren. Der Begleitende geht mit einer gewissen Sicherheit davon aus, dass der Trauernde nun seinen Worten Taten folgen lässt,[1341] und er übernimmt es als wortlose Vereinbarung, dem Thema nachzugehen – die implizite Vereinbarung zu evaluieren. Aber hierin ist kein Auftrag an den Begleitenden enthalten, den Trauernden auf mögliche „Nicht-Einhaltungen" der gemeinsamen Absprachen hinzuweisen und ihm dabei Schuldgefühle zu suggerieren.

---

es im Controlling immer um einen Soll-Ist-Abgleich geht, und dies bei der evaluierend-nachgehenden Begleitung – zumindest formal gesehen – auch der Fall ist.

[1339] Vgl. hierzu beispielsweise die zusammenfassenden Untersuchungsergebnisse unterschiedlicher Studien, in: *Marie-Frédérique Bacqué*, Mut zur Trauer. Die Akzeptanz eines notwendigen Lebensgefühls. München 1994, S. 95-98. Die hier exemplarisch aufgezeigten Untersuchungen befassten sich beispielsweise mit Persönlichkeitsmerkmalen, die eine pathologische Trauer fördern, mit dem inneren Kontrollgefühl von Trauernden, mit dem unterschiedlichen Trauerverhalten bei Partnern, mit dem Phänomen der Traueraktzeptanz sowie mit den unterschiedlichen Auswirkungen nach einem plötzlichen und nach einem vorhersehbaren Todeseintritt.

[1340] Der Begriff „Contracting" findet sich unter anderem in der „Coaching-Terminologie" und bedeutet dort soviel wie „Eingrenzung der Problemlandschaft, Bedarfsdefinition, präzises Auftragsziel, vereinbarte Erfolgsfaktoren, Dauer, Umfang, Intervalle, Follow-ups etc.". *Zwierlein*, 1997, S. 601. Im vereinfachten Sinne ist das „Contracting" zu verstehen als eine Zusage, ein „Okay", etwas zu tun beziehungsweise etwas zu unterlassen.

[1341] Im professionellen Bereich könnte der Wunsch auszugehen ausführlich mit dem Trauernden besprochen und dann ein gesprochenes Agreement getroffen werden. Fragen wie „Was empfindest du bei dem Gedanken auszugehen?", „Welcher Ort würde dir gut tun?", „Würdest du gerne jemanden Bestimmten dabei haben?" bereiten den Trauernden auf die Situation vor. Im evaluierenden Nachgehen kann der Begleitende bei der nächsten Zusammenkunft fragen: „Wie ist es dir damit gegangen?", „Wie hast du dich gefühlt?", „Wie hast du dich in der Gegenwart der anderen gefühlt?". Die Antworten des Trauernden werden dem Begleitenden wieder einen Anhaltspunkt dafür geben, welcher Begleitungsmodus nun angefragt wird.

Weder darf dieser Begleitungsmodus bezogen auf die Kommunikation paternalistisch geprägt noch vom methodischen Gesichtspunkt her objektiv ausgerichtet sein. Das heißt, förmliche Disziplinierungsabsichten müssen ausgeschlossen werden, da sie den Trauernden in seiner Hilflosigkeit bestärken und in ein Verhältnis der Abhängigkeit bringen können. Der Auftrag an den Begleitenden ist vielmehr so zu verstehen, dass er bei einem nächsten Zusammentreffen das Thema auf sensible Weise wach hält und nachfragt: „Wie ist es dir gegangen mit der Absicht auszugehen?", „Hattest du in der vergangenen Woche Zeit, Kraft und Gelegenheit mal auszugehen?"[1342]. Indem der Begleitende der implizit getroffenen Vereinbarung nachgeht, indem er nachhakt, zeigt er dem Trauernden, dass er ihn ernst nimmt, dass er das miteinander Gesprochene oder Erarbeitete erinnert und es für so wertvoll erachtet, dass er ihm weitere Aufmerksamkeit zukommen lassen möchte. Das Im-Blick-Haben des Besprochenen mit den darin getroffenen – impliziten oder expliziten – Absprachen ist doppelperspektivisch ausgerichtet: Zum einen kann es dem Trauernden eine gewisse Kontinuität gewähren, ihm also immer wieder eine Brücke von der Vergangenheit zur Gegenwart schlagen. Diesem Aspekt kommt eine große Bedeutung zu, da der Trauernde hierdurch langsam wieder Vertrauen in eine lebensdienliche Beständigkeit und Stetigkeit von Beziehungen gewinnt. Andererseits kann das Im-Blick-Haben des Besprochenen ihm immer wieder aufs Neue helfen, Wege zu finden, die dem Selbst-Werdungsprozess „dienlich" sind, die ihm behilflich sind, erforderliche Adaptionsstrukturen zu entwickeln, die dann erneut „gewagt" und wieder evaluiert werden müssen. Evaluierendes Nachgehen erfolgt in einem Klima der Fürsorge, es erzeugt ein solches, und ist deshalb im Sinne von „Wert-Schätzung" oder „Wert-Zusprechung"[1343] zu verstehen.

Im Gesamtkontext betrachtet zeigt sich, dass dieser Begleitungsmodus ebenfalls doppelperspektivisch organisiert ist: Einerseits muss der Begleitende in diesem Modus die Verbindung zwischen den einzelnen Treffen mit dem Trauernden im Auge behalten und die darin getroffenen Vereinbarungen – also die Agreements, zu denen sich der Trauernde selbst „verpflichtet" hat – gewissermaßen erinnern und auf ihr Ergebnis hin beleuchten. Das heißt, der Begleitende ist am Detail orientiert. Andererseits ist es Aufgabe der evaluierend-nachgehenden Begleitung, dem Hierbleibenden in der Phase der Selbst-Gestaltung – wenn er wieder zurückgekehrt ist in die Gemeinschaft – Weggeleit zu geben. Denn auch dann benötigt er noch jemanden, der mit ihm prüft, ob das, was er jetzt ausprobiert hat, ihn auch in und durch seine neu gestaltete Realität trägt. Das heißt, der Begleitende orientiert sich am Ganzen. Diese Unterscheidung scheint wichtig, da sich für viele Trauernde erst im Blick zurück größere Zusammenhänge erkennen und neue Deutungsmuster erschließen lassen. Im nichtprofessionellen Bereich könnte dies beispielsweise bedeuten, den Trauernden anlässlich des Todestages aufzusuchen,[1344] mit ihm gemeinsam zum Friedhof zu gehen, ihn zum Essen einzuladen, ihm

---

[1342] Selbstverständlich besteht je nach Art der Beziehung zwischen Begleitenden und Trauernden auch die Möglichkeit, dem Trauernden anzubieten, das Vorhaben gemeinsam umzusetzen. Diese Gedanken sollen hier implizit immer mitgedacht werden.

[1343] Der Absprache wird ein Wert zugesprochen. Aus dem Begriff „Evaluation" lässt sich das englische Wort „value" ableiten, das ins Deutsche übersetzt „Wert" bedeutet. Evaluieren bedeutet somit, etwas einen Wert zusprechen.

[1344] Für viele Trauernde nähern sich die Jahrstage als ein Ereignis, vor dem sie große Angst empfinden. Vgl. hierzu exemplarisch die Ausführungen einer Trauernden. In: *Lütgen, Landwehr*, 2004, 80ff: „Thomas' zweiter Todestag rückt heran. Es ist merkwürdig, aber schon Tage und Wochen

ein lebendiges und zugewandtes Gegenüber zu sein. Mögliche Fragen können hier lauten: „Wie geht es dir jetzt, wenn du auf das vergangene Jahr zurückschaust?" „Was hat sich in diesem Jahr für dich verändert?" In der präsenten und zugewandten Erinnerung durch den Begleitenden setzt sich der Trauernde einer Situation aus, die möglicherweise wieder Schmerz und Tränen hervorruft. Für den Begleitenden bedeutet dies, einfühlsam und achtsam zu prüfen, welcher Begleitungsmodus nun vom Trauernden benötigt wird, um auf seinem Weg weitergehen zu können.

Eine weitere und ergänzende Begleitungsform ist die *Eisagogisch-hinführende Begleitung*. Bisher wurde der Trauernde immer als ein Mensch betrachtet, der einen nahe stehenden Menschen durch den Tod verloren hat, und so wurde auch die Trauer als ein Prozess verstanden, der erst mit dem Tod des geliebten Menschen seinen Anfang nimmt. In diesem letzten Abschnitt soll jedoch aufgezeigt werden, dass der „Zugehörige"[1345] häufig schon im Vorfeld des Todesereignisses von einem Gefühl der Trauer heimgesucht wird, das eine begleitungsbedürftige Situation und damit die Notwendigkeit der *eisagogisch-hinführenden Begleitung* entstehen lässt. Dies ist in der Regel dann der Fall, wenn ein nahe stehender Mensch an einer Erkrankung leidet, die seitens der Ärzte als „nicht heilbar" diagnostiziert wird und in absehbarer Zeit zum Tode führt. Der betreuende Zugehörige weiß nun um den letalen Ausgang der Krankheit und damit um den bevorstehenden Tod seines Nächsten. Die unausweichliche Konfrontation mit der Tatsache des herannahenden Todes reicht aus, um ihn – schon während sein „Du" noch lebt und er noch auf irgendeine Art und Weise (abhängig vom Zustand des sterbenden Menschen) mit ihm in lebendiger Beziehung steht –, mit einem Gefühl der Trauer zu konfrontieren, das ihn in eine Krise stürzen kann. Der Tod des geliebten Menschen, der nicht wie bei einem Unfall oder einem Herzinfarkt plötzlich und unerwartet eintritt, wird – wenn auch auf eine zwiespältige Weise – „erwartet". Zwiespältig deshalb, weil der Zugehörige zwar aufgrund der Diagnose weiß, dass der Tod kommen wird, aber er im Grunde nach wie vor ein Wunder[1346] erwartet, das dem unaufhaltsam fortschreitenden Sterben Einhalt gebietet und den drohenden Tod verhindert.[1347] Diese Form der Trauer bedarf einer speziellen Art und Weise der Begleitung, die hier als

---

vorher wühlt mich die Vorstellung auf. Habe Angst, wieder ganz von vorn anzufangen, Angst alles könnte so sein, wie vor zwei Jahren. (…) Der zweite Todestag rückt näher, bedrohlich. Wie soll ich ihn gestalten? Verbringe schlaflose Nächte."

[1345] *Lammer*, ³2004, S. 14. Der von *Lammer* gewählte Terminus „Zugehörige" umfasst sowohl die Angehörigen, als auch alle diejenigen, die dem Sterbenden nahe stehen, also Verwandte, Freunde, Kollegen, Nachbarn und ehrenamtliche Begleiter. Der Terminus soll in diesem Abschnitt angewendet werden, da der „Zugehörige" zwar in gewisser Weise schon ein „Trauernder" ist, aber noch kein Hinterbliebener; im Unterschied zu diesem steht der Zugehörige noch in einer lebendigen Verbundenheit mit dem Sterbenden.

[1346] Vgl. hierzu *Caine*, 1990, S. 22: „Einige von uns neigen dazu, an Wunder zu glauben, und wer wollte ihnen das nehmen?" Beispielsweise hofft der Zugehörige, dass die tödliche Diagnose ein Irrtum ist, dass es ein unbekanntes Medikament gibt, das Heilung bringt, oder dass der Betroffene so stark ist, dass er die todbringende Krankheit überwindet.

[1347] Die Zwiespältigkeit bezieht sich auch darauf, dass der Zugehörige einerseits möchte, dass der geliebte Mensch weiterlebt, andererseits aber angesichts des Leidens und der kaum (er-)tragbaren Belastung hofft, dass der Tod schnellstmöglich eintritt. Vgl. hierzu u.a. *Caine*, 1990, S. 11: „Ich wollte, daß Martin lebte, aber ich wollte, daß *es* vorüber sei." Dieser Zwiespalt bewirkt bei dem Zugehörigen häufig starke Schuldgefühle, die seitens des Begleiters erkannt und aufgenommen werden müssen.

„eisagogisch-hinführende Begleitung" bezeichnet werden soll. Sie kann ihren Einsatz nur dort finden, wo der Tod „vorhersehbar" geworden ist: In Krankenhäusern, Alten- und Pflegeheimen, in Hospizen und im eigenen Zuhause.[1348] Ein Hinführen, ein Vorbereiten auf den endgültigen und auf Dauer gestellten Abschied kann demnach nur dann stattfinden, wenn ein Zugehöriger den geliebten Menschen über einen längeren Zeitraum betreut. Mit dieser Begleitungsform wird nicht das schreckliche Geschehen vorweggenommen,[1349] das heißt, es besteht nicht die Annahme, dass hiermit die existentielle Dimension der Trauer antizipiert werden kann.[1350] Eisagogische oder hinführende Begleitung zielt einerseits darauf ab, dass dem betroffenen Mensch in einigen Bereichen eine Vorbereitung ermöglicht wird, denn „wenn man im voraus um die Ausweglosigkeit und Endgültigkeit einer Krankheit weiß, bleibt Zeit für eine frühzeitige Beratung und Planung und um Dinge in Ordnung zu bringen"[1351]. Andererseits befähigt diese Form der Begleitung den Zugehörigen dazu, dem Todkranken nahe zu bleiben, und ihn eben nicht aus „Angst vor der Ungewissheit"[1352] zum Sterben (oftmals im letzten Moment) in einer Institution unterzubringen. Die Angst vor der Ungewissheit speist sich nicht nur aus der ganz elementaren menschlichen Frage: „Wie soll ich leben,

---

[1348] Diese Form der Begleitung setzt voraus, dass der Zugehörige ebenso im Fokus der Aufmerksamkeit steht, wie der Sterbende. Da die hospizliche Begleitung des Sterbenden und seine Angehörigen als eine „unit of care" beziehungsweise als eine „Fürsorge- oder Betreuungseinheit" betrachtet, soll diese im weiteren Verlauf auch als Referenz für eisagogische Begleitung gelten. Natürlich gibt es die Notwendigkeit einer solchen Begleitungsform auch an den anderen Sterbeorten. Als Beispiel sei die Institution Krankenhaus genannt. Hier sterben die meisten Menschen. Weil jedoch der kurative Gedanke im Vordergrund steht, werden der Sterbende und so auch sein Zugehöriger häufig als Störfaktor empfunden. Somit bleibt die eisagogische Begleitung im institutionellen Bereich oftmals ein vereinzeltes Geschehen, das nur dann stattfindet, wenn ein Institutionsangehöriger von dieser Idee aufgrund seines persönlichen Menschenbildes überzeugt ist.

[1349] Hiermit soll auch der Aussage von *Verena Kast*, Trauer, S. 237f. In: *Johann-Christoph Student* (Hrsg.), Sterben, Tod und Trauer. Handbuch für Begleitende. Freiburg, Basel, Wien 2004, S. 232-238, widersprochen werden: „In der Besorgnisarbeit nimmt man den Trauerprozess vorweg, die drei Trauerphasen werden durchlebt." *Kast* unterscheidet zwischen der „Besorgnisarbeit", die vor dem Tod geleistet wird, und der „Trauerarbeit", die nach dem Tod geleistet wird.

[1350] Vgl. hierzu FN 1134 dieser Studie. Vgl. zu dem Begriff „antizipatorische Trauer" die Ausführungen von *Hans Peter Rosemeier*, Zur Psychologie der Begegnung des Kindes mit dem Tode, S. 305. In: *Rolf Winau, Hans Peter Rosemeier* (Hrsg.), Tod und Sterben. Berlin, New York 1984, S. 291-309: „Unter *antizipatorischen Trauern* versteht man bei Betroffenen stimulierte Prozesse, die darauf abzielen, den bevorstehenden Verlust wahrzunehmen, damit verbundene Gefühle zuzulassen, adaptive Mechanismen zu entwickeln und eine möglicherweise unsteuerbare Betroffenheit durch den Tod des [geliebten Menschen, S.B.] zu mindern." Diese Form der Trauer birgt die Gefahr, dass der Zugehörige den kommenden Verlust in dem Maße prospektiert, dass es zu einer Entfremdung zwischen ihm und dem Sterbenden kommen kann, was für beide eine zunehmende Isolation zur Folge haben kann. Vgl. hierzu auch *Jürgen Howe*, Das Sterben als Gegenstand psychosozialer Altersforschung. Stuttgart ²1989, S. 35f.

[1351] *Caine*, 1990, S. 21.

[1352] Nach *Student* lassen sich hier vier Angstgruppen unterscheiden: Angst vor Ungewissheit, Angst vor dem Leiden, Angst vor Verlusten und Angst vor dem Versagen. Vgl. hierzu *Ute Student, Johann-Christoph Student*, Die Angehörigen, S. 97. In: *Johann-Christoph Student* (Hrsg.), Das Hospizbuch. Freiburg im Breisgau ²1991, S. 97-113. Diese vier Angstgruppen können der „eisagogischen oder vorbereitenden Begleitung" durchaus als Maßstab beziehungsweise als „Wegweiser" für ihr „Tun" gelten, ohne dass hierauf nun im Einzelnen eingegangen werden soll.

wenn sie [die mir nah sind] nicht mehr da sind?"[1353] sondern auch daraus, dass der Zugehörige vielfach ohne jegliche Vorerfahrung hinsichtlich der letzten Lebensphase ist.[1354] Dies beinhaltet als wesentliche Forderungen an die Begleitenden, dass der Zugehörige rechtzeitig darüber informiert wird, dass die Erkrankung unausweichlich in den Tod führen wird,[1355] dass er über den möglichen Verlauf des Sterbeprozesses aufgeklärt wird,[1356] und dass er Kenntnis darüber erhält, dass nicht jeder Sterbende in Anwesenheit eines anderen Menschen stirbt (beziehungsweise sterben will).[1357] Einen Zugehörigen zu begleiten, der einer Zukunft ohne den geliebten Menschen entgegen geht, bedeutet ihm zu helfen, diese Zukunft gerade nicht durch vorzeitigen Beziehungsabbruch vorwegzunehmen, sondern bis zuletzt in Gemeinschaft zu leben. Es meint eine grundlegende Offenheit und Aufmerksamkeit hinsichtlich der gestellten Fragen des Zugehörigen an den Tag zu legen und Raum für (noch) ungestellte Fragen zu erschließen: es bedeutet, den Zugehörigen aus der Wortlosigkeit ins Wort zu führen. Es besagt ihm dabei behilflich zu sein, allem Sprache zu geben, was nach Ausdruck verlangt, ihm zu helfen, eigene Antworten zu finden. Antworten, die ihm einen sinntragenden Referenzrahmen ermöglichen und ihm Orientierung bieten. Eisagogisch-hinführende Begleitung

---

[1353] Vgl. hierzu das Gedicht „Memento" von *Mascha Kaléko*, Verse für Zeitgenossen. Reinbek bei Hamburg ¹⁹2004, S. 9.

[1354] Vgl. hierzu *Alois Hahn*, Einstellungen zum Tod und ihre soziale Bedingtheit. Stuttgart 1968, S. 34, wo er darauf hinweist, dass das Sterben von Angehörigen nur noch selten erlebt wird und kaum ein „intensiver Todeskontakt" besteht. Vgl. auch *Gerhard Schmied*, Sterben und Trauern in der modernen Gesellschaft. München 1988, S. 30, der ebenfalls darauf verweist, dass das „face to face" Erleben des Sterbens und des Todes selten geworden ist. Vgl. hierzu auch *Student,* ²1991, S. 98.

[1355] Der Terminus „rechtzeitig" verweist auf die Problematik der „Wahrheit am Krankenbett". Diese Thematik findet sich schon bei *Hippokrates* und ist auch heute noch Gegenstand teilweise kontroverser Diskussionen. Die todbringende Diagnose wird dem Zugehörigen im Alltag meist vom Arzt übermittelt. Die Übermittlung geschieht in einem Spektrum, das vom ängstlichen Davonlaufen und Delegieren über Hinhalten und Ausflüchte ersinnen bis zum Komplott des Schweigens, von der „gnädigen" Lüge bis zum sachlich-nüchternen Rapport erbarmungsloser Statistiken reicht. Diese Varianten beenden eine mögliche positive Auseinandersetzung des Zugehörigen mit dem Bevorstehenden noch bevor dieses begonnen hat. Der Angehörige bleibt mit all seinen Ängsten und Zweifeln alleine (und so auch der Sterbende). Wichtig wäre hier ein einfühlsames Gespräch, das als behutsamer, der Wahrheit verpflichteter, die Hoffnung nicht zerstörender Dialog dem Zugehörigen die Möglichkeit bietet, sich langsam für die „Wahrheit" aufzuschließen, die Realität nicht nur „anzuerkennen", sondern auch „anzunehmen", und sich so auf das, was kommt, vorzubereiten. Konzepte wie „Breaking bad news", wie sie langsam in die Fortbildung für Ärzte aufgenommen werden, versuchen dem bestehenden Dialogdefizit entgegenzuwirken. Vgl. hierzu Medizinreport, Kommunikation: Wahrheit am Krankenbett. Deutsches Ärzteblatt, Jg. 102, Heft 14, 8. April 2005.

[1356] Aufklären in diesem Kontext heißt, dem Zugehörigen mehr als eine kognitive Zur-Kenntnis-Nahme des bevorstehenden Todes zu ermöglichen. Es bedeutet, ihm Einsichten in den Sterbeprozess zu vermitteln, die ihm einerseits als Brücke zum Sterbenden dienen können und ihm andererseits sowohl Orientierung als auch eine gewisse Sicherheit bieten.

[1357] Vgl. hierzu unter anderem die Aussage von *Anne-Marie Tausch*, in: *Anne-Marie Tausch, Reinhard Tausch*, Sanftes Sterben. Was der Tod für das Leben bedeutet. Reinbek bei Hamburg 1991, S. 38: „Und ich weiß auch, daß ich im Augenblick meines Sterbens alleine sein möchte, nicht mehr abgelenkt durch andere, sondern wirklich in den Augenblick des Geschehens zentriert." Gerade dieser aufklärende Gedanke scheint wichtig, da sich Zugehörige immer wieder Vorwürfe machen, wenn sie nach nächtelangem Wachen am Krankenbett den Augenblick des Sterbens „verpasst" haben.

erfordert deshalb vom Begleitenden, die vorangehenden Begleitungsaspekte nicht nur zu kennen, sondern sie auch dort und dann einzusetzen, wo sie dem Zugehörigen auf dem schweren Weg des bevorstehenden Abschieds Hilfe und Unterstützung sein können.

Zusammenfassend lassen sich die Begleitungsformen folgendermaßen darstellen: Wird der Trauernde mit dem Verlust eines geliebten Menschen konfrontiert, benötigt er in erster Linie Trost und Verständnis, also *konsolatorisch-verstehende Begleitung*. Trauernde stellen in ihrer Verzweiflung immer wieder die Frage nach Sinn. Sie wollen dem schrecklichen Geschehen eine Bedeutung beimessen. Sie wollen wissen „Warum?" Hier kann es Aufgabe des Begleiters sein, einen Sinnstimulus zu setzen und den Trauernden behutsam zu provozieren, sich selbst hinsichtlich seines Selbst-Werdungsauftrages immer wieder zu prüfen. Dies wäre dann *stimulierend-provokative Begleitung*. Im Rahmen dieser stimulierenden Provokation wird der Trauernde vor Aufgaben gestellt, er wird provoziert Antworten zu finden – in Antworten hineinzuleben – die er im Schutze einer *reflektierend-verstehenden* Begleitung beständig hinterfragen sowie neu beantworten muss und darf. Der Hierbleibende braucht im Verlauf des Prozesses einen Menschen an seiner Seite, der mit ihm prüft, ob das, was er bis hierhin gewagt und erprobt, geglaubt und bezweifelt hat, ihn auch jetzt trägt und ihm erneut ein Gefühl der „Behaustheit" (*Buber*) vermitteln kann. Mit diesem Gesichtspunkt beschäftigt sich die *evaluierend-nachgehende Begleitungsform*. Abschließend und ergänzend wurde mit der *eisagoisch-hinführenden Begleitung* eine Begleitungsform aufgezeigt, die bereits im Vorfeld des Todesereignisses ihren Platz finden muss, damit der Zugehörige auf das Kommende und Unbekannte vorbereitet, ja gleichsam darauf hingeführt werden kann. In dieser Begleitungsform sind alle vorherig erarbeiteten Aspekte grundlegend aufgehoben. Wichtig ist, dass die jeweiligen Formen der Begleitung – trösten und verstehen, stimulieren und provozieren, reflektieren und verstehen, evaluieren und nachgehen sowie den Zugehörigen auf das, was kommt, hinzuführen – immer im Dienste der Selbst-Werdung stehen und relativ konstant in einem Frage-Antwort-Frage-Modus ausgestaltet werden sollen. In den Ausführungen ist deutlich geworden, dass „nicht nur das Nährende, also das Begleiten, Einfühlen, Lehren und Unterstützen zur Aufgabe des [Begleitenden gehört, S.B.], sondern auch das Prüfen, Herausfordern und Konfrontieren"[1358] und dies bedeutet, dass der Begleitende dem Trauernden in seinem Selbst-Werdungsprozess gewissermaßen als „Initiationsmeister" zur Seite stehen muss. „Initiationsmeister" im hier intendierten Sinne sind Menschen, die ein erfahrenes Wissen um die Kontingenz des Lebens und um ihre eigene Sterblichkeit haben. Als „Wissende" und „Eingeweihte" ermöglichen sie dem Trauernden seine eigene Deutung und Einordnung der Geschehnisse in den großen Zusammenhang des Lebens, wodurch er wieder Sicherheit sowie neue Kräfte und Fähigkeiten für den kommenden Lebensabschnitt gewinnen kann.

[1358] *Hirsch*, München 2004, S. 173.

5. Schlussgedanken

„Du bist tot. Das ist gewissermaßen zeitlos. (...) Nie zuvor, so glaube ich heute, habe ich soviel vom Leben gelernt wie in dieser vom herbsten Verlust verdüsterten Zeit. Nie zuvor habe ich soviel Dankbarkeit empfinden können wie seit dem schmerzlich gegangenen Weg durch die seelische Hölle. Nie zuvor war ich wahrscheinlich so neugierig auf mich selbst und so gespannt auf neue Erfahrungen. In deinem Tod, mein Mann, liegt ein großer Sinn. Ich würde dir gerne danken."[1359]
„Welche Begegnungen habe ich in der Trauer gehabt! Welche Tiefen habe ich in anderen Menschen entdecken dürfen, welches weite Netz wurde geknüpft. Ein unsichtbar gespanntes Netz, das auffängt und trägt. Ein Geschenk."[1360]

Die diesem Kapitel vorangestellten Worte fassen verdichtet und emphatisch die beiden tragenden Thesen dieser Studie zusammen. Erstens: Der Tod eines geliebten Menschen und die damit einhergehende Trauer können dem Zurückbleibenden zur Grundlage seines Selbst-Werdungsprozesses werden beziehungsweise einen spezifischen Modus in diesem Prozess darstellen. Zweitens: Der Trauernde kann seinen Weg der Selbst-Werdung nicht alleine gehen, sondern er braucht für die je eigenen – indirekten – Entzifferungen seines Selbst den Mitmenschen. Aus diesen beiden Thesen wurden zwei, die Studie leitende Fragen deduziert. Erstens: Inwiefern berührt die Trauer den Prozess der Selbst-Werdung? Zweitens: Wie beziehungsweise was kann Begleitung dazu beitragen, dass dieser Selbst-Werdungsprozess des Trauernden gelingt? Im Folgenden sollen – mit impliziten Bezug auf diese beiden Fragen – die wichtigsten Ergebnisse zusammengefasst sowie die gewonnenen Einsichten noch einmal grundsätzlich vergegenwärtigt werden. Hieraus ergeben sich dann mögliche Anknüpfungspunkte für weitere Forschungsarbeiten.

Der Mensch hat ein Wissen um seine Sterblichkeit, er weiß, dass ihm der Tod das einzige Gewisse in seinem Leben ist (*Augustinus*),[1361] und obwohl er mit seinem Tod „rechnet" (*Scheler*), stürzt ihn der Tod eines nahe stehenden Menschen in tiefste Verzweiflung und löst ein Gefühl der Trauer in ihm aus, das ihn auf allen Ebenen seines Menschseins ergreift und anfragt.[1362] Im irreversiblen Zerriss des „Wir" erfährt er eine „gefühlte Bedeutung vom Tod" (*Zwierlein*), die seine „vorbewusste Unsterblichkeitsillusion" (*Freud*) aufhebt und einen Zerbruch seines bisherigen Identitätsempfindens zur Folge hat. In der Verdunkelung der Verzweiflung steht der Trauernde vor den Trümmern seiner Welt, in der ihm der geliebte Mensch nur noch als Horizont des „Nie mehr Wieder" erscheint und den all sein Suchen nicht mehr wiederbringen kann. Im Zerfall seiner – bis zu diesem Zeitpunkt geltenden – Deutungs-, Denk- und Glaubensmuster sieht er sowohl sich selbst als auch seine Welt auf radikale Weise in Frage gestellt. Ver-

---

[1359] *Schlegel-Holzmann*, 8/2004, S. 92f.
[1360] Ebenda, S. 57.
[1361] Vgl. hierzu *Augustinus*, Wahrheit und Liebe. Auswahl aus den Schriften des hl. Augustinus. Mainz 3/1954, S. 155: „Nur eins gibt es für dich auf dieser Erde, was sicher und gewiß ist; es ist der Tod. (...) Magst du dich wenden, wohin auch immer, alles ist ungewiß; nur der Tod ist es nicht. (...) Von lauter Ungewissem umgeben ist der Tod das einzig Gewisse. Und vor ihm, dem man nimmer entgehen kann, hüte man sich gar sehr."
[1362] Vgl. hierzu *Camus*, 5/2003, S. 25: „Man kann nie genug darüber staunen, daß alle so leben, als ob niemand <wüßte>."

zweifelnd und hoffend, klagend und weinend findet er sich hineingestellt in die Spannung zwischen Lebensüberdruss und Todesangst, zwischen dem Wunsch dem geliebten Menschen nachsterben zu wollen, und dem, das – im Moment nicht lebenswert anmutende – Leben weiterzuleben. In dieser tiefen Zurückgeworfenheit auf sich selbst, in der Einsamkeit der Verzweiflung wird sich der Trauernde selbst zur großen Frage (*Augustinus*). In der Erschütterung seines Selbst- und Weltbildes wird er von einem eigenartigen „Staunen" (*Jaspers*) ergriffen, das sein Bewusstsein weckt und den nächsten Schritt herausfordert. Weicht er dieser Erschütterung nicht aus, so wird es ihm gerade aus dem Spannungsfeld seines erfahrenen und durchlebten Leides heraus möglich, zu wachsen, zu reifen, kurz gesagt, sich zu individualisieren und seinen Weg der Selbst-Werdung zu gehen – also „Mensch zu werden" (*Landsberg*). Um die (in Kapitel 3.3 dargestellten) Initiationsstationen „Abschied – Tod – Neubeginn" zu durchlaufen und als verwandelter, transformierter Mensch ins Leben zurückzukehren, bedarf es jedoch nicht nur der unausweichlichen Erschütterung. Menschwerdung im existentiellen Sinne kann sich nur in der existentiellen Kommunikation (*Jaspers*) vollziehen, das heißt, wenn ein Mitmensch – ein Du (*Buber*) – dem Trauernden offen und vorbehaltlos begegnet, ihn als gleichberechtigten Partner anerkennt, sich dessen Leid vergegenwärtigt und dabei jegliches fixierende Wissen vermeidet. Existentielle Kommunikation (*Jaspers*) oder Begegnung (*Buber*) muss stattfinden, damit sich eine Form der Begleitung entwickeln kann, die dem Trauernden auf einfühlsame Weise, orientiert an seinen jeweiligen Bedürfnissen, Weggeleit geben kann.

Der Mensch lebt sein Leben für gewöhnlich in einer mehr oder weniger unhinterfragten Naivität, die ihm suggeriert, dass alles so ist, wie er es sieht, interpretiert und einordnet. Er fühlt sich auf seine eigene Weise wohl und aufgehoben und lebt in einer Art „Kindheitsvertrauen" – wie in einem vorbewussten Paradies – vor sich hin. Funktionierend, planend und organisierend wiegt er sich – eingebunden in einen Zustand der Routine, Gewohnheiten und Zerstreuungen (*Pascal*) – in einer vermeintlichen Daseins-Sicherheit und entfremdet sich dabei zunehmend von sich selbst. Doch mit dem Tod des geliebten Menschen, der den Zurückbleibenden – trotz seines grundsätzlich vorhandenen Sterblichkeitsbewusstseins – wie ein extraterrestrisches Ereignis trifft, brechen diese oftmals mühsam aufgebauten und über einen langen Zeitraum angehäuften Sicherheiten zusammen: Es „stürzen die Kulissen ein" (*Camus*). Der Grad der Erschütterung steht dabei in engem Zusammenhang mit der Frage, in welchem Maße der Trauernde sein Dasein als absolutes gesehen hat. Im Zusammenbruch dessen, was ihn getragen und gehalten hat, wird er erschüttert, wird er in eine Grenzsituation (*Jaspers*) hineingestellt, die ihn auf einzigartige Weise „anruft" und „wachrüttelt". Grenzsituationen sind durch eine doppelte Struktur gekennzeichnet: Unausweichlichkeit (Ich kann nichts tun!) und Undurchschaubarkeit (Warum ist das so?). Hieran wird deutlich, dass zwischen dem Erleben der Grenzsituation und dem Scheitern ein unmittelbarer Zusammenhang besteht. Der Mensch kann nicht anders, als in der Grenzsituation zu scheitern. Dies muss er als eine Grundgegebenheit seines Menschseins bejahen. Die Annahme dieser Gegebenheit besagt jedoch nicht, sich einem Fatalismus hinzugeben, der in der Auffassung gründet, dass ein vorhersehbares Scheitern ohnehin alles sinnlos werden lässt und deshalb als Aufruf zur Passivität verstanden werden kann: „Was soll das alles noch?" Vielmehr gewinnt in dieser Grundgegebenheit die Frage nach dem „Wie" des Scheiterns Gestalt: „Wie scheitert der Mensch?" Diese Frage zu beantworten, macht es erforderlich, weitere Fragen in den Blick zu nehmen, nämlich: „Welche

Stellung bezieht der Trauernde zu dem Geschehenen?", "Wie geht er damit um?", "Was ist der Sinn seiner Trauer?". Denn die Einsichten, die der Zurückbleibende in diesem Zusammenbruch gewinnt, sind zunächst nur als ein Aufblitzen zu verstehen, das weder zwingend nachhaltig noch notwendig richtungweisend für seinen Selbst-Werdungsprozess ist. Der Trauernde muss sich entscheiden: entweder sich dem grenzsituativen Ereignis verweigern oder offenen Auges in die Grenzsituation eintreten (*Jaspers*). Verweigern kann bedeuten, dass sich der Zurückbleibende den unterschiedlichsten Varianten des Ausweichens (Vogel-Strauß-Politik, Zerstreuungen, Aktionismus, Ignorieren, Blindstellen etc.) hingibt mit der Folge, dass die Frage nach Sinn – nach dem „Wozu?" – ungestellt bleibt, die eigene Fraglichkeit ausgeblendet wird und der Trauernde auf diese (in der Regel unbewusste) Weise seine Rückkehr in den Modus der Uneigentlichkeit vollzieht. Er wird versuchen, Wege zu finden, die es ihm erlauben, seinen Alltag im alten Muster zu gestalten: Er re-illusioniert sich gewissermaßen. Im Niederhalten der Verzweiflung, im Überdecken der äußeren und inneren Leere, im Unterdrücken der aufgebrochenen Fragen nach Sinn, verschließt sich der Trauernde zunehmend einem „Sehen", das zur Selbst-Erkenntnis und Selbst-Annahme führen könnte, und verhindert so einen möglichen damit einhergehenden beziehungsweise daraus hervorgehenden Transformations- und Gestaltungsprozess. In diesem Ausweichen verschließt er sich gleichzeitig der Möglichkeit der Trauer-Begegnung und lässt keine entsprechende Ich-Du-Beziehung zustande kommen. Der Mit-Mensch, der ihm Verständnis und Trost, Stimulation und Provokation, Reflexion und Verstehen entgegen bringt – bringen könnte – bleibt ihm bloßes Gegenüber, die ihm innewohnende Möglichkeit zur existentiellen Kommunikation bleibt unentdeckt, der Weg in die Eigentlichkeit bleibt ungenutzt.

Tritt der Hierbleibende jedoch in die Grenzsituation ein, dann kann er in einen Verstehens- und Integrationsprozess hineingelangen, der ihm eine Art existentieller Tiefensicht erlaubt. Dann kann die Trauer dem Hierbleibenden (bisher ungekannte und ungeahnte) Einsichten in sein Innerstes gewähren, die sowohl sein individuelles als auch sein universelles Menschsein betreffen. Insofern kann die Trauer – metaphorisch formuliert – als ein Phänomen bezeichnet werden, das dem trauernden Menschen, wie durch ein sonst eher verschlossenes Fenster hindurch, sowohl individuelle als auch universelle Einblicke in die Seinsweise des menschlichen Lebens gewährt. Die Dichte und Tiefe der gewonnenen Einsichten, die der Zurückbleibende – Trauerarbeit leistend – enthüllen kann, stehen zu zweierlei Gegebenheiten in unmittelbarer Abhängigkeit: Erstens sind sie abhängig davon, ob und inwieweit der Trauernde es schafft, die erfahrene Grenzsituation leidend, kämpfend sowie auch ertragend auszuhalten. Zweitens stehen sie in direktem Bezug zu der Frage, ob der Trauernde es gleichzeitig bewerkstelligt, sich damit auseinanderzusetzen, dass er sowohl in eigene Ambivalenzen als auch in die ambivalente Verfassung des Lebens verwoben ist. Indem der Tod des geliebten Menschen einem Schattenriss gleich durch sein Leben hindurchgegangen ist, hat er eine Spaltung sichtbar gemacht, die es zu ertragen und anzunehmen gilt. Der Hierbleibende muss sich quasi den Gedanken zu Eigen machen, er muss „ein-sehen", dass Leben nicht nur versöhntes Leben, sondern auch – und vielleicht sogar immer – „entzweites Leben" (*Hegel*) ist. In dieser gewonnenen Einsicht wird sich der Trauernde selbst zur Frage. Er erkennt, dass er nicht nur Fragen *hat*, sondern dass er selbst eine Frage *ist* (*Zwierlein*). Im Zerbruch des bisher für „wahr" genommenen „sieht" er, dass alle bisherigen Antworten (sowohl die vorgegebenen als auch die selbst gegebenen) nur Provisorien mit fragmentarischem Charakter sind, die jederzeit wieder in Frage gestellt werden können. Dass er weder seine Vergangenheit, Gegenwart und Zukunft noch sich selbst gänzlich erhellen kann, sondern dass immer etwas im Dunkeln bleibt: Er erkennt, dass die Intransparenz unabdingbar zu seinem Wesen gehört (*Zwierlein*), und dass er grundsätzlich mehr ist, als er von sich weiß (*Jaspers*). Die wesenhaft zum Menschen gehörende Intransparenz ist ein Teil seiner Fraglichkeit beziehungsweise beschreibt den Menschen als nicht aufzulösendes Geheimnis (*Zwierlein*). Nimmt der Trauernde nun – trotz (oder gerade wegen) seines Schmerzes, seiner Verzweiflung und seiner Einsamkeit – die Faktizität seines Nicht-Wissens an, weicht er seiner damit einhergehenden grundgegebenen Fraglichkeit nicht aus, sondern nimmt bewusst Stellung zu ihr, tritt gewisserweise zu ihr in Kontakt, wird er in eine „Sehnsuchts-Bewegung" versetzt, die als Movens seiner Selbst-Werdung definiert werden kann (*Zwierlein*). Indem die Trauer die Fraglichkeit des Menschen offenbart, ihn in ein umfassendes Nicht-Verstehen hineinstellt, berührt sie in einem spezifischen Maße den Prozess der Selbst-Werdung und setzt diesen in Gang. In den selbstbezüglichen Modi des Wahrnehmens, Erkennens und Annehmens tritt der Trauernde nicht nur in Kontakt zu seinem „Selbst", sondern das „Selbst" wird gewissermaßen „geboren" – es wird „offenbargeschafft" (*Zwierlein*). Ergänzen wir dies um den Gedanken der grundlegenden Fraglichkeit des Menschens, dann lässt sich festhalten, dass Selbst-Werdung ein prozesshaftes Geschehen ist, das niemals mit dem Moment des Erwachens vollendet sein kann.

Dem Aufruf „Erkenne dich selbst!", „Werde, der du bist!" Folge zu leisten, setzt neben der eigenen inneren Bereitschaft „sehen zu lernen" (*Rilke*) die Gegebenheit und Zugewandtheit eines „Du" voraus, das den Zurückbleibenden auf seinem Trauer-Weg begleitet. Die Trauerarbeit des Zurückbleibenden kann gelingen, wenn ihm ein Gegenüber – ein Mit-Mensch – mit Hilfe der unterschiedlichen Begleitungsmodi (Konsolation, Stimulation, Provokation, Reflexion, Evaluation) dabei zur Seite steht, sich in seinen eigenen Akten des Entscheidens und des Wählens auf den Weg zu bringen, sich dabei selbst zu entdecken, sich zu gestalten und wieder aufs Neue in Frage stellen zu lassen beziehungsweise sich selbst in Frage zu stellen: Das sich hieran immer wieder anschließende „Wozu?", das auf Sinndeutung und Sinngewinn abzielt, kann dann als konstitutives Moment des Selbst-Werdungsprozesses verstanden werden, in dem Trauer eine grundlegende Rolle spielt.

Das dieser Studie zugrunde liegende existentielle (dialogische) Menschenbild verweist schon von seinem Grundcharakter her auf verschiedene Problembereiche, die weitere Fragen aufwerfen und interdisziplinäre Antworten herausfordern, um wieder und wieder im erneuten und vertiefenden Weiterforschen bereits gewonnene Einsichten zu modifizieren und neue Perspektiven zu eröffnen. So kann versucht werden, das Phänomen „Trauer" Facette für Facette zu „erhellen", ohne sich darüber zu täuschen, dieses – die menschliche Existenz zutiefst berührende Phänomen – gänzlich „aufhellen" zu können. Aus den existenz-philosophisch erschlossenen Einsichten tut sich – so *Bollnow* – „ein ausgedehnter Bereich neuer Forschungsaufgaben"[1363] auf und so sollen im Folgenden beispielhaft existentiell ausgerichtete Frageansätze skizziert werden, die unter Einbeziehung der in dieser Arbeit gewonnenen Einsichten in weiteren Forschungsansätzen vertieft, spezifiziert und vorangebracht werden können.

[1363] *Bollnow*, 61955, S. 136.

Wie kann ein „Lebensklima", das der Sterblichkeit, Kontingenz und Fraglichkeit des Menschen entspricht, unter den Bedingungen der Gegenwartskultur entwickelt werden, damit der Prozess der Trauerarbeit gelingen kann? Die Haltung des modernen Menschen gegenüber Sterben, Tod und Trauer wird in hohem Maße durch eine Omnipotenzgläubigkeit hinsichtlich der medizinischen Möglichkeiten zur Lebenserhaltung und Lebensverlängerung bestimmt.[1364] Der Blick ist vorherrschend auf das lebendige Dasein (jenseits der Leid-Grenzen) sowie auf das (Noch-)Machbare gerichtet. Dass eine solche Haltung auch für das Trauerverhalten nicht ohne Folgen bleibt, wird beispielsweise deutlich am Rückgang oder am Wegfallen tradierter und ritueller Umgangsformen anlässlich des Todes eines Menschen. Dieser fehlende „Halt" stellt den Trauernden in eine zusätzliche Orientierungs- und Ratlosigkeit hinein. Gehen wir davon aus, dass kulturelle Ausdrucksformen (rituelle Gegebenheiten unterschiedlichster Art und Weise) immer auf sozialen Erfahrungen basieren und soziale Erfahrungen ihrerseits kulturelle Ausdrucksformen hervorbringen, dann wird ersichtlich, dass der moderne trauernde Mensch in einer Art „circulus vitiosus" gefangen ist: Die Bezogenheit des Trauernden auf die Gesellschaft prägt seinen Umgang mit dem eigenen Trauerempfinden. Der Umgang mit seinem eigenen Trauerempfinden hat Rückwirkungen auf die Gesellschaft. In der Konsequenz bedeutet dies, dass Trauer zunehmend und fortführend verstanden wird als etwas Bedrohliches, als etwas Fremdes, das es möglichst auszugrenzen gilt. Tendenzen hierzu sind nicht nur die vielfältigen individuellen Versuche des „Ausweichens", sondern auch die – auf den ersten Blick als notwendig erscheinenden – Professionalisierungs-Tendenzen. Ein Forschungsansatz, der die in der Begleitung trauernder Menschen erforderlichen dialogischen Wesensmerkmale, wie beispielsweise Präsenz, Vertrauen, Ehrfurcht, Liebe, Hoffnung, Glauben, in den Fokus der Betrachtungen stellt, kann – in der Bewusstmachung dieser Wesenswerte – den hier skizzierten „Teufelskreis" öffnen. Auf den ersten Blick scheint die Auseinandersetzung mit diesen Existentialien sowohl dem Zeitgeist der modernen – technik- und leistungsorientierten – Gesellschaft, als auch einer zielgerichteten, objektiven Wissenserweiterung des Themengebietes entgegenzustehen. Eine wissenschaftliche Diskussion, die sich diesen Wesensmerkmalen – mit Blick auf den dialogischen Prozess zwischen Trauernden und Begleitenden – zuwendet, könnte jedoch grundlegend deutlich machen, dass scheinbar widersprüchliche Merkmale des Menschen, wie Kognition und Empathie, Vertrauen und Information, Erklären und Verstehen, Wissen und Kreativität sich nicht ausschließen, sondern sich gegenseitig durchdringen und befruchten und einer (hier intendierten) Begleitungskultur der Mit-Menschlichkeit Inhalt, Form und Gestalt verleihen können. Sich dieser Problematik zuzuwenden, könnte Gegenstand einer sozial-philosophischen Forschungsarbeit sein.

[1364] Natürlich sind auch gegenläufige Tendenzen zu beobachten, wie etwa die Erkenntnis, dass die intensiv-medizinischen Möglichkeiten das Sterben unerträglich verlängern können. Auch Phänomene, wie beispielsweise die Pathologisierung des Sterbens (es geschieht im Krankenhaus), die Entfremdung des sterbenden Menschen von seinem sozialen Gefüge (Angehörige erleben das Sterben oft gar nicht mehr mit) sowie eine „Entsorgungsmentalität" im Blick auf den Leichnam (Zunahme anonymer Bestattungen) verhindern eine Einbeziehung des Todes ins Leben. Hinzu kommen Veränderungen in den Sozial-Gefügen der Gegenwart – wie Zunahme der Single-Haushalte, Aufhebung traditioneller familiärer und Entstehung neuer familialer Strukturen –, die sich destabilisierend auf die Wahrnehmung und Gestaltung von Sterben, Tod und Trauer auswirken.

Inwiefern wird die Bedeutsamkeit von Sprache für den Prozess der Trauerarbeit berücksichtigt? Der Mensch ist von seiner Grundstruktur her auf den Mit-Menschen bezogen, er kann sich nur kommunizierend – also im Dialog – zur Existenz erheben und den Weg der Eigentlichkeit gehen. Ohne diese Voraussetzung bleibt er dem Dasein, der Uneigentlichkeit, verhaftet. Hier zeichnet sich eine zentrale Problematik ab. Trauer nämlich – so wurde deutlich – macht „sprachlos und wortlos", und dies sowohl im existentiellen als auch im alltäglichen Verständnis. Es scheinen sich also notwendige Voraussetzung (Kommunikation) und reale Gegebenheit (Sprachlosigkeit) konträr gegenüber zu stehen. Sich diese Problematik zum Untersuchungsgegenstand zu machen und daraus eine anthropologische Kommunikationstheorie – die die Sprach- und Wortlosigkeit des Trauernden (und seiner Begleitenden) zum Gegenstand und Ziel ihrer Bemühungen hat – zu entwerfen, kann Inhalt einer sprachphilosophischen Forschungsarbeit sein.

Welche Bedeutung kommt dem Phänomen „Offenheit" in der Begleitung trauernder Menschen zu? Dem existenz-philosophischen Gedanken zu folgen, dass der Mensch ein nichtaufzulösendes Geheimnis ist, erfordert eine wissenschaftliche Auseinandersetzung, die sich mit dem Themengebiet der „Offenheit in der Trauerbegleitung" auseinandersetzt und dabei die Mehrdimensionalität dieses Phänomens im Blick hat. Der Prozess der Trauerbegleitung selbst ist durch „Offenheit" charakterisiert. Trauernder und Begleitender sind zwar (implizit und explizit) geleitet von dem Gedanken der Selbst-Werdung (Erkenne dich selbst!" – im Angesicht des Todes, „Werde, der du bist!" – angesichts der Sterblichkeit und des Todes), diese kann jedoch nicht als feststehendes Ziel anvisiert werden. Selbst-Werdung geschieht beziehungsweise ereignet sich vielmehr im Durchleben des grenzsituativen Geschehens und trägt immer das Gesicht eines ungewissen Ausgangs. Trauernder und Begleitender sind im gemeinsamen Begehen des Begleitprozesses wechselseitig aufeinanderbezogen – sie sind für einander „aufgeschlossen". Es ist nicht nur der Begleitende, der dem Trauernden zu Einsichten verhilft, sondern auch der Begleitende gewinnt Einsichten, die ihn zum „Aufbruch" auffordern und seinen individuellen Selbst-Werdungsprozess begünstigen. Wesenhaft gekennzeichnet durch „nicht aufzulösende Intransparenz" und „Verwiesenheit auf Transzendenz" ist sowohl der Trauernde als auch der Begleitende der „Geschlossenheit" entzogen, das heißt, sie sind ursprünglich durch das Existential „Offenheit" gekennzeichnet. Für eine gelingende Kommunikation (existentielle Kommunikation) zwischen Trauerndem und Begleitendem bedeutet dies, das Merkmal der „Offenheit" als Grundsatz zu wahren, den Menschen im Ganzen als „offene Frage" anzusehen und ihm auch als solcher zu begegnen. „Offenheit" verweist jedoch nicht nur auf Möglichkeiten und Potentiale, sondern auch darauf, dass sowohl der Trauernde als auch sein Begleitender der Brüchigkeit und Kontingenz des Lebens ausgesetzt sind. Beide sehen sich in die gleichen sinngebenden und sinnzerstörenden Lebens-Gegebenheiten hineingestellt. „Offenheit" steht hier in einem unauflösbaren Spannungsfeld: Einerseits fordert sie den Menschen zum Erfassen seiner Hoffnungs-, Sinn und Vertrauenspotentiale heraus, andererseits verweist sie im gleichen Atemzug auf das Grenzsituative, auf Wagnis und Entscheidung, auf das Absurditätsrisiko, dem der Mensch mit jedem Atemzug ausgesetzt ist. Die Mehrdimensionalität des Phänomens „Offenheit" zu analysieren, die Ergebnisse zueinander in Beziehung zu stellen und ihre Bedeutsamkeit für das existentielle Begleitungs-Geschehen herauszuarbeiten, könnte eine weitere (existenz-philosophisch ausgerichtete) Forschungsanfrage darstellen.

Welche „pädagogischen Momente" lassen sich aus dem Existential „Trauer" ableiten und wo finden diese ihre Anknüpfung in den (hier erarbeiteten) unterschiedlichen Begleitungsmodi? In dieser Studie wurde der Versuch unternommen, das Phänomen „Trauer" in existenzphilosophischer Perspektive darzustellen, auf das der Begleitende mit den unterschiedlichen Begleitungsformen einzugehen beziehungsweise zu antworten versucht. Einen nahe stehenden Menschen zu verlieren, bedeutet für den Zurückbleibenden, einer Erschütterung ausgesetzt zu sein, die ihn „wachrüttelt" und der er mit seinen bisherigen Bewältigungsmechanismen nicht ausreichend begegnen kann. Eine solche Grenzsituation ruft ihn quasi an und fordert ihn auf: „Du mußt dein Leben ändern!" (*Rilke*). Der Hierbleibende muss sich neu orientieren, er muss sich zu dieser wahr gewordenen „Unmöglichkeit" des endgültigen Verlustes verhalten. Dazu muss er wieder und wieder Entscheidungen treffen: Er muss eigene aktive Antworten finden und geben. Hierzu bedarf er des Mit-Menschen, er braucht den Anderen, der ihn unterstützt und ihn dabei begleitet, den gemeinschaftlichen Bezug wiederherzustellen. Will der in dieser Studie erarbeitete existentielle Begleitungsansatz auf seine fassbare Wirksamkeit – hinsichtlich des Selbst-Werdungsprozesses – befragt werden, muss er in der begleiterischen Praxis trauernder Menschen eingesetzt werden, denn „durch ein Über-die-Sache-Reden kommt man niemals in die Sache selber hinein"[1365]. Hierzu müss(t)en die herausgearbeiteten Begleitungsmodi (Kapitel 4.5) – die an den existentiellen Gegebenheiten des Menschen orientiert sind – in ein „anthropologisches Trauer-Begleitungs-Modell" gefasst, empirisch eingesetzt und validiert werden. Validation würde hier bedeuten, den existentiellen Momenten und Fragestellungen, die in der Begleitsituation „auftauchen", grundlegende Aufmerksamkeit zu schenken, um sie in einer systematischen Analyse differenziert zu untersuchen. Ein solches Vorhaben braucht die Bereitschaft von Trauerbegleitern, sich explizit für einen existentiellen Zugang in ihrer Begleitungsarbeit zu öffnen, das heißt: die eigene Selbst-Befangenheit wahrzunehmen, sich aufmerksam und achtsam mit den Gegebenheiten der menschlichen Existenz auseinanderzusetzen, sich den Problemen, die in der menschlichen Existenz wurzeln, zu stellen, die existentiellen Momente in den Fragen des Trauernden herauszuhören, sie aufzugreifen und ihnen nicht auszuweichen. In der Einleitung dieser Studie wurde *Zöpfl* zitiert, der darauf hinweist, dass jeder „Todesfall", von dem „ich erfahre, rein dadurch, daß ich auf meinen eigenen Tod entweder aufmerksam gemacht oder daran erinnert werde, von vorneherein ein pädagogisches Moment"[1366] beinhaltet. Die „pädagogischen Momente" im existentiellen Prozess der Trauer herauszuarbeiten, pädagogische Anforderungen und Konkretisierungen sichtbar zu machen, und sie mit den hier erarbeiteten Begleitungsmodi zu verknüpfen, stellt eine pädagogische Herausforderung für eine entsprechende Forschungsarbeit dar. Letztlich muss sich aus einem solchen Forschungsansatz – der sowohl eine theoretische als auch eine praktische Herausforderung für die Pädagogik bedeutet – die Frage beantworten lassen, *ob die in dieser Studie dargestellten Begleitungsformen dazu beitragen, dass der trauernde Mensch Einsichten in die existentiellen Gegebenheiten seines Menschseins erhält, und ob er sich diese auch nachhaltig zur Gestaltung seines Selbst und seiner Lebensführung bewahren kann.*

[1365] *Derbolav*, 1970, S. 47.
[1366] *Zöpfl*, 1967, S. 112. Vgl. FN 62 dieser Studie.

In dieser Studie wurden die Gedanken zum Phänomen „Trauer" aus existenzphilosophischer Sicht erschlossen. Unter dem Grundgedanken, dass Trauer ein spezifischer Modus im Prozess der Selbst-Werdung ist, wurde das vorliegende Themengebiet in einer Art anthropologischer Tiefengrammatik durchdekliniert. Dies erschien deshalb notwendig, da die einzelnen Wissenschaftsrichtungen, die sich mit dem Phänomen „Trauer" auseinandersetzen, häufig die existentielle Situation des Menschen implizit voraussetzen, ohne sie explizit in den Blick zu nehmen, was zur Folge hat, dass wichtige existentielle Schlüsse ungezogen bleiben. Im Durchdenken und Bearbeiten des Themengebietes wurden zwar Einsichten gefunden, die der heterogenen Forschungslandschaft als Grundlage für weitere Reflexionen dienen beziehungsweise den einzelwissenschaftlichen Disziplinen ein Movens für weitere Forschungsansätze sein können, wie in den zuvor genannten Forschungsfragen, ist dabei jedoch zu bedenken, dass diese ihrerseits wiederum (unausweichlich) Fragen grundlegender, auch existenz-philosophischer Art aufwerfen. Dies bedeutet, dass die hier erzielten Erkenntnisse zu keinem Zeitpunkt als definitive Antworten angesehen werden können. Dieser Umstand ist jedoch nicht als Schwäche des existenz-philosophischen Forschens auszulegen, sondern sollte unter dem Grundgedanken betrachtet werden, „daß jede wirkliche Erkenntnis unmöglich ist. Wir vermögen nur Erscheinungsformen aufzuzählen und das Klima spürbar zu machen"[1367]. Alle Antworten, die sich auf gestellte (und noch zu stellende) Forschungsfragen finden werden, tragen weder das Siegel der Eindeutigkeit noch das der immerwährenden „Haltbarkeit". Sie sind – ebenso wie die möglichen Antworten auf die Fragen der menschlichen Existenz – immer unter dem Aspekt des Fragmentarischen, Provisorischen und Experimentellen zu entziffern,[1368] steht doch „alles forschende Denken (..) vor dem doppelten Problem, daß es weder sich selbst abschließend und umfassend zu bestimmen vermag, noch die unendliche Komplexität seiner Gegenstände, die alle miteinander verwoben und verbunden scheinen, einholen kann: Das ganze Meer wandelt sich um eines einzigen Steines willen"[1369].

Der Trauernde ist mit dem Tod des geliebten Menschen an eine Grenze gestoßen, die ihm eine existentielle Entscheidung abverlangt hat: Leb oder stirb, aber entscheide dich! (*Philipe*). Im bewussten Entscheid für das Leben hat der Hierbleibende – wenn es ihm gelingt – Perspektiven verschoben, neue Orientierungslinien entworfen, Lebens-Werte in Frage gestellt und neu überdacht, Potentiale und Möglichkeiten entdeckt, Bedeutungsloses von Bedeutungsvollem geschieden, sich von alten Beziehungen verabschiedet und neue hinzugewonnen, die Illusion der Unsterblichkeit zugunsten des Wissens um die Vergänglichkeit des Lebens aufgegeben, den Tod in sich aufgenommen, sich selbst als nicht aufzulösendes Geheimnis angenommen. Im Verlassen des Vertrauten, im Durchgang durch das Land der Trauer, hat der Trauernde zu sich selbst, zu anderen und zur Welt eine Haltung der „inneren Unabhängigkeit" gefunden, die es ihm ermöglicht, sich „er-neut" auf das Abenteuer Leben einzulassen: *Der ganze Mensch wandelt, trauernd, sein Selbst um dieses einen einzigen Todes willen.*

[1367] *Camus*, ⁵2003, S. 22.
[1368] Vgl. hierzu *Bollnow*, 1966, S. 141: „Philosophische Grundlegung und empirische Einzelforschung stehen nicht in dem Verhältnis eines Vorher und Nachher, sondern sind in notwendig zirkelhafter wechselseitiger Abhängigkeit miteinander verbunden und bleiben dies auch für die Zukunft in gleicher Weise."
[1369] *Zwierlein*, 1997, S. 24.

6. Literaturverzeichnis

Abramowski, Claudia, ... wenn ein Leben zu Ende geht ..., S. 359-366. In: **Lilie**, *Ulrich*; **Zwierlein**, *Eduard* (Hrsg.), Handbuch integrierte Sterbebegleitung. Gütersloh 2004.

Aliti, Angelika, Die Sucht unsterblich zu sein. Warum der Mensch den Tod fürchtet und darüber das Leben versäumt. Stuttgart 1991.

Ariès, Philippe, Geschichte des Todes. München. Wien ²1980.

Artzi-Pelossof, Noa Ben, Trauer und Hoffnung. Berlin 1996.

Augustinus, Aurelius, Bekenntnisse und Gottesstaat. Ausgewählt von **Bernhardt**, *Joseph*. Stuttgart ⁵1951.

Augustinus, Aurelius, Wahrheit und Liebe. Auswahl aus den Schriften des hl. Augustinus. Mainz ³1954.

Augustinus, Aurelius, Über die wahre Religion, S. 128-152. In: Augustinus. Philosophie jetzt! Ausgewählt und vorgestellt von **Flasch**, *Kurt*; **Sloterdijk**, *Peter* (Hrsg.). München 2000.

Augustinus, Aurelius, Die Bekenntnisse. Übertragung, Einleitung und Anmerkungen von **Balthasar von**, *Hans Urs*. Einsiedeln ⁴2002.

Bacqué, Marie-Frédérique, Mut zur Trauer. Die Akzeptanz eines notwendigen Lebensgefühls. München 1994.

Beauvoir de, Simone, Die Zeremonie des Abschieds und Gespräche mit Jean Paul Sartre. August-September 1974. Reinbek bei Hamburg 1983.

Beckmann, Silvia, Zwischen Himmel und Erde – Die Aufgabe der Seelsorge in Verabschiedungssituationen, S. 173-180. In: **Smeding**, *Ruthmarijke*; **Heitkönig-Wilp**, *Margarete* (Hrsg.), Trauer erschließen – Eine Tafel der Gezeiten. Wuppertal 2005.

Beckmann, Betae, Symposium Internationale Edith Stein. Rom-Teresianum 1998. Url: http://www.ocd.pcn.net/edsi_db.htm (14.07.05).

Behler, Ernst, Nachwort. Die drei Stadien in der Entwicklungsgeschichte des Existenzialismus, S. 259-302. In: **Marcel**, *Gabriel*, Sein und Haben. Paderborn 1954.

Beierwaltes, Werner, Selbsterkenntnis und Erfahrung der Einheit. Frankfurt am Main 1991.

Bickel, Lis; *Tausch-Flammer, Daniela* (Hrsg.), In meinem Herzen die Trauer. Freiburg, Basel, Wien 1998.

Bode, Sabine; **Roth**, *Fritz*, Der Trauer eine Heimat geben. Für einen lebendigen Umgang mit dem Tod. Bergisch Gladbach 1998.

Böckenhoff, Josef, Die Begegnungsphilosophie. Ihre Geschichte – Ihre Aspekte. München 1970.

Böckmann, Walter, Sinn und Selbst. Wege zur Selbsterkenntnis. Basel 1989.

Böke, Hubert u.a., Trauer ist ein langer Weg. Düsseldorf 2000.

Bollnow, Otto Friedrich, Neue Geborgenheit. Stuttgart, Köln 1955.

Bollnow, Otto Friedrich, Existenzphilosophie. Stuttgart ⁶1955.

Bollnow, Otto Friedrich, Begegnung und Bildung, S. 28-52. In: **Guardini**, *Romano*; **Bollnow**, *Otto Friedrich*, Begegnung und Bildung. Würzburg 1956.

Bollnow, Otto Friedrich, Krise und Neuanfang. Beiträge zur pädagogischen Anthropologie. Heidelberg 1966.

Bollnow, Otto Friedrich, Existenzphilosophie und Pädagogik. Versuch über unstetige Formen der Erziehung. Stuttgart, Berlin, Köln, Mainz ⁴1968.

Bollnow, *Otto Friedrich*, Anthropologische Pädagogik. Bern, Stuttgart ³1983.
Bollnow, *Otto Friederich*, Das Wesen der Stimmungen. Frankfurt am Main ⁷1988.
Die **Bibel** des 20. Jahrhunderts. Gesamtausgabe in der Einheitsübersetzung. Pattloch 1998.
Bowker, *John, u.a.* (Hrsg.), Das Oxford-Lexikon der Weltreligionen. Frankfurt am Main 2003.
Bowlby, *John*, Das Glück und die Trauer. Stuttgart ²2001.
Brathuhn, *Sylvia*, Lernen, mit dem Tod zu leben. Menschenwürdiges Sterben – Möglichkeiten der Sterbebegleitung – Hospizbewegung. Bad Iburg 1999.
Brathuhn, *Sylvia*, Tod und Trauer. Die Trauer der Hinterbliebenen – Eine Antwort auf den Tod, S. 133-145. In: **Lilie** *Ulrich*; **Zwierlein**, *Eduard* (Hrsg.), Handbuch integrierte Sterbebegleitung. Gütersloh 2004.
Buber, *Martin*, Antwort, S. 589-639. In: **Schilpp**, *Paul Arthur*; **Friedemann**, *Maurice* (Hrsg.), Martin Buber. Stuttgart 1963.
Buber, *Martin*, Urdistanz und Beziehung. Heidelberg ⁴1978.
Buber, *Martin*, Reden über Erziehung. Heidelberg ⁸1995.
Buber, *Martin*, Begegnung. Autobiographische Fragmente. Heidelberg ⁴1986.
Buber, *Martin*, Das Judentum und die neue Weltfrage (1930), S. 229-231. In: Der Jude und sein Judentum. Gesammelte Aufsätze und Reden. Gerlingen ²1993.
Buber, *Martin*, Das Problem des Menschen. Gütersloh ⁶2000.
Caine, *Lynn*, Und plötzlich stehst du allein. Rat und Hilfen für Witwen. Hamburg 1990.
Camus, *Albert*, Der Mythos des Sisyphos. **Wroblewsky**, *Vincent von* (Übers.). Reinbek bei Hamburg ⁵2003.
Canacakis, *Jorgos*, Ich sehe deine Tränen. Stuttgart ³1989.
Canacakis, *Jorgos*, Ich begleite dich durch deine Trauer. Stuttgart 1990.
Cancik, *Hubert;* **Gladigow**, *Burkhard;* **Kohl**, *Karl-Heinz* (Hrsg.), Handbuch religionswissen-schaftlicher Grundbegriffe, Band III. Stuttgart, Berlin, Köln 1993.
Caruso, *Igor, A.* Die Trennung der Liebenden. Eine Phänomenologie des Todes. München 1968.
Ceelen, *Petrus*, Verwundet – Vernarbt – Verheilt. Mit Verletzungen leben. Ostfildern 2004.
Coughlin, *Ruth*, Zeit zu trauern. Eine Liebesgeschichte. München 1995.
Condrau, *Gion*, Todesfurcht und Todessehnsucht, S. 201-240. In: **Paus**, *Ansgar* (Hrsg.), Grenzerfahrung Tod. Graz, Wien, Köln ²1980.
Crider, *Tom*, Der Trauer Worte geben. Der Weg eines Vaters durch Trauer und Schmerz. Bern, München, Wien 1999.
Derbolav, *Josef*, Erkenntnis und Entscheidung. Philosophie der geistigen Aneignung in ihrem Ursprung bei Platon. Wien, Stuttgart 1954.
Derbolav, *Josef*, Frage und Anspruch. Pädagogische Studien und Analysen. Wuppertal, Kastellaun 1970.
Diodà, *Carin;* **Gomez**, *Tina*, Warum konnten wir dich nicht halten? Stuttgart, Zürich 1999.
Drolshagen, *Christoph* (Hrsg.), Lexikon Hospiz. Gütersloh 2003.
Duden. Fremdwörterbuch, Band V. Dudenredaktion (Hrsg.), Mannheim, Wien, Zürich ⁵1990.
Duden. Herkunftswörterbuch. Etymologie der deutschen Sprache, Band VII. Dudenredaktion (Hrsg.), Mannheim, Leipzig, Wien, Zürich ³2001.

Ebeling, *Hans*, Der Tod in der Moderne. Bodenheim bei Mainz ⁴1979.
Eckert, *Jochen*, Url: http://www.psychiatrie.de/therapien/gespraechstherapie/ (20.09. 05)
Eibach, Ulrich, Medizin und Menschenwürde. Ethische Probleme in der Medizin aus christlicher Sicht. Wuppertal 1976.
Eliade, *Mircea*, Mythen, Träume und Mysterien. Salzburg 1961.
Erikson, *Erik*, Identität und Lebenszyklus. Frankfurt am Main 1980.
Erikson, *Erik*, Lebensgeschichte und historischer Augenblick. Frankfurt am Main 1982.
Faber, *Werner*, Das dialogische Prinzip Martin Bubers und das erzieherische Verhältnis. Ratingen ²1967.
Fischer, *Birgit*, Begrüßungs- und Eröffnungsrede, S. 12-14. In: Dokumentation Fachtagung: Neue Kultur im Umgang mit Tod und Trauer. Ministerium für Frauen, Jugend, Familie und Gesundheit des Landes Nordrhein-Westfalen. Wuppertal 1988.
Fischer, *Norbert*, Fachvortrag: Leitlinien einer neuen Kultur im Umgang mit Tod und Trauer, S. 15-29. In: Dokumentation Fachtagung: Neue Kultur im Umgang mit Tod und Trauer. Ministerium für Frauen, Jugend, Familie und Gesundheit des Landes Nordrhein-Westfalen. Wuppertal 1988.
Fischer, *Norbert*, Wie wir unter die Erde kommen. Sterben und Tod zwischen Trauer und Technik. Frankfurt am Main 1997.
Fischer- Homberger, *Esther*, Integration und Desintegration. Zur Anatomie des Schmerzes, S. 57-64. In: **Ecker**, *Gisela* (Hrsg.), Trauer tragen – Trauer zeigen. Inszenierungen der Geschlechter. München 1999.
Frankl, *Viktor*, Logotherapie und Existenzanalyse. Zürich 1987.
Frankl, *Viktor*, Ärztliche Seelsorge. Grundlagen der Logotherapie und Existenzanalyse. Frankfurt am Main ⁴1987.
Freese, *Peter*, Die Initiationsreise. Studien zum jugendlichen Helden im modernen amerikanischen Roman. Tübingen 1998.
Freud, *Sigmund*, Das Ich und das Es. Und andere metapsychologische Schriften. Frankfurt am Main 1978.
Freud, *Sigmund*, Zeitgemäßes über Krieg und Tod, S. 341-355. In: Ders., Gesammelte Werke, Band X. Werke aus den Jahren 1913-1917. Frankfurt am Main ⁸1991(a).
Freud, *Sigmund*, Vergänglichkeit, S. 358-361. In: Ders., Gesammelte Werke, Band X. Werke aus den Jahren 1913-1917. Frankfurt am Main ⁸1991(b).
Freud, *Sigmund*, Trauer und Melancholie, S. 428-446. In: Ders., Gesammelte Werke, Band X. Werke aus den Jahren 1913-1917. Frankfurt am Main ⁸1991(c).
Friesen von, *Astrid*, Du bist tot. Ich muss noch leben. Stuttgart 2000.
Fuchs, *Werner*, Todesbilder in der modernen Gesellschaft. Frankfurt am Main 1973.
Geerlings, *Wilhelm*, Augustinus. Freiburg 1999. Url: http://idw-online.de/public/pmid-16600/zeige_pm.html (10.06.04)
Gennep van, *Arnold*, Übergangsriten. Frankfurt, New York 1986.
Gerl-Falkovitz, *Hanna-Barbara*, Nach dem Jahrhundert der Wölfe. Werte im Aufbruch. Zürich, Düsseldorf 1999.
Gerl-Falkovitz, *Hanna-Barbara*, Eros – Glück – Tod. Gräfelfing 2001.
Gerstberger, *Beatrix*, Keine Zeit zum Abschiednehmen. Weiterleben nach seinem Tod. München ²2003.
Giudice, *Liliane*, Ohne meinen Mann. Aufzeichnungen einer Witwe. Stuttgart 1970.

Gösken, *Eva*, Die Hüterin der Verwandlungen. Über das Schöpferische in der Trauer. Oberhausen 2003.

Goethe von, *Johann Wolfgang*, Friedrich Sorets Gespräche mit Goethe in Eckermanns Bearbeitung, S. 487-720. In: Ders., Gespräche mit Goethe in den letzten Jahren seines Lebens. Von *Johann Peter Eckermann*. Wiesbaden 1955.

Goshen-Gottstein, *Esther*, Als der Tod uns trennte. Das Weiterleben als Witwe. Göttingen 1997.

Goldbrunner, *Hans*, Trauer und Beziehung. Systemische und gesellschaftliche Dimensionen der Verarbeitung von Verlusterlebnissen. Mainz 1996.

Greshake, *Gisbert*; **Kremer**, *Jakob*, Ressurectio Mortuorum. Zum theologischen Verständnis der leiblichen Auferstehung. Darmstadt 1992.

Guardini, *Romano*, Einführung, S. VII-XXVIII. In: Pascal. Gedanken, Bremen 1958.

Guardini, *Romano*, Die Begegnung, S. 9-24. In: **Guardini** *Romano;* **Bollnow**, *Otto Friedrich*, Begegnung und Bildung. Würzburg 1956.

Guardini, *Romano*, Grundlegung der Bildungslehre. Versuch einer Bestimmung des Pädagogisch-Eigentlichen. Mainz 2000.

Guardini, *Romano*, Briefe über Selbstbildung. Mainz ^{6}2001.

Guardini, *Romano*, Die Annahme seiner selbst. Den Menschen erkennt nur, wer von Gott weiß. Mainz ^{7}2003.

Guardini, *Romano*, Die Lebensalter. Ihre ethische und pädagogische Bedeutung. Mainz ^{11}2004.

Hahn, *Alois*, Einstellungen zum Tod und ihre soziale Bedingtheit. Stuttgart 1968.

Hamann, *Bruno*, Pädagogische Anthropologie. Bad Heilbrunn ^{2}1993.

Hegel, *Georg Wilhelm Friedrich*, Ästhetik. Band I. Frankfurt am Main ^{2}1966.

Heidegger, *Martin*, Prolegomena zur Geschichte des Zeitbegriffs. GA, Band XX. Frankfurt am Main 1979.

Heidegger, *Martin*, Sein und Zeit. Tübingen ^{18}2001.

Hermann, *Nina*, Mit Trauernden reden. Zürich 1988.

Hildebrand von, *Dietrich*, Das Wesen der Liebe. Regensburg 1971.

Hildebrand von, *Dietrich*, Über den Tod. St. Ottilien ^{2}1989.

Hirsch, *Angelika-Benedicta*, An den Schwellen des Lebens. Warum wir Übergangsrituale brauchen. München 2004.

Historisches Wörterbuch der Philosophie, Band VII. Basel 1989.

Hoeres, *Walter*, Offenheit und Distanz. Grundzüge einer phänomenologischen Anthropologie. Berlin 1993.

Hoffmeister, *Johannes*, Wörterbuch der philosophischen Begriffe. Hamburg ^{2}1955.

Honauer, *Heike*, Deshalb bin ich in diesem Sinne untröstlich. Und das ist gut so, S. 319-324. In: Lebendige Seelsorge. J. 46, Nr. 6, Würzburg 1995.

Howe, *Jürgen*, Das Sterben als Gegenstand psychosozialer Altersforschung. Stuttgart ^{2}1989.

Ide, *Helga*, Mein Kind ist tot. Trauerarbeit in einer Selbsthilfegruppe. Reinbek bei Hamburg 1988.

Illhardt, *Franz-Josef*, Trauer. Eine moraltheologische und anthropologische Untersuchung. Düsseldorf 1982.

Irrlitz, Gerd, Das Bild des Weges in der Philosophie. Abschiedsvorlesung, 11. Juli 2000, S. 4. Humboldt-Universität zu Berlin, Philosophische Fakultät I, Institut für Philosophie. Url: http://dochost.rz.hu-berlin.de/humboldt-vl/irrlitz-gerd-2000-07-11/PDF/Irrlitz.pdf (17.07.04).
Jaspers, Karl, Psychologie der Weltanschauungen. Berlin ³1925.
Jaspers, Karl, Philosophie. Berlin, Göttingen, Heidelberg ²1948.
Jaspers, Karl, Philosophie, I: Philosophische Weltorientierung, S. 51-292. In: Ders., Philosophie. Berlin, Göttingen, Heidelberg ²1948.
Jaspers, Karl, Philosophie, II: Existenzerhellung, S. 293-672. In: Ders., Philosophie. Berlin, Göttingen, Heidelberg ²1948.
Jaspers, Karl, Philosophie, III: Metaphysik, S. 673-879. In: Ders., Philosophie. Berlin, Göttingen, Heidelberg ²1948.
Jaspers, Karl, Von der Wahrheit. München 1958.
Jaspers, Karl, Der philosophische Glaube angesichts der Offenbarung. München 1962.
Jaspers, Karl, Nikolaus Cusanus. München 1968.
Jaspers, Karl, Einführung in die Philosophie. München, Zürich ¹⁹1971.
Jaspers, Karl, Die geistige Situation der Zeit. Berlin, New York ⁵1979.
Jaspers, Karl, Kleine Schule des philosophischen Denkens. München, Zürich ¹¹1988.
Jaspers, Karl, Der Arzt im technischen Zeitalter. München ²1999.
Jerneizig, Ralf; **Langenmayr**, *Arnold;* **Schubert**, *Ulrich*, Leitfaden zur Trauertherapie und Trauerberatung. Göttingen, Zürich ²1994.
Jacobi, Jolande, Die Psychologie von C. G. Jung. Eine Einführung in das Gesamtwerk. Mit einem Geleitwort von C. G. Jung. Frankfurt am Main 1994.
Jülicher, Jochen, Es wird alles wieder gut, aber nie mehr wie vorher. Begleitung in der Trauer. Würzburg ⁴2003.
Jüngel, Eberhard, Tod. Stuttgart ²1983.
Jüngel, Eduard, Der Tod als Geheimnis des Lebens, S. 108–125. In: **Schwartländer**, *Johannes* (Hrsg.), Der Mensch und sein Tod. Göttingen 1976.
Jung, Carl Gustav, Die Beziehungen zwischen dem Ich und dem Unbewußten. Zürich 1933.
Jung, Carl Gustav, Antwort auf Hiob. Zürich 1973.
Jung, Carl Gustav, Aion. Beiträge zur Symbolik des Selbst. Olten, Freiburg im Breisgau ⁴1980.
Jung, Carl Gustav, Wirklichkeit der Seele. München 2001.
Kachler, Roland, Meine Trauer wird dich finden. Ein neuer Ansatz in der Trauerarbeit. Stuttgart 2005.
Käsler, Helga, Mit der Trauer leben. München 1993.
Kaléko, Mascha, Verse für Zeitgenossen. Reinbek bei Hamburg ¹⁹2004.
Kant, Immanuel, Grundlegung zur Metaphysik der Sitten. Werksausgabe, Band VII. **Weischedel**, *Wilhelm* (Hrsg.). Wiesbaden ²1977.
Kant, Immanuel, Metaphysik der Sitten. Erster Teil. Werksausgabe, Band VIII. **Weischedel**, *Wilhelm* (Hrsg.). Frankfurt am Main ⁵1982.
Kant, Immanuel, Kritik der reinen Vernunft. Transzendentale Analytik, Band II. **Weischedel**, *Wilhelm* (Hrsg.). Sonderausgabe, Darmstadt 1998.
Kant, Immanuel, Logik. Schriften zur Metaphysik und Logik, Band III. **Weischedel**, *Wilhelm* (Hrsg.). Sonderausgabe, Darmstadt 1998.

Kant, *Immanuel,* in: Kant Lexikon. Bearbeitet von **Eisler**, *Rudolf.* Hildesheim, New York 1979.
Kanthack, *Katharina,* Vom Sinn der Selbsterkenntnis. Berlin 1958.
Kaschnitz, *Marie Luise,* Wohin denn ich. Aufzeichnungen. Hamburg 1963.
Kast, *Verena,* Trauern. Phasen und Chancen des psychischen Prozesses. Stuttgart [20]1999.
Kast, *Verena,* Lebenskrisen werden Lebenschancen. Freiburg im Breisgau [2]2000.
Kast, *Verena,* Trauer, S. 232-238. In: **Student**, *Johann-Christoph* (Hrsg.), Sterben, Tod und Trauer. Handbuch für Begleitende. Freiburg, Basel, Wien 2004.
Kettling, *Siegfried,* Zwischen Trauer und Trost. Vom Umgang mit dem Leid. Gießen 1995.
Kierkegaard, *Sören,* Der Begriff Angst, S. 177-382. Werkausgabe, Band I. **Hirsch**, *Emanuel;* **Gerdes**, *Hayo* (Hrsg.). Düsseldorf, Köln 1971.
Kierkegaard, *Sören,* Entweder-Oder. *Fritz Droop* (Hrsg.), *Christoph Schrempf* (Übersetzer). Wiesbaden 1955.
Klimbingat, *Sigrid,* Gedanken und Erfahrungen zur Trauer im Bereich der Medizin, S. 36-62. In: **Bauer-Mehren**, *Renata;* **Kopp-Breinlinger**, *Karin;* **Rechenberg-Winter**, *Petra* (Hrsg.), Kaleidoskop der Trauer. Regensburg 2003.
Kopp-Breinlinger, *Karina,* Das Angebot „Trauercafé" – Ein Projekt offener (gemeindlicher) Trauerarbeit, S. 281-298. In: **Bauer-Mehren**, *Renata;* **Kopp-Breinlinger**, *Karin;* **Rechenberg-Winter**, *Petra*, (Hrsg.), Kaleidoskop der Trauer. Regensburg 2003.
Kublitz-Kramer, *Maria,* „Ja, wenn man Tränen schreiben könnte", S. 109-121. In: **Ecker**, *Gisela* (Hrsg.), Trauer tragen – Trauer zeigen. Inszenierungen der Geschlechter. München 1999.
Längle, *Alfred,* Existenzanalyse, S. 97-123. In: Ders., (Hrsg.), Entscheidung zum Sein. Viktor Frankls Logotherapie in der Praxis. München 1988.
Lammer, *Kerstin,* Den Tod begreifen. Neue Wege in der Trauerbegleitung. Neukirchen-Vluyn [3]2004.
Lamp, *Ida;* **Meurer**, *Thomas,* Abschied, Trauer, Neubeginn. Erfahrungen mit Tod und Trauer. Begleitung auf dem Trauerweg. Kevelaer [3]2002.
Lamp, *Ida* (Hrsg.), Spirituelle Begleitung, S. 119-126. In: *Lamp*, *Ida* (Hrsg.), Hospizarbeit Konkret. Grundlagen, Praxis, Erfahrungen. Gütersloh 2001.
Lamp, *Ida;* **Schneider**, *Catrina Elisa,* Trauerbegleitung als hospizlicher Auftrag, S. 141-143. In: **Lamp**, *Ida* (Hrsg.), Hospizarbeit konkret. Grundlagen, Praxis, Erfahrungen. Gütersloh 2001.
Lamp, *Ida;* **Smith**, *Sabine,* Trauer als Beratungsinhalt oder Trauerberatung als eigenes Beratungsfeld? S. 1139-1149. In: **Nestmann**, *Frank;* **Engel**, *Frank;* **Sickendiek**, *Ursel* (Hrsg.). Das Handbuch der Beratung. Ansätze, Methoden und Felder, Band II. Tübingen 2004.
Landsberg, *Paul Ludwig,* Die Welt des Mittelalters und wir. Ein geschichtlicher Versuch über den Sinn des Zeitalters. Bonn [2]1923.
Landsberg, *Paul Ludwig,* Einführung in die philosophische Anthropologie. Frankfurt am Main 1934.
Landsberg, *Paul Ludwig,* Bemerkungen zur Erkenntnistheorie der Innenwelt, S. 363-376. In: Tijdschrift voor philosophie. Leuven 1939.
Landsberg, *Paul Ludwig,* Die Erfahrung des Todes. Frankfurt 1973.

Lersch, *Philipp*, Aufbau der Person. München ¹¹1980.
Lévinas, *Emmanuell*, Die Spur des Anderen. Untersuchungen zur Phänomenologie und Sozialphilosophie. Freiburg, München 1983.
Lewis, *Clive Staples*, Der moderne Mensch und die Kategorien seines Denkens, S. 69-75. In: Ders., Gültiges und Endgültiges. Essays zu zeitgemäßen und unzeitgemäßen Fragen. Basel, Gießen 1992.
Lewis, *Clive Staples*, Über den Schmerz. Gießen, Basel ⁴1998.
Lewis, *Clive Staples*, Über die Trauer. Zürich, Düsseldorf ⁵1998.
Lilie, *Ulrich*, Zur Seelsorge an Sterbenden, S. 82-87. In: **Lilie**, *Ulrich;* **Zwierlein,** *Eduard* (Hrsg.), Handbuch integrierte Sterbebegleitung. Gütersloh 2004.
Lindbergh, *Anne Morrow*, Stunden von Gold. Stunden von Blei. Jahre der Prüfung. München, Zürich ²1992.
Lindemann, *Erich*, Jenseits von Trauer. Beiträge zur Krisenbewältigung und Krankheitsvorbeugung. Göttingen 1985.
Lischewski, *Andreas*, Person und Bildung. Überlegungen im Grenzgebiet von philosophischer Anthropologie und Bildungstheorie in Anschluß an Paul Ludwig Landsberg, Band I. Amsterdam 1998.
Lohner, *Marlene*, Plötzlich allein. Frauen nach dem Tod des Partners. Frankfurt am Main 1994.
Lüdicke, *Rita*, Trauerseminar. In: Lebendige Seelsorge, 1995, J. 46, Nr. 6.
Lütgen, *Christina*, **Landwehr**, *Jutta*, Wenn nichts mehr geht. Trauer als Weg. Gütersloh 2004.
Lützeler, *Heinrich* (Hrsg.), Pascal. Religiöse Schriften. Kempen-Niederrhein 1947.
Manser, *Josef*, Tod und ewiges Leben in der Sicht des christlichen Glaubens, S. 138-170. In: Rabanus Maurus – Akademie (Hrsg.). Stichwort: Tod. Eine Anfrage. Frankfurt am Main 1979.
Marcel, *Gabriel*, Geheimnis des Seins. Wien 1952.
Marcel, *Gabriel*, Sein und Haben. Paderborn 1954.
Marcel, *Gabriel*, Der Mensch als Problem. Frankfurt am Main 1956.
Marcel, *Gabriel*, Philosophie der Hoffnung. München 1957.
Marcel, *Gabriel*, Gegenwart und Unsterblichkeit. Frankfurt am Main 1961.
Marcel, *Gabriel*, Auf der Suche nach Wahrheit und Gerechtigkeit. Frankfurt am Main 1964.
Marcel, *Gabriel*, Die Menschenwürde und ihr existentieller Grund. Frankfurt am Main 1965.
Medizinreport, Kommunikation: Wahrheit am Krankenbett. Deutsches Ärzteblatt, Jg. 102, Heft 14, 8. April 2005.
Mennemann, *Hugo*, Sterben lernen heißt leben lernen. Sterbebegleitung aus sozialpädagogischer Perspektive. Studien zur interdisziplinären Thanatologie, Band IV. Münster 1998.
Meuli, *Karl*, Entstehen und Sinn der Trauersitten, S. 27-40, In: Schweizerisches Archiv für Volkskunde, Jg. 1993, Nr. 1. Basel 1997.
Meurer, *Thomas*, Trauernde trösten – aber wie? Exerzitien im Kontext. Wo wird Christus berührbar? S. 373-379, Heft 5. In: Geist und Leben. Würzburg September/Oktober 1994.
Mischke, *Marianne*, Der Umgang mit dem Tod. Vom Wandel in der abendländischen Geschichte. Berlin 1996.

Moser, *Ulrich*, Lebensbegleitung bis zum Tod – Psychologische Aspekte, S. 43-57. In: **Müller**, *Josef* (Hrsg.), Von Hoffnung getragen. Begleitung von Sterbenden und Trauernden. Würzburg 1996.

Müller, *Johannes*, Vom Leben und Sterben. München ⁴1917.

Müller, *Klaus*, Sterben und Tod in Naturvölkern, S. 49-90. In: **Becker**, *Hansjakob*; **Einig**, *Bernhard*; **Ullrich**, *Peter-Otto* (Hrsg.). Im Angesicht des Todes. Ein interdisziplinäres Kompendium I. St. Ottilien 1987.

Müller, *Lutz*, Suche nach dem Zauberwort. Identität und schöpferisches Leben. Stuttgart 1986.

Müller, *Monika*; **Schnegg**, *Matthias*, Unwiederbringlich – Vom Sinn der Trauer. Hilfen bei Verlust und Tod. Freiburg, Basel, Wien 1997.

Müller, *Monika*, Die Trauerbegleitung. Ein wesentlicher Bestandteil der Hospizarbeit, S. 3-6. In: Die Hospiz-Zeitschrift. Fachforum für Hospizarbeit. Trauerbegleitung: Ein Trauerspiel? Nr. 3/2000.

Müller, *Monika*, Dem Sterben Leben geben. Die Begleitung sterbender und trauernder Menschen als spiritueller Weg. Gütersloh 2004.

Müller-Commichau, *Wolfgang*; **Schaefer**, *Roland*, Wenn Männer trauern. Über den Umgang mit Abschied und Verlust. Mainz 2000.

Nassehi, *Armin*; **Weber**, *Georg*, Tod, Modernität und Gesellschaft. Entwurf einer Theorie der Todesverdrängung. Opladen 1989.

Neysters, *Peter*; **Schmitt**, *Karl Heinz*, Denn sie werden getröstet werden. Das Hausbuch zu Leid und Trauer, Sterben und Tod. München 2004.

Nietzsche, *Friedrich*, Unzeitgemäße Betrachtungen. Schopenhauer als Erzieher, S. 338-427. In: **Colli**, *Georgio*; **Montinari**, *Mazzino* (Hrsg.), Kritische Studienausgabe, Band I. München 1999.

Nietzsche, *Friedrich*, Menschliches, Allzumenschliches. Der Wanderer und sein Schatten, S. 535-704. In: **Colli**, *Georgio*; **Montinari**, *Mazzino* (Hrsg.), Kritische Studienausgabe, Band II. München 1999.

Nietzsche, *Friedrich*, Die fröhliche Wissenschaft, S. 343-651. In: **Colli**, *Georgio*; **Montinari**, *Mazzino* (Hrsg.), Kritische Studienausgabe, Band III. München 1999.

Nietzsche, *Friedrich*, Morgenröthe, S. 9-331. In: **Colli**, *Georgia*, **Montinari**, *Mazzino* (Hrsg.), Kritische Studienausgabe, Band III. München 1999.

Nietzsche, *Friedrich*, Also sprach Zarathustra. In: **Colli**, *Georgio*; **Montinari**, *Mazzino* (Hrsg.), Kritische Studienausgabe, Band IV. München 1999.

Nietzsche, *Friedrich*, Nachgelassene Fragmente, 1882-1884. In: **Colli**, *Georgia*, **Montinari**, *Mazzino* (Hrsg.), Kritische Studienausgabe, Band X. München 1999.

Nietzsche, *Friedrich*, Nachgelassene Fragmente, 1885-1887. In: **Colli**, *Georgia*, **Montinari**, *Mazzino* (Hrsg.), Kritische Studienausgabe, Band XII. München 1999.

Novalis, in: **Mähl**, *Hans-Joachim*; **Samuel**, *Richard* (Hrsg.), Novalis. Das philosophisch-theoretische Werk, Band II. Darmstadt 1999.

Palmen, *Connie*, I. M. Ischa Meijer. In Margine. In Memorian. Zürich 1999.

Parkes, *Colin Murray*, Vereinsamung. Die Lebenskrise bei Partnerverlust / psychologisch-soziologische Untersuchung des Trauerverhaltens. Reinbek bei Hamburg 1974.

Pascal, *Blaise*, Pascal. Gedanken. Übertragen von *Wolfgang Rüttenauer*. Bremen 1958.

Pascal, *Blaise*, in: Pascal. Philosophie Jetzt. **Zwierlein**, *Eduard* (Hrsg.). München 1997.

Paul, *Chris*, Warum hast du uns das angetan? Ein Begleitbuch für Trauernde, wenn sich jemand das Leben genommen hat. Gütersloh 1998.
Paul, *Chris*, Wie kann ich mit meiner Trauer leben? Ein Begleitbuch. Gütersloh 2000.
Paul, *Chris*, (Hrsg.) Neue Wege in der Trauer- und Sterbebegleitung. Hintergründe und Erfahrungsberichte für die Praxis. Gütersloh 2001.
Pauls, *Christ;* **Sanneck**, *Uwe;* **Wiese**, *Anja*, Rituale in der Trauer. Hamburg 2003.
Philipe, *Anne*, Nur einen Seufzer lang. Reinbek bei Hamburg [21] 2001.
Philosophisches Wörterbuch, Begründet von **Schmidt**, *Heinrich*. Neu bearbeitet von *Prof. Dr.* **Schischkoff**, *Georgi*. Stuttgart [22]1991.
Picard, *Max*. Die Welt des Schweigens. Frankfurt am Main, Hamburg 1948.
Pieper, *Josef*, Über die Liebe. München 1979.
Pieper, *Josef*, Tod und Unsterblichkeit. In: **Wald**, *Bertold* (Hrsg.), Schriften zur philosophischen Anthropologie und Ethik: Grundstrukturen menschlicher Existenz, Band V. Hamburg 1997.
Plato, Politeia. Amsterdam 1971.
Pleger, *Karl*, Dialog mit Peter Wust. Briefe und Aufsätze. Heidelberg 1949.
Plessner, *Helmuth*, Ausdruck und menschliche Natur. Gesammelte Schriften, Band VII. Frankfurt am Main 1982.
Popp, *Volker* (Hrsg.), Initiation. Zeremonien der Statusänderung und des Rollenwechsels. Frankfurt am Main 1969.
Rahner, *Karl*, Zur Theologie des Todes. Freiburg, Basel, Wien 1958.
Rando, *Therese*, Trauern: Die Anpassung an Verlust, S. 173-192. In: **Wittkowski**, *Joachim* (Hrsg.), Sterben, Tod und Trauer. Stuttgart 2003.
Raphael, *Beverley;* **Wooding**, *Sally*, Klinische Intervention für Trauernde, S. 226-244. In: **Wittkowski** *Joachim* (Hrsg.), Sterben, Tod und Trauer. Grundlagen, Methoden, Anwendungsfelder. Stuttgart 2003.
Reichert, *Thomas*, (Hrsg. und Kommentator), Buber für Atheisten. Ausgewählte Texte. Gerlingen 1996.
Reifenrath, *Bruno*, Grundlegung einer Erwachsenenbildung. Frankfurt am Main 1983.
Reifenrath, *Bruno*, Erziehung im Licht des Ewigen. Die Pädagogik Edith Steins. Frankfurt am Main, Berlin, München 1985.
Reifenrath, *Bruno*, Denkwege Edith Steins, S. 135-152. In: Wie der Vorhof des Himmels, **Kaffanke**, *Jakobis;* **Oost**, *Katharina* (Hrsg.), Beuron 2003.
Rest, *Franco*, Sterbebegleitung statt Sterbehilfe. Damit das Leben auch im Sterben lebenswert bleibt. Freiburg im Breisgau 1997.
Rest, *Franco*, Hoffnung gegen die Hoffnungslosigkeit, S. 12-35. In: **Bauer-Mehren**, *Renata;* **Kopp-Breinlinger**, *Karina;* **Rechenberg-Winter**, *Petra* (Hrsg.), Kaleidoskop der Trauer. Regensburg 2003.
Revers, *Wilhelm J.*, Zeit und Zeiten des Menschen, S. 177-199. In: *Paus*, **Ansgar** (Hrsg.), Grenzerfahrung Tod. Graz, Wien, Köln [2]1980.
Rey, *Karl Guido*, Du fehlst mir so sehr. Der Weg der Liebe durch Tod und Trauer. München 1998.
Riemann, Fritz, Grundformen der Angst. München, Basel 1982.
Rilke, *Rainer Maria*, Briefe an einen jungen Dichter. Leipzig 1929.
Rilke, *Rainer Maria*, Briefe an die Gräfin Sizzo. Wiesbaden 1977.
Rilke, *Rainer Maria*, Gedichte und Prosa, Köln 2002.

Rilke, *Rainer Maria*, Die Aufzeichnungen des Malte Laurids Brigge. In: Ders., Gedichte und Prosa. Köln 2002.
Rösler, *Hans-Dieter* u.a., Medizinische Psychologie. Heidelberg, Berlin, Oxford 1996.
Rogers, *Carl*, Therapeut und Klient. Grundlagen der Gesprächspsychotherapie. Frankfurt am Main 1992.
Rosemeier, *Hans Peter*, Zur Psychologie der Begegnung des Kindes mit dem Tode, S. 291-309. In: ***Winau***, *Rolf*, ***Rosemeier***, *Hans Peter* (Hrsg.), Tod und Sterben. Berlin, New York 1984.
Saint-Exupéry de, Antoine, Der Kleine Prinz. Düsseldorf ³⁹1984.
Saner, *Hans*, Karl Jaspers. Reinbek bei Hamburg, 1991.
Sartre, *Jean-Paul*, Bei geschlossenen Türen, S. 9-43. In: Ders., Drei Dramen. Hamburg 1965.
Saunders, *Cicely*, Brücke in eine andere Welt. Freiburg 1999.
Schaper, *Olaf*, Zwischen Normalität und Pathologisierung. Neue Wege und Formen der Trauerbegleitung, S. 245-249. In: Dokumentation Fachtagung: Neue Kultur im Umgang mit Tod und Trauer. Ministerium für Frauen, Jugend, Familie und Gesundheit des Landes Nordrhein-Westfalen. Wuppertal 1988.
Scheler, *Max*, Der Formalismus in der Ethik und die materiale Wertethik, Gesammelte Werke, Band II. Bern ⁴1954.
Scheler, *Max*, Tod und Fortleben, S. 9-52. In: ***Scheler***, *Maria* (Hrsg.), Schriften aus dem Nachlaß, Band I. Zur Ethik und Erkenntnislehre, Gesammelte Werke, Band X. Bern ²1957.
Scheler, *Max*, Vom Sinn des Leides, S. 36-72. In: ***Scheler***, *Maria* (Hrsg.), Schriften zur soziologischen Weltanschauungslehre, Gesammelte Werke, Band VI. Bern, München ²1963(a).
Scheler, *Max*, Liebe und Erkenntnis, S. 77-98. In: ***Scheler***, *Maria* (Hrsg.), Schriften zur soziologischen Weltanschauungslehre, Gesammelte Werke, Band VI. Bern, München ²1963(b).
Scheler, *Max*, Wesen und Formen der Sympathie. In: ***Frings***, *Manfred S.* (Hrsg.), Gesammelte Werke, Band VII. Bern, München 1973.
Scheler, *Max*, Philosophische Weltanschauung, S. 73-182. In: ***Frings***, *Manfred S.* (Hrsg.), Späte Schriften, Gesammelte Werke, Band IX. Bern, München 1976.
Scheler, *Max*, Die Stellung des Menschen im Kosmos. Bonn ¹²1991.
Schenk, *Herrad*, Das Haus, das Glück und der Tod. München 1998.
Scherer, *Georg*, Das Problem des Todes in der Philosophie. Darmstadt 1979.
Scherer, *Georg*, Sinnerfahrung und Unsterblichkeit. Darmstadt 1985.
Scheuring, *Herbert*, Wege durch die Trauer. Würzburg 2004.
Schibilsky, *Michael*, Trauerwege. Beratung für helfende Berufe. Düsseldorf 1989.
Schischkoff, *Georgi* (Hrsg.), Philosophisches Wörterbuch. Stuttgart ²²1991.
Schlegel-Holzmann, *Ute*, Kein Abend mehr zu zweit. Familienstand: Witwe. Gütersloh ⁸2004.
Schmid, *Wilhelm*, Mit sich selbst befreundet sein. Frankfurt am Main 2004.
Schmied, *Gerhard*, Sterben und Trauern in der modernen Gesellschaft. München 1988.
Schomburg-Scherff, *Sylvia*, Nachwort, S. 233-2253. In: ***Gennep van***, *Arnold*, Übergangsriten. Frankfurt, New York 1986.
Schopenhauer, *Arthur*, Die Welt als Wille und Vorstellung. Viertes Buch §67. In: Züricher Ausgabe. Werke in zehn Bänden, Band I, zweiter Teilband. Zürich 1977.

Schuchardt, *Erika* Warum gerade ich? Leben lernen in Krisen. Göttingen [11]2002.
Schulz von Thun, Friedemann, Miteinander reden. Störungen und Klärungen. Allgemeine Psychologie der Kommunikation. Reinbek bei Hamburg 1981.
Smeding, *Ruthmarijke;* **Aulbert**, *Eberhard*, Trauer- und Trauerbegleitung in der Palliativmedizin, S. 866-878. In: **Aulbert**, *Eberhard*; **Zech**, *Detlev* (Hrsg.), Lehrbuch der Palliativmedizin. Stuttgart, New York 1997.
Smeding, *Ruthmarijke*, Das Loch, in das ich fiel, wurde zur Quelle, aus der ich lebe, S. 13-24. In: **Daiker**, *Angelika* (Hrsg.), Selig sind die Trauernden. Trauer- und Gedenkgottesdienste. Stuttgart 1998.
Smeding, *Ruthmarijke*, Sechsundzwanzig Worte für Schnee, warum nur ein Wort für Trauer? S. 146-158. In: **Lilie**, *Ulrich*, **Zwierlein**, *Eduard* (Hrsg.), Handbuch integrierte Sterbebegleitung. Gütersloh 2004.
Smeding, *Ruthmarijke*, Das Modell: „Die Gezeiten der Trauer", S. 140-144. In: **Smeding**, *Ruthmarijke;* **Heitkönig-Wilp**, *Margarete* (Hrsg.), Trauer erschließen – Eine Tafel der Gezeiten. Wuppertal 2005.
Smeding, *Ruthmarijke*, Begleitung in Januszeit und Labyrinthzeit. Eine Einführung, S. 205-210. In: **Smeding**, *Ruthmarijke;* **Heitkönig-Wilp**, *Margarete* (Hrsg.), Trauer erschließen – Eine Tafel der Gezeiten. Wuppertal 2005.
Smeding, *Ruthmarijke*, Die Spirale. Einführung, S. 280. In: **Smeding**, *Ruthmarijke;* **Heitkönig-Wilp**, *Margarete* (Hrsg.), Trauer erschließen – Eine Tafel der Gezeiten. Wuppertal 2005.
Sölle, *Dorothee*, Leiden. Freiburg, Basel, Wien 1993.
Sölle, *Dorothee,* Url: http://home.rhein-zeitung.de/~rdober/relkrit/soelle2.html (01.06. 2003).
Spaemann, *Robert*, Lügen haben lange Beine, S. 154-156. In: Die zehn Gebote heute. Wegweisung auch für unsere Zeit. Freiburg im Breisgau 1982.
Spaemann, *Robert*, Personen. Versuche über den Unterschied zwischen >etwas< und >jemand<. Stuttgart [2]1998.
Specht-Tomann, *Monika;* **Tropper**, *Doris,* Zeit des Abschieds. Sterbe- und Trauerbegleitung. Krummwisch bei Kiel 2001.
Spiegel, *Yorick*, Der Prozeß des Trauerns. Analyse und Beratung. München [4]1981.
Spranger, *Eduard*, Stufen der Liebe. Über Wesen und Kulturaufgabe der Frau. Tübingen [3]1965.
Stappen, *Birgit,* Wie Trauern gelingen kann. Lebensbegleitung über den Tod hinaus. S. 102-120. In: **Müller**, *Josef* (Hrsg.), Von Hoffnung getragen. Begleitung von Sterbenden und Trauernden. Würzburg 1996.
Stein, *Edith*, Endliches und ewiges Sein. Versuch eines Aufstiegs zum Sinn des Seins. Werke, Band II. Freiburg, Basel, Wien [2]1962.
Stein, *Edith,* Zum Problem der Einfühlung. München 1980 (Reprint der Originalausgabe von 1917).
Stein, *Edith,* Wahrheit und Klarheit im Unterricht und in der Erziehung, S. 1-8. In: *Edith* **Stein**, Gesamtausgabe, 16: Schriften zur Anthropologie und Pädagogik 4. Bildung und Entfaltung der Individualität. Beiträge zum christlichen Erziehungsauftrag. **Beckmann**, *Beate* (Einl.); **Neyer**, *Maria Amata*; **Beckmann**, *Beate* (Bearb. und Anm.). Freiburg im Breisgau 2001(a).
Stein, *Edith,* Die theoretischen Grundlagen der sozialen Bildungsarbeit, S. 15-34. In: *Edith* **Stein**, Bildung und Entfaltung der Individualität. Beiträge zum christlichen

Erziehungsauftrag. Gesamtausgabe, 16: Schriften zur Anthropologie und Pädagogik 4. **Beckmann**, *Beate* (Einl.); **Neyer**, *Maria Amata*; **Beckmann**, *Beate* (Bearb. und Anm.). Freiburg im Breisgau 2001(b).

Stein, *Edith*, Der Intellekt und die Intellektuellen, S. 143-156. In: **Stein**, *Edith*, Bildung und Entfaltung der Individualität. Beiträge zum christlichen Erziehungsauftrag. Gesamtausgabe, 16: Schriften zur Anthropologie und Pädagogik 4. **Beckmann**, *Beate* (Einl.); **Neyer**, *Maria Amata*; **Beckmann**, *Beate* (Bearb. und Anm.). Freiburg im Breisgau 2001(c).

Stier, *Fridolin*, Vielleicht ist irgendwo Tag. Aufzeichnungen. Freiburg, Heidelberg ²1981.

Stifter, *Adalbert*, Werke und Briefe. Der Nachsommer. Eine Erzählung, Band III. Stuttgart, Berlin, Köln 2000.

Student, *Ute;* **Student**, *Johann-Christoph*, Die Angehörigen, S. 97-113. In: **Student**, *Johann-Christoph* (Hrsg.), Das Hospizbuch. Freiburg im Breisgau ²1991.

Tausch, *Anne-Marie;* **Tausch**, *Reinhard*, Sanftes Sterben. Was der Tod für das Leben bedeutet. Reinbek bei Hamburg 1991.

Tolstoi, *Leo*, Der Tod des Iwan Iljitsch. Stuttgart 1965.

Turner, *Victor*, The forest of symbols. New York 1967.

Turner, *Victor*, Das Ritual. Struktur und Antistruktur. Frankfurt, New York 1989.

Ulfig, *Alexander*, Lexikon der philosophischen Begriffe. Wiesbaden 1997.

Uffmann, *Antje*, Trauern und leben. Begleitung durch die Landschaft der Trauer. Zürich 1998.

Volkan, *Vamik*, **Zintl**, *Elisabeth*, Wege der Trauer. Leben mit Tod und Verlust. Gießen 2000.

Vetter, *Helmut*, Der Schmerz und die Würde der Person. Frankfurt am Main 1980.

Waardenburg, *Jaques*, Religionen und Religion. Systematische Einführung in die Religionswissenschaft. Berlin, New York 1986.

Watzlawick, *Paul*, Wie wirklich ist die Wirklichkeit? Wahn, Täuschung, Verstehen. München, Zürich 2002.

Weiher, *Erhard*, Die Religion, die Trauer und der Trost. Seelsorge an den Grenzen des Lebens. Mainz 1999.

Wiplinger, *Fridolin*, Der personal verstandene Tod. München ²1980.

Wittkowski, *Joachim*, Tod und Sterben. Ergebnisse der Thanatopsychologie. Heidelberg 1978.

Wittkowski, *Joachim*, Epilog: Thanatologie heute und morgen, S. 269-286. In: **Wittkowski**, *Joachim* (Hrsg.), Sterben, Tod und Trauer. Stuttgart 2003.

Wolf, *Doris*, Einen geliebten Menschen verlieren. Vom schmerzlichen Umgang mit der Trauer. Mannheim ¹¹2004.

Wolterstorff, *Nicholas*, Klage um einen Sohn. Göttingen 1988.

Worden, *James William*, Beratung und Therapie in Trauerfällen. Bern 1986.

Wust, *Peter*, Ungewißheit und Wagnis. Schriftenreihe der Peter-Wust-Gesellschaft, Band I. **Schüßler**, *Werner*, **Veauthier**, *F. Werner* (Hrsg.). Münster, Hamburg, London 2002.

Young, *Frank*, Die Funktion von Initiationszeremonien für Männer, S. 160-175. In: **Popp**, *Volker* (Hrsg.), Initiation. Frankfurt am Main 1969.

Zapp, *Winfried*, Controlling als Instrument für die Gestaltung von Unternehmensprozessen, S. 481-494. In: **Zwierlein**, *Eduard* (Hrsg.), Klinikmanagement. Erfolgsstrategien für die Zukunft. München, Wien, Baltimore 1997.

Ziegler, Meinrad, Leben verwirrt mich mehr als sterben. Gedanken zur Trauer, S. 115-128. In: *Ziegler, Meinrad;* **Mörth,** *Ingo;* **Hummer,** *Hubert* (Hrsg.), Sterben, Tod und Trauer. Vom Umgang mit dem Unvermeidlichen. Linz 1989.

Zimmermann-Wolf, Christoph, „Viel Weinen und Wehklagen – Rachel trauert um ihre Kinder ...", S. 324-327. In: Lebendige Seelsorge. Würzburg 1995, J. 46, Nr. 6.

Zöpfl, Helmut, Bildung und Erziehung. Donauwörth 1967.

Zwierlein, Eduard, Die Idee einer philosophischen Anthropologie bei Paul Ludwig Landsberg. Zur Frage nach dem Wesen des Menschen zwischen Selbstauffassung und Selbstgestaltung. Würzburg 1989.

Zwierlein, Eduard, Der Mensch und seine Gefährdung in der Gegenwart, S, 161-177. In: Logotherapie. Zeitschrift der Deutschen Gesellschaft für Logotherapie, Jg. 4, Heft 3, 1989/90.

Zwierlein, Eduard, Die Lust des Auges. Über die Wirkungen der massenmedialen Scheinwelten. Berneck/Schweiz 1990.

Zwierlein, Eduard (Hrsg.), Pascal. Philosophie Jetzt. München 1997.

Zwierlein, Eduard, Tod und Sinn, S. 35-46. In: Logotherapie&Existenzanalyse. Zeitschrift der Deutschen Gesellschaft für Logotherapie und Existenzanalyse e.V., Jg. 2, Heft 1, November 1993.

Zwierlein, Eduard, Philosophie und Behinderung, S. 15-31. In: Ders., (Hrsg.), Gen-Ethik. Zur ethischen Herausforderung durch die Humangenetik, Band II. Idstein 1993.

Zwierlein, Eduard, Der Mensch – ein denkendes Schilfrohr. Wegweisung in gefährlicher Zeit. Reflexionen mit Blick auf Pascal, S. 153-167. In: Menschsein in unserer Zeit. Der Zeitgeist auf dem Prüfstand. Jubiläumstagung 40 Jahre Klinik Dr. Heines, hrsg. von der Stiftung Dr. Heines. Bremen 1994.

Zwierlein, Eduard, Denken wider die Aneignung und die Ausgrenzung, S. 15-35. In: Ders., (Hrsg.), Normalität – Differenz – Asymmetrie. Ethische Herausforderungen im Umgang mit Schwachen und Fremden, Band VII. Idstein 1995.

Zwierlein, Eduard, Coaching – Selbstmanagement – Psychohygiene, S. 600-609. In: Ders., (Hrsg.), Klinikmanagement. Erfolgsstrategien für die Zukunft. München, Wien, Baltimore 1997.

Zwierlein, Eduard, Was heißt Verstehen? – Eine Auseinandersetzung mit Paul Ricœur, S. 29-45. In: Seminar Philosophie, Universität Koblenz-Landau. Das Denken des Anderen. Französische Philosophie im 20. Jahrhundert. Heft 2, Koblenz 2000.

Zwierlein, Eduard, Existenz und Vernunft. Studien zu Pascal, Descartes und Nietzsche. Würzburg 2001.

Zwierlein, Eduard, Alle Menschen müssen sterben, S. 9-15. In: **Lilie,** *Ulrich;* Zwierlein, Eduard (Hrsg.), Handbuch integrierte Sterbebegleitung. Gütersloh 2004(a).

Zwierlein, Eduard, Menschenwürdig sterben, S. 16-22. In: **Lilie,** *Ulrich;* **Zwierlein,** *Eduard* (Hrsg.), Handbuch integrierte Sterbebegleitung. Gütersloh 2004(b).

Zwierlein, Eduard, Grundlagen der Kommunikation, S. 67-74. In: **Lilie,** *Ulrich;* **Zwierlein,** *Eduard* (Hrsg.), Handbuch integrierte Sterbebegleitung. Gütersloh 2004(c).

7. Letzte Worte....

„Der Mensch empfängt unendlich mehr als er gibt. Dankbarkeit macht das Leben erst reich" – so formuliert es *Dietrich Bonhoeffer*. Dankbarkeit ist das, was ich empfinde, wenn ich auf die nun „fertige" Studie und den zurückgelegten Weg blicke. Daher möchte ich abschließend denjenigen, die mich auf diesem „Weg" begleitet und unterstützt, angeregt und inspiriert, sowie immer wieder motiviert und angespornt haben, meine Dankbarkeit aussprechen. Da ist meine Familie zu nennen, die mich in jeder Phase und auf jede erdenkliche Weise liebevoll unterstützt hat. Professor Dr. Bruno Reifenrath, der mich zu dem Vorhaben ermutigt hat und mir auf dieser langen Wegstrecke ein wertvoller und zugewandter Gesprächspartner war. Privatdozent Dr. Eduard Zwierlein, dessen Gedanken und Impulse mir eine inspirative und orientierende Quelle waren. Ich danke meinem Herzensfreund Eduard, der mir immer wieder Zeit, Zuneigung und Verstehen schenkte. Meiner Seelenfreundin Sabine Rockenfeller danke ich nicht nur dafür, dass sie immer ein offenes Ohr für mich hatte, sondern auch dafür, dass sie die weltbeste Korrekturleserin ist. Ida Lamp danke ich für den kollegialen Austausch sowie ihre spontane Bereitschaft, beim Korrekturlesen einzuspringen. Meiner hospizlichen Gefährtin Ute Hartmann danke ich für die wunderbare Titelblattgestaltung. Es gab aber auch noch zahlreiche andere Menschen, die vordergründig und direkt sowie hintergründig und indirekt zum Gedeihen dieser Studie beigetragen haben. Sie alle namentlich zu nennen, wäre ein abenteuerliches Unterfangen, das immer die Gefahr in sich bergen würde, jemanden unerwähnt zu lassen. So möchte ich Ihnen/Euch/Dir an dieser Stelle einen riesigen Strauß voller bunter Dankesblüten schenken, in dem jeder die Blume finden wird, die meinen persönlichen Dank symbolisiert.

Sylvia Brathuhn